U0067302

幼兒教材教法

張翠娥　著

作者簡介

張翠娥 ——

　　一個喜愛孩子、常有新點子、有強烈的求知慾、喜歡思考、愛問為什麼、浸在幼教領域十幾年、屬於 LKK 族的幼教工作者。

　　曾當過幼兒園老師、所長、教學研究顧問、高職幼保科老師、教育部教育研究委員會助理研究員、長庚護專幼兒保育科專任講師、國立臺北師範學院幼兒教育系、實踐大學生活應用系學前教育組兼任講師、臺北縣政府保育人員班講師……等。

　　還曾任兒童雜誌社編輯、華視兒童節目「小朋友」及公共電視「別小看我」編劇，並經常協助政府擔任幼稚園、托兒所評鑑工作。

　　曾經著有「幼稚園教材教法」、「如何扮好幼教老師角色」、「幼教師資培育理論與實務探究」、「幼兒教材教法」，並與蔡春美／敖韻玲合著「幼稚園與托兒所行政」(本書已停版，另與蔡春美／陳素珍合著「幼教機構行政管理」)、與吳文鶯合著「嬰幼兒遊戲與教具」，及多篇散見雜誌刊物的專論性文章。

　　目前專職任教於「樹德科技大學　幼兒保育系」。

自　序

　　十幾年前我以初生之犢不畏虎的精神，出版了「幼稚園教材教法」一書，沒想到竟能獲得廣大讀者的迴響（至今已十餘版），當初是為了任教高職幼保科，苦於無可用的教科書而寫的。這十餘年來，我轉戰於幼兒園的實務教學、行政、督導工作，並完成研究所的課業進修。在大專以上幼教、幼保科系任教，擔任過多種幼教老師的在職進修課程，幼兒教材教法一直是我主要的教學科目，但無適當的教學用書，仍是我目前主要的困擾。

　　因時代的進步，教材教法也隨著資訊的豐富，有極大的轉變。原先的「幼稚園教材教法」，本來是為高職生初學階段所寫，教材也顯得老舊，本來曾想做修訂工作（其實曾修訂過一次），但考慮各種因素，決定重寫。且由於目前各幼教、幼保科系，在教學課程科目分工甚細，原「幼稚園教材教法」中屬於教保行政、幼教概論、幼兒行為觀察方面的內容，在本書中將不呈現，以免重複。同時，也告知原出版社停止繼續再版。所以本書除了在名稱上相近，架構、內容上，可說是另一種迴然不同的風貌。

　　本書共分八篇，十六章，第一、二篇談教育哲學觀點與教學方法技巧。由於教材教法受到不同教學理念與教育模式的影響很大，如何拿捏適當的角度，確是一個頗大的挑戰。所以第一章「幼兒教育的省思」是本書方向、理念的重點，在此章節中，我試著從幼兒教育多年來的議題、面對未來幼兒教育的走向及不同教育哲學觀點下，如何找出共通的幼兒教育準則，作為本書的教育哲學基礎。第二章探討課程設計與實施、教材的選擇及教師角色定位，提供基本教學實施方向的依據。第二篇幼兒教學活動展現方式與技巧，提出故事的呈現方式與技巧、創造思考教學，因為這兩種教學方法可以適用於任何領域的教學也是統整性教學很重要的教學技能。

　　第三至七篇分述教材教法各領域課程，包括：健康安全、語文、認知探索、社會情緒、創造性課程的教學理念與教學實施。雖然幼兒教學強調統整性，不分科教學，但為學習上的方便，仍從各領域著手，但在教學實施上，則重視提供幼兒一個完整的學習經驗。第八篇幼兒教材教法相關論

題探討，提出幼小銜接課程、開學適應與讀寫問題探討期提供較被接受、可行的實施方向。

　　本書主要是為大專以上幼保、幼教科系、幼兒園教師等，已具基本幼兒教育理念基礎的讀者而寫，故書中雖提及不少各家理論學說，但並未做太多的說明與闡釋，是假設讀者已具備這些基本幼兒教育理論基礎。如果讀者在理論基礎方面，對某些學派或理論有不清楚的地方，可能需要多查閱相關資料，因本書重在教學方法與實施，理論部分是期望讀者沿用教學方法策略時，能清楚明白為何要如此教，當一位「知所以然」的教學者。最後我要謝謝家人在我不眠不休趕稿的過程，全力的支持與家務的分擔，對疏忽先生與孩子在各方面需求的照顧表示歉意。感謝心理出版社許麗玉總經理的催生，沒有她的督促，恐怕又要難產了。

　　倉促成書，諸多疏漏，期請多加指教。

作者　謹識

87年8月

第一篇　緒論

第二篇　幼兒教學活動展現方式與技巧

第三篇　健康安全課程領域

第四篇　語文課程領域

第七篇　創造性課程領域

第八篇　幼兒教材教法相關論題探討

第一篇　緒論

第一章

幼兒教育觀點的省思

本章重點

第一節　幼兒教育理念的澄清

一、學前教育是什麼？不是什麼？

㈠學前教育是：

1. 年齡上：是六歲以前的兒童教育

2. 時間上：可分半日制，在所內約 3 至 6 小時；全日制約 8 至 10 小時；全托制，則是日夜二十四小時全時間照顧。

3. 成人與兒童的比例：愈接近愈好。

4. 教師的角色：是溫暖的，開放的，能尊重兒童，並常給兒童正面的鼓勵。

5. 理論基礎：學前教育的理論基礎是：「早期的學習經驗對發展是有益的」。強調對一些文化隔離及社經地位低的兒童，應給予早期的補償教育機會。

6. 課程的範圍：注重兒童與家庭的關係。且因年齡的不同，課程的設計也不相同。

7. 課程的設計：

⑴應考慮兒童的發展能力及學習動機。

⑵要幫助孩子學習解決問題，得到資料，並學習與他人互助的技巧。

⑶社會學習和智力發展並重，並幫助兒童了解自己的學習能力。

⑷考慮幼兒從家裏到學校的適應過程。

⑸課程的設計要有彈性，並對每位兒童有反應。

⑹一天的活動要智力、體能、人格等各方面的活動。

㈡學前教育不是：

1. 小學的先修教育。
2. 家庭托兒所的擴充。
3. 提高智商的訓練場所。
4. 兒童未來成就的保證班。

二、學前教育可以做什麼？不能做什麼？避免做什麼？

學前教育是提供兒童一種良好的教育經驗。

㈠學前教育可以做的是：

1. 在訂定教育目標之前，應先清楚學前教育的價值。
2. 設計教育方案時，要有大而多元的目標；愈小的孩子，目標要愈明顯。
3. 六至七歲的兒童，要強調學業技巧能力的準備。
4. 教育的計劃要建立在理論和經驗上。
5. 教育的目標要能依兒童的需要及發展階段，來增進兒童的生活本質和經驗。

㈡學前教育不能做的是：

1. 學前教育無法提供孩子對未來的保證。
2. 學前教育並不保證提高智商。如：「提前開始教育方案」（Head Start Program）並沒有因無法使智商增進而失敗。其成功是基於對兒童健康的照顧，雙親的參與及工作機會的提供。
3. 從學前教育的研究中，發現學前教育對兒童的發展預期是有困難的。

㈢學前教育應避免

1. 太晚的學習。

2. 錯誤的學校經驗：對學習能力和態度上，有不良的影響。

3. 學前教育的基礎應避免建立在實際的研究上，而應建立在理論和經驗上。

4. 學前教育應避免只考慮課程設計，而忽略兒童能力。

5. 學前教育的研究要避免主觀。閱讀研究要能判斷出什麼是重要，什麼是不重要的。看研究分析，要能抓出重點， 而不是一味盲從。

三、學前教育對家庭是補償，還是威脅？

大致上說來，學前教育可補償家庭教育的不足，理由如下：

1. 可提供幼兒專業的學習。

2. 儘可能創造一個適合孩子的環境，以彌補家庭教育的缺失。

3. 大部分的幼兒教育者，都是關心孩子的。

4. 學前教育在幫助父母成為一個更好的父母。

5. 學前教育的計劃包括：在家裏與父母、孩子一塊兒工作，以提供父母一個教育的課程，讓父母能更了解兒童，及處理兒童的問題。另一方面，也幫助老師更了解兒童。

6. 基本上，學前教育的課程和家庭教育是不同的，兩者應是互助的。

除非一個太差勁的托育中心，在環境、師資及課程設計上都相當貧乏，會減低家庭教育的功效，阻礙兒童發展外，大部分學前教育對家庭都是有益的。

綜合以上論點，歸納結論如下：

學前教育基本上

1. 提供兒童一個安全、穩定、像家的地方。

2. 教育課程的設計在提供兒童更多的發展機會。

3. 補助家庭教育的不足。

4. 與家庭分擔教育孩子成長的責任。

5. 幫助父母成爲更好的父母。

　　雖然有些父母讓兒童接受學前教育的目的是：為了孩子更好的將來，有的則是為了自己的方便，但如果學前教育做得好，應能與家庭互助地擔負起教育幼童的責任。我們期望學校與家庭的配合，提供兒童一個快樂人生的第一個七年。

第二節　幼兒教育未來的掌握方向

　　　　今天的幼兒，要面對明日的社會，
　　　　應規劃「前瞻性」的幼兒教育，
　　　　孩子們才能順利的迎向未來。

一、從教師的價值觀看

　　「對幼教的期望」「希望培育出什麼樣的孩子」這是一種價值觀，也是一種教育理想與信念。教師個人的價值觀會影響其在課室的價值觀，也導引教學的行動。在愛麗絲漫遊仙境的故事中，有一小段對話，對教育頗有啟示。愛麗絲問貓：『請告訴我，現在該走那條路？』貓回答說：『這得看你的目的地而定』同樣地，不同的價值觀代表不同的目的地，未來的幼教將邁向何方，不能不考慮教師的價值觀，若老師自己都弄不清楚要往那裡去時，又如何能決定該在課室裏做些什麼呢？

　　然而，價值觀的發展是個相當複雜的過程，很多人做了一輩子事，卻不清楚自己在做什麼，有些老師只是在爭論那一種教法效果較好，甚至只考慮那種方法最符合時代潮流，而不去考慮為什麼要選用這種方法。所以，才造成蒙特梭利旋風、角落教學旋風、福祿貝爾旋風等情形。所以身為幼教老師一定要先弄清楚自己的價值觀，才能達到所定的教育理想，也只有經常檢討本身的價值觀，才能作出更明智、更清晰的選擇。

　　個人價值觀會受個人成長的影響，也會受社會價值觀的影響，在訂定

教學方向之前，除了上述因素，還要考慮兒童的性格及未來教育發展的預見。現代的社會價值觀和往昔已有差異，現代的兒童受到其所接觸環境的影響，在性格及行為表現上和傳統社會的幼兒亦大不相同。還有，二十年後，這些孩子所面臨的，又是何等世界，亦是需要考慮的。作為一位學前教師，是必須對自己理想中的社會，教育機構以及所教養的兒童，作出個人及職業上的承諾。

二、從社會的價值觀看

　　現代的社會中，大部分為小家庭，加上多年來，家庭計劃推展頗有成效，家中女子人數，已由數十年前，七、八個降至兩、三個，甚至「兩個恰恰好，一個不嫌少」，且近年來，經濟的發展人們生活水準的提昇，常有過度保護，照顧子女的現象。父母親不忍心讓子女吃點苦頭，「孝子」由名詞轉成動詞──「孝」子。至使現代的幼兒任性倔強，易鬧情緒又不夠獨立。

　　社會的競爭確是與日漸增，父母「望子成龍，望女成鳳」心切，往往要孩子學這學那，這種社會價值觀使得──幼稚園廣設才藝教學，市面上兒童才藝教室林立，甚至有些幼稚園為了迎合家長而有許多揠苗助長的教學措施，而不考慮孩子真正需要的學習教材，這種社會價值觀的偏差，影響幼教的發展，實有待教育者努力改善。

　　「笑貧不笑娼」常是用來描述現代人對物慾及物質享受高於道德的語句，據近年來，幾個研究的調查結果，確實發現現代的青年對物質的追求高於對精神的追求，且年齡亦有在下延伸的趨勢。很多兒童，從小就會比較家中的車子種類、衣著的華麗，甚至學大人裝闊。這是受環境的影響，他們從小就習慣物慾的享受，長大若又好逸惡勞，家境無法再供其揮霍時，就很容易走入歧途，運用不當手段斂財。

　　「業精於勤，荒於嬉」父母們常有個觀念，認為認知的學習活動才叫學習，遊戲會影響孩子的學習，這點與許多幼兒教育哲理和違背，這點需要教師儘力與家長溝通，才能避免幼教發展方向被牽著鼻子走。

　　由於現代的社會，有許多的缺點及需糾正的價值觀，唯有透過教育的

力量，才能改進，我們相信透過教育能引導兒童成為一個完整的人，能使兒童發展個人的潛能，進而影響社會，因此身為幼教教師，除了避免被社會染缸所污染，還應致力改善社會的風氣。

三、從現代幼兒的特徵看

學齡前的兒童特性是好奇心重，模仿力強，自我中心、好動，在過去的社會，幼兒期的孩子是不上學的，但因家中庭院寬廣，兄弟姐妹眾多，父母親無法隨時隨地無微地照顧，只能任其與兄姊或鄰近孩子在山野中嬉戲，反易造就孩子的獨立力，自發性，並由同輩及鄉野中自然學習到許多常識。反觀今日，國民生活水準提高，家中子女人數普遍減少，大家庭型態不復存在，生活居住空間縮減，環境刺激管道增多，孩子們的體格顯然比過去健碩，但缺少發洩場所，就顯得孩子特別好動頑皮。

由於小家庭制度，大部份父母均需上班，許多孩子淪為鑰匙兒，幼兒在家與父母相處時間不多，又因家中孩子少，玩伴自然少，所以現代的幼兒，常有孤獨感。父母也常因無太多時間陪孩子，加上生活水準的提高，而有補償的心理，乃對孩子過於溺愛，而養成其驕縱、依賴的個性。

科技的進步，知識的爆炸，今日社會的環境刺激確實令人目不暇接，特別是電視、錄影帶、電腦的影響，幼兒耳濡目染，常會學習模仿不適其年齡的言語、動作，而顯得過分世故、早熟、失卻童真。

人口的劇增，生活的壓力，人與人之間的競爭愈來愈激烈，加上在家中缺乏玩伴，社會風氣不佳，父母基於安全理由，又常告誡孩子，不可輕易相信別人，尤其是陌生人更要提防，很多幼兒因缺乏與人相處的學習動機，變的較為孤僻，無法合群，人際關係處理能力差。

這是現代幼兒常見的特性，也是學前教師應協助其發展的重點，美國學前教育專家費妮博士等人（S. Feeney, I. Christensen, E. Moravcik 1984）針對此點的提出：學前教師需幫助幼兒養成的特性，如下：

　　1.身心方面的能力：克服障礙，發展技能及支配意識的能力。

　　2.解決問題的能力：願意去接受挑戰。

四、從未來社會發展趨勢看

　　二十至五十年後的世界，是目前幼兒長大後所需面臨的世界，縱觀現代社會急遽的變遷，科技神速地發展，預料未來社會的發展，亦將有革命性的轉換，從「未來的衝擊」到「第三波」的探討，這一代的孩子，在二、三十年後，所要面臨的社會乃是：（A. Toffler 原著，黃明堅譯，一九八四）

　　1.資訊爆炸時代：

　　在未來的世界，社會變化的速度更遠超過目前，新的情報不斷湧現，人們不得不以愈來愈快的速度修正記憶中的形象。舊的形象必須被淘汰，否則就會與現實脫節。所有的思想信仰和觀念都是立即湧現，經常挑戰、反抗、又剎時消弭於無形。科學理論、心理學說每一天都可能被推翻、被取代。人們也愈來愈不相信權威，也需要有立即判斷做決定的能力，那時候的人們每天面臨千百種選擇，他一定需要馬上過濾，並作一個抉擇，否則他將無法生存。

　　2.多樣化媒體的時代：

　　據托佛勒於「第三波」的推測，未來的世界大眾傳播工具的勢力愈來愈龐大，雜誌型態、電台節目種類會愈來愈多，小型雜誌會取代銷路大的雜誌，資訊系統使人們可用按鈕方式直接和電台對話，或要求播放其喜愛的錄影帶。這表示個人對個別性及獨特性的需求愈大，也因為我們周圍的人愈來愈不相同的時候，我們就需要更多的情報——資料和訊息——來預測他們的行為，否則將很難共事和共處。

　　3.彈片的文化

　　未來所有的事務會愈來愈不統一，舊的觀念受到考驗，注入我們腦海的是支離破碎的「彈片」。所以說那時我們將生活在「彈片文化」中。那時我們需要在短時間內吞下大量的訊息，也要注意將碎片拼湊成整體的新觀念。我們需要主動去挖掘真相，也需要有更強的能力應付更大的挑戰。

　　4.多型態的家庭組織：

　　目前社會中主要的家庭型態，以核心家庭為主，但預測未來，單親家

庭數會增加，離婚後的再婚率也會升高，由兩個離婚有孩子的人再結婚，把雙方的孩子帶入一個新家庭，稱之為「合成家庭」也會增加。社會學家伯納說：「未來婚姻中最大的特色，正是讓對婚姻關係抱有不同需求的人可以做各式各樣的選擇。」人們對感情歸宿的抉擇更有彈性，但也必須為此抉擇負更大的責任。

5.一切自己動手的生活

自助式的經營方式愈來愈普遍，自助洗衣店、自助餐廳、自助加油、自助超級市場，甚至電器售後服務都採自助式（透過電訊指導），更可能出現自己動手建屋，修屋，製造汽車。

6.人際關係與心理的需求量高

科技的變化，社會的動盪，許多人遭受到嚴重的情緒壓力，成千上萬的人瘋狂地找尋自我，寂寞成了眾人共有的經驗。多樣化的社會強調差異，人們各有其個性，也更可能發揮其潛能，但人與人的接觸也愈來愈難。因為人們愈有個性，就愈難找到興趣，價值觀、計劃、品味相似的配偶或情人，甚至朋友都不易獲得。所以人們要想辦法去除寂寞感，還要賦與生活以秩序與目標，不然無人性、無秩序、無意義的社會，會導致人格的崩潰。

從以上各個角度的俯看，面對未來，幼兒教育該掌握什麼？已有個輪廓，歸納下列幾點提供幼教工作同仁作為參考：

(1)提供幼兒一個可自由選擇學習的環境，並設計富有彈性的各種教學活動，讓幼兒在參與學習時，有機會表達自己的意見及想法。

(2)教學方法及所使用的教學媒體宜富變化及多樣性，並能注意到幼兒的個別差異性。

(3)宜提供能組合、創作的教材，讓幼兒有自由創作、組合的機會。

(4)宜尊重幼兒以培養其尊重別人的態度。

(5)養成幼兒自己動手的習慣，培養對勞動的新觀念，並以自己能完成工作為榮。

(6)在課程設計上，注重統整幼兒的生活經驗。

(7)幫助幼兒發展社會技巧，建立良好的人際關係。

(8)引導幼兒適當地表達情緒，發洩情緒。

(9)養成幼兒探討自然、愛護自然的習慣。

（本文曾刊於親子教育雜誌 14 期，民 76 年 5 月號）

第三節　教育理念與教學實施

　　每個人心中都有一把尺，對教育的理念、看法或多或少有些差異，如：幼兒教育到底是發展幼兒或塑造幼兒？對幼兒本質的有何看法？對幼兒需要有何想法？認為幼兒學習本質應該是什麼？到底這種個人對教育本身的理念、想法，將如何影響自己對幼兒學習內容的安排，都應該做一番省思。有了這些釐清，才不會造成明明想往東走，卻選擇向西行，最後將離目標愈行愈遠。

一、幼兒教育是發展幼兒或塑造幼兒？

　　到底幼兒教育是要協助幼兒發展自己，發揮個人所長？或要依循社會模式、教師、家長期望量身塑造一個理想的幼兒呢？這是一個值得探討的話題：讓孩子成為他自己或成為我們期望的樣子？許多老年人會對年青人說：「年青人啊！不聽老人言，吃虧在眼前。我走過的橋比你走過的路還多呢！聽聽我的話準沒錯！」可是年青人會覺得，我有我的想法，雖然你告訴我山中有虎，但不入虎穴焉得虎子。我不去試試看，怎麼知道老虎有多兇猛。這是老年人與年青人長久以來的爭議。其實，我們對兒童常也是如此，不同的是年青人已有能力表達自己想法，也有能力付諸行動。如：年輕時代的李敖，就寫文章「老頭子！放下你的棒子！」公然向權威挑戰。可是幼兒並沒有這個能力，所以我們可能會辯解：兒童的思考、行動力不成熟，需要成人的指引與規劃，更何況我們都是愛護他、為他好，所以理所當然，應該塑造他。但隨著民主時代的腳步，近幾年來的發展，已有更多人支持：「讓孩子成為他自己！」所以如何在成人適度的指引與規劃下，讓幼兒成為他自己，就是以下要談的主題重點。

二、幼兒到底有哪些特質？他們需要什麼？

以下乃歸納許多人對幼兒本質、需要、學習本質、方式與學習內容的看法。

(一)對幼兒本質的看法

1. 幼兒是獨立完整的個體
2. 幼兒具敏感的感官感覺與觀察力
3. 幼兒是個未發展成熟的個體，需適度的保護照顧與引導
4. 幼兒具快樂的權利
5. 幼兒的個別差異性大，發展速度快慢不一，興趣、需要不同
6. 幼兒大致的發展方向是大同小異的有發展脈絡可循。
7. 幼兒是好奇的、好動的
8. 幼兒的專注力短，但對有興趣的事物有持久的專注力
9. 幼兒喜歡自己動手做
10. 幼兒具無限發展潛能
11. 幼兒具有獨特的見解與思考方式
12. 幼兒具有自我學習能力，可依自己的興趣能力，選擇適合自己的活動
13. 幼兒是好問的，天生有學習的慾望，但需要合適的引導
14. 幼兒是自我中心的，思考發展處於運思前期，未具保留概念、採單項思考模式、萬物有靈論

(二)對幼兒需要的看法

1. 愛——被愛、愛自己、愛家人、愛朋友
2. 尊重——自尊、尊人
3. 信任——自信、信任人
4. 接納——接納自己、接納別人
5. 安全感——對人、對環境

6. 獨立——自理能力

7. 溝通——與人互動溝通、表達自己的機會

8. 學習——探索、求知

9. 自制規範——認識控制自己的情緒、學習個人、團體、社會的基本規範

三、幼兒如何學習？用什麼方式學習？

幼兒如何學習？用什麼方式學習？又該採用何種教學方法幫助他們？提供什麼學習內容？

㈠幼兒的學習本質是：

1. 內在的

2. 自動自發的

3. 持續的、循序漸進的

4. 主動探索發現透過自我引導，整合新舊經驗

5. 本身就是學習的主體

㈡幼兒的學習方式為：

1. 實際操作中學習

2. 遊戲中學習

3. 反覆操作、練習

4. 模仿學習

5. **藉**具體操作來獲得抽象概念

6. 與成人、同伴的互動中學習

從以上對幼兒本質的看法、對幼兒需要的看法及瞭解幼兒的學習本質、學習方式，提出幼兒教師在教學方法及學習內容，安排提出以下建議：

＊教學方法方面

1. 讓幼兒有實際操作的機會
2. 設計安排活動，讓幼兒在遊戲中學習
3. 提供反覆操作、練習的機會
4. 注意自己的言行典範，提供楷模學習
5. 概念的培養要循序漸進，由具體操作到抽象概念的獲得
6. 製造幼兒與成人、同伴的互動學習情境

＊學習內容安排方面

1. 應包含各層面、是統整的、均衡的
2. 與生活經驗有關的
3. 自理能力與生活習慣的培養
4. 個人潛能的發展
5. 藝術的陶冶、美的欣賞
6. 解決問題能力的培養
7. 思考能力的培養

小組討論：

1. 你認為二十年後會是怎樣的社會？什麼特質的人比較容易適應生存？又該如何培育出這種特質？

2. 請訪問十個人（盡量不同行業、性別、年齡階層），請教他們對幼兒教育的看法。

問題思考：

1. 請寫下十點你對幼兒教育的看法，並試著找出實現理念的教學方法與教學內容安排。

2. 如果有人問你為何要花幾年的時間去學習照顧幼兒，我阿姨也沒唸什麼書，她也是在幫人家帶孩子？你怎麼回答？

3. 你認為好的幼教方案需要具備那些要素？

第二章

課程計畫與教師角色

本章重點

第一節　幼兒課程計畫與實施

　　一、教育模式與課程計畫

　　二、幼兒教保目標的訂定

　　三、幼兒活動設計的規劃

　　四、課程計畫如何入實際的學習活動

第二節　幼兒教材的選擇與發展

　　一、選擇和發展教材的審核模式

　　二、誰是教材的使用者

　　三、為什麼要設計教材

　　四、教材是什麼

　　五、如何使用教材

第三節　幼兒教師的專業角色

　　一、幼兒教師的專業角色定位

　　二、幼兒教師的專業職責

　　三、幼教工作人員專業素養

第一節 幼兒課程計畫與實施

一、教育模式與課程計畫

　　不同的教育模式會有不同的教育觀點，也使教育計畫的思考方向、實施重點、活動型態、教學準備與實施產生很大的差異。當今的幼兒教育思潮朝多元化、國際化發展。美國自一九六〇年以來，兩大教育改革方案：「從頭開始的教育方案」（Head Stard Program）和「續接方案」（Fallow Throw Program），已發展出數百種幼兒教育方案（Feenrey 原著，黃慧真譯 1985，p119-126）。即使在國內也出現百花爭鳴的現象，最常見的有單元設計教學模式、蒙特梭利教學模式、開放教育模式、方案教學模式、皮亞傑教學模式、雙語教學模式……等。故課程計畫不能單純以單一形式設計，而不考慮園所採行的教學模式基本精神。若一一列舉不同教學模式型態下的教學計畫，恐怕罄竹難書，以下僅就教學計畫過程來區分教育模式型態，簡單分為「目標模式」與「過程模式」。

(一)目標模式

1.理論基礎：

　　行為主義觀點、巴比特的科學化課程理論（黃政傑，民 80，頁 173）

2.教育理念：

　　＊學習是在有系統，可預測的狀況下進行的，課程是達成行為目標的手段，課程發展是在教師預定目標、計畫中完成的。

　　＊可以預期學生學習成果，重視學生能學到什麼。

3.課程計畫過程：

課程目標→選擇教材→活動設計→發展教學過程→教學評量

　　＊查特斯認為課程設計的第一步是確定主要目標。

　　＊進一步要把「理想」和「活動」分析成目標。

　　＊然後依據這些目標的重要性，按次序排列，讓兒童學習繼而達至目標，使他們符合社會的需求（李子建等，民 85，頁 28-36）。

　　＊依據課程目標進行教學評量以瞭解學生是否達至預定學習效果。

4.教育環境設計：

　　＊教師依據課程目標所設計的活動內容，佈置合適的學習環境。

　　＊教材教具由教師依據教學活動需要準備。

5.教師角色：

　　＊教師要能從許多目標中選出哪些是在計畫學生活動中可做基礎的目標（李子建等，民 85，頁 28-36）。

　　＊教師要能依據專業判斷選擇適合學生的教材。

　　＊教師是學習的主導者，在活動進行中，教師決定時間、空間、設備和材料的運用。

(二)過程模式

1.理論基礎：

　　進步主義教育理論（黃瑞琴，民 84，頁 39）、教育的生長說、旅行論（黃政傑，民 80，頁 181）

2.教育理念：

　　強調知識經由經驗獲得的，是自行發現的，或確定某種假設，然後在經驗中驗證。

　　＊經驗是教育過程的核心，以兒童的興趣、能力和經驗為教育的起點。

　　＊學習是在不違背大教育目標的原則下，藉環境安排，賦予學生自由創造機會。

　　＊強調主動參與的活動和經驗的重組。

　　＊課程設計要依據學生的活動或經驗，而非依據教育欲達成的結果。

　　＊從統整的觀點，過程模式強調統整幼兒個人內在的心智、社會、情緒、及生理的經驗，而非僅在聯結成人分類的健康、音樂、工作、語文、常識等科目式領域（黃政傑，民 80，頁 175-181；黃瑞琴，民 84，頁 39）。

3.課程計畫過程：

方向目標→環境安排→教學實施→種學習結果→觀察回饋

　　＊強調目標隨時可能因幼兒的興趣而修正改變（黃瑞琴，民 84，頁 41）。

　　＊評鑑不重視事先設定的詳細目標，也不重視量化（黃政傑，民 80，頁 181）。

4.教育環境設計：

　　＊教育環境的設計要能鼓勵幼兒自由選擇、自由探索。

　　＊氣氛上必須是開放的、非正式的、結構鬆弛的，能鼓勵和支持幼兒自由遊戲的場所（黃瑞琴，民 84，頁 40）。

5.教師角色：

　　根據黃瑞琴（民 84，頁 40）、黃政傑（民 80，頁 181）與 Lauritzen（1992）對過程模式教師角色的看法綜合如下：

　　＊環境安排者：教師要能鼓勵和支持幼兒遊戲的環境。

　　＊觀察者：在自由遊戲時間，仔細觀察幼兒，瞭解每位幼兒的發展程度、特殊興趣和行為類型。

　　＊催化促進者：教師扮演的是催化劑，提供幼兒最大可能發展的經驗。

　　＊兒童發展專家：清楚瞭解幼兒各發展階段的能力、特徵，尊重並相信幼兒有建構知識的能力。

　　＊研究者：能仔細觀察幼兒，收集資料，省思如何拓展幼兒學習的機會，並能提出如何增進幼兒發展經驗的假設。

　　＊學習者：強調教師的投入，教師必須是個學習者，和學生一樣不斷的發展。

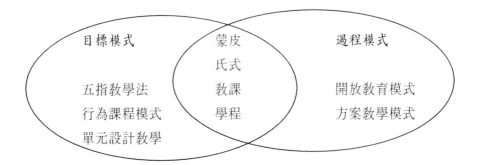

圖二～1：常見幼教模式向度圖

(三)目標模式與過程模式較常見的批判

目標模式

1. 目標模式的精神在於管理與控制，要求績效，忽略人類解放、自主、思考、判斷和創造的需要。

2. 目標模式採取生產的教育觀，可能造成教育標準化的危機。

3. 目標模式忽視教育與訓練的區別，將所有教育活動還原為訓練。

4. 目標不易截然劃分為認知、情意、技能，目標的層次區分也不一定符合學習順序（黃政傑，民80，頁174）。

過程模式

1. 過程模式並非包羅萬象，如果完全漠視目標，一昧強調內容與程序原則，可能使課程計畫的特性含糊不清。

2. 過程模式重心在教學的脈絡，權責成效受個別教師的影響相當大。

3. 過程模式要求於教師的太多，在實際執行上易遭困難（王文科，民83，頁211-214）。

二、幼兒教保目標的訂定

　　從前述教育模式與課程計畫的關係討論，可知教保目標的釐訂亦與所採行的教學模式息息相關。大致而言，目標模式強調要事前釐訂明確的教學目標，教學評量則是依據教育──檢核幼兒學習的成果。而過程模式則強調隨著幼兒的發展興趣進行教學，並不重視活動前目標的規劃，在意的是幼兒學習的過程與記錄，其依循的方向是整體的幼兒發展目標。以下就不同教育模式分述幼兒教保目標的釐訂。

㈠幼兒發展目標

　　幼兒發展目標是過程模式主要的依循方向，也是目標模式欲達成的終極目標。其適用範圍可廣及整個兒童階段。其釐訂依據兒童發展原則，強調培育一個統整均衡發展的兒童。綜合黃瑞琴（民75）對幼兒教育目標的研究，及我國的幼兒教育目標（教育部，民76），加上個人多年的的專業體驗，提出以下幼兒發展目標：

1. **身體**：身體動作的經驗
　　　　　　自我知覺的經驗
　　　　　　增進精細動作的技巧
　　　　　　運用感官感覺的學習
　　　　　　培養良好的健康習慣
2. **語言**：與人談話和溝通的經驗
　　　　　　創作表達的經驗
　　　　　　擴展口語溝通技巧
　　　　　　發展初期的閱讀技巧
　　　　　　獲得初期書寫技巧
3. **認知**：感受知覺的經驗
　　　　　　擴展邏輯思考技巧
　　　　　　獲得概念與資訊
　　　　　　顯示扮演的技巧

4. 獨立：學習照顧自己的經驗

　　　　增進生活自理的能力

　　　　獨立自主選擇、決定的經驗

5. 社會：與人交往合作的社會經驗

　　　　經驗自尊、自重

　　　　對人性有正面的態度

　　　　表現合作、和諧融入社會的行為

　　　　團結互助合作的態度

6. 情緒：抒發情緒的經驗

　　　　用語言表達情緒感覺

　　　　經驗和諧快樂的情緒

　　　　感受藝術的的美感

7. 問題解決與創造思考：

　　　　想像創造與學習問題解決的經驗

　　　　創造思考與問題解決策略的運用

(二)幼兒學習目標的演繹過程

　　目標的發展有不同的層次，通常以國家教育目標與幼兒發展目標為最先考量的總目標，一般而言，總目標涵蓋範圍大，也較有彈性。接著是各園所選擇的模式目標，每個園所採用的教學模式不同，其依循設計的課程活動就會有相當的差異。還有教師的理念、價值觀都是影響課程目標訂定的因素。

　　大部分的園所會訂定年度、學期計畫目標，此時所依據的是園所對課程的長遠規劃，及本年度、學期中特別預定要達成的特殊目標，如學期旅遊、參觀、特別計畫..等。單元教學目標考慮的是主題的選擇、內容與呈現方式，另外就是如何銜接模式與長程目標。最後，真正落於學習活動的就是活動目標，考慮的是幼兒學習的興趣能力，並依據為團體、個人及活動主題特定目標細作規劃。

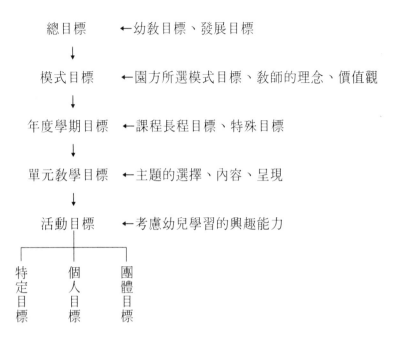

圖二～2：幼兒課程設計目標演繹過程圖

三、幼兒活動設計的規劃

㈠幼兒教保理念與教育計畫的關係

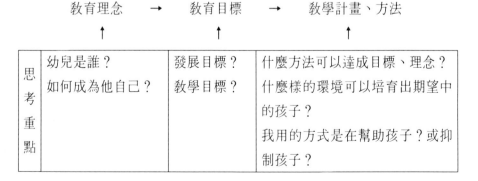

圖二～3：幼兒教保理念與教育計畫關係圖

思考示例：

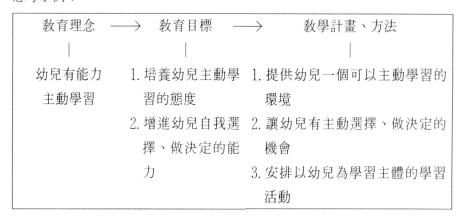

教育理念 ⟶ 教育目標 ⟶ 教學計畫、方法
　　│　　　　　　　│　　　　　　　　│
幼兒有能力　　1.培養幼兒主動學　1.提供幼兒一個可以主動學習的
主動學習　　　　習的態度　　　　　環境
　　　　　　　2.增進幼兒自我選　2.讓幼兒有主動選擇、做決定的
　　　　　　　　擇、做決定的能　　機會
　　　　　　　　力　　　　　　　　3.安排以幼兒為學習主體的學習
　　　　　　　　　　　　　　　　　　活動

㈡幼兒教保計畫的發展

　　幼兒教保計畫的發展通常會經過計畫、設計、發展、實驗、評價五個階段，若評價修正後覺得可行性高，就可以確定計畫，否則就需要不斷反覆進行。每個發展階段有其需要主要的工作項目要完成，內容請參考下圖。

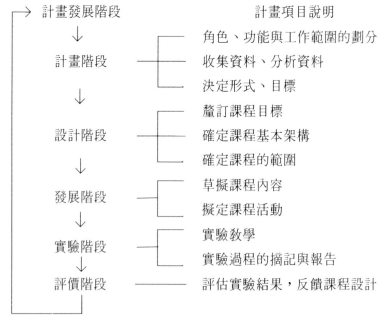

計畫發展階段　　　　　　　　計畫項目說明
　　↓
計畫階段　————　角色、功能與工作範圍的劃分
　　　　　　　　　收集資料、分析資料
　　　　　　　　　決定形式、目標
　　↓
設計階段　————　釐訂課程目標
　　　　　　　　　確定課程基本架構
　　　　　　　　　確定課程的範圍
　　↓
發展階段　————　草擬課程內容
　　　　　　　　　擬定課程活動
　　↓
實驗階段　————　實驗教學
　　　　　　　　　實驗過程的摘記與報告
　　↓
評價階段　————　評估實驗結果，反饋課程設計

圖二～4：幼兒教保計畫的發展圖

四、課程計畫如何邁入實際的學習活動

課程設計的要素是活動，課程設計的再好，若無法以生動活潑的方式進行活動，或引不起幼兒的學習興趣、滿足其需要，都是枉然。所以課程設計時一定要充分考慮真正將計畫落實為學習活動時，影響活動進行的因素。

資訊小站：

這裡所謂的「活動」，可以包含下列的特性：

＊活動可以不必有正式的開始或結束

＊活動可以是開放的

＊活動不必是由教師主導的，換句話說，幼兒主導，由幼兒自己決定的學習，都算是活動。

(一)活動設計前的考量

1.考慮幼兒個人和團體的需要

每位幼兒的發展速度、興趣、能力不同，當然會有差異。班級與班級之間，也會因每個班級不同的組成因素而有分別，這些因素受幼兒年齡、人數、家庭背景、生活經驗……等的影響，如都會區的幼兒團體與鄉村型的幼兒團體，其團體需求與生活經驗背景就會有所差異。所以在課程設計時需要同時考慮幼兒個人和團體的需要，注意其目前發展所處的階段？下一個發展階段？如何幫助其進行這個階段的發展。

2.考慮短程計畫與長程計畫的銜接

短程的課程計畫應能反應長程的計畫目標，考慮如何承先啟後？是否需配合季節、節令、特別節日？活動呈現型態是單項？或連續發展？

3.考慮可使用的資源和如何將資源充份發揮的方法

計畫課程的同時需要想到有多少可用的資源？教師人數？可支援的成人人數？書籍、玩具、材料是否充足？場地利用是否有問題？設備器材夠不夠？附近是否有公園？能利用的社會資源是什麼？要安排參觀活動，地

點的選擇、人員、交通及與對方的聯繫協調都要一併考慮。

4.考慮室內和室外環境在季節與天氣狀況下，可行的活動方式

　　如體能、韻律活動、戲劇扮演、室內場地夠嗎？參觀、戶外活動、障礙賽、園遊會、郊遊……等活動，受季節、天氣的的影響甚鉅，所以要特別考慮多種因素條件下可行的活動方式，或事先有預備方案，免臨場手忙腳亂。

5.考慮可使用的教學方法與時段的安排

　　用何種教學方法最能引孩子的興趣？一天中活動型態要如何搭配？團體討論時間多長？小組、選角、個別活動、韻律、體能……等活動型態的選擇搭配，時間的彈性等，都應在教學活動設計時一併考量。

6.行政的溝通與協調

　　有些活動需要行政的支援，如：經費的補助、場地的協調、公文的發送、交通工具的安排、支援人力的調動、設備器材的申請、時間是否適當……等，需要事先與行政人員溝通協調，否則活動的進行將會碰到困難，甚至無法進行。

㈡活動選取的步驟

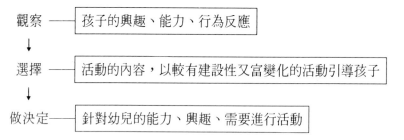

觀察 ── 孩子的興趣、能力、行為反應
　↓
選擇 ── 活動的內容，以較有建設性又富變化的活動引導孩子
　↓
做決定── 針對幼兒的能力、興趣、需要進行活動

圖二～5：幼兒活動選取的步驟圖

1.觀察

　　觀察的步驟在幫助教師瞭解個別及團體幼兒的真正狀況。觀察時要保持客觀的態度，專注細緻的觀看，才能真正反應幼兒的需求，找出幼兒需要協助的地方。舉例而言，四歲的小傑正在跳格子，他有時用雙腳跳，有時用單腳跳，一直不斷來回跳格子。再仔細觀察其動作就可以發現，當他

雙腳往前跳時，並不是雙腳同時落地，而是一前一後。單腳跳也無法連續跳，而是舉起一隻腳，跳一下，另一隻腳就踩地了。我們可以發現他在肢體的協調動作有困難，無法確實做到雙腳跳與單腳跳的正確姿勢。如果未經客觀觀察，他可能會被認為學習不專心、調皮故意不做好動作，或被認為有毛病。所以觀察主要以孩子的需求、興趣、能力的瞭解為主。小傑一直不斷來回練習，顯示其對挑戰有高度興趣。若教師能在活動設計中考慮到他的需求，多協助其跳躍的動作，提供機會讓其多練習，並適時鼓勵，相信應能真正幫助他。

2.選擇

由觀察活動瞭解孩子的需求後，教師就要思考選擇何種活動來幫助孩子？運用何種方式可以引起孩子的興趣，並能真正幫助他？如從上述的例子中，可以考慮讓幼兒經由不斷練習達成目標。但一味地反覆地練習，幼兒可能沒有興趣，或許可以變化活動的方式，但仍維持相同難度的動作，以引起孩子學習的興趣，接著等其較熟練後在增加活動的難度。這些活動安排都需要老師做選擇。

3.做決定

可以安排的活動很多，方式也可以是多變化的，但老師最後還是需要做決定，安排最適合幼兒的活動計畫，以進行活動。

教學密笈：活動設計的自我檢核

單項活動設計的檢核項目：

1. 符合發展年齡
2. 考慮幼兒背景經驗
3. 能引發幼兒興趣
4. 能深入發展活動
5. 活動的可行性

一週以上的主題活動設計的檢核項目：	是	否
1.目標、內容是否符合幼兒發展程度		
2.目標是否顧慮到幼兒統整發展性		

3.內容是否針對目標設計		
4.內容是否注意到季節性與地方性		
5.內容是否包含各類型活動		
6.活動是否考慮幼兒背景經驗、能力		
7.活動是否能引發幼兒興趣		
8.是否各項活動相互關連		
9.環境情境的規劃是否合乎遊戲學習的理念		
10.教具、資源的利用是否得宜		

(三)課程活動進展的層次

1.活動進行前的思考

我想提供孩子什麼經驗？　←學習目標為何？

　　　　↓

孩子有何經驗背景？　←如何利用？引導？若經驗很少，如何提供先備

　　　　　　　經驗？

　　　　↓

活動如何進行？　←方式如何？可能發生什麼問題？

　　　　↓

可以運用的資源是什麼？　←場地勘查、瞭解是否可利用？安全性如何？

　　　　　　　設備、教材是否充足？人力？經費？

2.課程活動的發展

　　課程活動的發展可以分穩定性活動、水平發展活動、垂直發展活動。

說　　明

穩定性活動 ——探索材料，墊定初步學習基礎

　↓

水平發展活動——材料環境稍作變化，練習正在發展的技能

　↓

垂直發展活動——增加活動的困難度，發展更複雜的技能

　　課程活動的發展需考慮以下幾點：

(1)需要發展哪些特殊的技巧和概念？

(2)為何要做這些活動？原計畫與教材互動有何可能的結果？

(3)哪些孩子已有本活動的經驗？

(4)本活動如何建立、延續？如何加強孩子的發展？

(5)有待發展的概念是什麼？

第二節　幼兒教材的選擇與發展

　　迷信教材不如無教材；吸取教材的精神，才能駕馭教材的實體，也才能靈活替換與創造各種有用的教材。

　　過去的教師必須自己製作教材，甚至教具。而今日的教師，面臨的不是教材製作的問題，而是如何選擇和發展教材的問題。如何為教學計劃找到更多、更好、更複雜的教材；如何為特定的教學目標找到特定的教材，才是今日的教師，所迫切需要的。

　　對於教材的選擇和發展應和所發展的教學模式、教學目標及所使用的教學方法有關，通常教材的選擇要考慮幼兒的需求、活動型態、使用人數、場地、視聽效果……等。教師對教材的選擇，主要在協助教師達成定的教學目標。

選擇和發展教材的審核模式

　　「選擇和發展教材」之審核模式，是基於下述三個交互關係所組成的：

(1)**輸入**：由所選擇的教學主題，與主題有關的各種資料組成。

(2)**過程**：教育過程及教材的再呈現。

(3)**輸出**：學習成果的表現。

教材主要是做為將資料輸出入給學生之間的橋樑。要評量教材的成果

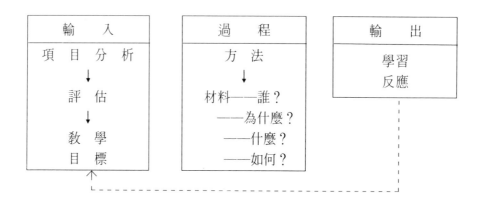

圖二～6：教材發展的審核模式

可以由下列的問題來審核——誰？為什麼？什麼？如何（Who？Why？What？How？）這四個問題可以提供教材選擇和發展的指引，事實上，每個基本的問題都和教育觀念有直接關係。

　　1.誰來使用教材？——參照教材使用的母群體。

　　2.為什麼要設計教材？——參照教材的目的。

　　3.教材是什麼？——參照教材的型態、使用方法和組織。

　　4.如何使用教材？——參照教學過程、回顧、反應、一般性、適應性和步驟（參見圖二～6）。

一、誰是教材的使用者

　　這個模式最初的構成就是「人」——使用教材的人。也就是「母群體」。在發展或獲得一個教材之前，應先確定母群體的定義或證實母群體的特性。老師在決定教材之前，應先考慮教材的使用是個人？或團體？

㈠個別教材

　　個別教材即指教材使用的人是個人，個別教材選擇時要考慮的是：教材是較趨向一個孩子的個別需要呢？或是在不同時間由幾位兒童輪流使用？如果教材被重複使用，應該是非消耗品，要堅固耐用，且要有足夠的份數，讓每位兒童均能使用到。

在教材設計之初，老師就應該考慮到——是否教材有被複製或複寫的可能性？因為，如果一群小孩將依其個別需要來使用教材，那教材的設計就要考慮有不同的功能。如從簡單到複雜的技巧，和一種以上的多重學習模式，來協助不同的孩子學習。

這些教材應該被組織的更好，要有耐久性，有吸引力，能提供多項的彈性功能，多花一些時間來設計教材，可以省下下次再製作的時間。至於，教材的選擇或發展的時間，要同時考慮到學生一般和個別的需要。老師不應做這樣的假設：兩個孩子會以相同的學習速率，來學習同樣的教材。應該先考慮每個孩子的能力。

若教材只適合一個孩子使用，在範圍上則太狹隘了，教材應是適合母群體大部分學生的需要和型態，預定的教材是要經診斷，並依每個孩子的特別需要來決定。一個實際的教材，可能要包含一些發展項目——耐久性和再使用性，及轉移學習的可能性。在很多情況，教材可能使用的時間都是很短的。

㈡團體教材

一種個別的教材要改成團體教材來使用，要考慮下列事項：

1. 教學：是由老師或學生來使用此教材？
2. 人數：一次有多少孩子參與活動？
3. 互動：在團體與教材之間，互動的功能如何？
4. 前測和審核技巧：教材能促進兒童那些能力？

第一件事考慮的是：教材是由老師或學生直接使用？由學生直接使用，要考慮是否具自我修正或同伴糾正的功能，並允許在團體使用的過程，不需要指導者。若是由老師指導使用的教材，則必須要求老師解說指導，並提供可能使用的彈性與修正。

第二和第三個問題是老師對一些特殊情況的反應判斷。在評估團體需要和教室結構之後，老師應決定，大多數的孩子如何與教材同時互動。舉例說：採開放方式的教育或傳統的教學模式？還有活動的型態、大小，空間和吵雜聲應考慮在內。

第四個有關教材能促進兒童那些能力的問題，通常老師都要求要小心

地考慮。在計劃過程中，它應是決定這教材是否符合時代和學生學習發展的要素。所以要考慮到群體的年齡、能力，及明顯而有影響力的因素。

　　教材應能夠促進改變，避免不需要的挫折。若從擴展使用上而言，教材應是由中心重要的因素往外擴展。另外，教材應該具有彈性。

二、爲什麼要設計教材？

　　在選擇或發展特定教材時，老師要做下列決定：

　1.這是一個在特定時間內，對特定兒童合適觀念或技巧嗎？

　2.在長期和短期的目標中，有那些教材是需要的或有用的？

　3.教材的彈性是否足以適應兒童的個別步調？

　4.教材能否幫助兒童達到近期的項目或目標？

　　第一個決定與特定的教學觀念或技巧有關，這個決定是依據兒童個別教育課程（Childs Individualized Education Program，簡稱 IEP）的發展而定。

　　第二個決定是在 IEP 中對孩子長程和短程目標的確定。老師需要決定是否教材能幫助兒童達到這些目標。

　　第三個決定和教材的彈性有關。一個教材若只限定在某範圍（如：性別、活動項目），容易限定孩子的學習，正如固定的課程會限定孩子的進步是一樣的。教材的選擇或設計都應考慮學習步驟的間隔，步驟間隔太大，可能會阻礙有效的學習。一個教材最好的彈性是能讓老師將其適用於不同的學生，至少一個教材要能同時適用於幾個目的，這樣總比限定在單一的目標有價值。另外，教育師最好能提供不同的教材，讓學生更有彈性去選擇新的學習，及獲得個別的練習和技巧、觀念。

　　教師選擇教材去幫助學生達成長程目標之前，要先訂下連續的短程目標，以引導至長程目標，選擇的教材是否能達成短程的連續目標，就是教師所要做的第四個決定。教師可以選擇特別的教材，以達成每一個短程目標，但也允許孩子利用不同的設計，來達成這些目標。

　　教材的目的在促進兒童達成短程或長程的教學目標，教材的選擇應以兒童個別教育課程（IEP）作為判斷的依據。

三、教材是什麼？

教師能否成功地選擇或發展教材，要視對下列三要素之了解：

㈠教材的型態

教材的型態包括遊戲（Game）、工作本（Worksheets）、操作物（Manipulatives）、媒介體（Media）。

遊戲（Game）：從 Thiagarajan（1976）所下的定義包括三特性：控制、衝突和結束（Gotrol、Conflict、Closure）。一個教導性的遊戲，允許玩者學習並練習某種特別技巧。

工作本（Worksheets）：遊戲屬於一種團體活動，工作本則傾向於個別活動，且富有訓練的功能。它允許兒童利用最少的時間和材料去做預習。工作本常用來做的是空間，數的刺激和反應程度，幼兒階段不宜使用工作本，最好能以實際操作方式代替紙筆練習。

操作物（Manipulatives）：操作物是教材的另一種型態，它讓兒童在操作中學習，包括科學實驗的操作及手工的製作。

媒介體（Media）：媒體常包括教學和感覺的要素。如：卡帶、卡式錄意機、幻燈機、影片等。媒體包括了軟體和硬體的提供。

㈡教材使用的方法

教材如何達成教學的目標，必須有方法的描述。而教材的教學模式，是組織兒童學習型態的一個要素。在教學的計劃中，應包括決定：

1. 教材是否直接或間接地提供教學過程？

2. 什麼是教材的互動功能？參與者？環境？或是教材的測驗？

3. 在活動結束之前，要評估一些可能改變目標的因素，所以要考慮教材的測驗功能。

㈢教材的組織

在討論教材是什麼的問題中，教材的組織佔的是最重要的角色。在組

織教材的最後步驟，要考慮到下列的問題：

- **性質方面**

1. 多少兒童可以參予使用教材？
2. 教材包括多大的範圍？
3. 教材容易被複製嗎？
4. 營利的教材有被複製權嗎？
5. 教材能引起的動機和吸引力如何？
6. 教材能自我評鑑嗎？
7. 教材每一部分都可以使用嗎？（需要另外製造嗎？使用時，需要另外拿紙嗎？）
8. 教材有持久性嗎？能耐多久？
9. 教材的刺激強度如何？
10. 全是消費品？亦是部分消費品？

- **互動方面**

在組織教材時，老師要考慮到教材互動的問題，及如何去解決教材是什麼的問題。不管是買的或做的教材多便宜，應先考慮教學目標。老師的責任在決定教材如何使用，及如何達成設計目標，教材的目的不是教，而是彈性地協助教學。教學應是老師的責任。

四、如何使用教材

教材是教室裏使用時，有幾點要考慮到：

㈠是老師直接使用教材？還是由學生獨立操作？

老師決定教材由老師使用，還是學生使用？如果是學生或團體使用，會期望敎才有評量的功能，不需要教師的修正。

㈡如同回饋？教材能自我評鑑嗎？還是要靠老師或同伴的協助

教材是由老師或學生使用，也要視回饋反應而定。回饋決定於個別需

要及學習的步調。在每次反應後，教材可以再修正。或在一連串反應後，依照教學目標再修正。

一個重要的考慮是促進回饋的方法。教材若能自我評鑑，學生就能按自己的反應，自我評估。教師可提供答案，利用幻燈片，或提供答案紙來協助他。但有些教材的回饋需借助同伴或評估者。這個同伴或評估者，是否具有技巧？能否正確評估反應？能否提供適當的回饋？是很重要的。教材和方法主要在促進老師與學生間的互動，若教材全由老師評量，將減少許多師生互動的時間，最好是學生自己或相互評鑑。

圖二~7：教材評估表

教材名稱：_____

目　　標：_____

_____

輸入模式：_____

_____

評估等級：

1 ··········2 ··········3 ··········NA

不好　　有效　　很好　　不適合

誰——母群體

1. 一次一個小孩使用　　1 2 3 NA

2. 團體使用　　1 2 3 NA

3. 提供不同學習層次　　1 2 3 NA

4. 允許不同學習型態　　1 2 3 NA

5. 適合兒童年齡和能力　　1 2 3 NA

評論：_____

_____

_____

為什麼——教材的目的

1. 有效配合所列目標　　1 2 3 NA

評論：_____

_____

什麼——教材的組織

1. 使用接近目標的型式　　1 2 3 NA

2. 配合兒童學習型態的教學課程

　　1 2 3 NA

3. 包括直接操作　　1 2 3 NA

4. 有吸引力和自發學習　　1 2 3 NA

5. 本身提供好學習工具　　1 2 3 NA

評論：_____

_____

_____

如何——教材的使用

1. 不必老師協助　　1 2 3 NA

2. 提供充分的回饋　　1 2 3 NA

3. 允許學習者從回饋中，再學習

　　1 2 3 NA

4. 在小單位成就中有組織地學習

2.提供新的學習技巧	1 2 3 NA	1 2 3 NA
3.提供充分的練習	1 2 3 NA	5.提供獲得一般知識機會
4.提供學習動機	1 2 3 NA	1 2 3 NA

評論：＿＿＿＿＿＿＿＿＿＿＿

＿＿＿＿＿＿＿＿＿＿＿＿＿＿＿

＿＿＿＿＿＿＿＿＿＿＿＿＿＿＿

（三）什麼是教材的反應模型？

反應的模式是口述？書寫？或其他方法？可由老師或學生來選擇。在選擇反應的模式要考慮：

1.學生的能力和需要如何？

2.在教學中，口述是否會干擾其他學生？

3.是否是個長遠的計劃？是否要保存記錄？

4.如何引發學生對反應模式的動機？

5.工作是否有足夠的變化？

6.有口述或筆述反應的機會嗎？

7.操作形式和反應模式，是否能引導學生的學習技巧或觀念的促進？

8.教材是否能增進更多的反應模型？

在教材使用的過程，要考慮到許多變項，除了上述所提，還要考慮使用的時間，教材與其他教材的配合，教材與老師或學生間的互動，加上不斷地回饋評估的修正，才能使教材更為適用。（參見圖二~7）

教師和教材是分不開的，教材要成功，需有教師的適切引導，教師也需要教材來協助教學，適當地選擇和發展教材，可以節省不必要的摸索過程和時間。教師若能有系統地發展教材，將可以增進學生學習的機會（本文曾刊於國教月刊31卷，第五期，73年，並做部分修正）。

參考資料：Sandra B. Cohen, Paul A. Alberts & Ann Troutman, Selecting and Developing Educational Marterials: An Inquiry Model, Teaching Exceptional Children, 1979）

第三節 幼兒教師的專業角色

一位勝任的教師和僅靠直覺的教師之間的差別在：
前者瞭解各種可能性及所決定的基礎。 ——Elizabeth Brady

一、幼兒教師的專業角色定位：

在孩子的世界裏，學前教師所扮演的到底是何種角色呢？在不同時地，面對孩子、園長、家長、同事時，代表的又是誰呢？從學習的觀點看，學前教師在促進兒童的認知發展，扮演的是教導者的角色。從兒童發展的觀點看，會覺得學前教師的重點在於幫助兒童發展良好的自我概念；並學會與他人和諧相處，能與別人合作共事，輔導其改善不良的生活習慣，是一位輔導者。從父母的觀點看，學前教師是代替他們，在其上班時間內為其照顧孩子的褓姆，是親職角色的替代者。再從園長及學前教育工作的實質看，當一位學前教師，需要有愛心、耐心，能給兒童一個溫和安全感，能安排學習的環境，要會設計課程，教導各種知能，能輔導兒童的問題行為，能擔任些許行政工作，能與孩子、父母建立良好關係，換句話說，學前教師同時扮演著多種角色，才能擔任完成各種學前教育工作。

然而，教育的目標、課程的內容組織、教學方法、評估的標準和方法、師生的關係角色，深受教育哲學思想、兒童發展理論、社會價值取向、教育模式所影響，所以以下將就上述四方面來談學前教師應扮演的角色。

(一)從教育哲學方面談：

哲學思想一直是教育改革及演變的原動力，不同的教育哲學思想所強調的教師角色也有所不同。

自然主義強調順乎自然，以隨兒童自然發展為教育的依據，在兒童本

位的自然主義哲學思想下，教師被期望：以兒童為中心，順應兒童的本性、能力、需要，配合其自然發展的順序來引導兒童的學習。所以自然主義教育哲學中的教師角色強調：教師是學生學習材料和機會的提供者，是良好的觀察者，也是學生自然發展條件的創造者。

理想主義的教育是理想中心的，而不是完全以兒童、科目或社會為中心的。認為人和社會是無常的、不確定而變動的，所以教育要追求的是絕對的完美。理想主義下的教師是個完人，是教育過程中的重點，他決定學生的學習和成長，並建立學生的學習環境，對學生的影響最大。他是學生的行為楷模，是每位幼兒的好朋友，是啟發幼兒學習慾望的人，是幼兒靈魂的引導者，更是傳遞精神成長的佈道者。

實用主義發源於美國，以杜威為代表，提出教育的生活，從做中學，從經驗中學習的教育理念，認為教育是使社會更新的工具，學校應與社會結合，將理論應用於實際。所以其教師角色在教育的過程中，是多種角色的整合。在教學前是協助整個學習單位成型的決策者，是主要活動的計劃者。在教學中，扮演替代親職的角色，是維持紀律及指導工作的團體領導者，同時，在學習活動中，他和學生一樣也是學習者。

人文主義肯定人性的價值，重視個人的潛能、獨立、自由，其教育的目的在促進個人的自我實現，是全人的教育、生活的教育、人格的教育、依人性特質施教的人性教育。在教學方面，側重創造的啟發，經驗的學習以及情感的陶冶。在課程方面，重視課程設計之統整性及課程組織的彈性，內容上重與兒童生活經驗、活動有關，能解決實際生活的各種問題。在人文主義下的教師所扮演的角色是：滿足兒童生理需求的養護者，是學習機會的提供者，是兒童自我概念形成的協助者，是感性教育的輔導者。

(二)從兒童發展理論談：

兒童發展的理論，讓我們瞭解到兒童早期發展的重要性，及其對往後各層面發展的影響。格塞爾（Gesell）的成熟發展論，認為基因是決定發展的首要因素，發展依階段進行，有個別差異性，所以教師應依兒童的發展速度、個別興趣、能力來引導學習。

班度拉（Bandura）的社會學習理論，認為行為的產生乃經直接經驗、

觀察、認知保留、模仿等過程，外在增強、替代性增強及自我增強都是促成行為發生的因素。從這個理論出發，教師協助兒童的社會化過程，不只是外在增強，還要強化兒童的認知。

　　同樣強調以認知為社會發展基礎的柯爾堡（Kohlberg），在他的道德發展階段，幼兒期屬於前道德層次中的服從與懲罰取向期，判斷行為的好壞，取決於所導致後果是獎勵或處罰，可見老師對行為的賞罰，會影響幼兒的道德發展，所以學前教師應慎用賞罰。

　　認知學派宗師皮亞傑（Piaget），重視兒童產生問題及答案的過程，他認為兒童是依據不同發展期的認知結構，去建造及重建他對現實世界的認識，這種認知的成長，並非僅依賴知識的累積，更重要的是要兒童不斷地透過親身體驗，去建立事物的概念，並隨時修正原有的概念。皮亞傑的認知觀點應用在教育上，強調教師應提供適合身體操作的豐富材料，讓幼兒在開放的空間自由去操作發現問題，且教室的氣氛是自由、自動的。

(三)從社會價值取向談：

　　在傳統的社會中社會英才安於其位、權力、及財富，不樂於改革與變遷，教育制度被用以維護既存的社會結構，教師的角色也在灌輸、或培育下一代特殊的價值觀念，以維護既存的社會理想及結構。自從十九世紀以來，世界各國的教育制度逐漸具有革新的性質，教育制度產生改變社會結構的積極力量。教育制度維護傳統結構的功能，漸為變遷革新的功能所替代。如此，教師便由「灌輸特殊價值觀念，維護傳統社會結構」的角色轉至「促進社會發展」的角色。這種轉變乃由於現代社會中，經濟發展、政治發展、社會流動（Social Mobility）、文化革新，均與教育產生密切關係，教育在上述各方面均發揮了重要影響力，因此教育制度乃由社會結構的外圍地位移向核心地位，也正因為如此，教師的影響力不僅拘限於學校及學生，更廣及社會（林清江，民六十）。

　　在十九世紀中期以後，**社會的變遷**更為迅速，家庭型態改組，小家庭取代了大家庭，許多婦女走入工作行列，學前兒童的照顧與養育，成了迫切的社會問題。在國際間的競爭，不只是在軍事政治上，更在科學、教育上一較長短，於是國家社會對教育的關心，開始注意到學前教育的重要

性，而有教育往下紮根的趨勢。而教師是決定教育成敗的因素，學前教師因此更肩具社會的期望。

從**家庭型態的改變**，父母加諸學前教師的角色期待，是親職功能的替代者。且由於兒童不再是大家庭中的小分子，而是小家庭中的重要成員，父母對學前教師會要求個別性的照顧和關愛。且因家庭計劃的推行，家庭子女數的減少，兒童在家庭中不易找到玩伴，學前教師又被期望能協助兒童，發展其人際及社會行為。

從國際科技的競賽，**國家社會期待**學前教師能培養幼兒的科學態度與精神，更由於人道主義、認知學派的興起，認知及社會道德發展成為學前教育重要的一環，也因此學前教師專業能力的具備，不只是成為教師的基本條件，更是家長為幼兒選擇學校的依據。

㈣從教育模式方面談：

不同的教育模式所期待的教師角色就有差異。

開放式教育模式強調，開放的課程教材，開放的學習方式，開放的學習空間，開放的課室管理，開放的督導制度及開放的人際關係等。更重要的，它重視開放心靈的培養，所以在開放式教育模式中，教師是教室活動的引導者，是教材的提供者，是幼兒的好朋友，是觀察兒童個別興趣與需要的觀察者，是記錄評量兒童學習的評估者，也是教育哲理觀念的實行者，及校務推展的協助者。

以行為理論為基礎的**行為分析模式**，應用行為研究方法與技術來分析，並改進學生在教學情境上的表現。在行為分析模式中，教師必須是高度臨床診斷的技巧者；是能觀察兒童喜惡來強化兒童行為的觀察者；是熟練行為改變技術的輔導者；是能評量兒童發展情況的評估者。

同時進行兩種語言訓練的**雙語教育模式**，主要在幫助經濟狀況不利的少數民族兒童，在保留、增強和擴展原母語的原則下，發展第二語言，以助其心智能力及社會化的發展。在雙語教育模式下的教師，是需具備兩種語言能力的語言教育專家，是能利用觀察、個別輔導、家庭訪問的輔導者；是計劃課程、教室佈置、決定母語及新語使用比率、決定教材使用的計劃者、決策者；是透過兩種語言來幫助兒童各方面學習的統整者；是實

習教師職前訓練及親職教育的訓練督導者。

　　綜合以上教育哲學思想、兒童發展理論、社會價值取向及教育模式下的學前教師角色，歸納出下列學前教師基本的角色，及其須具備的能力。

1.教師是養護者

　　教師要能滿足兒童的生理需求，替代親職功能，要用愛心、耐心、同理心去照顧孩子，成為值得信賴的人。

2.教師是教導者

　　能佈置良好的教學環境，提供豐富的教材，精通專業的技能，運用各種教學資源，來引發幼兒的學習慾望。並能以幼兒為中心，了解幼兒的發展，觀察幼兒的喜好，尊重幼兒的意願，來幫助幼兒學習。

3.教師是輔導者

　　教師是幼兒模仿的對象，所以要注重自己的言行，作為幼兒的典範，要當幼兒的好朋友，先尊重幼兒的自由，才能使幼兒尊重別人的自由，建立良好的人際關係。他不僅要接納孩子的情緒，也需要利用教室常規、行為改變技術，來糾正幼兒的不良習慣。並透過觀察、家訪及個別輔導方式，協助其社會行為的發展。

4.教師是計劃者與決策者

　　在教學上，教師要計劃課程，決定教學內容範圍，要根據學生的經驗能力來決定教學方式，選擇運用各種教學資源，並要參予學校政策的決定及校規的制定。

5.教師是評估者與督導者

　　教師是教學的評估者，必須時常記錄幼兒的學習、發展情形，以瞭解兒童的學習狀況，並改進教學。他又是督導者，要督導實習教師的教學，舉辦親職教育講座，使家庭教育能與學校教育配合。

二、幼兒教師的專業職責

(一)教師本身的責任

1. 教師應注意調劑自己的生活，保持身體的健康，注意飲食和充足的睡眠，才有足夠的體力來擔負繁重的工作壓力。

2. 教師應保持穩定的情緒，充實各方面的興趣，使自己能經常帶著愉快的心情與幼兒相處，不隨便拿幼兒當出氣筒。

3. 讓自己成為一位有創意、有朝氣、樂觀進取的人，並且要擁有一顆開放的心靈，這樣才能培育出健康、活潑、有創意的孩子。

4. 教師應讓自己看起來清爽可愛——衣服要便於工作、遊戲，色彩要能調配適當。

5. 教師要隨時注意控制自己的言行舉止，以期讓幼兒有好的典範。

6. 教師應把教育當作一種專業，熱忱地投入，而不只是一份工作，如果缺乏了這份熱忱，幼教工作實在太苦了，而且對幼兒也會有不良的影響。

7. 當一位幼教老師應不斷地吸收各方面的知識、充實自己——多閱讀書報、參觀教學或其他幼教機構，和有經驗的老師多研討。

8. 在工作上應不斷地求進步：

①隨時收集新的資料、對每天的活動有充足的準備。

②每月或每週，應參予教學研討會或個案討論會，這樣才能不斷求進步。

③在假期可參加幼教教師講習會，以不斷吸收新的知識。

④每年可自己擬個專題，作專題研究。

⑤在課前編寫教學計劃表，製作教材教具，並隨時作個案記錄定期填寫表冊。

⑥必要時，應能協助專家完成各項實驗。

(二)對小朋友的責任

1.與小朋友建立良好的關係

①教師應瞭解幼兒的生、心理特徵及智力的發展。

②應能認識每一位小朋友，瞭解其個性。

③教師應對不同年齡、不同背景的兒童有適當的期望和輔導，要合於個別情況，但不失於偏愛。

④教師要能接納幼兒所提出的合理建議，如果幼兒錯了，要能告訴幼兒「應該做什麼」，不是光指責「不該做什麼」。

⑤利用和緩的聲音爭取小朋友的合作，並藉語言讓他們瞭解大人對他們的期望。

⑥盡量參予幼兒的活動，和幼兒一起工作一起遊戲，隨時注意幼兒的活動情況。

2.滿足幼兒的求知慾

①教學內容，要能考慮到小朋友的興趣及需要。

2.在上課之前應先擬好課程，而且教具要準備齊全。

③讓小朋友感到新鮮而喜歡上學——必要時可改變小朋友的坐位為三角形、圓形的形狀，或更換教室佈置，可提高幼兒的注意力。

④要能利用機會或製造機會，讓幼兒去探索四周的環境，提出問題並自己設法解決問題。

⑤教材應常變化，並且靈活應用各種教學方法。

⑥在下一個活動之前，要先做好準備工作，並給予充份的時間，讓小朋友結束他們正在玩的遊戲，收拾好器具、用品。

⑦盡量讓幼兒親身體驗各種事務。

⑧教師要能隨時督導幼兒的活動——知道每天有幾位小朋友？他們在那裏？在做什麼事？

3.給幼兒自我訓練的機會

①訓練幼兒照顧自己的日常生活。

②培養幼兒客觀評量自己工作的能力。

③鼓勵幼兒不斷去嚐試較困難、較複雜的工作。

④培育幼兒有獨立工作的能力，新入學的幼兒可先讓他慢慢習慣團體生活以後，再依常規處理。

4.幫助幼兒建立良好的自我概念

①若幼兒有教師所讚許的行為，應予適當的稱讚。

②藉各種遊戲增進幼兒對自己的瞭解、及對自己身體各部份器官的認識。

教學資訊站：幼兒最需培養的能力。

張美華（民 74）曾做過一項調查研究發現：

家長認為園所老師最應幫幼兒發展的 5 項能力為：

①培養常規與習慣，

②培養誠實與公德心，

③給幼兒自我訓練的機會，

④培養幼兒尊重他人，

⑤讓幼兒獲得常識。

而老師認為自己最應幫忙幼兒發展的能力為：

①培養常規與習慣，

②培養誠實與公德心，

③給幼兒自我訓練的機會，

④培養幼兒尊重他人，

⑤讓幼兒對自己感到滿意。

專家的看法則是：

①讓幼兒對自己感到滿意。

②培養常規與習慣，

③給幼兒自我訓練的機會，

④培養幼兒尊重他人，

②培養幼兒做選擇的能力。

從上述研究結果可以看出，教師、家長、專家共同認爲下列三項力的增進很重要：

1. 給幼兒自我訓練的機會

2. 培養幼兒尊重他人

3. 培養常規和習慣

而專家特別認爲「讓幼兒對自己感到滿意」列爲第一重要項目，教師列爲第五，家長則不認爲那麼重要。

而培養誠實與公德心是家長與教師認爲應列爲前五項，但專家並不認爲。

其中有二項，專家認爲「培養幼兒做選擇」的能力很重要，但家長與教師並不那麼認爲，而最需特別注意的是：

而這些項目，大部份也是家長、老師、專家所認爲老師最應加強、改進之項目。

如果將教師、家長、輕鬆認爲應列爲前五項幼兒需幫助的能力，則可歸納如下：

1. 培養常規和習慣

2. 給幼兒自我訓練的機會

3. 培養幼兒尊重他人

4. 讓幼兒對自己感到滿意

5. 培養誠實與公德心

6. 培養幼兒做選擇的能力

7. 讓幼兒獲得常識。

(三)對家長的責任

1. 印發家長手冊，讓家長明白幼兒生病缺課、費用，早晚接送其間的各種規則。

2. 教師應有幼兒家長的電話號碼，以便意外或急需時能與幼兒家長或

其親友連絡。

　3. 每天安排一段時間，歡迎家長和老師談論他們的幼兒。

　4. 儘量把自己對幼兒的關懷，不論是優點或缺點，都直爽地與家長討論。

　5. 若遇特殊困難，應向專家請教，以便於工作的進行，以便對幼兒有更一層的認識和瞭解。

　6. 歡迎家長來參觀或協助教學工作。

　7. 定期舉辦親職教育座談會，與家長溝通一些觀念，並交換心得意見。

㈣對其他同事的責任

　1. 必要時，要給予同事人力上或精神上的支持。

　2. 盡量支持設計活動的人。

　3. 常常與同事共同討論，交換意見和經驗，如果可能，可成立坦誠團體，定期互相談心聲，以保持情緒的平穩。

　4. 所有的老師，應有定期的學術研討會和個案討論會。

　5. 尊重並重視其他同事的意見。

㈤對社區的責任

　瞭解社區的問題，幫助社區的父母設法解決問題。

　1. 舉辦媽媽教室講習。

　2. 舉辦母姊會，增進彼此的溝通。

　3. 舉辦兒童夏令營，輔導幼兒的假期生活。

　4. 舉辦親子共同的活動。

三、幼教工作人員專業素養

　據「學前教育師資基本能力分析研究」（張翠娥，民七十五）所研究結果得學前教育師資需具備的專業素養，分述如下：

(一)設基本知識：

1. 理解一般心理學的基本概念。
2. 理解學習的基本理論。
3. 熟悉教材教法的基本原理。

(二)專業技能及教學前準備：

1. 為幼兒講述生動的故事。
2. 知道如何帶領兒童體能與遊戲活動。
3. 熟悉並會帶領各種幼兒造形藝術活動。
4. 設計活動，讓幼兒學會簡易的自然科學常。
5. 收集有關學前課程的教學材料。
6. 自擬一學期的單元主題。
7. 依據單元主題，擬定單元目標。
8. 依據單元目標，設計單元活動。
9. 在每一個活動前，先做好準備工作。

(三)發問技巧：

1. 知道如何與幼兒談話，如：能用兒童的語言，給他們的感覺，提供回饋。
2. 能用正面的、鼓勵性的語句來引導幼兒的行為，如：告訴兒童，他們能做什麼，而不是不要做什麼，能增強兒童的正向行為，而不去注意負向行為。
3. 用適當的技巧，提示問題，引導幼兒思考發問。

(四)個別輔導能力：

1. 幫助幼兒與友伴和睦相處，例如：瞭解並促進兒童的自發性，鼓勵與同伴的合作，並發展他們之間互動的技巧。
2. 幫助幼兒主動、積極地參予活動。
3. 鼓勵幼兒自主學習、探討及追根究底的精神。

4. 幫助幼兒建立為自身言行負責的態度。

5. 觀察記錄兒童行為。

6. 能運用有效的方法，收集建立幼兒的個案資料，如：能運用糾察結果判斷兒童的優缺點，設計適合兒童發展程度的教學材料。

(五)與幼兒及家長關係

1. 能把自己降到與幼兒平等的關係，做他們最好的朋友。

2. 能聽、問、注意和反應個別幼兒的興趣、感覺和能力。

3. 能以愛心、勵心來關懷幼兒的生活細節。

4. 能處處以身作則，不只是口頭指正。

5. 能認識並接受孩子在家庭背景、個性、學習步調上的個別差異，能支持每位孩子的獨特性。

6. 能與家長開放地分享他們對孩子需要和行為上的感覺和想法。

7. 經常主動與家長連繫，溝通彼此意見，如：藉家長會、個別商談、家訪、電話會談中與家長開放地溝通有關課程、孩子與家庭的事誼。

8. 能與家長共同為孩子建立教導原則。

9. 能讓家長有信心把孩子交給老師照顧，如：在孩子到達與離開時，能與家長有愉快、舒服的交談。

10.能與家長共同討論，並提供適當的處理幼兒問題的方法。

11.有耐心去瞭解幼兒的困難，並幫助他解決。

(六)一般教學技巧：

1. 在設計教學活動，能考慮到幼兒的興趣和需要。

2. 可以分析、解釋並判斷教材的適用性，如：她能用各種不同方法來解釋教材。

3. 能隨著教學主題的變化，設計安排適當的教學環境。

4. 能設計環境和活動，來促進幼兒自發性的活動。

5. 常能提出問題，讓幼兒設法自行解決問題活動，如：為孩子安排放置外套的掛鉤，用不同的顏色來幫助孩子找故事書。

6. 能彈性地安排活動，不限制幼兒選擇的自由。

7.能靈活應用各種教學法，如：講解、圖片、舉例、實物、身體示範操作、提醒、歸納……。

8.能維持溫暖且開放的教室氣氛。

9.能利用環境活動，或安排機會增加幼兒發表機會。

10.能按教學需要，將團體教學、小組教學、角落教學、做適當的調配。

11.能把握教學評量的基本原則。

12.能運用各種教學評量，來瞭解幼兒的學習成果及發展程度。

13.能解釋各項評量結果。

14.能依據評量結果改進教學。

15.能用適當的方法，鼓勵幼兒作新的嚐試。

(七)工作進度

1.能把幼教當作一種專業，熱忱地投入。

2.不遲到、不早退、不浪費園方時間，以工作為中心。

3.每天必完成當天該做的事。

4.會不斷吸收各方面知識，充實自己，以求工作上的進步，

5.能真正瞭解自己在教學上的優缺點。

6.能隨時自我檢討，肯承認不會做、不能做的事。

7.能瞭解自身情緒的變化，以維持身心平衡。

8.心中有疑問時，能問清楚，不亂猜疑。

（本節引自張翠娥，民85，幼稚園教材教法／4版）

※另可參考附錄三、美國幼兒教育協會之倫理守則

問題思考：

1.試比較目標模式與過程模式在教學計畫與實施的特色？優缺點？及幼兒的學習經驗？

2.有人說：「迷信教材，不如無教材」到底意味什麼？教師在選擇使用教材時，依據的準則是什麼？

3.請由自己的教保經驗,或感一段幼兒教師的教保活動,檢視教師與幼兒的互動關係及對幼兒的影響。

第二篇　幼兒教學活動展現方式與技巧

第三章

創造思考教學

本章重點

第一節　創造思考教學的理論基礎

一、創造思考教學的基本概念

㈠「創造」的要素

有關創造的定義眾說紛云，以下說明幾種常見的說法（王鍾和譯，民69，頁 324-325）：

1. 所謂「創造」必須是一個過程，在這過程中，一些新的東西，不論是思想或一種新型態的事物被創造出來。

2. 創造是一種偶然的創設，就像小孩子玩積木一樣，若堆積成的東西像房子，就把它叫做房子。

3. 一個人只要創設出他從未創設過的東西就叫「創造」。

4. 認為創造是一獨特的心理歷程，在此歷程中，除了去製作一些新的、完全不同的及最原始的東西外，它不需有其他的目的。

5. 創造十分相類似於很高的智慧。

6. 創造是天才的表現。

7. 把創造和想像力、幻想視為同義字。

這些不同的觀點有如瞎子摸象，都只說明創造的某種特徵，無法涵蓋全貌，最後 Hurlook, E.B.（王鍾和譯，民 69，頁 325-326）綜合整理出創造性的特有要素如下：

＊創造是一個過程而非一個產物。

＊創造的歷程是有目標的，不僅對個人有利，且造福整個社會

＊創造不論是語言的或非語言的，具體的或抽象的，對個人而言，都具有新而獨特的意義

＊創造來自擴散性的思考，而順從及每天問題的解決則來自收斂式的思

考。

　　＊創造是一種思考的形式，而不與智力同義，其包括了心智的能力而不只爲思考。

　　＊創造力也要視其所接受的知識。

　　＊創造力爲一種控制假想的方法，這會造成一些成就，不論是在繪畫、堆積木或白日夢中表現出來。

　　綜合林幸台（民63）、賈馥茗（民68）、毛連塭（民73）、陳龍安（民81）等人對創造思考教學基本概念的看法，歸納如下：

(二)創造思考教學的目的

　　1. 啟發學生創造的動機
　　2. 鼓勵學生創造的表現
　　3. 培養學生流暢、變通、獨創及精密等創造思考能力

(三)創造思考教學的方法

　　1. 利用創造思考的策略，配合課程，讓學生有運用想像力的機會
　　2. 鼓勵學生表達，容忍學生不同的意見
　　3. 對學生的各種看法不急著下判斷
　　4. 以學生爲學習主體，教師不獨佔整個教學活動的時間
　　5. 是一種鼓勵教師因時制宜，變化教學的方法。

(四)創造思考教學的情境與氣氛

　　1. 特別注意自由、安全、和諧、無拘無束的情境與氣氛
　　2. 佈置適當的環境，準備豐富的教材、教具，提供各種材料
　　3. 充份利用社區資源

　　簡言之，創造思考教學可說是教師透過課程內容、及有計畫的教學活動，以激發和助長學生創造行爲的一種教學模式。

二、創造思考發生的理論觀點

　　對於創造思考如何發生的看法，不同的理論有不同的觀點，以下將人文心理學派、精神分析學派、行為主義學派、左右腦功能派的理論觀點，畫成圖三－1，簡單分述之。

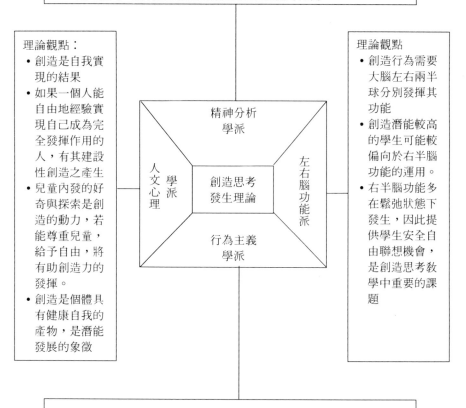

圖三～1：創造思考發生的理論觀點簡述圖

上圖資料來源包括：Maslow（1959）；Getzels&Jackson（1962）；Chamber（1969）；張秀玉（民75）；林幸台（民71）；鄭美珍（民76）。

從上述創造思考發生的理論觀點，給我們以下的啟示：

1. 提供幼兒一個可以滿足好奇、適合探索的學習環境與情境，將有創造思考的發生。

2. 教學內容與方式若能讓幼兒有自由經驗操作，實現自我，將有助建設性的創造之產生。

3. 創造思考需大腦左右半球分別發揮功能，教育上不應偏向任何一方，教師應瞭解學生較偏向何種方式學習或思考，以提供適切的情境培養其潛能，亦應設法針對其較弱的一部分，施以補救教學。

4.「知識」是創造的基礎，「聯想」是創造的媒介，如果能多提供幼兒各種經驗知識，多利用創造聯想策略，將有助創造思考的發生。

5. 創造是個人潛意識作用，可透過各種創造表現方式，讓潛意識或個人原始經驗再重現。

三、有關創造思考教學的研究發現

Torrance（1972）綜合許多研究報告發現經過創造思考訓練者，在流暢性、變通性、獨創性、精進性方面的表現能力顯著優於未訓練者。Khatena（1971）以一百多位五、六歲貧童為樣本，由受過訓練的幼稚園老師為其實施為期六天，每天一小時的創造思考訓練課程，結果發現達到顯著的訓練效果。國內學者陳龍安（民73）以國小三、四年級為對象，進行創造思考教學訓練，也有同樣的發現。

Davis 及其同事發展一套七、八年級的創造思考教材，進行為期十週的訓練，發現學生所生產的創造思考方案數比控制組多出 65％，對自己創造能力的信心比較高（Roweton, 1970）。賈馥茗做過幾個有關創造思考教學的研究，提出：學生在運用創造思考後，較能自行設想，注意到課外事件；創造性教學鼓勵學生自由思考方式，不但無害於教室常規，反而有助學生之自動、自律、與合作的發展；兒童的創造表現與行為之自律等，需

要相當時間，容其適應轉變，方能達到發展而表現於外的階段；創造性的教學需要在教材與教法方面有極大的彈性，教師必須有足以適應的能力與彈性（陳龍安，民 77，頁 224-227）。

　　黃麗真（民 75）進行十週的社會科創造思考教學；李錫津（民 75）進行十八週的創造思考教學，都發驗實驗組學生在學業成就上有提昇的趨勢。林建平（民 74）則發現男女生在創造思考能力上並無顯著差異；創造性方案受到絕大多數學生的歡迎。綜合以上研究歸納出以下結論：

1. 創造思考教學有助創造能力的發展
2. 創造思考課程可增加學生對自己創造力的信心
3. 創造思考教學有助學生自動、自律與合作發展
4. 創造思考課程有助學業成就的提昇
5. 創造力方案受到絕大多數學生的歡迎
6. 創造思考能力男女性別並無顯著差異

第二節　創造思考教學氣氛的營造

一、創造思考教學目標與教學原則

教學目標	發展幼兒創造力的教學原則
1. 建立幼兒的信心，肯定自我能力	*鼓勵幼兒多參與活動 *提供自由、接納、和諧、互重的氣氛 *給幼兒正面鼓勵代替負向的價值判斷 *讓幼兒有機會運用自己的表達方式，表達想法、展示作品，分享全體的創造成果。

2. 發展幼兒獨立自發的能力　　＊佈置一個能讓幼兒觀察、選擇、主動建構的學習環境

　　＊讓幼兒在遊戲操作中學習，積極參與環境。

　　＊當幼兒表現獨立行為時，應予增強或接納

　　＊鼓勵幼兒有始有終，獨立自主地完成工作。

3. 培養積極挑戰的精神　　＊提供具挑戰性的教具，允許其自由探索環境

　　＊幫助幼兒疏導挫折，鼓勵其從錯誤中學習，從失敗中獲得經驗。

　　＊鼓勵幼兒勇於嘗試，探索新事物

4. 發展幼兒獨特的思考與見解　　＊鼓勵並支持幼兒有與眾不同的想法與回答

　　＊教材教法要多變化，盡量激發幼兒的想法

　　＊允許幼兒有思考的時間

　　＊尊重幼兒的個別差異性與興趣

5. 發揮想像力，增進發展潛能　　＊提供多種不同材料

　　＊提供幼兒有創造性表達的機會

　　＊鼓勵想像扮演的遊戲

　　＊讓幼兒在進行創造活動時，穿著可以被允許弄髒的衣物

6. 增進幼兒應變技巧，提昇問題解決能力	＊讓幼兒藉由發掘問題、收集資料過程，學習解決問題 ＊運用腦力激盪、自由聯想，激發多種問題解決的可能性 ＊提供機會，並鼓勵幼兒自己解決問題
7. 學習組織分類系統化的思考技巧	＊鼓勵幼兒運用創造思考策略解決問題 ＊讓幼兒有機會選擇、決定學習活動的內容與方式

8. 與家長溝通，讓家長充分瞭解及支持幼兒創造的努力及成果

二、有益與阻礙創造力發展的因素探討

	有益創造力發展的因素	阻礙創造力發展的因素
人 格 特 質	1. 比較獨立、自律，有時會反抗權威。 2. 常捉弄別人，表現出小丑的幽默，惹人開心。 3. 適應環境的能力比較強。 4. 喜歡冒險、挑戰性的工作。 5. 對例行公車及令人厭煩的事物，非常沒有耐心。 6. 擴散思考能力強，記憶力廣且會注意細節。 7. 喜歡閱讀，有廣泛的知識背景。 8. 常需要較多時間思考。 9. 對有興趣的事非常專注。	1. 依賴、順服 2. 乖巧 3. 不易適應新環境 4. 不喜歡換工作項目 5. 由於例行公事 6. 思考集中等部分 7. 不喜思考 8. 對事物缺乏興趣 9. 固封、保守

	10.敏感，好奇，有豐富的想像力，常表現出一種不同感覺的能力，如聽到某種聲音看到某種顏色。	
環境教材	1. 豐富、刺激的環境 2. 可自由探索、操作的玩具材料 3. 提供不同材質，多樣性的教材 4. 經常變幻環境的佈置 5. 放在開放隨手可取的開架空間	1. 缺乏刺激的環境 2. 只供觀察、欣賞不可把玩的教材 3. 單一功能，單一性質的教材 4. 一成不變的佈置 5. 封閉，不可隨意取用的設備器材
學習者態度	1. 有目標，有計畫 2. 能運用想像力 3. 喜運用邏輯思考，推理解決問題 4. 注重問題，解決過程	1. 無目標漫無計畫 2. 缺乏想像力。 3. 不願多思考，依賴教師 4. 只關心結果 　缺乏發現問題、界定問題、尋找解答的能力
輔導者	1. 鼓勵獨特見解 2. 尊重個別差異 3. 提供解決問題的機會 4. 扮演支持者角色	1. 不喜個人有意見 2. 一律一視同仁 3. 幫他解決問題 4. 扮演支持者角色 　對幼兒有較低的期望

三、佈置一個可讓幼兒觀察、主動、選擇、探索的環境

1.規畫開放自取性的學習空間

　　開放式的學習環境，可提幼兒主動觀、選擇的機會，無形中孩子的的

自主與創造力就容易被激發，此外，開放自取的空間也表示幼兒對自主與創造的尊重。

2.營造溫暖、開放、支持、鼓勵、幽默……的學習氣氛

軟墊、抱枕、色彩的柔和度、地板的質感、桌椅的排列，對溫暖、開放、支持度都有相當的影響，當然最重要的，還是教師的態度。

3.選購適宜的玩具、教材

多功能可拼組的玩具或教材，如：河、水、積木、拼圖、可以模擬成長活的玩具（如娃娃、房屋……）、樂器、衣服面具、美勞材料、運動器材（如球、跳繩、滑梯……）以及科學儀器（放大鏡、磁鐵……），對創造力的發展都頗有助益。

4.利用各種素材創造遊戲活動

日常生活中，許多材料常只用作為資源回收，如果能發揮一些創意與想像，可以創造出許多有趣的活動。

以下材料都是很創造性素材
①報紙和雜誌可以用來剪貼。
②包裝袋可藏玩具讓孩子來猜，或分類。
③日曆可製造數字紙板，讓孩子玩數字配對遊戲。
④旅遊指南的小冊子或海報可學習各國風土人情。
⑤養樂多瓶、空罐子可做各種汽車或蓋房子，玩聽筒遊戲、做美勞作品、益智玩具。
⑥花生殼用畫筆染色後可套在指尖作玩偶演戲。
⑦用舊衣服或床單讓孩子作畫。
⑧用肥皂來雕塑、用蘿蔔刻畫、用稻草編織、用葉子做笛子、船……

教學密笈：影響創造力思考的十大戒律

1.不要太早對孩子的意見下判斷或消極的批評

2. 不要瞧不起孩子，傷害孩子自尊

3. 不要限制孩子太多自由

4. 不要對孩子嘮叨不休

5. 不要強迫孩子盲目服從自己

6. 不要做出不適孩子的要求

7. 不要排斥孩子的錯誤或失敗

8. 不要常常製造緊張壓迫氣氛

9. 不要只讓孩子背誦記憶課本的知識

10. 不要懷疑孩子的能力事事代勞

第三節　有助創造思考的課程發展與教學

一、有助創造思考的課程發展

(一)課程的安排

1. 設計彈性的學習時間

僵化固定時間的作息安排，往往會限制創造思考的發展。彈性的學習時間作息，較能延續創意的想像活動發展。

2. 提出具想像力和創造性的課程計畫

如果教師本身設計的課程就是講述式、教導式、紙筆測驗式，相信很難造就出有創造思考的學生，所以一份具想像力和創造性的課程計畫，可以讓創造思考的發展得到如虎添翼的效果。

3. 以創新的方式運用材料

相同的材料用不同的方法處理，常會有意想不到的效果，如果教師本身在器材、材料使用上有推陳出新的作法，如：拿箱子當椅子、紙箱當火車....相信也能激發幼兒有更多的創意。

4. 利用討論方式解決問題、訂定規則

問題的解決、規則的訂定如果能用討論、表決的方式決定，可以幫助幼兒瞭解規則也是人訂出來的，問題透過討論可以有更多的想法，考慮到的層面也較多，這些都是促進創造思考的重要因素。

5. 安排團討、分享、互動時間

經常讓幼兒有機會共同討論事情，分享交換經驗，如小組活動結束、選角活動過後，放學前都可以讓幼兒分享：我剛剛學了什麼？我覺得最棒是什麼？我完成了什麼？我想到什麼辦法？……

6. 活動進行多利用創造思考策略，讓幼兒思考創作

創造思考策略如：分類、組合、變大、縮小、改變功能..，鼓勵幼兒多運用各種創造思考策略練習思考創作。

7. 課程進行讓幼兒有自我選擇與決定的機會

當幼兒在開放具豐富材料的環境中，有自由選擇與決定學習內容的機會時，將能激發幼兒豐富的想像力，發揮創造的潛能。

8. 讓創造思考成為幼兒學習生活的習慣

將創造思考時間安排為每日課程作息的一部分，養成幼兒運用創造思考的習慣，經年累月創造思考能力終將逐日形成。

㈡教師教學引導的態度

1. 教師要先成為一個創意人

教師碰到問題也要動腦筋思考，跟孩子一起想辦法，教學上也要常有些創新的點子，才能讓幼兒有模仿的對象。

2. 讓每位孩子都有機會

每位孩子都是平等的，每位孩子都有創造思考的能力，只要你給他機會。

3. 提出開放創造性問題

教學問話不要只問是不是，好不好，或要求固定標準的解答。應該讓孩子有較多的思考空間，如問：「……除了……還有什麼？」「如果……會……？」「萬一……怎麼辦？」

4. 給孩子一點思考的時間

不要太急著給答案，最好有點耐性，讓孩子有一些思考的時間。

5. 不要抹殺孩子的好奇心

當孩子問問題時，要有耐心地聽，帶領孩子思考問題的方向，不要嘲笑孩子問太幼稚的問題，或對回答問題表示不耐煩，如果真的不知道如何回答，可以告訴孩子：「我也不知道，但是你可以回去問你的爸爸媽媽，或者去查書，我也會再去查查看，我們再來看我們得到的答案一不一樣。」

6. 培養孩子對事質疑的態度

除了幼兒問問題不澆冷水外，還需要進一步以鼓勵、讚許的態度增強他，以培養孩子對事質疑的態度，有時孩子問問題時，並不一定要正面回答，引導性地提問題促進其思考方向，反而更能激發他自己解決問題能

力。

7. 享受共同創造的樂趣

師生可以共同創作，不同年齡的孩子也可以融一起享受共同創造的樂趣，只有當孩子經驗創作是愉快的、有成就感的、被尊重的，他才能真正發揮創作的能力。

8. 讓發現成為生活的樂趣

帶領孩子多觀察生活週遭自然環境、事物的美，多發覺生活中的樂趣，讓孩子享受「發現」的樂趣，創造思考能力就會在無形中奠下良好基礎。

9. 注意傾聽、尊重幼兒的想法

孩子的想法意見需要被尊重，只有孩子受到關愛、尊重，他才有機會與勇氣，表示自己的想法、意見，得到創造思考的練習機會。

10. 學習做決定前先分析後果

如果凡事父母、師長都為孩子安排妥當，孩子就學不到為自己的決定負責的機會，將來面臨重大決策時，也會比較沒有擔當。所以提供孩子選擇表達意見機會，鼓勵他做決定前先分析後果，將可以造就有膽識與擔當的棟樑。

二、創造思考發問與回饋技巧

㈠創造思考發問技巧

創造思考問題類型大致可分為：假設問題、比較問題、推測問題、自由想像等。其發問類型及問題內容說明，請詳見表三－2「創造思考問題類型與發問技巧表」。

表三－2　創造思考問題類型與發問技巧表

	創造思考發問技巧	說明
假設問題	1. 假設想像	想像……，可能的情形是……
	2. 時地遷移	如果換成在（時間或地點），會……
	3. 六 W 問題	利用英文中五個 W，一個 H 的問題 Who？Why？When？What？Where？HoW？
	4. 除了…，還可以…	提醒除了…之外，還有什麼可能性？
比較問題	1. 異同比較	可以比較外觀、顏色、形狀、感覺…的異同點
	2. 類比隱喻	運用想像將人、事、物互相比擬，藉以類推事理，產生見解或觀念。如：白鵝在水裡游像隻小白船，你認為還像什麼？
	3. 時間比較	比較從前與現在有關人、事、物……
	4. 不同時空比較	比較在不同地點、文化條件背景……可能的情況
推測問題	1. 推測可能	假設某種情況，推測各種可能結果。如：飛機引擎突然故障了，可能會發生什麼事？
	2. 詳列用途	盡量列舉相關的用途（如：杯子可能的用途？）
	3. 替換取代	試想如果沒有什麼（如：炒菜時發現沒鹽），可以有什麼替代方法。
	4. 列舉各種可能	將各種可能的情形列舉出來。
自由想像	1. 自由聯想	從提出的想法中，任意聯想出與該事物有關的任何事。
	2. 腦力激盪	在一定時間內針對某個主題，大家以集思廣義的方式，大量產生意見、看法、靈感或方案。
	3. 重組歸併	假設將原有物重新拆裝組合，或增加某些零件、功能，甚至變大變小，想像會有何結果。
	4. 角色扮演	假想自己是某種角色，以戲劇演出方式，去想像模擬各種擔任該角色可能出現的行為。

5.假設性想像想像	各種可能情景，如：想像太空城市的樣子？一百年後的世界……

　　以上創造思考發問技巧參考：陳龍安（民 77）；張玉成（民 77）。

(二)開放式與封閉式的問話

　　開放式的問話並無固定的答案，幼兒可以發揮想像力回答，但他必須有個人的想法。其不需要靠記憶或既有知識回答，卻要能組織推理、想辦法解決問題。封閉式的問話有固定標準答案的期待，回答者必須依賴記憶的知識回答。

表三－3　開放式與封閉式問話示例表

	開放式的問話	封閉式的問話
特 色	1. 答案有選擇性，有多種可能的答案，無固定的答案 2. 不靠記憶、知識回答，需依想像力組織推理能力來回答	1. 答案是唯一的，或有特定的答案 2. 依賴記憶知識
例 句	「如果……，結果會……？」 「除了……，還有……？」 「為什麼你認為……？」 「這是怎麼發生的……？」	「愛吃香蕉，愛模仿人的是什麼動物？」 「紅色加黃色，會變成什麼顏色？」 「對不對？」「是不是？」

(三)適切與不適切的語言回饋策略與例句

　　適切的語言回饋可以使人增加自信、增進創造的生命力量，相反的，一句不適切的回饋可能讓一位藝術天才，抹殺創作的動機。表三－4 分析適切與不適切的語言回饋策略與例句，可提供一些參考。

表三～4

適切的語言 回饋策略	例　句	不適切的語言 回饋策略	例　句
客觀述說事實	「你畫了一個黑色嘴巴的媽媽！」	批判事實	「哪有人畫黑色的嘴巴！」
以明確的語詞具體認可幼兒行為	「你幫忙搬桌椅，讓我輕鬆許多！」	過度讚美	「你真是個大力士，像卜派一樣！」
接納幼兒的情緒反應	「我知道你很難過，因為你很想玩車子，可是先來先玩，你需要等一下！」	否定情緒	「這有什麼好哭的，先來先玩，車子沒了就先玩別的！」
澄清事實	「這條長長的是什麼？」	主觀判斷	「猴子的尾巴哪有這麼長！」
提供線索，激發想像	「想想看！還有什東西會在天空飛來飛去？」	評斷事實	「天空怎麼白白的，要畫一點東西啊！」
瞭解想法	「可不可以告訴我，你的魚怎麼會在天空上？而太陽卻跑到水裡去？」	主觀指示	「太陽要畫在天上，魚才是在水裡游的！」

三、增進創造思考與問題解決的學習活動

㈠有助創造思考與問題解決的學習活動

1.活動一：可能性與不可能

　　編故事將日常生活中可能與不可能的事物，編串在一起，如：「有一

天，我上了公車，八腳的章魚司機正在開車，車上座位剛好坐滿，這時上來一位老太太，沒有人願意讓座，這時有位年輕人站起來，天啊！我發現他竟然沒有腳....」和孩子討論故事中的情節，日常生活中哪些是可能發生的？哪些是不可能發生的？如果有可能會在何種狀況？

2. 活動二：依據線索判斷處境

提供一個情境，如：有個人走到森林裡，發現地面有個大腳印，注意聽，還可以聽到許多動物集體跑步的聲音……，猜測這個人正面臨什麼處境？附近可能藏有什麼動物？

3. 活動三：他是誰

老師可以向幼兒說，他目前心中在想一個人，「他的頭髮短短的、穿白色的上衣……」請幼兒猜猜看，他是誰。也可以請幼兒出來說他心中所想的對象特徵，讓其他幼兒猜。

4. 活動四：看圖説故事

選擇一些有人物或動物、情境的圖片，利用六 W 問題：何人（Who）、何地（Where）、發生什麼事（What）、為什麼（Why）、如何發展（How）來引導幼兒創造故事。

5. 活動五：屬性歸因

如讓幼兒試驗收集到的物品，那些是會浮的？那些是會沉是。或討論那些東西能被磨擦後的墊板吸走、那些不行？

6. 活動六：一不一樣

隨便找兩位小朋友出來，請幼兒指出他們兩人有什麼地方相同？有什麼地方不同？也可以比較兩朵花，兩棵樹或討論任何兩件物品的相同相異處。

7. 活動七：字詞接龍

字詞接龍可以是成語聯想接龍，如接成語中有數字或有動物名稱的。或接字尾、尾音相同的字詞。

8. 活動八：改變習慣

老師和孩子討論：假如媽媽有一天不小心喝了「愛麗絲夢遊仙境」的神奇縮小水，縮成像洋娃娃的大小，家裏會變成怎麼樣？

9. 活動九：糊塗魔術師

準備一些圖卡或故事書，上面的圖是荒謬如：娃娃推著搖籃媽媽坐在娃娃床上，請幼兒指認不合常理的地方。

10. 活動十：如果是你？

提出了個情境，請教幼兒，如果故事情境中的主角，換成自己，會有什麼樣的發展，或故事講一半，將故事中的換成所有幼兒圈的人名，繼續編述，或由幼兒自行編後續發展情境。

(二)創造思考與問題解決的活動設計

1. 活動名稱：玩具工廠

年齡：4～6歲

人數：不拘

活動未來：1. 增進創造思考策略

　　　　　2. 增進創造思考流暢力

　　　　　3. 提昇分類推理的能力

　　　　　4. 體驗文字與思考的關係

教材準備：

　　1. 一件玩具

　　2. 白板（或黑板、紙筆）

活動實施：

老師拿出一件玩具，向小朋友說：「有位工廠老闆生產這部玩具，可是買的人很少，他想請小朋友幫他改良一下，這個玩具，使這個玩具更好玩，小朋友！能不能幫他想想辦法！？」

2.老師可以在板子上（或紙上）寫下小朋友的想法（讓小朋友體驗原來文字可以記錄人們的想法）

3.討論那些方法的功能或改良試是相同的，如：加裝輪子、加裝耳朵……等都是加裝的改良方式，加上輪子使它會動，改成電動使他會動，裝上發條使它會動，都是同一種功能。

4.計算大家共想出幾種方式，那些方法最特別，可行度如何？

觀察重點：

1.觀察幼兒是否能很快想出不同的方法。

觀察幼兒想法的獨特性與實用性。

活動事項：

1.儘量以輕鬆愉快的氣氛進行活動。

2.不施加壓力，想不出時，可稍作提示，鼓勵其有新的想法。

3.可提示創造思考的運用策略，如：放大、縮小、組裝……等來引導。

延伸活動：

1.可改良各種不同產品。

2.可討論日常用品的功用。

2.活動名稱：出遠門

活動目標：

培養生活創思解決問題能力。

教材準備：圖片（無亦可）

活動實施：

1.老師提出問題：

小強家裏魚缸裏養了一些魚，可是他們全家要出國去旅行二個星期，小強好擔心，這段時間沒人餵魚，魚會死掉，怎麼辦呢！

觀察重點：

1.觀察幼兒所提的解決策略可行度如何？

2.觀察幼兒所提解決策略的創意程度。

注意事項：

1.不對幼兒所提的答案做批判。

2.可請幼兒回答為什麼他想到這個方式？請幼兒討論可行性。

延伸活動：

1.可討論出遠門，家中的花草如何保持生命？

2.討論出遠門，如何防止家中失竊？

3.出外時，萬一與父母走失了怎麼辦？

4.若獨自在外，有陌生人問路怎麼辦？

3.活動名稱：點心不夠時

年齡：4-6歲

人數：3人以上

教材準備：

幼兒餐點（依幼兒人數份數多一些或少一些）

活動目標：

1.培養幼兒運用創造思考方式解決問題。

2.提供衝突情境讓幼兒有機會思考問題。

活動實施：

1.利用幼兒園點心時間進行。

2.準備點心時，故意少一些。

3.請一位小主人出來發點心。

4.當小主人發現點心缺少時，一定會來問老師報告，此時，老師只要表示：糟糕！今天點心好像不夠！怎麼辦呢？

5.先看看小主人如何反應，若其不知該怎麼辦時，老師要代為解圍，向所有幼兒徵求意見。

6.等待所有幼兒的想法、意見，不要急著幫他們解決。

7.如果提出的方法，大家不滿意，可透過討論的方式解決。

觀察重點：

　　1.從幼兒的反應可看出幼兒是否有分享喜捨的習慣，解決問題的策略。

　　2.如果幼兒提出自己的份可以捐出來，表示其有喜捨、分享的特質，若提出把所有的點心放在盤中，大家自由享用，想吃的就吃，不想吃的可以不吃，表示其解決問題考慮的周延性頗強。

注意事項：

　　1.老師不必急著要他們想出方法。

　　2.老師應適時安撫未分到點心幼兒的情緒，鼓勵解決問題策略的出現。

　　3.老師可適時提出引導問題。

　　4.選擇的點心可由較易彈性調配的食物，如小餅乾、橘子……等開始。

延伸活動：

　　亦可用在其他教學時段，製造問題情境讓孩子試者去解決。

4.活動名稱：我在想什麼？

活動目標：

　　1.經驗分類邏輯思考方式

　　2.提昇推理思考能力層次

活動方式：

　　1.請一位小朋友心中想一樣東西

　　（動物、日常用品、交通工具……都可），可先告訴老師或別人。

　　2.其他人要想辦法猜中他心中所想的東西，出者只能回答「是否」「對錯」「可，不可」「能不能」……等二分答案。

　　3.猜題者可依大類來刪除不可能的物件，如：「會飛嗎？」「是動物嗎？」「可以吃嗎？」「人可以坐上去嗎」「有四雙腳嗎？」「吃肉嗎？」

　　4.最後答題者，依這些答案線索，猜出題者心中所想的東西，最先答對者可喊「哦！耶！」

注意事項：

　　剛開始幼兒可能沒有分類的經驗，可稍作提示。

分組討論：

　　請試選一種創造思考發問類型，設計適合幼兒的教學活動，並實際演練。

自我評估：

　　1.請各舉兩個問話例句，分別代表開放式與封閉式的問話。

　　2.請至幼兒園觀察記錄一段師生的談話，分析其中哪些屬於開放式問話？哪些屬於封閉式的問話？

　　3.請自行觀察記錄一段教師教學歷程，分析該教師語言回饋策略是否適切？

第四章

故事的呈現與技巧

本章重點

第一節　故事主題選擇與呈現方式

　　一、故事主題的選擇

　　二、故事呈現方式

第二節　說故事前的準備

　　一、教材準備

　　二、情境安排

第三節　故事的發表

　　一、說故事的技巧

　　二、說故事時的課室秩序維持技巧

　　三、說故事型態的多樣性

　　四、說故事技巧的精進

第四節　故事後的延續

　　一、幫助幼兒發展正向的故事閱讀觀念

　　二、鼓勵幼兒談論和述說故事

　　三、引導幼兒計畫參與故事的行動

　　四、延續故事效果

　　對團體說故事早已是許多學前教育機構教材中不可或缺的一部分。說故事對幼兒語言和讀寫的發展很有助益的。許多有經驗的老師會將班級分成幾個小團體，讓幼兒以自由參加的方式進行說故事活動。這種讓幼兒自行選擇的活動進行方式，往往會使團體得到高品質的故事時間。還有考慮適合團體中每位幼兒的生活經驗或用不同方式有效呈現給每位幼兒，將使說故事變得有趣生動。

第一節　故事主題選擇與呈現方式

　　故事的呈現有多種型態，可以是單純的口述，可以用朗讀的方式、選用故事書說故事，也可以利用道具如絨布板、布偶、人偶…，或師生聯合創作故事等多種表現方式呈現故事。在故事主題書寫形式上也可以是多種變化的，如：詩、新聞、軼事、海報、信件……都是很好的故事題材。

一、故事主題的選擇

1.故事題材的選擇

　　選擇適合對團體說的故事題材應考慮
　　＊幼兒的發展年齡和習慣
　　＊聽眾與故事內容在種族文化和文化價值觀的差異性
　　＊幼兒的家庭環境，如：單親家庭、養子女……
　　＊幼兒的背景知識。
　　＊幼兒的語言能力。
　　＊幼兒對主題的興趣。
　　＊幼兒對不同文學表現型態的掌握能力，如：童詩、散文……
　　＊若選擇用故事書或故事圖說故事應考慮：插圖的大小是否能讓團體成員看清楚、插圖的美感、創意、印刷品質、紙張反光度……

教學資訊站：圖畫故事書的選擇

一、基本選擇原則

1. 適合孩子的身心發展年齡。
2. 考慮孩子的個性興趣。
3. 內容主題要正確，不要怪力亂神、恐怖嚇人等情節內容。
4. 文詞要流暢優美、口語化。
5. 圖文要搭配得宜。
6. 插畫要表現自然性考慮不同年齡的接受度。
7. 封面設計要美觀、盡量不用變形字。
8. 裝訂要牢固，不易鬆散、脫頁。
9. 紙張不反光，堅韌不易破損。
10. 字體大小行間距離等版面排列要考慮年齡層。
11. 印刷要注意清晰度、彩度，油墨以不易脫落為佳。

二、適合一至三歲幼兒的圖畫故事書

1. 玩具圖書：包括塑膠書、布書、手指偶書、洞洞書、音樂圖書、特殊造型圖書……切合實際經驗，不易撕毀，可以讓幼兒享受操作與動感的故事時間。
2. 內容以簡單情節、重複性高，以幼兒生活為對話的故事。
3. 以圖為主，字為輔，甚至不用文字，完全以圖畫為主的無字天書。

三、適合四至六歲幼兒的圖畫故事書

1. 種類可以多樣化，包括文學、藝術、科學、童話……
2. 插畫要美觀，能培養幼兒的美感。
3. 內容情節可以複雜些。
4. 圖文比例，可以視年齡增加文字比例，字體不宜太小。

2.故事主題書寫型式的選擇

　　除了一般常見的故事（如故事書的方式）可以說給幼兒聽外，也可以採用不同書寫型態的故事主題，如：

＊詩

＊編造的故事

＊信、摘要、明信片

＊海報

＊改編合適的成人書籍

＊有標題的新聞照片

＊孩子自己畫的故事圖

二、故事呈現方式

1.口白述說式

　　直接口白敘述，利用聲音變化、表情動作來敘述故事的發生，不利用任何其他的圖書、道具。適合大班對語言理解、記憶能力較強的幼兒，在車上、戶外身邊沒有圖畫書時使用。

2.大聲朗讀式

　　直接朗讀圖書上的文字敘述，不添加動作或其他說明，適合國小低年級學生學習文字練習用。

3.圖畫故事式

　　直接選用是當圖畫故事書講故事，這是一般家庭或幼兒園小組故事時間，最常使用的方式。下個段落所介紹的說故事技巧，也以此方法為主述重點。

4.法蘭絨板式

利用法蘭絨板當背景，剪下各種紙偶或布偶，配合故事角色情節貼在法蘭絨板上說故事。

5.偶劇表現式

利用各種玩偶如：紙偶、懸絲偶、襪子偶、木棒偶、手指偶、手掌布偶、皮影偶……等道具說故事。

6.戲劇表現式

直接由大人或小孩扮演故事中的角色演出故事內容。

7.聯想創作式

事先並無故事腳本，而由一人至數人輪流，採自由聯想方式自由編串故事，這種故事內容常是陸離光怪，不符故事編寫原則，但能激發想像創造力，有趣刺激。常見故事創作方式有：故事接龍、自創故事、看圖編故事、改編現有故事、以社會新聞生活故事改編、發現幼兒行為問題將之編成故事以改善幼兒行為……等方式。

第二節　說故事前的準備

一、教材準備

1.選擇適當的故事題材：

選擇適當的故事題材考慮要點詳見本章第一節。

教學資訊站：故事對幼兒的影響

故事對幼兒的影響頗大，經常對幼兒講故事可以幫助幼兒：

1. 擴展幼兒在有限環境以外的生活經驗。
2. 學習新的用語與詞彙。
3. 促進抽象思考能力。
4. 激發邏輯思考能力。
5. 增進觀察力，培養敏銳度。
6. 透過聽故事，增進注意力與理解力
7. 增進想像力與創造力。
8. 培養美的欣賞能力。
9. 增進問題解決能力。
10. 學習關愛別人，與別人分享感情的經驗。
11. 學習良好的道德規範及人生應有的態度。

2. 發展與故事主題相關的知識

在說故事前可先提供與故事主題相關的經驗，或拜訪、觀察與故事主題相關的人與事，以拓展幼兒對故事的理解能力。

教學小秘笈：拜訪、觀察與故事主題相關的人與事 「教學示例」

故事主題：三隻小豬

教學活動：

1. 說完故事後，先與幼兒討論三隻小豬，各蓋了什麼樣的房子？茅草屋、木屋、磚屋（現實生活中可能不易找到茅草屋，可以圖片或影帶代替）

2. 這些房子各使用了什麼材料？

3. 來一段尋訪之旅，觀察一路看到的房子是什麼樣式？如果能找

到正在搭建的房子，就可以經過安排，參觀房子的建造，注意觀察建築用材。

　　4.回園所也可以用類似材料搭建小小房子，如可以找一些稻草、木條、以積木代替磚塊，試試看用不同材質的建材蓋的小房子，堅固度如何？並討論搭建的經驗。

3.教材呈現要考慮團體大小：

　　說故事的團體可大可小，最好不要超過三十人。十幾人以下的故事團體可直接使用較大版本的圖畫書。超過十幾人的團體應考慮另外製作較大型呈現的方式，如：故事畫、投影片……等。

4.熟練故事內容、技巧：

　　說故事者應先熟悉故事情節、發生事件、次序。注意任何起伏的驚奇點、故事的長度、幼兒對語彙可能瞭解的程度、幼兒對故事理解的認知概念程度。若故事內容並不太適合幼兒，亦可依需要自行改編，但需要記住需修飾與補充的內容。未諳說故事者，可先在鏡子或另一同伴面前練習說。

二、情境安排

㈠技巧地導入故事時間

　　1.事先準備好所有教材，以減少幼兒等待時間。

　　2.規劃進入故事區的動線，提供一些吸引他們的的事物，如：準備說有關魚的故事，就可用小紙魚來吸引幼兒的注意。

　　3.不要期待故事時間是無缺點的。

　　4.在開始活動前可準備一個討論、活動、律動、手指活動，以吸引孩子。

　　5.可考慮以固定的手指遊戲或歌曲來顯示故事就要開始了。

(二)故事時間的選擇

1. 可以每天固定地點、時段說故事，讓幼兒有種期待。如果不能同時間最好每天都有一段故事時間。

2. 選擇一個對團體最好的時間作為固定故事時間，這個時間可以考慮在

＊到校後不久

＊團體時間或選角活動時間之前？

＊午餐前或午餐後？

＊起床後進入小團體之前？

＊放學前？

3. 說故事的時間要充裕，至少夠把故事說完。若是連續故事至少要說到一個完整段落。

(三)座位的安排

確定說故事的場地，若聽故事者超過十五人，最好能固定位置，否則秩序不易掌握，位置擺設可考慮馬蹄型？圓弧形？半圓形？雙層半圓形？

若人數少，可採取較開放的形式，軟墊或地毯的地面，有靠墊、抱枕，或坐或臥，氣氛和諧自由。

(四)書的擺放位置

圖書宜擺放在說故事者的胸前的左或右方，面向幼兒，在幼兒視線範圍內，並確定幼兒的視線均能清楚看清圖書。

(五)特別情境的佈置

特別情境的佈置與故事呈現的方式；故事的內容、情節有密切關係，通常先會考慮呈現方式，如選用的是偶劇的演出，那特別情境的佈置通常是因應故事情節，作偶劇造景。如果故事的表達需要特別的情境佈置，要考慮何時讓特別景出現？一開始？劇中？結束時？推出特別景所需的人員有多少？之前需要藏在何處？如何為孩子們製造驚喜的經驗？

第三節　故事的發表

一、說故事的技巧

1.吸引幼兒的注意力

除非孩子能注意傾聽，否則不要開始。

2.介紹書名

讓幼兒先看清楚書的封面，指著標題字唸書名、作者、繪圖者。

3.討論故事主題

根據書名、封面圖畫和幼兒討論或推測書的內容，或讓幼兒述說與圖書主題有關的自身經驗。

4.視線接觸

說故事者的視線不宜直視一方，偶而瞥見一下書中文句，指出與文字有關的插圖，隨時接觸每位幼兒的眼神，注意大部分幼兒的反應。

5.以自己的話語述說

盡量使自己融入故事中，以自己的話語述說。

6.聲音變化

故事要說得生動，聲音的抑揚頓挫、轉折起承很重要。配合情節變化，或是停頓、輕聲、變聲、特效音響、配合故事情節轉折彈性加減速度、緩重聲音、拉高聲音……等，可使故事生色許多。

7.口語對白

將自己轉換成故事中的人物角色，以角色的口語直接訴說內容，如：貓咪說：「喵喵！我們一起找找看！」

8.身體語言

說故事者的表情、動作，身體語言、姿勢，都是吸引聽眾的重要因素。可配合故事情節發展模仿動作。

9.有效運用支援者和小道具，如：偶、實物……

教學秘笈：偶劇的演出型態與操作技巧

偶的類型	偶劇的演出型態	偶劇的操作技巧
• 手指偶 • 手掌偶	• 將偶套在手指上演出 • 將偶套住整個手掌演出故事。	• 要靈活運用十個手指頭 • 可用拇指操作下巴，另四指操作上唇。當偶說話時，嘴巴可盡量誇張運用
• 襪子偶	• 利用襪子做的偶，當作故事中的角色演出故事內容。	• 將手伸入襪內，通常會以拇指與四指開闔當嘴巴，當劇情需要偶說話時，要需要上下擺動，表示在說話。
• 細棒偶	• 通常是利用紙板、塑膠板……做成偶的造型，在後黏貼竹棒、壓舌棒……做成偶演出故事。	• 操作棒子，使偶上下前後左右移動，或做跳躍動作。
• 懸絲偶	• 利用懸絲線吊掛做成的偶來演出故事。	• 手握綁住懸絲線的棒子，牽動懸線，使偶配合劇情舞動。

• 皮影偶	• 皮影戲的演出包括：幕、燈光、皮影偶。期透過燈光的照射，顯出皮影影像來說故事。	• 手握皮影偶活動部位的操作棒，使偶活動。當人手有限時，可直接轉、搖偶的最主要部位使偶的手腳自然擺動。若有偶互相交談的劇情時，需考慮偶的面對方向。
• 洞動偶	• 通常偶的洞會設在嘴巴、鼻子、手、腳等部位說故事時，會依據故事情節，伸縮擺動手指。	• 將手指頭伸出偶的洞洞，隨情節做各種不同變化動作。

二、說故事時的課室秩序維持技巧

1.盡量避免干擾

　　幼兒不太能在干擾中仍能保持注意力，以下方法有助避免干擾。

　　＊中途不中斷：故事被中斷後，他們對繼續思考會有困難。

　　＊在故事進行過程中貼出標示避免外來的干擾。

　　＊分配助理來幫忙

　　＊記得請在聽故事中途離席的孩子安靜地從團體旁邊離開。

　　＊關起門窗避免外面的噪音干擾。

2.說故事時的適當期待

　　對團體的期待，不要太高或太低，必須建立在兒童發展的基礎上，並且需要關注到每位幼兒。

　　＊調整面對孩子們的心情。

　　＊視幼兒的情況彈性調整故事時間的長度。

　　＊保持彈性。

3.關懷分心幼兒：

配合肢體動作自然走到分心幼兒面前、視線接觸、問問題、將易分心的幼兒姓名編入故事中當主角，都是吸引幼兒注意力的方法。

4.幫助落後者和搗亂者

總是有一些孩子拒絕進入團體或進行搗亂。

＊先檢視可能搗亂的兒童，預先分開坐或集中管理。

＊確信他們坐的地方能看到老師講的故事書。

＊當孩子忙於騷擾別人時，要求他做反制動作。（如：用手指碰別人時，請其把手背後面）

＊為孩子的特別行為編成故事。

＊讓那些離開團體不願回來的孩子獨處，有時當他們安靜沒人注意他們時，他們反而會注意聽，如果不是這樣，強迫他們回來也沒意義。

＊請助理老師協助

＊多關心、瞭解孩子不願聽故事的心聲。

三、說故事型態的多樣性

1.可邀請其他人來園所為幼兒說故事，如：祖父母、家長、偶劇團……。

2.帶幼兒參與圖書館的說故事時間，或邀請巡迴圖書車到園所。

3.運用影片、電視節目或錄音帶。

四、說故事技巧的精進

1.用錄音機或錄影機錄下故事發表過程。

2.觀察他人發表時團體的反應，記下他們的優缺點。

3.參加說故事工作坊。

第四節　故事後的延續

一、幫助幼兒發展正向的故事閱讀觀念

1. 教室閱讀區應是富吸引力且易親近的地方。
2. 將說過的故事書放在閱讀區，讓幼兒有機會自行閱讀。
3. 鼓勵家長帶幼兒到圖書館借書。
4. 允許家長借園所的圖書回家。
5. 邀請大孩子為個別幼兒說故事。
6. 把書當禮物送給幼兒或朋友，讓幼兒知道書也是一個好禮物。

二、鼓勵幼兒談論和述說故事

1. 故事前後最好能安排討論時間，讓幼兒有機會發表意見、感言，將故事與生活經驗串聯。
2. 安排個別或小團體討論。
3. 在安排的時間內請個別幼兒敘說故事。
4. 玩故事接龍遊戲。
5. 鼓勵孩子重述說過的故事。
6. 可將故事高潮留到隔天再說。

教學小秘笈：故事的討論

一、故事內容的討論

- 故事發生在什麼時候？
- 故事發生在什麼地點？

二、說故事觀察記錄重點

- 是否專注聽故事？
- 是否真正瞭解故事內容？

- 故事中的主角是誰？
- 故事中出現了哪些人？
- 故事中發生了什麼事？
- 這個故事主要說什麼？
- 故事結果怎麼樣？
- 爲什麼××要做××事？

- 是否能重述故事大意？
- 是否能清楚表達意見？
- 是否有推理能力？

＊注意事項：

幼兒答錯時，不要嘲諷或譴責，
可以再提示一下或直接說出答案。

三、引導幼兒計畫參與故事的行動

1. 在戲劇區提供道具材料、服裝、玩偶……
2. 讓孩子有機會自由運用各種素材扮演故事角色。

資訊小站：故事劇場的製作

(一)目的

1. 促進幼兒的口語表達能力。
2. 激發幼兒的聯想力、創造力。
3. 介紹生活倫理與生活常識。
4. 讓幼兒享受自製玩具的樂趣。

(二)說明

1. 可以用來作爲故事表演的素材很多，如：布偶、紙偶、木偶、故事圖……等均可，在此介紹的只是故事劇場表達的一種方式而已。

2. 本教具設計的重點不在老師或家長可以編講很生動的故事，其最大的特色是「大家一起來編製、表演故事」，使聽故事的人也成爲說故事的人。

3. 可依幼兒年齡、能力決定故事的難易度，亦可依教學的需要，設計適合的故事教材。

(三)材料

1. 厚紙板數張（利用紙箱亦可）。
2. 透明寬膠帶一捲。
3. 西卡紙數張。
4. 彩色筆、剪刀、膠水、冰棒木條數根。

(四)製作過程

1. 將厚紙板粘折成三面牆（如圖示）或直接裁箱紙箱。
2. 在牆面上畫下簡單的故事背景圖。另外以西卡紙多畫兩張以備抽換用。
3. 將膠帶粘貼處相貼留前後小段貼在牆面當背景抽換的欄板。
4. 在中間牆面下浮貼一紙條。（如圖）
5. 隨意畫幾個人物造型，可由小朋友自行繪製設計。並在各角色背後粘上冰棒木條，以備操作之用。

(五)玩法

1. 拿出故事劇場問小朋友：「這是什麼地方？」「誰住在這屋子裏？」「這一天的天氣好不好呢？」「小英出來做什麼？」利用類似的這種問句，師生共同創造一個故事。
2. 老師或家庭亦可以將最近迄待糾正的兒童行為問題編成簡短的故事，最後再以開放式問題來和孩子討論。開放式問題可以如：當小

英把杯子打破時，她覺得……？這時她該怎麼辦？爲什麼小華要搶小美的玩具呢？小美的玩具被搶走了，她該怎麼辦

㈥注意事項

1.大一點的孩子可以先大略和他討論一下故事大綱後，就由他自己動手繪製各人物角色。

2.故事背景亦可直接貼上月曆風景圖。

四、延續故事效果

1.讓孩子用自己的方式理解、記憶故事。

2.追蹤提醒曾經講過的故事。

3.覆聽或覆誦喜愛的故事。

4.每天聽或讀一篇特別的故事持續一週。

5.允許幼兒在限定的範圍內選擇故事書。

6.在教室內展出與進行主題活動有關故事書。

7.提供機會自行閱讀

8.繪故事圖

9.將故事發展爲故事劇，由幼兒擔任故事角色演出。

教學秘笈：故事劇的發展與演出

＊＊＊將故事發展爲故事劇，可試著循以下程序來進行：

1. 說完故事後，可和幼兒討論故事的角色、情節，並考慮演出的可能性，可略增刪情節角色。

2. 由指導者徵求大家意願，分配角色。（也可以讓幼兒擔任背景角色，如：樹、花、石頭……，應盡量讓每位幼兒均能參與。）

3. 共同商議道具和演出次序，將演出內容簡單分爲幾個易記的段落。（有時也可以邊演邊佈景，及臨時串場）

4. 即興的演出，有時可以帶出意想不到效果。遇到一些不合理的演出情節或動作，必要時可以立即糾正、建議或等到結束再做檢討。

＊＊＊演出注意事項：

5. 演出的音樂、音效可以預先錄好備用。

6. 舞臺的佈置宜盡量利用現成材料，像水果箱、舊花布、繩索、垃圾袋、汽球、桌椅、被單、紙袋……，製作盡量簡單有創意。

7. 佈景最好少換，以通用爲原則，以免演出時人手不夠，又忙化妝又要忙換佈景。

8. 幼兒演出時有許多動作是抽象的，不必把所有要表現的事物道具都具體的表演出來。

9. 平日的戲劇活動可以不必化妝，正式演出時，可以簡單上彩，化妝最好先在臉上塗一層保護油底。顏色的選擇最好與角色個性相配合。

10. 服裝可以舊衣服、絲巾、各種花紋的布、彩帶、皺紋紙、金銀色紙、彩色膠帶…製作，盡量廢物利用發揮想像創造力。

故事演練：

將全班分成幾組，自擇一種故事表現型態說故事，當演出時，其他未表演的組別，可利用附後「說故事評審表」（可依不同類型演出稍加修改），爲他組評量，並派出代表說明評審看法與建議。

說故事評審表

故事組別：　　　　　　　　　　　演出時間：　時　分至　時　分

得分：　　　　　　　　　　　　　評審組別：

　　　　　　　　　　　　　　　　評審簽名：

項目	百分比	評分
一、說故事禮儀	20%	
注意上下臺應有禮節	5%	
說故事儀態自然	5%	
使用故事書或道具能面對觀眾，擺置位置得宜	5%	
結束後能將環境還原	5%	
二、故事選擇、介紹	20%	
故事選擇符合指定階段幼兒的身心發展	10%	
說故事前能先做簡單的開場白介紹故事主題、封面	10%	
三、說故事技巧	40%	
能配合故事情節變化語調	10%	
語意表達口語化	10%	
說故事時的肢體動作（含臉部表情）符合故事內容	10%	
說故事過程自然流暢，能在指定時間內完成	10%	
四、互動技巧	20%	
能隨時配合故事情節與幼兒互動說話	10%	
說完故事能提供幼兒表達意見，提出問題的機會	10%	
總評		
建議		

問題思考：

1.請利用說故事評審表，評審一段說故事錄影帶或現場說故事，並提出優缺點分析與建議。

2.請以一個幼兒行為問題或配合某個教學主題，選擇或自編一個故事，並說明選擇理由或創思構想。

第三篇 健康安全課程領域

第五章

幼兒的健康安全課程

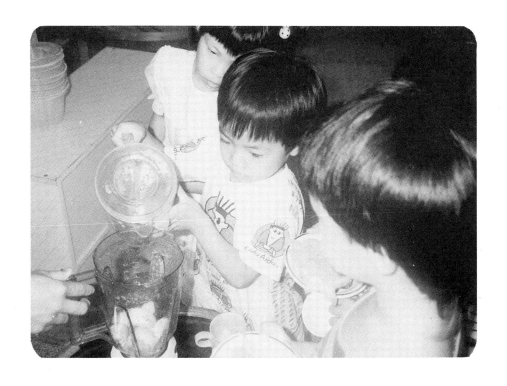

本章重點

　　幼兒像一塊海棉，吸取周遭環境好的或壞的影響，他缺乏分辨、判斷能力，但他有很大的可塑性，很容易接受新的觀念、改變與建議。所以是建立健康安全基本知識、技能與態度的最佳時期。

　　幼兒是那麼弱小，些許的傷害與摧殘，都將在成長的軌跡中留下難以磨滅的痕跡，他需要成人的關愛與保護，更需要學習如何不受傷害，懂得保護自己的安全。

　　「快快樂樂地上學，平平安安地回家」這是一般家長的心聲。而純真的幼兒很容易受騙，因為他太容易相信別人，一個美麗的謊言，就可能讓幼兒永遠回不了溫馨的家，讓親子團圓的簡單夢想成為永遠的夢靨。

　　本章幼兒健康安全教育的重點不在園所行政工作措施上對幼兒安全的防範措施，而是強調如何提高幼兒對健康的自我照顧，對安全的警覺性，讓他們能為自己負起較大的責任，能更關心自己的健康與安全，並鼓勵幼兒將所獲得的知識、技能運用在日常生活中。另一方面，則重在教師對教保工作上有關幼兒健康安全教育與保護的職責，希望透過老師在健康安全教育的規劃與設計，達成上述的目標。

第一節　幼兒健康安全教育方案規畫理念

一、適合幼兒的健康安全教育的經驗主題

㈠適合幼兒的健康教育經驗主題

1. 認識身體的部位、名稱與功能。
2. 健康生活習慣的培養
3. 認識食物的種類與營養
4. 進餐能力與習慣的培養
5. 健康保健與疾病的預防
6. 牙齒與視力健康的維護
7. 安全飲食的常識與習慣
8. 日常生活中接觸的人際互動經驗
9. 自我概念的建立
10. 自信自尊的培養

㈡適合幼兒的安全教育經驗主題

　　幼兒安全教育題材來自孩子日常生活的接觸,幼兒安全教育的實施也不適合教條式的教導。使用自然經驗、故事、角色扮演、小組討論……等方式讓幼兒有親身體驗的機會,將有益幼兒對安全體認,以下的安全經驗主題可作為參考。

1. 上下學、過馬路的乘車、行人安全規則體驗
2. 使用幼兒園或一般遊樂設施之安全常規 (見第二節)
3. 對室內外學習活動場所的安全使用體驗(見第二節)
4. 工具使用的安全知覺

5. 保護自身安全的警覺體驗與技巧

6. 面臨火災、地震、颱風等常見災害的防災模擬體驗

7. 面對常發生意外傷害的安全處理常識（見第三節）

專題討論：幼兒的自身安全教育

　　三歲以前的孩子幾乎很難教他如何保護自身的安全，所有的安全防範責任應該由保育照顧者承擔。你能做的就是將他安置在安全的環境中，隨時檢視可能的危險性，不讓他離開你的視線範圍。以身作則示範各項安全準則，增進其對安全規則的的認知能力，進而養成良好的安全習慣。三歲以上的孩子，就可以慢慢培養其對自身安全保護的基本能力，提高對自身安全的警覺性。

二、增進幼兒自身安全保護的基本能力

　　1. 教孩子記住自己的名字、園所的名稱、父母的姓名。

　　2. 進行辨識地圖與住家與園所附近地理特徵辨識活動，幫助幼兒認識住家與園所地理位置方位。

　　3. 教導孩子記住並能說出家中電話號碼、住址及幾個緊急聯絡電話號碼。

　　4. 教孩子如何打電話並練習打投幣及卡式電話。

　　5. 出門時要緊跟成人或團體，不隨意離隊。

三、培養面對陌生人應有的警覺性及應對技巧

　　1. 陌生人不代表從沒見過面的人。如每天送報的、大樓管理員……其實也算陌生人。

　　2. 面對常見的陌生人可以保持應有的基本禮貌，如：見面打招呼…，但如果他有一天要求「爸媽認為不對或老師認為不可以」的事的時候（如

觸摸身體、要你守密、給糖果或禮物、跟他單獨進入房間……），就必須拒絕他，並且要立即向父母或老師報告。

3.陌生人不見得不知道孩子的名字。有心拐帶孩子的人，可能會先打聽孩子的姓名，讓孩子降低警覺。

陌生人也包括權威人士。有些歹徒可能會假扮警察、老師，來誘騙孩子。

4.告訴孩子面對陌生人的警覺意識：

(1)不接受陌生人的禮物和邀約：金錢、玩具、糖果、飲料、小狗、看電影、去動物園……。

(2)不搭乘陌生人的便車，也不要靠近車子。

(3)陌生人問路時要與他保持距離。如果確實知道，回答後就可以離開，絕對不要跟他一起去。

(4)讓孩子知道，大人很少需要小孩子幫忙。當陌生人請求協助時，找認識的大人幫忙，否則不要答應任何陌生人的請求。

(5)如有陌生人說：爸媽發生急事派他來接孩子回家，請孩子一定要先報告老師或周遭熟識的大人。同時要辨認清楚，方法之一是：可以直接問他爸媽的名字。

(6)一人在家時，接到陌生人電話，千萬不可讓他知道你單獨在家，告訴他爸媽正忙，請他留下姓名、電話，會請爸媽有空時回電話。

(7)一人在家時，除了爸媽、親人或約好的朋友，尤其是陌生人絕不可開門讓他進來，不論他是來借打電話，或自稱警察。

5.要孩子發覺到可疑的人事物時，把它說出來。並儘量記下可疑對象的特徵，以描述給您或警方聽。

6.教孩子當他發現被跟蹤，而無法安全跑回家或到人多的地方時一定要大叫求助。絕不可以自己跑去躲起來，因為孤立無援反而更危險。

7.如果有人抓住孩子，教孩子情況許可的話（如附近行人眾多時），可以大聲呼救，大吵大鬧，並且伺機逃向人潮或熱鬧的地方。可是假如對方持有利器，先設法使其放下，或運用自己隨身的物品自衛。但是，如果附近人少，則不動不如一靜。

8.和孩子討論有關「安全」的問題。請記得，教孩子如何保護自己的

安全，不只是教他別在馬路上玩，或是別摸熱爐子而已。

四、讓幼兒分辨「好」的撫摸與「不好」的撫摸

　　醫學博士 Brazelton 表示：三、四歲的孩子必須知道，他們的生殖器是「他們自己的」，而且是屬於私人的。我們應該幫助他們瞭解，如果他們不喜歡年長的人撫摸他們（包括父母、家中長輩、老師、熟識的人……），應該反抗，甚至大聲叫出來。教孩子說：「不行！放開我！」或是「別摸那裡！」（Statman 原著，陳月霞譯，1996）。

「好」的撫摸	「不好」的撫摸
孩子想要的擁抱握手	擁抱的時間太長或太用力
	緊緊握住手、不斷用來回搓手或
	繼續撫摸手臂以上的地方
手臂輕輕放在孩子肩膀	整個身體抱住肩膀，並貼緊身體
睡覺前輕吻孩子的臉頰玩	不想要的接吻
遊戲的搔癢	當孩子說：「住手！」或「不要」時，仍
	不停搔癢
輕搖或抱幼小的孩子	成人撫摸孩子的私處
	成人強迫孩子撫摸或親吻他的私處

　　讓孩子記住：只要孩子覺得成人對自己身體的接觸讓自己感到不舒服、難過、疼痛，就有權拒絕，不管他是誰。如果是醫療上的特別需要的處理外，一定會事先告知，且會有可信的成人在一旁看顧。

五、規劃幼兒健康安全教育方案，教師需具備的專業知識

　　1. 幼兒健康安全教育、福利相關法規

教學資訊站：與幼兒安全、保護有關的法規

一、幼稚教育法第 18 至 21 條（詳見附錄一）

二、兒童福利法第 18 條、26 條、33 至 50 條（詳見附錄四）

2. 基本法律常識

3. 緊急突發事件的處理知能

4. 基本的急救常識與技術

5. 營養、健康教育知識

6. 預見安全危機的警覺性

7. 對特殊幼兒基本的篩檢判斷知識

六、幼兒健康安全教育方案中教師的職責

㈠幼兒安全教育方案中教師的角色

1. 安全環境的安排者

2. 安全常規的建立者

3. 安全規則的維護者

4. 遊戲安全的觀察者

5. 兒童安全生活的督導者

6. 安全意外事件的處理者

㈡幼兒保育工作者的安全職責

1. 隨時注意不讓孩子單獨在一處玩耍。

2. 隨時注意不讓孩子離開你的視線，即使暫時離開一下，也會交代其他工作同仁代理，若無其他大人在教室內，無論如何不能離開。

3. 注意隨時眼觀四方耳聽八方，注意嬰幼兒的動靜。

4. 不在教室內聊天，做保育以外的工作。

5. 做到盡可能讓孩子瞭解安全的限制。

　6.瞭解若發現可能有礙安全的事物會立即處理（不計較是誰導致的結果），如：地面積水、尖銳碎物、嘔吐物……

　7.隨時注意到孩子在玩耍時可能發生的危險，如：相撞、跌落、摔跤……等。

第二節　幼兒的健康教育課程

一、促進幼兒身體健康的教學

㈠在幼兒入學前應做的檢查

1.健康檢查

　　一般幼兒園會要求家長填寫一份幼兒健康資料表，包括身高、體重、身體特徵、視力、牙齒、疾病史、家庭健康背景資料、預防接種情形……等，保育人員再根據觀察所得，或家長訪談補充資料。

2.預防接種

　　通常幼兒新入園所必須交一份出生至入園前曾做過的預防接種資料。如果未曾按期接受衛生單位安排的預防接種，通常入園所後，仍需要接受園所方安排的預防接種，或自行至診所補足所有預防接種。

㈡幼兒在園所的健康保健

1.每學期例行的健康保健

　　通常每學期園所會安排醫護人員到園所進行一些例行的健康保健檢查，如：視力檢查、牙齒保健檢查、基本身體檢查、蟯蟲檢查……等。每個月會安排身高、體重測量記錄，以瞭解幼兒身體生長狀況。

　　有些園所甚至會記錄幼兒服藥狀況，若連續十天以上的服藥記錄，就通知家長，提醒家長是否需要多了解幼兒真正的身體狀況，與藥劑可能對幼兒造成的影響。

2.每天例行的健康保健

作息說明	例行的健康保健觀察項目
幼兒到園	目測幼兒的身體健康狀況；（從幼兒外觀表現如：有無精神、是否有紅腫、紅疹、流鼻水、打噴嚏、咳嗽……） 與家長溝通瞭解（是否要餵藥？有無特別需要照顧的地方）
學習活動時間	學習專心度？精神狀況？參與度？
餐點時間	食慾狀況？食量如何？
午休	休息入睡狀況？時間？

3.教保人員平日常做的健康保健工作

* 衛生習慣的養成

上完廁所要洗手、整理衣物；吃東西前要洗手；吃完餐點，要自行收拾碗盤或清洗；會刷牙；能視天氣變化穿脫衣服；嘴巴有東西時不說話；不拿著食物到處走動……。

* 作息時間安排考慮幼兒身體健康需求

例如：餐點前後不安排過於動態的活動；作息時間安排注意動靜態的穿插；午餐後可有一段散步時間；預留活動轉換時間，以免過於趕時間，造成幼兒的壓力……。

* 提昇幼兒照顧自己身體的能力

如：教導幼兒穿脫衣服的技巧；讓幼兒練習自行使用餐點；如廁技巧訓練；讓幼兒學會如何洗手、擤鼻涕、擦汗；讓幼兒清楚流汗後不站在風口吹風，應趕快擦乾身體；知道劇烈運動後不馬上喝水；身體不適時要告知老師……。

教學資訊站：幼兒在園所生病、受傷了，如何處理？

首先觀察幼兒的反應，請園所的醫護人員瞭解可能的狀況，如果只需要休息一下，或擦擦藥就好，可以在保健室休息或處理，再告知家長。

　　如果有發燒，可以先量體溫、多喝開水，或給冰枕，同時馬上通知
家長，由家長帶回看醫。

　　如果有緊急情況，可能必須搶時間救護，如：骨折、可能腦震盪、
大面積燙傷……，則必需馬上緊急送醫處理，並同時聯絡家長。

二、幼兒心理健康的維護

＊「自我價值感」

　　「自我價值感」（Self-esteem）並非與生俱來，而是透過與他人接觸而
來的，剛開始我們對自己的看法是從別人對我們的判斷而定，從他人對我
們的評斷中，我們才慢慢對自己的能力和自己的行為有所瞭解，而且會自
己賦予價值。一旦孩子的自我認識建立後，自我價值感大概就不會改變。
要重新建立自我價值的判斷，是需要一段不短的時間來進行，因為每個人
會將別人對待他的方式用自己的想法去詮釋（Kosnik, 1993）。

＊高低「自我價值感」的幼兒特質

　　低「自我價值感」的幼兒將焦點放在失敗而非成功上，問題而非挑戰
上，困難而非可能性上。低自尊的幼兒認為這個世界是黑暗的且令人沮喪
的，到處充滿了危險和脅迫（Smith, 1988, p5）。而一個高自我價值感的
人，會認為自己對他人生命有一些價值，值得貢獻給其他人，他敢冒險，
會努力去爭取自己所想要的東西，並能以愉快的心情迎接生命。高自我價
值感的孩子會尊重自己的生命，信賴自己，肯定自己，對自己也會有信
心。

＊「自我價值感」與「自我概念」

　　自我價值感與自我概念有密切的關係，自我概念是個人對自己是怎樣
一個人的看法，包含：「我是誰？」「我認為我能做什麼？」「我認為我會
變成什麼樣的人」……。由兩個因素所組成，一是「自我形象」（self
-image），另一方面就是「自我價值感」（Kosnik, 1993）。自我形象可以
由個人對自己的描述顯露出來，如：我四歲，圓圓的臉……等。而自我價
值感則包含價值判斷，如：我喜歡當男生，因為男生隨便跑來跑去不會被
說成野孩子！……。

＊「能力」與「自我價值感」

　　正面的關心、尊重和有價值的讚美，可以幫助幼兒建立正面的自我概念。但也有一個缺點，就是需要仰賴別人的給予，如果最後能將自我價值感內化，這樣不需要仰賴別人提供自我價值感，而協助幼兒獲得能力，則是灌輸幼兒自我價值感最好的方法。White（1976）將能力定義為「和環境有效地打交道」。孩子內心之自尊的基礎建立在這種有效能的感覺。我們可以給孩子這種成功的經驗，但沒有人能給別人一種有能力的感覺。所以教師能做的就是，提供幼兒成功經驗的機會。

㈠提昇與降低幼兒自我價值感的教學策略

提昇幼兒自我價值感的教學策略	降低幼兒自我價值感的教學策略
• 真誠地認可幼兒確實完成的事	• 以競爭比較鼓勵好行為
• 讓幼兒有機會完成自己的事	• 凡事代勞與過度保護
• 讓幼兒有選擇的機會，並能尊重幼兒	• 教師主導各項活動的決定
• 讓幼兒清楚其錯誤，並能平靜討論如何於下次避免錯誤	• 命令批評幼兒
• 有錯當面與幼兒討論，但在他人面前儘量表揚幼兒的優點	• 在他人面前說幼兒的不是，或羞辱幼兒
• 讓幼兒清楚規則背後的理由，且盡量共同訂定規則，並能公正堅持地執行	• 規則由教師自訂，且執行規則無一定準則，隨教師情緒而定
• 對幼兒的問題多有正面的回饋	
• 讓幼兒感受到他是受尊重的	• 不尊重幼兒
• 真心關愛每位幼兒，注意個別差異性適時給予鼓勵	• 忽略幼兒的感受
• 發掘每位幼兒的長處，讓幼兒感受到他受到關注，被需要	• 述說誇大幼兒缺點
• 經營一個充滿互相扶持的班級氣氛	• 彼此競爭的氣氛

(二)協助幼兒獲得「能力」的教學策略

1. 瞭解幼兒的個別差異性，允許不同能力的孩子有不同的表現。

2. 讓孩子有親自操作的機會，從親自完成感受「我做到了」的經驗，比外來的稱讚更能肯定自己的能力

3. 提供對幼兒而言，有一點挑戰性卻不太難的工作機會，讓幼兒從克服困難的滿足感中，肯定自己的能力。

4. 視幼兒的年齡能力，允許不同範圍程度的選擇權，並尊重其決定（年齡愈小，選擇範圍愈小）。

5. 讓幼兒有與友伴互動溝通、合作完成工作的經驗。特別是有些孩子無法獨立完成某件工作，但透過共同參與完成工作時，除了得到成功的經驗外，也能從互動中學習到更進一步的技能與合作的技巧

6. 提供多種機會，讓幼兒嘗試不同經驗成功的方式。

7. 不要單強調幼兒某種能力，應鼓勵幼兒獲得廣泛的經驗。

8. 環境與教學的安排，應提供幼兒有自主性的學習機會。

9. 肯定孩子的努力過程而不是結果。

三、提昇幼兒自我概念課程的設計

教學活動示例：

例一：我跟別人不一樣

準備：一面大鏡子，每人一面小鏡子、紙、筆、每位幼兒照片。

步驟：1. 讓幼兒照照自己的臉，然後請他找找看「有沒有人跟你長的一樣？」

2. 再用大鏡子照全身，再確定「我」和別人不一樣。

3. 比較我和隔壁的小朋友身體、衣服、長相上，有什麼地方一樣？什麼地方不一樣？

4. 比較小朋友的照片，找出相像和不相像的地方。

5. 亦可請比較他們所畫的圖，所喜歡的東西有何不同？

例二：他是誰

目標：學習注意觀察別人

方法：讓一位幼兒躲起來，只露出身體的一部分。

過程：1.請三位幼兒出來，一一介紹名字，並請大家記住這三位小朋友的名字及臉、身體的特徵。

　　　2.請三位小朋友站到屏風後面，只有一位小朋友出來，用遮面罩遮住臉，只露出眼、眉（或只露出身體的某一部位）

　　　3.請小朋友猜猜看，他是誰？

應用：亦可利用聲音猜人。

例三：我長大了

目標：認識自己小時候和現在，在樣子上、能力上有何不同。加強自我概念，認識每人成長的變化。

準備：請每位幼兒帶三張不同時候（最好差一年或二年以上），請在照片後寫明拍攝時間。

步驟：1.給每位幼兒一張圖畫紙，請他們依年齡小←大的照片，貼在圖畫紙上。

　　　2.展示所有幼兒的照片。

　　　3.討論個人小時候和現在的不同？比較每位小朋友小時候的樣子，比較每位小朋友小時候的經驗、能力。

例四：我有不同的面孔

目標：認識並學習如何處理自己的情緒。

教材：1.從雜誌、報紙、月曆上剪下一些人物圖片，貼在大小相同的硬卡紙上。

　　　2.給每位幼兒一人一面鏡子。

步驟：①討論每一張圖卡的表情、情緒、及想像為什麼？

（玩法1）：請小朋友模仿，並自己照照鏡子。

　　　②拿走鏡子，請每二位幼兒成一組，一人當鏡子，老師說一種情緒名詞，小朋友就要做出那種表情，鏡子就要模仿對面的人做。

（玩法 2）：玩分類遊戲，可以男女分，情緒分，或其他方法分。

（玩法 3）：老師描述一種情境，請小朋友做出遇到該種情境的表情。

（玩法 4）：幼兒背對老師，老師可拿樂器敲擊，並說出他變成什麼東西，請小朋友轉過來，並做出該種表情。

第三節　幼兒的安全教育實施

一、幼兒安全規則的訂定

㈠訂定安全規則需考慮的因素

1. 確定想預防或防範的安全目標
2. 訂定幼兒安全教育主題
3. 考慮幼兒人數
4. 顧及環境空間大小
5. 考量相關設備器材種類與數量
6. 確知幼兒與成人的比例
7. 瞭解遊戲活動的類型

㈡園所遊戲設備的安全使用規則

種類	幼兒應遵守的規則	保育員應注意事項
溜滑梯	• 從臺階爬上平臺，不從滑梯道逆向爬 • 不推擠別人 • 坐著滑，手握兩邊扶手，腳先著地 • 下滑前，應先看看滑梯道上是否有人或雜物	• 清楚介紹滑梯使用規則，並確定幼兒瞭解規則 • 事前先檢查滑梯是否有龜裂、破損、銳角、鬆脫等情況確定滑梯地表有保護兒童措施 • 金屬滑梯要注意其溫度是否適中

		• 當有兒童溜滑梯時，一定要有成人在一旁看顧
鞦韆	• 當有人在盪鞦韆時，不可走近其擺盪範圍 • 盪鞦韆時，雙手應緊握兩邊 • 擺盪幅度不可太高 • 不要站在擺盪者的後面，也不要幫忙推，若有需要可請大人幫忙。	• 先檢查鞦韆擺盪範圍的地面是否有尖銳突出物，地基是否穩固 • 讓幼兒清楚使用鞦韆的安全規則 • 觀察幼兒擺盪姿勢是否正確 • 當有幼兒使用，必須有人在旁督導。並注意不讓其他幼兒走近擺盪危險區
攀爬設備	• 清楚攀爬遊戲規則 • 不可拉人或推人 • 隨時應抓緊 • 往上爬或往下時應先看清楚是否有物體或小朋友 • 當鞋底或設備濕滑時不要攀爬 • 人數太多時，需要等待 • 不要穿戴長裙或易踩勾到的飾物攀爬	• 讓幼兒使用攀爬遊句前，需先教導有用的安全規則 • 幼兒攀爬前，先用手搖搖看設備是否穩固 • 事先檢查設備是否有鬆脫、破損、銳角或突出物 • 設備下的石子、樹枝、尖銳物品是否已經清除 • 限定攀爬人數 • 當有兒童在攀爬時，一定要有成人在一旁看顧
蹺蹺板	• 未經許可不可以玩 • 不想玩時，絕對不可以馬上跳下來。要把腳放下撐地，讓對方先下來，自己再離開 • 絕不可以從蹺高的一方下面通過。	• 三、四歲以下的幼兒不太懂蹺蹺板的原理，不宜玩此設備。容易突然起來說不想玩，導致對方跌倒，自己易受傷。 • 目前許多幼兒園大都無此設備，若有，一定要有大人在一旁督導，才可以允許幼兒玩。

二、學習區的安全使用規則

	幼兒應遵守的安全規則	環境設備安全應注意的事項
積木區	• 積木只能堆疊，不拿來丟人 • 不將積木搭建在走道通路上或太靠近積木架 • 注意積木堆疊高度	• 不將積木區設在走道上或踏騎區旁 • 注意積木的材質是否安全？有無裂縫？鐵釘突出物？ • 可以彩色膠帶黏貼出積木區空間 • 與幼兒討論訂下積木堆蓋原則，並限制堆蓋的高度
娃娃家	• 尖銳的刀子、利器不能拿來當扮演道具 • 不將小飾物放入嘴巴、耳朵或鼻孔	• 避免衣架高度與幼兒眼睛同高度，以免幼兒站不穩時被吊鉤傷到眼睛 • 碗盤、湯匙……等道具需確定無缺損或缺角 • 飾物要大一些，以避免幼兒塞入耳或鼻孔
工作區	• 要遵守工具使用安全規則 • 東西使用過要復原歸位 • 作品或使用過的剩餘材料於完成後必須收拾乾淨 • 顏料工具只能使用在創作作品上，不可拿來把玩	• 事先介紹工具與材料場地使用規則 • 幼兒使用危險工具前，要先確定其能安全操作。 • 環境佈置與工具擺設應有妥當規劃與安排，並讓幼兒清楚使用與擺放規則。

三、幼兒安全教育規劃與設計

(一)幼兒安全教育目標

1. 增進幼兒對安全的認知
2. 提昇幼兒對自身安全的警覺性
3. 增進幼兒判斷、應變的能力
4. 建立正確的安全防護態度與能力

(二)幼兒安全教育規劃原則

1. 積極防護重於消極管理
2. 預防重於補救
3. 安全防護能力的培養重於消極的禁制
4. 整體規劃重於局部細節

(三)幼兒安全教育活動設計原則

1. 活動設計應有系統、計畫性
2. 編選教材，活動內容應考慮幼兒生心理發展能力
3. 活動內容應以日常生活相關主題為範圍
4. 活動設計應注重縱、橫面的銜接
5. 善用偶發事件設計活動、延伸教材
6. 活動實施方式要能顧及幼兒的個別差異性

(四)幼兒安全教育的活動設計

活動一：
提昇幼兒安全危機意識的活動設計
行人安全

主題：行人安全

概念：過馬路時，知道如何遵守交通規則，保護自己

目標：1.認識紅綠燈標誌的意義

　　　2.認識常見交通標示的代表圖案與意義

　　　3.能遵守行人交通規則，保護自己的安全

活動實施方式：

　　1.搶答，如超級比一比，強棒出擊

　　2.直接角色扮演

　　3.機智問答

　　4.大富翁玩法

　　5.可在積木角搭配娃娃家玩具。如在搭建的馬路上放交通標誌；玩過馬路或高速公路遊戲

　　6.利用郊遊機會，和孩子討論各種交通規則，與過馬路應注意事項

　　7.真正帶領孩子過馬路，走地下道，天橋……，讓孩子實際體會，再分享討論

注意事項：

　　應提供實例應注意保護號誌的權利。

活動二：

提昇幼兒自身安全保護的活動設計

目標模式下的安全活動教學設計

主題：我迷路了

年齡：中大班以上

概念：迷路了，怎麼辦？可以向誰求助

活動目標：

　　1.知道何種情況易與成人或團體走失

　　2.瞭解不使自己與成人走失應注意事項

　　3.萬一走失了，知道可以向誰請求援助，認識迷路、走失的可能支援

　　4.增進幼兒面臨危機的應變能力

活動實施：

　　1.先以說故事的方式向幼兒說明幼兒與成人走失的情境，再與幼

兒討論「該怎麼辦」。

　　2.讓幼兒選擇扮演角色，有人當媽媽、有人當商家、警察、壞人……等，迷路幼兒可以多選幾位。

　　3.讓不同的幼兒上場扮演迷路幼兒，可先示範幾種不同應變方式，如：「站在原地一直哭！」或「邊走邊哭」、「假裝看東西，自己想辦法找」、「找服務員廣播」、「找警察」、「遇到歹徒」……

　　4.最後集合討論有那些方法可行？那些方法會讓自己處於危險狀況！

延伸活動：

　　1.可以演布偶戲

　　2.編成戲碼由大人演出給孩子看（對小班以下幼兒）。

注意事項：

　　適幼兒能力、幼小兒童語言表達能力不好，可由大孩子或大人演出，讓他們觀賞、討論。

四、幼兒安全教育的教學實施

㈠幼兒安全教育實施原則

　　1.注重整體規劃的安全性

　　2.建立校園安全規則

　　3.增進幼兒自我保護的觀念技巧及應變、解決問題能力的培養

　　4.能隨地運用生活素材

　　5.以假設情境，模擬演練，培養問題解決應變能力

　　6.身教比言教更有效

　　7.加強預防與防範

　　8.考慮萬一發生意外的因應措施

㈡幼兒安全教育的教學方法

　　1.利用故事述說

2. 戲劇表演

3. 偶劇表演

4. 讓幼兒進行角色扮演

5. 參觀旅行，如：交通博物館、警察局、消防局……等

6. 請相關專業人員如：警察、消防員……來園解說

7. 共同討論訂定安全遵守原則

8. 團體討論可能解決策略與面對技巧

9. 將安全知識設計在遊戲活動中

五、幼兒園常見的意外傷害與處理

教學資訊站：幼兒保育工作者對幼兒校園與遊戲學習安全的檢核

＊整體環境的安全檢核

是　否

□　□　1. 是否熟悉環境、了解園內生活作息動線？

□　□　2. 是否瞭解萬一有緊急狀況，逃生、疏散動線？

□　□　3. 是否瞭解防火梯、防火巷是否保持通暢？

□　□　4. 是否清楚滅火器放置的地方？

□　□　5. 是否注意到滅火器是否在安全使用期限？

□　□　6. 是否瞭解環境四周是否有易燃物？是否有堆積物？易積
　　　　　水的容器？有無易造成疾病傳染的汙染源？

□　□　8. 是否每次讓孩子玩遊樂設施前是否預先檢視邊緣、銳
　　　　　角、斷裂……等安全問題？

□　□　9. 是否在餐飲運送動線與時間避開孩子的活動？

□　□　10. 是否經常察看整體環境是否有所謂「安全死角」？

□　□　11. 是否經常試著以孩子的眼光、角度巡視周遭，檢視可能
　　　　　發生的危險性？

＊室內環境的安全檢核

是　否

□　□　1.是否經常注意地面上是否有尖銳物？

□　□　2.是否注意到高處是否有易掉落物？

□　□　3.是否注意電插座護蓋是否經常插好？

□　□　4.是否注意到所有電熱器或電暖爐出口是否有防護措施？

□　□　5.是否注意到所有家具的角或邊是否做了安全處理？

□　□　6.是否瞭解電線、燈線是否做了隱藏處理？

□　□　7.是否經常檢查使用的玩具是否安全？

第四節　幼兒園常見意外事件的防範與處理

　　戶外活動時間，小凱站在教室外，望著前面嬉鬧的遊樂場。眼尖的他看到坐在搖椅上的小麗正準備下來，他馬上衝過去，想佔有搖椅的位子，「碰」！一聲，小凱被擺盪過來的搖椅撞的四腳朝天，躺在地上，好一會兒起不來。

　　這是幼兒園裡較常發生的意外情況，六歲以下的孩子常是顧前不顧後的，缺乏整體的安全危機意識，如何減少這些可預見、可防範又常會發生的意外事件，是園長、老師、家長必須多加注意的事。俗語說得好：「多一份防範，少一份災禍。」若我們能於平日多費一分心思，就可讓更多的兒童減少許多不必要的傷害，何樂而不為。以下提供一些防範之道，以期共勉。

(一)防範之道

1.園方宜注意事項

　　(1)廚房應禁止幼兒進出。

　　(2)若有手推車或不宜讓幼兒玩的機械物品，宜放置在安全的地點。

(3)娃娃車進出動線要遠離幼兒自由嬉戲的場所。

(4)熱湯、飯菜端進出的動線與時間應與幼兒活動錯開，以免幼兒不小心誤撞。

(5)經常檢查廚房瓦斯是否漏氣，擺設是否安全。

(6)幼兒經常跑動嬉戲的地面應避免使用堅固光滑的地板，以免滑倒。

(7)每天宜巡視一下所有的遊樂設備是否有裂痕、繩索掉落、螺絲鬆動、沙坑裡是否有玻璃碎片、香煙頭、瓦礫等……等，可能造成意外的原因。

(8)遊樂器材擺設的位置是否容易因幼兒的使用而有發生危險之虞。

(9)所有危險物品如殺蟲劑、強酸、強鹼等，應放置在幼兒拿不到的安全地點。

(10)平日注意安全教育的實施，包括交通安全、不玩打架遊戲，戶外嬉戲規則……等。

(11)園方應有附近醫院門診科別的詳細聯絡資料及幼兒的緊急連絡電話。

2.宜提醒家長及幼兒注意事項

(1)鞋襪：最好穿自黏式，穿脫較方便，勿穿開口或鞋跟太高的鞋，尺寸大小要適中。

(2)衣褲裙：衣服宜依據氣候穿著，選擇尺寸適中，活潑可愛的樣式，不必華麗，但要保持整潔。裙子不宜太長或太短，長了容易絆倒。太短又覺行動不便，並提醒幼兒著內褲，避免穿連褲裝，因幼兒自己穿脫不易。

(3)頭髮：宜常修剪，注意衛生、常洗清。留長髮的女生最好能紮個辮子或綁馬尾，不然至少也用夾子夾著，避免披頭散髮。

(4)配件：最好不要穿戴耳環、項鍊或手飾，若幼兒執意要戴，注意避免影響活動，或跌倒、碰撞時不會傷及幼兒。

(二)應變與處理

A．教師的應變與處理

1.判斷小孩受傷的程度

高聲哭叫多屬無礙，弱聲啼哭時，情況反而不妙，務必叫救護車，使

頭平側一邊。

2. 撞傷瘀血

馬上用冷敷並輕輕下壓，對減輕疼痛和腫大都很有效。若傷勢較嚴重，最好請醫生檢查一下。

3. 扭筋扭傷

單純而沒有腫起來的扭筋，只要輕輕地按摩傷處就可以了。如果傷在四肢，要用繃帶綁起來，避免活動。在初期休息（十二～十四小時）以後，若傷處仍痛，就應該去看醫生。

4. 脫臼骨折

最好的辦法就是先固定傷處，再緊急送醫。

5. 輕微的流血

可用冷開水（流水）沖洗附近傷口，輕微擦傷消毒過傷口，以成藥、膠布蓋上傷口即可。

6. 嚴重的出血

以無菌紗布或清潔的布按放傷口綁緊，立刻找外科醫師。血流不止要用止血帶，但請注意鬆緊適度，持續觀察膚色變化，每 15～20 分放鬆一次（於 30 分內可到達醫院，則不必鬆開），必要時再綑緊（止血帶切忌用細繩以免傷及組織）。

7. 被貓、狗咬傷

若是輕微擦傷用肥皂水輕輕洗滌，小心擦乾，並在傷口塗上外傷用的藥亭即可。若是深而不齊的裂傷，洗過傷口，用消毒紗布包紮傷口，趕快送醫。並考慮注射破傷風預防針。

8. 昆蟲叮咬

蜜蜂和螞蟻的刺裡含酸性毒液，可用酸氫鈉藥膏或稀釋了的阿摩尼亞塗在被叮的部位。黃蜂的刺裡含有鹼性毒液，可在被叮的部位塗上醋或檸檬汁。

10. 中毒

(1)先把剩餘的毒物，特別是仍留在口中的拿掉。

(2)趕快辨明毒物性質。

(3)延請醫生，或請救護車把孩子送醫。

⑷在等候醫藥救護時間自己四個問題：要使孩子嘔吐嗎？要給解毒藥嗎？給什麼解藥？要給緩和劑嗎？

⑸若發生休克，要依休克處理法處理。

⑹若引起窒息或呼吸困難，要立即做人工呼吸。

資訊站：休克處理

若是某些腐蝕性或揮發刺激物如：阿摩尼亞、硝酸、擦亮水、硫酸、苛性鉀或鈉、汽油、殺蟲劑、煤油、鹽精、濃醋、浴廁清潔劑、松節油、白酒精等，不能使其嘔吐。若失去知覺千萬別試著讓他嘔吐，要用昏迷的處理法照顧他。若吞服的是一般藥片或酒精、漂白水、硼酸、碳酸、打火機油、油漆、滅鼠藥，染髮劑、墨水、除草劑、毒草類或有毒的果實要引發孩子嘔吐。可以用手指撥弄孩子喉嚨的後面或給他喝一杯溶了兩湯匙鹽的鹽水再吐。引發嘔吐後，再給他服用解毒劑或緩和劑，最好的緩和劑是牛奶（攪有生雞蛋的牛奶，或含有一湯匙橄欖油的牛奶都可以）。最重要的是，不要把時間浪費在給孩子吃解毒藥或緩和劑上，應趕快把孩子送醫院，只有在不得不等候醫師或救護車時，再考慮是否給解毒藥或緩和劑。

休克處理要點：①休息，讓孩子平臥，不用枕頭，鬆開衣服，用薄毛毯裹住孩子。②要保持身體的適溫狀態，但不要使其太暖和，那會使休克更嚴重。③不要給孩子喝水。④立即送醫。

B・幼兒的應變與處理

1.趕快告之老師，或行政人員，或至醫護室求助。

2.如果跌倒覺得腳走路有些不對勁，會痛要告之老師，並儘量休息，回家要告訴家長去看醫生。

3.有任何流血情況一定要馬上告之老師或醫護人員，請求協助護理。

4.要聽從醫護人員的指示，若使用止血帶，每隔一陣子要提醒大人或醫護幫忙鬆開，再捆緊。

5.當看到狗，不要因害怕一直跑，最好能停站或慢慢走，並記住貓、

狗的樣子。

6. 不能用東西去弄蜂巢，螞蟻穴，在野外坐下前前看看四週有無螞蟻。

7. 不隨便亂吃路邊的食物，或撿到東西不可亂吃。

(三)常見意外傷害急救方法

種類	造成原因	急救方法
頭部受傷	• 交通事故。 • 重物擊中。 • 跌倒。 • 碰撞	• 使患者平臥、頭部墊高，臉偏向一側。 • 保持頭部安寧，絕勿動搖。 • 最好冷敷頭及頸部。 • 若有出血時應即止血。 • 緊急送醫。
嚴重外傷	• 交通事故。 • 機械傷害。 • 切傷。 • 跌傷。	• 止血。 • 注意休克。 • 避免傷害污染。 • 緊急送醫。
電擊	• 電線斷落。 • 使用電器不慎。 • 過於接近高壓電池區。 • 雷雨時在曠野中行走。	• 切斷電源（若被高壓電所擊應先聯絡電力公司切斷電源）。 • 用長的乾棍子、乾繩子、乾衣物等將傷者與電路分開。 • 施予人工呼吸、心臟按摩。 • 緊急送醫。
骨折	• 交通事故 • 機械傷害 • 跌倒。 • 高處跌落。 • 撞擊。	• 固定患處二端關節。 • 冷敷痛處。 • 注意休克。 • 若有出血應先止血。 • 若骨骼已突出，不要推回。 • 緊急送醫。

煤氣中毒	• 煤氣外洩。 • 煤氣燃燒不全。	• 打開窗戶、關閉煤氣開關。 • 患者抬至通風處。 • 施予人工呼吸。 • 緊急送醫。
灼傷	• 火災。 • 不慎燒傷。 • 不慎燙傷。	• 立刻用水沖洗或浸入乾淨冷水中。 • 表皮紅腫或稍微起泡的，以乾淨布料敷蓋（不要弄破水泡）送醫診治。 • 表皮嚴重損傷、傷及內部組織，或灼傷範圍較大者以乾淨衣物、被單、毛毯包裹，緊急送醫，注意休克。
溺水	• 游泳不慎。 • 失足落水。 • 乘船失事。	• 設法救出水面（非救生員不要下水施救）。 • 清除口中異物，使患者腹中之水吐出。 • 必要時施以人工呼吸，心臟按摩。 • 注意保暖。 • 緊急送醫。
昏倒	• 過度恐懼，興奮、悲傷或憂慮。 • 目睹受傷或流血。 • 過度疲勞或站立過久。 • 在通風不良場所過久。	• 使患者平躺，頭部放低。 • 鬆開衣襟。 • 送醫診治。

問題思考

1.請自找一個園所或家長觀察其對待孩子的方式，記錄其使用策略，分析其對幼兒心理健康發展的適切性。

2.訪問一位園所教師請教其對幼兒安全保育上特別在乎的事項，或曾發生的案例與建議預防之道。

3.設計一個提昇幼兒安全危機意識的活動

4.設計一個提昇幼兒自我概念的活動

5.請自找一家幼兒園，利用「幼兒保育工作者對幼兒校園與遊戲學習安全的檢核表」檢視一下其安全措施。

6.請設計一個活動，幼兒學習瞭解什麼是「好」的撫摸與「不好」的撫摸。

第六章

幼兒身體發展課程

本章重點

第一節　幼兒身體運動機能發展的特性

一、透過運動遊戲幼兒的學習、成長與發展

二、設計幼兒體能活動必備的幼兒身體發展知識

三、各階段幼兒發展身體發展特徵與運動技能發展目標

第二節　促進幼兒身體發展的教學活動

一、場地空間的探索活動

二、促進幼兒身體基本動作發展的活動

三、促進幼兒身體知覺發展的活動

四、促進幼兒身體協調發展的活動

五、促進創造思考、邏輯推理與團隊合作的身體活動

六、放鬆與解除緊張的身體活動

第三節　幼兒身體發展活動設計與引導

一、幼兒體能活動設計的規劃

二、幼兒體能活動教學原則

三、幼兒體能活動教學過程

四、幼兒體能教學秩序維持技巧

五、幼兒體能活動教學注意事項

第一節　幼兒身體運動機能發展的特性

一、透過運動遊戲幼兒的學習、成長與發展

一、幼兒在運動遊戲中的身體動作發展

幼兒的主要工作是遊戲，嬰兒期從想捉取眼前會動的玩具，他會努力擺動四肢、移動身體，這就增進了他爬、走的動作能力。剛會走路的孩子喜歡四處探索，與人玩追逐的遊戲，在運用各種走路技巧的同時，動作的平衡能力就慢慢發展出來。兩三歲的孩子，會上下樓梯，喜歡爬上爬下，此時除了要運用動作平衡外，身體的協調性也慢慢顯現。隨著年齡的增長，孩子會做的動作越來越多，舉凡溜滑梯、跑跳步、盪鞦韆、玩球、騎三輪車、爬攀登架……等運動遊戲都是他的最愛，這些活動有的需要運用身體的敏捷性、有的可增強肌耐力、協調力、甚至增進其敏捷性、瞬發力……。也因此奠定了身體動作協調運用的基礎。

二、透過運動遊戲嬰幼兒的認知學習

一般認為，嬰兒大概在出生後第一年的後半年裡開始或概念形成的能力。這使嬰兒從不斷變化的特點中，鑑別出其不變的特性，進而獲得對事物本質（概念內涵）的認識。凱波等人採用年齡恆定設計法對 7.5 個月的嬰兒進行了研究。他們將 30 名前運動組受試者與 30 名運動組受試者進行比較，結果發現：運動組嬰兒表現明顯的對事物新異特點的鑑別能力（龐麗娟等，民 84，頁 113）。這一實驗結果說明，早期概念形成可能受到動作發展的影響，動作經驗對嬰兒概念形成有著某種正面影響。

再從幼兒平日的運動遊戲中觀察：賽跑時，有人跑的快，有人跑的慢，孩子就可以體會出快慢的概念；若進行跑步比賽，則會產生第一、第

二名這就有了數序的概念；玩蹺蹺板遊戲幼兒很快會知道體格嬌小瘦弱的與體格粗壯一起玩時，一定是瘦小者翹上來，這就是輕重概念的基礎，若碩壯幼兒試著往前坐，他可能會發現他不一定都是下傾的一方，他也可能蹺上來，這又是平衡槓桿原理的實際經驗。一二三木頭人的遊戲中，捉人的幼兒必須目測最近距離的目標，衡量腳步的大小捉人，這就是測量的經驗。事實上有許多運動遊戲都具有認知的意義，所以過去常言的「頭腦簡單，四肢發達」，好像需要重下定論了。

三、嬰幼兒在運動遊戲中的社會互動與情緒發展

運動經驗在嬰兒社會交流能力發展中扮演著一個極重要的角色，有可能是動作的發展在誘導嬰兒社會交流能力的發展。卡蘭德曾做過社會參考性交流與嬰兒爬行動作之間的關係，發現：運動組嬰兒明顯地傾向於採用與其母親一致的情感信息對陌生人作出反應。其中 6.25％的運動組嬰兒與母親一樣對陌生人發出微笑；而當母親對陌生人表示懼怕時，75％的運動組嬰兒作出嚴肅的表情。前運動組嬰兒則沒有這種反應（龐麗娟等，民84，頁 111-113）。

從幼兒在運動遊戲的經驗中觀察，無規則自由參與的遊戲活動，如：自由追逐賽跑、爬攀登架、球池嬉戲…等，孩子們常會互相模仿、交談，甚至自行發展出遊戲規則。有些運動遊戲活動雖然未有一定的規則，但因設備器材的關係，自然會形成一定遊戲規則，如：溜滑梯、盪鞦韆、蹺蹺板……等，因為器材容量有所限制，所以會發展出排隊等待、先來後到的使用規則。至於那些經設計具遊戲規則的運動遊戲，則更能發展社會互動與情緒能力，如：捉迷藏可發展角色取替能力，因為在遊戲中必須猜測他人可能躲藏的位置或可能出現的地方；團隊合作性的運動遊戲，可凝聚團隊內的向心力與合作性。因為運動遊戲中常有輸贏的結果，孩子們也可能體會到勝利不必太驕傲，輸了也不必太傷心，漸進也發展了情緒控制能力。一般而言，動作技能常是兒童與兒童之間交往的工具，一個動作笨拙、動作技能發展遲緩的兒童往往不易與同伴打成一片，而動作技能發展較好的兒童容易受到同伴的歡迎。

二、設計幼兒體能活動必備的幼兒身體發展知識

一、幼兒身體發展的原則

美國心理學家吉賽兒（Gesell）提出兒童動作發展五項重要原則如下（蘇建文等，民85，頁150-153）：

1.個別化成熟原則

指自生命之始，個體即具有遺傳潛能，發展成為一個具組織性與統整性的個體。

2.發展方向原則

發展方向原則指個體組織系統與功能的發展方向是：由頭至腳，由軀幹至四肢（即由中心往外），由粗動作至細動作，由籠統到分化。

3.相互交織原則

行為的發展由不成熟到成熟，是成螺旋型方式進行的，由於個別特質的結構與功能表現成熟的速度不同，有的在嬰兒期已出現，有的仍潛伏於內，當其個別發展時，乃產生合併與交織的現象，於是兒童的行為表現會顯示出穩定與不穩定、進步與退步的相互間隔時期，稱為相互交織原則。如：剛會行走的嬰兒往望退佈置爬行，但只需稍加時日，嬰兒自然以行走而放棄以爬行來移動身體。

4.自我調節變動原則

自我調節變動原則與相互交織原則乃相輔相成的。由於發展呈現出由不穩定狀態與進步趨向穩定的間隔現象，乃是行為發展至高層次組織所必經的階段。而每個個體也會因其個別行為特質、動作特徵與成熟度不同而做自動調節，如：發展遲緩兒童其動作發展也會趨向緩慢，資優兒童可能其動作發展也顯得比一般兒童早。

5.功能不對稱原則

指個體在動作功能發展上，會出現對稱與不對稱的型態，如新生兒的頸反射，在動作上是不對稱，至六個月大，頭趨於中央位置，是對稱的。

早先慣用兩手臂是對稱的，而後發展出慣用手又是不對稱的。

二、幼兒身體發展的重要知識

表六－1：幼兒身體發展與幼兒身體活動注意事項表

幼兒期身體發展	顯現特徵	身體活動注意事項
骨骼肌肉 • 身高急速發展	• 身體不易保持平衡，容易有跌倒	• 跑跳運動量大，更易碰撞跌倒要特別注意場地及活動安全。
• 骨骼組織很軟骨骼中的膠質多於鈣質	• 易引起肩、大腿、關節、手腕的脫臼現象	• 避免懸吊動作，若活動本身易有跌倒狀況，應加戴護膝護腕（如溜冰活動）
• 肌肉嫩而柔軟，肌纖維較細，水份多	• 肌肉力量和耐力較差，容易疲勞	• 活動時間不宜過長，宜動靜相間
神經系統 • 出生後兒童腦重量，第一年增加最快（至成人腦重之50％）兩歲半至三歲75％，到六、七歲為90％	• 頭的比重大，頭重腳輕，重心不穩，容易摔跤。	• 活動場所應有護墊、護牆、護柱…等防護設施，以保護嬰幼兒頭部受創
• 出生時頭占身體比例1/4，二至六歲月在1/4至1/6間，成人為1/8。	• 頭的比例會越來越小，重心也越來越穩	• 隨著動作能力的發展，應提供適合其發展的活動
• 腦神經細胞突數量和長度增加，腦細胞體積增大，神經	• 好動、喜探索環境、對新鮮、色彩豐富的設施、玩具	• 應多提供富有刺激，安全能引發幼兒學習興趣的

	纖維髓鞘化。	有興趣	遊具、器材及活動
其他系統	• 腎臟除尿機能差，排尿次數多	• 常常需要上廁所，常玩的忘記要尿尿，想要尿時，常是很緊急的	• 活動前要提醒其先去尿尿
	• 心臟小，血管大，血壓低	• 劇烈活動易引起身體不適	• 不宜過於劇烈的活動，活動量大的活動應多觀察幼兒反應，時間上亦不宜太長

　　上表有關幼兒期身體發展的知識部分，參考水谷英三（民七十）李丹、劉金花（民78）、龐麗娟等（民84）。

三、各階段幼兒發展身體發展特徵與運動技能發展目標

階段	年齡	身體發展特徵	身體運動技能發展目標
一	0-6個月	原始反射支配階段 • 抬頭 • 翻身 • 持下坐立	• 反射性的成熟與抑制 • 定頸的促進 • 翻身的促進 • 坐立的促進
二	7-12個月	步行前階段 • 穩定坐立 • 匍匐前進 • 爬行前進 • 扶物站立	• 平衡反應的誘發與促進 • 水平移動的促進 • 垂直運動的促進
三	一歲至一歲半	確定步行階段	• 平衡反應的促進

		• 獨立站立	• 獨立站立的促進
		• 獨立步行	• 獨立步行的促進
		• 穩定前進	• 限制步行的促進
		• 橫走、倒走	• 抗重力運動的促進
四	一歲半至三歲	確定粗略動作階段	• 促進姿勢與動作的多樣化
		• 跑—停—再跑—急轉彎	
		• 上下樓梯	• 促進初步的統整運動
		• 隻腳跳離地面	• 促進單側性的運動
		• 雙腳向前跳遠	
		• 單腳平衡	
五	三歲至四歲	調整運動階段	• 雙手操作運動的促進
		• 照著畫圓形	• 調整力的促進
		• 雙腳跳←單腳跳	• 腳趾運動的促進
		• 騎三輪車	• 優位性運動的促進
		• 丟接球	
六	四歲至六歲	知覺—運動階段	• 微細運動的促進
		• 剪、畫、繫鞋帶	• 連合運動的促進
		• 基本動作純熟	• 創造性運動的促進
		• 有技巧地快跑	• 課題意識運動的促進
		• 能依主題創造發展活動	
七	六歲至七歲	複合應用運動階段	• 複雜的創造性運動的促進
		• 前後滾翻	
		• 仰臥—坐起—躺下—快速站起反覆多次	• 複雜的連合運動的促進
		• 手指相碰	• 兩側性運動的促進
		• 仿畫複雜圖形	

　　以上幼兒發展各階段身體運動技能「發展目標」部分參考林風南（民84），「身體發展」部分參考蘇建文等（民 85，頁 150-169）及 Rhonda & Rebecca，毛連塭、魏月容合譯（民 76）的嬰幼兒動作發展量表，但身體發

展課程強調的不只是身體發展部分，還包括社會、認知、情意部分，故綜合而言：

零至四歲的幼兒，身體發展活動重在身體基本動作的發展強調：

1. 提昇感官感覺的敏銳度
2. 促進感覺動作技能
3. 提昇身體意識能力
4. 獲得對身體肌肉神經運作的具體認識
5. 增進日常生活中動作的表現語言

四至七歲的幼兒，身體發展活動則應考慮與外在環境的互動協調所以重在：

1. 增進感覺動作技能
2. 促進自我意識與身體控制能力
3. 增進時間、空間、因果關係等意識
5. 複雜的動作聯合與創造性運動
6. 學習能不堅持己見，進而能相讓合作
7. 促進對自身與周遭環境關係的瞭解
8. 增進問題解決能力

第二節　促進幼兒身體發展的教學活動

一、場地空間的探索活動

一、認識場地

場地是幼兒最直接可以探觸的環境，在這個環境中，他將在這兒探索自己，體會與他人的互動，感受空間距離的關係。在場地中會有一小空間

是屬於個人的，也會有團體共用的場地。以下介紹常用來探索場地的活動。

(一)探索個人空間的活動

通常個人的空間是指將雙手平伸或躺下伸展手腳不碰到別人的範圍屬於個人的活動空間。可試著探索的活動包括：

1. 站著或坐著盡量伸展雙手至最高、最長
2. 躺下伸展手腳看看能伸得多高？多寬？多遠？
3. 盡量往上跳，試試看是否能摸到場地的最高點？
4. 站起來量量看要走幾步路會碰到別人？
5. 是著用站姿、坐姿、躺姿環顧場地四周，比較看看所見事物有何不同？

(二)探索共用空間的活動

1. 試著很快繞場地一週，而不碰到任何東西
2. 試著很快繞場地一週，而不碰到任何人
3. 試著用倒退走的方式繞場地一週
4. 想像整個場地空間充滿汽球或棉花球，將如何從一端移動到另一端？
5. 試著用腳步量量看，繞場一週需要走幾步路？
6. 將手伸展至最長，大家手拉著手，試試看能否碰觸到場地的兩端？若能碰到總共需要多少人牽手？
7. 以跳繩方式繞教室一週

二、促進幼兒身體基本動作發展的活動

一、各年齡階段身體基本動作發展活動

適合年齡	項目	活動說明
零至一歲		手抱嬰兒讓嬰兒體驗各種搖晃的樂趣
	定額	利用抱姿、趴睡姿勢，誘使嬰兒抬頭穩定頸部
	翻身	協助嬰兒手腳擺放位置，讓其容易順勢翻身
	側滾	用薄毯包住幼兒，再拉開布條讓幼兒以側滾翻的方式滾出
	爬行	以會動的玩具，或佈置適合爬鑽隧道等情境引誘嬰兒爬行 嬰兒在觸覺毯或觸覺板上爬行
	站立	讓嬰兒手扶椅子或手推車站立或往前移動
一至兩歲	變幻爬行	學蝸牛、烏龜、蛇、螞蟻、蜈蚣、蜥蜴、……爬行，或魚兒在水中游。
	爬樓	手腳並爬上下樓梯←雙腳齊上或下樓梯←單腳上下樓梯
	走路	自地上劃線，沿線走路
	定階跳下	站在臺階或坐在跳箱上往下跳
	往上跳	定點站立往上跳拍，可想像拍蚊子
兩至四歲	走姿變化	模仿大象、猩猩、貓狗、公雞、胖子、瘦子、太空漫步……
	前滾翻	前滾翻動作要特別注意不能頭頂地往前翻，應協助幼兒縮起脖子以腦後勺觸地，剛開始教師宜用手協助保護幼兒頭部，確定姿勢正確後才做動作。
	騎三輪車	騎踏三輪腳踏車
	雙腳跳	學青蛙跳、白兔跳、袋鼠跳、往前跳、往後跳、從高處向下輕跳
	往前跑	直線往前跑

	靜態平衡	單腳站立
	簡易體操	動作簡單，節奏明顯的體操
四至六歲	跑姿變化	接力賽跑、學小鳥飛、飛機飛、蝴蝶飛、跑彎路……
	單腳跳	單腳連續往前挑跳幾步，可左右單腳跳或交換跳
	動態平衡	姿勢動作改變，如：由爬變滾、變走、變跑、變跳……仍保持平衡狀
	走平均台	在平均臺上平走、蟹行走……
	後滾翻	後滾翻的動作難度高於前滾翻，應先學會前滾翻的動作再練習，重要的是動作要正確，避免運動傷害。
	模仿體操	模仿動物動作日常動作的體操
六至八歲	變化走平均台	在平均台走路，可變化花樣，如：轉圈、穿過鐵圈……
	跳箱滾翻	從跳箱上跳下來，在前面的墊子上做翻滾動作
	綜合動作	綜合幾種動作連續進行
	複雜體操	較複雜動作的體操
	跳繩	個人跳、雙人跳、團體跳……

＊翻滾動作最好在鋪有彈性墊子的地面操作。

二、模仿各種動物動作

1. 兔躍：蹲立，雙手側上屈舉貼於耳側，併腿前跳。
2. 鱷魚：伏臥伸軀，雙手前平屈，以前臂撐地交互匍匐前進。
3. 蟹行：仰臥以雙手撐地，屈膝向後行走。
4. 鴨行：插腰蹲立，前行，抬頭。
5. 袋鼠：前雙立撐，舉單足屈膝，另足與雙手交互前跳。
6. 蟲行：伏臥撐，雙足併齊細步前跳，至體前彎，然後上體前振躍出成伏臥撐姿勢，再繼續行之。
7. 大象：體前彎立撐，起步時同側之手足同時舉起，前移，如此左右行交互行之。
8. 小老鼠：蹲地體前屈，雙肘撐地向前爬行。

9.**海狗**：伏臥屈臂支撐，提臂收腹成伏臥蹲地姿勢，繼續伸軀向前屈臂撐。

10.**企鵝**：舉趾，提肩，手撐側平舉貼於腿側方用足跟細步急行前進。

11.**跑馬步**：雙手握拳置於體前方，雙手作向前之急馳步。

12.**老鷹**：雙手側平舉，舉踵直膝跑步每五～六步作一屈膝跳躍。

13.**蛙跳**：蹲立足掌向外側，雙手側平屈，作前推跳。

14.**猩猩**：半蹲，膝向外，體前彎，手臂向下懸，放鬆微微側擺。

15.**蝴蝶**：插腰為翅，前後擺振，舉踵跑步。

16.**鯊魚**：伏臥，腿後屈，以雙臂推地滑行（本動作適於光滑地板或平衡板上）。

17.**雞行**：蹲立，雙手握於踝關節。

18.**蝦行**：仰臥屈膝、足掌撐地，雙手置於體側，收下頷以雙手蹬地向後推行。

19.**象行**：側前彎、一手輕放右鼻樑，另一手穿過手縫，在胸前擺動。

教學小秘訣：三隻山羊的故事（走平均台）

情境佈置——利用跳箱與平均台搭一座獨木橋

故事講述——

　　從前有三隻山羊，就是大山羊，二山羊和小山羊，他們上山吃草，有一條河隔著，必得要經過一座獨木橋。那橋底下，有一個怪物。這怪物好難看，鼻子好長，眼睛好大，無論那個看見他都害怕。

　　先是小山羊來了，走上橋，戛吱戛吱的響，怪物說：「誰過我的橋呢？」小山羊說：「是我，小山羊。」怪物說：「我要上去吃你。」小山羊說：「你別吃我——在我後邊還有一隻又肥又大的羊來。」怪物說：「你快過去吧！」

　　一會兒二山羊來了，走上橋，戛吱戛吱的響。怪物說：「誰過我的橋？」二山羊說：「是我，二山羊。」怪物說：「我要上去吃你。」二山羊說：「你別吃我——在我後邊還有一隻頂肥大的羊來。」怪物說：「你快過去吧！」

又一會兒大山羊來了，走上橋發出很大的聲音，也戛吱戛吱的響。怪物說：「誰過我的橋？」大山羊說：「是我，大山羊。」怪物說：「我要上去吃你。」大山羊說：「你來吧！我不怕你。」怪物一上來；大山羊就用角把他頂死了，三隻山羊很高興地上山吃草，以後往來，就不用害怕了。

角色扮演：讓幼兒表演怪物和山羊走獨木橋的故事，亦可請幼兒想像有那些方法可以過獨木橋。

參、促進幼兒身體知覺發展的活動

身體知覺活動包括幼兒對自己身體部位的認知、肌肉感覺刺激的反應、身體觸覺刺激的反應、身體姿勢的體驗、對自己身體空間的辨識……等。

一、身體部位認知與刺激的反應

1.試著用身體部位玩小沙包（如：頭、手心、手臂、手背、足背……）

2.將小沙包往上丟，用身體各部位來接，在每次接住時，說出該身體部位的名稱。

3.吹泡泡，用身體各部位來接，在每次接住時，說出該身體部位的名稱。

4.想像自己是一塊橡皮糖，可以黏住任何東西，當音樂響時，可以任意走動，等音樂一停，就要用身體去碰觸其他幼兒，要說出碰觸的身體部位的名稱，才能解開，否則就一直黏在一起。

5.將寶貝藏在球池內，讓幼兒入球池尋寶。

二、身體姿勢的體驗

1.配合音樂，試著動動自己的頭，看看能想出多少種擺動頭的方式？（同樣可以動手指、肩膀、手臂、腰、腳、膝蓋……）

2.想辦法讓身體變長、縮短、變胖、變瘦……

3.試著擺出頭低於腳的姿勢

4. 試試看是不是可以讓一部分的身體變長，而其他部分的身體縮起來？

5. 試著用身體的一個點著地，擺出一個最漂亮的姿勢。（亦可兩個點、三個點……）

6. 兩位幼兒一組，試著用身體的兩個點著地，擺出一個最漂亮的姿勢。（同理，可以三人組 N 點著地，四人組……）

7. 兩人一組，將身體變得最長，最高……（三人組，四人組亦可……）

8. 請一位幼兒擺出他認為最美的姿勢，讓另一位幼兒模仿，他再創另一個美妙姿勢，讓第三位幼兒模仿，如此類推。

9. 試著讓手腳向相反方向伸展。

三、促進身體空間辨識能力的活動

1. 試著伸展手至最高、最低、最長；把腳抬到最高，拉到最大；把脖子往上下盡量伸長。

2. 以身體為中心，往前彎、往後仰、往斜傾、轉動身體……

3. 兩人一組，一人躺下手往上伸直，請另一位幼兒試著用腳步量量看，需要走幾步路？

4. 兩人一組，一人當瞎子，一人當嚮導，嚮導手持一種樂器，引導瞎子前進後退，探索環境。

5. 隨著聲音或顏色訊號，改變位置或前進速度。

6. 試著想出幾種穿過鐵環的方法。

7. 先以目視猜測空間距離，再實地以身體部位（如：手掌大小、腳步、手臂長度……）去測量看看。

四、促進幼兒身體協調發展的活動

一、身體協調的動作

1. 雙手握球往前丟→單手握球往前丟或滾→真正投擲動作。

2. 照鏡子遊戲：兩人面對面，一人做動作，一人當鏡子模仿其動作。

3.想辦法使全身各部位都能擺動

4.試著在左右或前後擺動時,作出捲縮伸長的動作。

二、身體的移動

1.試著像火車一樣,發動時慢慢地移動,然後漸漸越來越快,快靠站時,將速度慢慢減緩,到站了,就停下來。可以想像從臺北到高雄,中途經過許多停靠站,練習由慢而快,再由快而慢地移動身體。

2.試著聽信號改變行進方向或速度。

3.一面拍球一面前進。

4.兩人一組玩身體蹺蹺板,一人站立時,另一人就得蹲下來,老師可以在中間指揮,控制蹺蹺板的動作。

5.試著在柔軟的地板上縮著身體滾動,聽到一聲鈴聲就靜止不動,兩聲鈴聲就將身體平躺伸展,三聲鈴聲再繼續滾動。

6.想像自己是一根螺絲,慢慢轉動鑽進木頭裡面。

7.想像自己是條蛇,正以 S 型的前進方式,由場地一端移至另一端。

8.想像自己是根箭,很快地從弓箭上射出去。

9.在地上畫一條線,請每位幼兒用不同的方式沿線爬行(走路、跳躍、飛行……)

10.用繩子圍成--個封閉區域,當作水池,想像自己是池中的生物,在水中遨游。

11.在平衡木上從一端走到另一端(可側走、直走、交叉腳步走、走到中間改向……)

三、團隊肢體協調活動

團隊肢體協調活動重在合作與協調,大部分的活動需要大班以上的幼兒才做得到。常見的團隊肢體協調活動如下:

1.**拔蘿蔔**:先以拔蘿蔔故事引起動機,大家一起協力拔起大蘿蔔。(適三歲以上)

2.**螞蟻搬家**:兩人以上一起搬動物品。(適四歲以上)

3.**一起開汽車**:一條繩子圍成圈,由兩位幼兒進入,一人當司機,當

乘客，同走路或跑步

4. **兩人三腳**：兩人並排，用布條將中間兩腳在一起，試著同步走路、跑步。（適五歲以上）

5. **傳球遊戲**：幼小兒童可玩兩人或三人一組互相傳球，不互相競賽。中大班兒童可視幼兒能力增加人數與變化傳球方式，甚至可以分組競賽。

6. **障礙遊戲**：設計各種障礙情境讓幼兒探險，視幼兒年齡選擇障礙難度。

7. **躲避球**：躲避球是一種有遊戲規則的競賽活動，大班以上的幼兒較能瞭解與遵守。

8. **丟沙包比賽**：可將幼兒分成兩隊，每隊選出一人揹著籃架（有底），隊員要努力將沙包丟到對方的籃架中，在一定時間內比較丟入的沙包數量，多的贏方。

9. **足球**：比照一般足球規則，分兩隊比賽。

五、促進創造思考、邏輯推理與團隊合作的的身體活動

1. **氣球傘遊戲**：氣球傘遊戲是一種綜合性的遊戲活動，可以變化許多遊戲玩法，對創造力與自我表達能力的促進很有幫助，玩法請見教學小秘笈。

教學小秘笈：氣球傘遊戲

器材——氣球傘

①大海浪——一組小朋友拉著氣球傘走步、並搖動手讓氣球傘呈波浪狀，另一組小朋友可在上面作游泳狀、螃蟹走、海狗行、側滾。

②大汽球——繞圓圈走走走，往前跑、往後退，就會形成大汽球狀。

③蓋棉被——繞圓圈走，臥倒，把身子躲進汽球傘下面，手拉著汽球傘，腳可踢動。

④小可愛——手高舉著氣球傘，走走走，臥倒，臉朝下，身體壓著氣球傘，腳舉起亂踢當小可愛。

⑤倒傘——老師站中間（汽球傘中間），小朋友拉著氣球傘轉圈走，慢慢走近，手舉高，像一把倒立的傘。

⑥汽球飛了——轉圈走成汽球，把手放掉，汽球就飛走了。

2. **想像模仿動作**：想像自己推著很重的箱子前進；想像自己是個被旋緊發條正開始轉動的洋娃娃；想像自己是個小木偶在跳舞；想像自己遲到，如何進教室……。

3. **戲劇扮演**：利用劇情發展身體的動作

資訊小站：王老先生的農場

王老先生有個農場，農場裏面養了許多動物，王老先生每天都去尋視農場，看看他的動物朋友們，這一天王老先生一大早就起來了，走到農場裏。⑴走步。

在農場裏，只有大公雞最早起來，它到處走來走去，叫著「咕！咕！咕！天亮了！」「咕！咕！咕！起床了！」⑵公雞走路樣。（彎身，手背後，往外翹，跨步走）

有一隻小雞聽到了，就趕快搖醒另一隻，一個傳一個，一下子小雞們都起床了，「嘰！嘰！嘰」「嘰嘰喳喳！嘰嘰喳喳！」。⑶小雞走路樣（蹲著走）。

老母雞在一旁正睡的香甜，這下子被小雞們吵醒了，覺得很不煩，不斷地叫著「嘰咕！嘰咕！吵死了！」。⑷母雞走路樣（彎身擺腰，手作尖嘴狀）。

王老先生繼續往前走，走到大池塘邊，聽到了青蛙「摑！摑！摑！」的叫聲，他看見一隻大青蛙，從這邊的荷葉，跳到另一張荷葉底下去了。⑸青蛙跳。

王老先生很累了，就在池邊坐下來，想著他的心事，突然被濺了一身水，「噗通！噗通！噗通！」原來是母鴨帶著小鴨來玩水，小鴨們

正高興地打著水仗。(6)鴨子走路、兩手放身體兩側，往外翹，走路時腰一款一款擺動著。

王老先生很沒趣地走開了，他走到菜園裏，拔了一些紅蘿蔔，拿去給小白兔吃，小白兔看見王老先生帶來了紅蘿蔔，高興地跳來跳去。(7)兔子跳。

王老先生很注意地看著小白兔在啃紅蘿蔔，這時小平從農場的另一邊跑過來，一面叫著：「爺爺！爺爺！」。(8)跑步。

小平拉住王老先生的手，說：「爺爺！帶我去騎馬！」王老先生牽著小平的手走到馬房，找到了一匹小馬，小平騎的好高興。(9)騎馬步。

騎了好一會兒，媽媽出來要大家回去吃早飯，小平也玩的好高興，就一路奔跳著回家了。(10)跑跳步（手叉腰，腳一左一右交換跳）。

〈創造思考動作引發〉

1.我們來想看看王老先生可能怎麼走路？

2.你看過公雞走路嗎？你能不能學學公雞走路的樣子？

3.你看過小雞走路嗎？小雞很生氣被吵醒是什麼樣子？

4.你看過母雞走路嗎？你能不能學學看？

5.青蛙跳到池塘裏是什麼樣子？

6.鴨子會怎麼走路呢？

7.兔子怎麼跳？

8.你想小平是怎樣跑去找王老先生的？

9.你能學學小平騎馬的樣子嗎？

10.很高興跑跳著回家是什麼樣子？

4.**想像之旅**：想像自己正在夏威夷海灘度假，模仿各種可能動作；想像一顆種子的旅行至發芽長成大樹的過程；玩各種水上想像遊戲（見教學資訊站）……

教學資訊站：水上想像遊戲的玩法

器材：水桶、水龍頭、水管、游泳池、淡青色軟布一條。

一、水上遊戲的玩法：

1. 陸地上的水上遊戲

利用一塊長條淡青色軟布玩海的遊戲

(1)兩人各持布的一端，輕輕地搖盪，當海浪，小朋友可以跟著跳過來、衝過去。

(2)在布上面學水中動物走路（螃蟹、海螺、魚……等走路法）故作游泳狀。

(3)坐在布上當小船，搖船。

(4)海底隧道，從下面穿過，做各種活動。

(5)可繞著海浪兩邊跑。

2. 利用水桶、大水盆的玩水遊戲。

(1)用塑膠吸管吹水面，會產生泡泡。

(2)玩小船遊戲。

(3)洗臉。

(4)撈魚。

(5)澆花、灑水。

(6)拿塑膠球放在上面漂浮、丟擲。

(7)丟銅幣（在水桶中放一玻璃杯、丟銅幣入杯中）。

3. 利用水管玩水的遊戲

(1)噴水、打水仗、潑水。

(2)讓小朋友穿雨衣雨具或泳衣，利用水管製造人工雨玩耍。

(3)澆、玩消防車救火遊戲。

4. 利用游泳池玩水（淺水，水深只至膝蓋）

(1)自由步行

(2)潑水

(3)蹲著走

(4)尋寶

(5)套泳圈**漂浮**

(6)打水仗

(7)玩丟球

（水深適度、可游泳者，約到幼兒肚臍上方）

(8)練習打水及漂浮

(9)玩游泳圈

(10)玩水槍、打水仗

(11)穿隧道遊戲——兩人手拉手平放水面，另一人穿越而過。穿越游泳圈。

(12)尋寶遊戲

二、幼兒玩水前後應注意事項：

(1)事前作健康檢查，尤其是耳、鼻有毛病的孩子則不宜下水。

(2)詳細詢問家長有關幼兒健康狀態，特別是幼兒過去有否與玩水發生不愉快事情。

(3)下水前必須清鼻水及大、小便。

(4)作充分的準備運動。

(5)空腹、疲勞、飯後以及激烈運動後勿下水。

(6)入水時間不宜太久（約 25～30 分鐘左右）。

(7)入水前要沖洗身體保持乾淨。

(8)注意水溫及氣溫。

(9)玩水時要緊湊但要求放鬆。

(10)玩水後必須沖洗身體然後擦乾身體再著裝，點眼藥水或用蒸餾水洗眼睛、漱口等。

5.團體遊戲：團體遊戲的玩法很多，如：貓捉老鼠、踩影子、大風吹……

教學小密笈：大風吹

　　大風吹的玩法一開始主持人會問：「大風吹！」幼兒就會反問：「吹什麼？」，通常有兩種吹法，一種是：「吹有×××的人！」；另

一種是：「吹沒有×××的人！」對中小的幼兒最好只玩前者，大班的幼兒為增加遊戲的複雜性及聽覺敏銳度，可以玩後者或混和玩。此遊戲有助幼兒的邏輯思考推理觀念的建立。

六、放鬆與解除緊張的身體活動

　　肌肉鬆弛練習主要在幫助幼兒體會身體的緊張與放鬆，許多身體伸展課程常會在整體活動結束前，安排肌肉鬆弛活動，讓幼兒將身體放鬆。

教學小密笈：幫助幼兒放鬆的原則

　　1.減少外在的刺激

　　2.讓光線暗下來

　　3.提供溫柔的音樂

　　4.提供規則單調的感覺經驗

　　5.提供緊張與放鬆狀態的比較

　　6.教師移動要緩慢，說話要輕柔沉緩

可試著練習的活動包括：

　　1.想像自己是一客冰淇淋，在太陽下慢慢融化的樣子。

　　2.想像自己是天上的一朵雲，隨著微風飄過來飄過去。

　　3.想像自己是一段煮爛的麵條。

　　4.模仿機器人隨著音樂走路，一聽到鈴鼓聲，就變成一團棉花。

　　5.想像自己是一塊大冰雕，慢慢融化，最後變成一灘水。

　　6.想像自己在宮殿中跳舞玩耍，可是魔法鼓聲一響，就變成石頭人。再等到破除魔法的鈴聲響起，又可以恢復原狀。

　　7.想像自己是一片枯黃的落葉，靜靜躺在水面，隨著水流載沉載浮，經過樹林、原野、草叢…，最後飄到大海，在萬里無雲的藍天大海上覺得非常舒適安詳。

　　6.觀察汽球充氣的變化，讓幼兒想像自己的肚子就是汽球，吸氣時把

肚子脹大，吐氣時就像洩氣的汽球，肚子就慢扁下去。（可放輕柔的音樂，讓幼兒躺在地板上，練習這種腹式呼吸放鬆法）

教學小秘笈：體會全身的緊張與放鬆活動

1. 把眼睛閉起來，閉得好緊好緊，越緊越好，好！放鬆！
2. 把嘴巴閉起來，閉得好緊好緊，越緊越好，好！放鬆！
3. 把整個臉皺在一起，越皺越好，好！放鬆！
4. 把脖子縮緊，越緊越好，好像沒有脖子一樣，好！放鬆！
5. 把拳頭握緊，越緊越好，好！放鬆！
6. 抱緊手臂貼在胸口，儘儘地抱住自己，越緊越好，好！放鬆！
7. 全身僵直緊縮，越緊越好，好！放鬆！
8. 讓頭慢慢放下來，不用一點力氣，慢慢地！慢慢地往下彎，手好像要掉了一樣，鬆鬆地重重地往下掉，腰也慢慢地往下彎，一直彎，慢慢地，彎不下腰了，把膝蓋往前彎，手碰到地了，腳碰到地了，最後整個人癱在地上。
9. 把手腳打開平放，感到身體重重地壓在地上，慢慢地呼吸。
10. 吸氣！吐氣！吸！吐！吸！吐！好休息一下！

第三節　幼兒身體發展活動設計與引導

一、幼兒體能活動設計的規劃

一、中長程幼兒體能活動規劃的考量因素：

通常設以每週或每單元的教學計畫為短程計畫，每學期的計畫為中程計畫，年度以上的計畫為長程或遠程計畫。中長程幼兒體能活動的規劃，

應先考量以下因素。

1.授課時間與次數的考量

體能活動的活動量大，動作激烈，園所方作息時間安排上宜放在離吃過餐點一小時以上的時段。由於幼兒處於身體神經動作發展期，若能天天或隔天有一固定的身體發展活動，最為理想。否則至少每天應有一段戶外活動時間，一週至少應有一至兩次的體能課程。一次活動約在一小時左右，可視幼兒年齡增減時數。

2.遊戲活動範圍的確定

身體發展活動的主要目的在增進幼兒的健康，擴展幼兒生活經驗。所以遊戲活動的活動範圍可以多廣度，如：室內體能室、室外球場、操場、野外爬坡、泳池、海灘、公園……都是常見的活動場地。而活動的類型常是依場地有不同的活動內容，如：室內體能室可進行墊上運動、跳箱平衡木、障礙活動……等，而室外球場適合打躲避球、投籃、羽球，夏天可玩水，操場可以跑步、接力賽、團體遊戲……。

3.依季節變化調整活動範圍

在九月至十一月氣候涼爽，可以多安排野外活動。十二月以後，氣候寒冷，以室內活動為主。三月以後，春暖花開，可安排遠足、賞花、踏青活動，五月以後氣候轉熱，可以安排與水有關的活動。

4.教育計畫的連貫性

長程、中程、短程的教育計畫要能保持連貫性。短程的單元活動應能反應中程的教育計畫，中程的教育規劃要配合長程的發展目標。除非教育計畫能保持連貫性，否則教育計畫就顯得無意義。

二、短程幼兒體能活動設計的考量因素：

1.與中長程教育計畫目標、單元主題活動的配合

短程的單元活動應能反應中長程的教育計畫目標，並銜接連貫成為整個大計畫的一部分。此外還要考慮與正在實施的單元主題活動配合，使縱慣面與橫斷面均能保持聯繫。通常與中長程目標的聯繫考慮的是活動項目，如：基本動作練習，而與單元主題活動的配合可以活動內容來配合，如：單元主題為春天來了，則體能活動課程在基本動作練習上可以模仿春

天的動物動作與植物生長的情形。

2.讓幼兒學什麼？

　　活動的設計要想到希望孩子透過活動的經驗能學到什麼？包括動作技能的獲得、動作的協調性、團隊精神、互助合作、認知、創作……等各方面可能的經驗。不要一次活動就想一網打盡，每次的單元活動可以找一個主要目標，兩三個附屬目標。

3.考慮適當的幼兒人數、師生比例

　　體能課是活潑生動的課程，幼兒的情緒高昂，如果人數過多，教師不易照顧周全，設備器材與安全照顧上亦無法週延，遊戲的次數也因人數太多而減少，通常每班活動以三十人以下為宜，盡量不要併班合上。

4.考慮幼兒能力、生活背景經驗

　　班級幼兒的能力與生活背景的瞭解可以幫助單元活動的進行的更順利。不是小班的幼兒一定不能做某個活動，也不是每個大班幼兒一定能做某個活動，要注意觀察幼兒的發展與經驗。城鄉之間可能有差異，個別幼兒之間也會有差異，所以活動的設計應保留一點彈性。

5.活動方式、活動時間

　　活動方式需要場地與天氣的配合，所以設計時若能有備案，或彈性調整活動較能應變各種可能的情況。活動時間也最好能有些彈性，如好不容易有個放晴的好天氣，應可調整帶孩子至戶外踏青，此時所需時間可能需要加長，這些狀況都是活動設計與帶領者可以彈性調整的。

6.活動場所的空間、大小、安全性與適用性

　　不同的活動方式需要的活動場所空間會有差異，人數的多寡也與空間大小有關，由於短程的活動計畫很快會實施，所以需要確定活動場所的空間、大小、安全性與適用性，否則計畫了半天，缺乏適當的場地，也無法進行活動。

教學小秘笈：配合單元活動的計畫要項

　　1. 主題：

　　2. 活動時間：

　　3. 活動地點：

　　4. 幼兒年齡：

　　5. 幼兒人數／師生比例：

　　6. 活動目標：

　　7. 教學準備：

　　8. 動機引發：

　　9. 熱身活動：

　　10. 教學過程：

　　11. 緩和活動：

　　12. 注意事項：

---

7. 常用的器材設備

　　1. 錄音機、錄音帶或 CD

　　2. 可用來打節奏或指示動作的鼓、鈴鼓、響板……

　　3. 各種長短粗細的繩索

　　4. 不同尺寸大小的布條

　　5. 大大小小的墊子

　　6. 大小不同的球、汽球傘

　　7. 大小輪胎

　　8. 跳箱、梯子、軟墊……

8. 動線安排、場地設備安全性

　　準備好設備器材要考慮動線的安排是否流暢？會不會造成衝撞現象？場地設備否安全？

9. 行政、社會資源的配合：

　　行政、社會資源的配合包括：經費預算、行政協調、教學干擾度、安全性、附近公園、腹地……等的配合因素。

二、幼兒體能活動教學原則

1. 考慮教學目標
2. 依據兒童發展的能力設計、引導活動
3. 適合幼兒的需要與生活經驗
4. 尊重兒童的興趣適時引導
5. 活動進行要考慮時間、季節、場地等條件。
6. 正確的示範動作
7. 運用合宜的器材、道具
8. 隨時注意安全問題，包括：活動場地的安全與防範措施
9. 利用音樂提昇教學效果
10. 努力使幼兒有新的經驗
11. 遊戲活動要活潑有趣多樣化
12. 製造輕鬆愉快的氣氛
13. 動靜活動要互相搭配
14. 教學要保持彈性
15. 活動進行由簡而難，給予兒童成功的經驗。
16. 注意觀察幼兒的體能適應情況
17. 將環境器材的收拾整理工作納為課程的一部分

三、幼兒體能活動教學過程

一、準備活動

準備活動包括：

1. 場地協調與勘查

如果園所有多個班級，可能需要先協調場地的運用是否有衝突？會不會干擾其他班級上課？場地的大小是否適合？設備是否符合需要？

2. 設備器材的準備與安全檢查

　　設備器材的準備要考慮到教學主題的需要？活動性質？活動使用順序？幼兒人數？幼兒年齡？使用時間長短？……等，在準備好設備器材後，要對整體環境做安全檢查。

　　3.播放音樂錄音帶的準備

　　如果需要播放音樂錄音帶，需要考慮活動的需要，有些活動的的背景音樂需要快節奏、活潑輕快，有時則需要慢節奏，緩慢沈穩的音樂，身體放鬆的活動則需要輕柔的音樂，想像活動若能佐以大自然聲音的音樂，將有利幼兒的想像。教師需要於活動前先選出整個活動所需的各種背景音樂帶。

　　4.音響的測試

　　有了音樂若沒有好的音響配合也是枉然，所以教學前宜先測試一下播放效果，將所需要的音樂段落準備好，將先後順序排好，方便播放，甚至可以事先錄成一卷。

二、動機引發

　　體能活動是大部分幼兒的最愛，但如果沒有適當的動機引發將使幼兒的學習興致減低，有時動機的引發只是情境的佈置，如擺出部分器材，播放一段音樂，讓先進來的幼兒不必乾等覺得無聊，此方法特別適用於前項活動無法同時結束（如：美勞創作活動、個別學習活動……）。固定的開場音樂、故事、動作表演……都是常用的方法。

三、熱身準備

　　常見的熱身準備是熱身運動、體操……等。熱身準備主要是利用熱身活動來增加體溫、潤滑關節，調整心跳率，以便接受較劇烈的運動，減少對身體造傷害。

四、遊戲規則與常規的認識

　　遊戲規則要清楚向幼兒說明，活動共同遵守的常規也需要讓幼兒明白，包括讓幼兒清楚停止和注意的信號、不推擠碰觸他人、注意自身與他人安全、人際相處理禮節、收拾整理注意事項……等。

五、主要活動

主要活動是教師設計課程的重心，就像套餐中的主菜，要給予幼兒時間與機會練習和創作。時間的長度也是占整個體能活動的大部分。在主要活動階段，通常幼兒的情緒可以達到高潮。

六、緩和活動

緩和活動作用在幫助幼兒調整高昂的情緒，並讓身體機能恢復常態，緊張與放鬆的體驗活動，是緩和活動常見的活動內容。也可以唱歌、歡呼、緩踏步、調息……等活動，使幼兒在心理與心理上都能漸漸接受活動的結束，並試探學習的效果。

七、結束活動

設計一個固定的結束活動儀式，並在固定中求變化，（如：固定儀式是圍成圈互相說再見，變化活動是點頭說再見、碰腳說再見、互相擁抱說再見…）是常見的結束活動的方式。結束後離開教室前記住要提醒幼兒收拾整理環境、把汗擦乾……等，讓幼兒保持一個愉快而美好的經驗是很重要的。

四、幼兒體能教學秩序維持技巧

1. 以情境控制代替口頭禁止
2. 預防問題行為的產生勝於事後的禁止、懲戒
3. 遊戲規則應讓幼兒清楚明白
4. 態度語氣需和氣堅定
5. 提醒幼兒注意人際相處應有禮節
6. 以正面的鼓勵替代消極的責罰
7. 問問題要讓幼兒有思考問題的時間
8. 盡量讓每位幼兒表達意見想法
9. 將問題解決與衝突處理納入教學活動

五、幼兒體能活動教學注意事項

一、教學前：

1. **安全性**：場地、空間、周圍環境……
2. **設備器材**：安全檢查、種類、數量……
3. **環境安排**：動線規劃、活動空間規劃……
4. **行政配合協調事宜**：場地、時間安排、音樂、器材使用……
5. **幼兒衣著**：衣著輕便易伸縮，在木板教室可打赤腳，促進足部肌肉的觸感

二、教學實施

1. 依據兒童發展的能力設計、引導活動
2. 採漸進式，宜先安排動機引發、熱身運動，不宜馬上做劇烈運動
3. 隨時觀察幼兒的體能狀況
4. 活動進行由簡而難，給予兒童成功的經驗
5. 動靜活動應搭配得宜
6. 正確的示範動作
7. 注意活動氣氛的帶動
8. 尊重兒童的興趣適時引導
9. 盡量參與幼兒的活動
10. 隨時注意活動場地的安全與防範措施
11. 維持秩序，以利進行活動
12. 注意時間的掌控
13. 隨時注意可能的危險性
14. 加強注意持久度與自我控制力的訓練

三、結束活動

1. 活動漸近尾聲時，宜降低活動量，讓幼兒體能狀況趨於正常。

2. 讓幼兒有段情緒緩和時間。

3. 可安排結束儀式，增進幼兒印象。

4. 可請幼兒協助收拾能力所及的使用器材。

5. 協助幼兒擦乾汗（最好能換掉濕透的衣服），注意不讓幼兒至風大的地方，以免著涼。

6. 提醒幼兒不要馬上喝水，即使等一下喝也應小口小口喝。

問題思考：

1. 請思考透過各種身體動作的活動，幼兒可能獲得的經驗是什麼？

2. 如何透過這些身體發展動作，結合故事劇場發展為兒童戲刻活動。

第四篇　語文課程領域

第七章

幼兒口語溝通課程

本章重點

第一節　幼兒口語溝通課程的基本理念

————孩子在強烈的情緒困擾中，他們聽不進任何人的話，也不會接受勸告、慰藉或積極的批評。他們需要的是「瞭解」，需要我們聆聽他在那個時刻裡內心的奮鬥。————

在日常生活中，幼兒的聲音常會在大人的談話聲中被淹沒。對幼兒而言，大人對其說話的聆聽注意，就是其願意繼續努力進言溝通的最大動機。

一、幼兒語言特質與溝通方式

媽媽帶著四歲的小強和三歲的小麗到動物園，媽媽唸著買票說明，一面嘀咕：大人票價漲那麼多，小強聽了馬上接著說：「我是小人可不可以不用買票？」，小麗接腔：「我是小小人也不用買票！」

二歲半的立國學了一句電視劇詞：「小姐你很漂亮，我很愛你！」，剛開始他是直接模仿，聽到的人都覺得很好笑。接著他更改主詞，對媽媽說：「媽媽你很漂亮，我很愛你！」，對阿姨說：「阿姨你很漂亮，我很愛你！」，可是他只選擇對女生說，叔叔伯伯逗他，他就是不肯說。

從上述例子看，可以發現即使是兩三歲的幼兒的語言，其語言知識其實不少。在漢語語音的知識，像知道「大」「小」是相反詞，也會正確地創造新詞「小人」，他的「小人」意思是小孩，和平日我們對「小人」的定義是不一樣的。會知道語句中的「主詞」，知道主詞是可以代換的，也知道漂亮好像都是在形容女生，也可能電視劇上「我愛你」這句話，都是男生對女生說，所以他不肯對男生說。

幼兒語言的發展可以算是一種奇蹟，六個月大的嬰兒只會伊伊牙牙，十二個月時普通會使用時至二十個詞。到了兩歲，他的詞彙是一歲時的十倍，三歲的幼兒，平均可能會用九百個不同的語詞流利地與人交談，甚至辯論了。（Hsu，1985）大致說來，一歲以前屬「無語言期」，其語言發展在「聽覺辨識」與「發聲遊戲」及發出類似句子型態的「牙牙學語」，尚無法直接以語言溝通，完全必須憑照顧者的猜測，進行溝通。一至兩歲有了初步的語言，屬單字期，所能使用的字彙有限，只能使用單字或疊字，接近兩歲時，開始有電報式組句。成人需憑其發出的單字與身體語言猜測其真正的意思。與其他嬰幼兒間的遊戲互動，屬獨自遊戲階段，若有互動亦偶發性的碰觸，或被侵擾權利的反擊。二、三歲的語言進入簡單字句與好問階段，雖有語句的雛形，仍然無法清楚表明意思，表達能力仍相當薄弱，遊戲互動屬平行遊戲階段，表面上可以一起玩，實質上是各玩各的，彼此之間並無互動合作的行為。總而言之，此階段幼兒的口語溝通能力不佳，無法清楚表達意見，幼兒之間幾乎無主動性的互動溝通，成人與幼兒之間的互動溝通，需賴長期照顧者諸多的揣測，否則不易溝通。

教學資訊站：由出生到三歲之間的語言里程碑

表七-1　由出生到三歲之間的語言里程碑

年齡	發展
出生	嬰兒能知覺到言語、哭、對聲音作反應。
$1\frac{1}{2}$ 到 3 個月	咕咕作聲、發出笑聲。
3 個月	作語音的嬉戲。
5 到 6 個月	發出子音，試圖發出自己聽到的音。
6 到 10 個月	發出一連串子音和母音的牙牙學語。
8 到 10 個月	開始理解字語（通常是「不」和自己的名字）；模仿聲音。
9 個月	使用姿勢來溝通並玩姿勢遊戲。
10 個月	失掉區分非母語聲音的能力。
10 到 14 個月	說出第一個字（通常是指稱某物）；模仿聲音。

13 個月	理解指名的符號功能。
14 個月	使用符號式姿勢。
16 到 24 個月	學習許多新字，字彙迅速增多，由五十個字左右增加到四百個；使用動詞和形容詞：說兩個字的句子。
18 到 24 個月	說出第一個句子。
20 個月	姿勢用得較少：說更多事物的名稱。
24 個月	使用許多兩個字的片語：不再牙牙作聲，想說話。
30 個月	幾乎每天都會學到新字：說出有三個以上的字組成的話，理解力很高：犯許多文法錯誤。
36 個月	能說一千個字以上，百分之八十為可理解；章法錯誤極少；文法已接近非正式的成人言語。

資料來源：Bates, O'Connell, & Shore, 1987；Caputo, Shapiro, & Palmer, 1987；Lenneberg, 1969（引自黃慧真譯，民 85，頁 205）。

二、幼兒口語──聽說能力的發展

幼兒口語──聽說能力的發展程序如下：

1. 只聽聲音不知其意

   ↓

2. 間歇的聽──只聽懂其中一二

   ↓

3. 聽懂一半

   ↓

4. 有效地聽（有一點點口語反應）

   ↓

5. 能之要說者的大意

   ↓

6.聽並能重組自己與說者的經驗

↓

7.聽並能反應主要的觀點與細節：能聽懂遊戲規則

↓

8.批判式地聽：能注意到說者的情緒反應

↓

9.賞識、創造性地聽——有情緒反應並做經驗分享
　　如：聽老師說故事，能分享其生活的相關經驗

三、有關幼兒口語溝通能力的研究

　　所謂「溝通」（Communication），指的是人際間訊息往來的過程。溝通所憑藉的媒介，包括口語、文字書寫、姿態手勢等，口語是其中最重要的一環。（莊麗君，民76）根據 Dickson（1981）的分析，溝通包括了下列十二個過程：1. 角色取替2. 知覺觀察（perceiving）3. 口語傳遞（verbal processing）4. 登碼（encoding）5. 解碼（decoding）6. 理解監督（comprehension monitoring）7. 發問8. 比較9. 修碼（recoding）10.理解11.認可12.後設溝通（meta-communication）。這些過程中包括說者、聽者一方或雙方要用的溝通技巧。因此從 1960 年末以來很多研究者就開始探討兒童如何掌握這複雜的過程（柯華葳，民77）。

　　試著以下圖說明「溝通」的過程

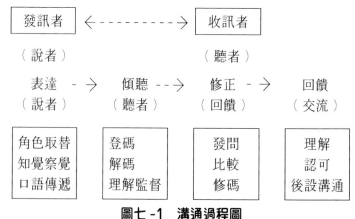

圖七-1　溝通過程圖

㈠有關說者能力的研究

Peterson, Danner, Flavell（1972）以四歲和七歲兒童為說者，觀察其對不同回饋聽者的反應。發現：當聽者以困惑、疑難表情表示訊息模糊時，幼兒很少會修正其訊息。如果成人聽者發出籠統問句，暗示訊息模糊，例：「我不太瞭解？！」時，有少數四歲和多數七歲說者會進一步說明。而當成人聽者表示訊息不完整，而要求更多訊息，如：「它看起來還像什麼？」時，所有的幼兒至少會再修正訊息一次。Patterson & Kister（1981）以文獻探討方式研究說者的能力發現：五歲的幼兒只要聽者發問就能多提供些訊息，而年紀愈大，訊息會給的愈清楚，但兒童說者反應的清楚程度受聽者問何種問題所影響。如果聽者問特定問題，如：「什麼地方不一樣？」，比問籠統問題如：「什麼？」，更能讓說者重組或修改其訊息。

莊麗君（民76）綜合整理各家研究結果，提出一個成熟的說者，在口語溝通中，應具有以下能力：

1.運用觀點取替的能力：想像自己若是聽者，可能需要些什麼指示，才能找出目標參考體，和用什麼樣的字眼，聽者才能明白訊息的意義。

2.分析比較的能力：確定參考體與目標參考體間的差異，整合觀察到的差異，確定目標參考體之所有特徵。（這個能力因說者年齡和參考體之複雜度，而有不同表現。）

3.回饋修正的能力：發出訊息後，若接到聽者的回饋表示訊息不清楚，或不明瞭時，能針對回饋內容，而修改原來發出的訊息，或增添額外訊息，使聽者能找出目標參考體（這種能力因說者年齡和聽者的回饋方式，而有不同的表現）。

㈡有關聽者能力的研究

Singer & Flavell（1981）以幼稚園和二年級兒童為對象，研究聽者對說者所傳遞的訊息是否受外在回饋的影響。其利用布偶挑圖片做為外在回饋，結果發現：幼稚園兒童在判斷訊息是否清楚時，會受布偶肯定與不肯定的態度所影響，而二年級兒童則不太受影響。換句話說：幼兒不能肯定

一個不清楚的訊息，其本身就是不清楚的，而易受外在回饋所影響。另有研究指出：當訊息模糊時，年幼兒童將溝通失敗歸罪於聽者，不以為溝通失敗，說者負有責任。但當訊息不恰當時（如：寶寶拿著奶瓶餵媽媽喝牛奶），則會認為是說者錯。（Robinson & Robinson, 1977）Patterson & Kister（1981）提到：在口語說明溝通測驗中，雖然聽者對於正確訊息，並不需要做口語回饋，但若給予說者口語證實，將更能加速溝通成功，減少說者多發出不必要的訊息。

　　從以上的研究，歸納以下引導幼兒口語溝通的建議：

　　1.當幼兒訊息陳述不清楚時，教師可針對其描述要求更多訊息，如多問特定問題，例：「什麼地方不一樣？」「看起來像什麼？」，不要只籠統問：「什麼？」，或不做任何回饋。

　　2.設計一些需要比較分析的活動，如介紹植物時，不要只單介紹一種植物，可以兩種植物同時讓幼兒觀察，教師可以提出：「請問他們有什麼地方一樣？」「什麼地方不一樣？」「請說說看葉子有什麼不一樣？」……，以增進幼兒的分析比較的能力

　　3.安排口語溝通遊戲，讓幼兒有機會練習聽與說的回饋反應。

教學資訊站：

　　活動設計：你聽我說

　　教具準備：兩組一樣的圖片（每組約十張，可依幼兒年齡決定圖案的複雜度，年齡愈大者可以愈抽象）

　　活動說明：兩人一組，一人當說者，一人當聽者，請說者依照圖片指示口語說明，請聽者找出相同圖片，可允許聽者，提出詢問問題，但不可以偷看圖片。

　　（大班可以分兩隊進行，接力回答。）

　　4.與幼兒溝通時，如果幼兒所傳述的訊息清楚正確，亦請給予說者口語證實，讓幼兒有成功的溝通經驗，以提昇幼兒口語溝通的動機。

　　5.可設計討論訊息陳述的活動，以幫助幼兒分辨訊息來源與外在回饋

的關係。示例：一方面陳述訊息（包括清楚與模糊的訊息），利用布偶做外在回饋，再和幼兒討論到底是說者陳述不清楚？還是布偶沒搞清楚？

　　6.錯誤圖片、故意倒置的訊息…的討論，都是有助幼兒釐清不合理陳述的遊戲活動。

第二節　促進幼兒口語溝通的教學態度與技巧

一、傾聽的態度與技巧

　　聆聽可分為四種方式，包括：(1)沈默的聆聽(2)酬答的聆聽(3)「敲門磚」式的聆聽及反映式的聆聽（Gordon, 1974）。前三者屬於相對式的消極聆聽方式，亦即聽者與傾訴者話有並沒有真正的互動關係，幾乎完全由傾訴者全程演出，傾訴者不知道聽者是否瞭解他的問題，只是得到情緒的接納。反映式的聆聽則屬於積極的聆聽，能進一步幫助傾訴者負起責任，並自己找到解決問題的方法。

(一)消極聆聽的適用時機與態度技巧

＊＊＊消極聆聽的適用時機＊＊＊

　　消極式的聆聽適用在：當幼兒情緒平穩，對內心需求表達清楚、簡明時。如幼兒告訴你：「我要上廁所！」「我要到娃娃家玩！」「我可不可以看書？」通常這些話後面不會有其他隱藏意義。

＊＊＊消極聆聽的態度與技巧＊＊＊

1.沈默的聆聽

　　沈默的聆聽者，只是以眼神注視、神情態度回應訴說者的傾訴，並未有語言回應。沈默的聆聽方式最好避免使用，因為經常性沒有回應的回饋反應，會降低訴說者的意願。通常老師面對團體，希望幼兒安靜，並不希

望幼兒打擾時，會運用此技巧；或幼兒只是來告知老師他的行動，其實也沒期待老師的回應時。如：如收拾時間或等待安靜時間，幼兒來告訴老師「我去收積木！」就跑開了。或說故事、團體討論時，有幼兒插話，訴說與當時情境不相關的話題時，老師不對幼兒的訴說做積極的回應，目的希望延續主題使主題談話不被打斷，也讓幼兒自然明白，此時發言的不適切。當然積極一點可直接告訴幼兒：「對不起！現在我們正在討論……，你這件事等一下再告訴我好嗎？」

　　2.酬答的聆聽

　　酬答的聆聽者對訴說者的反應方式類似一般應酬的回應，如：運用「喔！」「嗯！」「好！」及微笑、注視、表情動作等表示共鳴。通常會用在

　　＊告知事實　如：幼兒來告訴老師「我喝完牛奶了！」「我吃飽了！」「我要去玩娃娃家！」……等

　　＊打招呼式的問話　如：「老師早！」「老師好！」

　　＊不希望被打斷話題時　如：老師上課到一半，有小朋友遲到，酬答的聆聽，可避免話題的中斷。

　　3.「敲門磚」式的聆聽

　　「敲門磚」式的聆聽，目的在開啟或鼓勵訴說者的傾訴。這種聆聽技巧可引導幼兒談的更多

　　＊注意聽同伴說話

　　更深入，對於不太主動表達的幼兒有鼓舞的作用。其常用的技巧，如：

　　＊在團體中能注意聽講

　　＊「譬如說……」「聽起來好好玩，你願意多說一點嗎？」「我還不太清楚你剛說的……，是什麼意思？」

　　＊聽懂簡單指示

　　＊能分辨不同聲音的美

㈡反映式傾聽的運用

＊＊＊反映式傾聽的時機＊＊＊

　　並不是所有的時候消極式的聆聽就可以滿足幼兒的需求，尤其是在以下情況時，反映式傾聽可以幫助瞭解幼兒想法，平復幼兒情緒，進而想出解決之道。

　　1.當幼兒表現強烈情緒反應時

　　2.沒有明顯情緒表現，但你卻感覺到幼兒的情緒隱藏時

＊＊＊反應式傾聽的基本態度與技巧＊＊＊

　　反映式傾聽既是一種態度，也是一種技巧。在態度方面強調：給孩子的感覺。要能讓孩子從你的肢體語言中感受到你傳遞一個訊息，那就是：你願意去瞭解他。

　　＊反應式傾聽的基本態度是：雙眼注視幼兒，運用身體的姿勢表示你在傾聽。如：彎下腰、抱起幼兒、兩人面對面坐下，或停下手邊正在進行的工作，給幼兒所有的注意。

　　＊反應式傾聽的技巧強調：

　　1.傾聽並界定幼兒的感覺

　　在全心聆聽後，問問自己：「到底幼兒現在的感覺是什麼？」，然後思考找出敘述那種感覺的字眼。

　　2.陳述反應幼兒的感覺

　　剛開始練習陳述反應幼兒感覺時，可以從下列的句子練習起：

　　你覺得……，因為……

　　「你覺得很生氣，因為凱凱搶你的玩具。」

　　「你覺得很難過，因為到現在媽媽還沒有來接你。」

　　熟悉以後，就可以不必那麼公式化，例如可以變化如下：

　　「凱凱搶你的玩具，你覺得好生氣！」

　　「媽媽還沒有來接你，你很難過是嗎？」

　　成為一位有效的傾聽者，通常要能先分辨訊息，解讀訊息，再研判傾聽回應方式。否則就容易發生誤解訊息的現象。如有幼兒告訴你「老師！我喝完牛奶了！」我們可能要研判，這位幼兒是例行公事的報告，還是他

從來不喝牛奶，經過鼓勵，今天終於很努力喝完牛奶。老師對這兩種情況可能需要採不同回應傾聽的方式。前者或許「酬答的聆聽」就滿足了幼兒的需求，而後者則需要運用反映式傾聽，才足以使幼兒願意繼續努力。

傾聽技巧練習：

　　1. 小強搶了小民的玩具，小民哭了。

　　2. 小美在小立的圖畫紙上亂圖，小立好生氣。

　　3. 平平不小心碰倒建民蓋的積木，建民氣得要打平平。

　　4. 方方一個人坐在角落，悶悶不樂的樣子。

　　5. 莉莉穿著新衣服，走到老師面前，說：「老師！你看我的新衣服！」

二、「我」的訊息在課室的應用

　　傾聽幼兒情緒反應，有助對幼兒問題的瞭解。但是當自己有問題時，如：自己的需要、權利被侵犯，或某個情況讓你覺得很不舒服、生氣時，主動傾聽發揮不了作用。此時，你可能需要採用傳送「我——訊息」的技巧（Feeney 原著，黃慧真譯，1985，頁 227）。基本上師生關係是建立在互相尊重的基礎上，「我」的訊息在傳達「我」的問題及「我」的感受，而不是在指責對方。如果老師只是一直在關心孩子的感受，一昧地尊重兒童，而忽略自己的需求未被滿足或得到尊重，也許你會積壓許多情緒，可能帶回家轉嫁於家人，也可能累積一段時間後忍不住爆發出來，那都可能傷及家人、幼兒，甚至自己。

　　一個有效的「我——訊息」，包含三個成份：

　　1. 對某個問題狀況或行為的敘述。

　　2. 這個情況或行為對你所產生影響的陳述。

　　3. 你對這個情況或行為所產生情緒的陳述。

　　（Feeney 原著，黃慧真譯，1985，頁 228）

假設情境討論：

情境一：

教師今天覺得頭好痛，似乎感冒了。面對小朋友的吵雜聲，簡直受不了。

教師甲：「安靜！不要再吵了！我受不了！」（大聲）

教師乙：「小朋友我今天頭好痛！好像感冒了，你們可不可以安靜一點，讓我休息一下！」

討論：兩者似乎都運用了「我——訊息」，但教師甲動了氣，有命令指責的口氣，正確地運用是不應該動氣、不含指責意味，只陳述自己的需求與感受，如教師乙。

情境二：

教師說故事時，有一位小朋友在講話，干擾其他幼兒聽故事。

教師甲：「×××！你講話吵到小朋友聽故事，也讓我覺得很不舒服，如果你還想聽故事，請你安靜，否則我只有請你離開！」

教師乙：「×××！我不喜歡你聽故事時講話，那會吵到小朋友也吵到我，我覺得這樣對我和小朋友都是不公平的！」

討論：兩者其實都運用了「我——訊息」，但教師甲，運用了教師的權威，如果「聽故事時講話，就沒有資格聽故事」於說故事前，與小朋友已達成共識，教師甲的反應算是有效而合理的。若純粹討論「我——訊息」的運用，教師乙是比較適切的。

小組討論練習：

請試就下列情境練習以「我——訊息」處理。

1. 教室裡有兩位小朋友在追逐跑步。
2. 你發現有位幼兒爬到高櫃子上面。
3. 你正和一位幼兒說話，有位幼兒插嘴。
4. 你正在做觀察記錄，有位幼兒過來弄你的頭髮，說要幫你洗頭。
5. 團體討論時，有位幼兒一直在拉鄰座幼兒的衣服。
6. 排隊走路時，有位小朋友走的很慢，中間距離拉得很長。

教學秘笈：對不說話或很少說話幼兒的輔導

一、檢查瞭解不說話或很少說話的真正原因

許多不說話或很少說話的幼兒真正的原因是：聽力不佳、認知理解力弱、聽覺辨識力差、發聲器官有缺陷……等生理因素。如果造成幼兒不說話或很少說話的起因是生理因素，需要配合治療、復建或特殊教育計畫，否則以下的努力，效果將大打折扣。

二、提供輕鬆沒有壓力的說話情境

1. 蹲下或彎腰，保持與幼兒視線平等的高度，面對幼兒讓他清楚看清你的臉，並保持眼神的接觸。

2. 多給鼓勵的微笑、點頭、觸摸或語詞的稱讚。

3. 提供軟性可抱的玩偶或柔軟地毯，讓幼兒覺得輕鬆安全。

4. 利用各種玩偶、玩具或書籍引起幼兒的話題。

5. 當幼兒試著說話時，耐心等待，安靜地與他保持眼神的接觸，如果你對他所說的給予反應，他通常願意試著說。

6. 以一種有耐心、感興趣的態度，接受幼兒結巴地說話。

三、注意幼兒非語言的反應與興趣方向

1. 觀察幼兒非語言的反應，了解其是高興？興奮？害怕？生氣？難過？可用語言說出其情緒反應。如：「不要怕！貓咪不會咬你！」「你很氣小強搶你的玩具？」

2. 觀察幼兒的興趣方向，可針對其感興趣的主題，與其交談。如：「你可以輕輕摸它！」「你想不想嚐嚐看？」

四、指示簡單，說話同時配合手勢動作

對幼兒的指示要清楚簡單，如：「坐在椅子上」「把盤子放籃子裡」，說話同時配上手勢動作，以助幼兒瞭解意思。等幼兒能較能瞭解簡單指令後，可試著不搭配手勢動作，觀察幼兒的反應，看其是否真正解讀。

五、能說就說，不能說就做動作

鼓勵幼兒用口語表達想法，並盡量提供表達機會。如果無法做到，願意用動作表示，總比完全不動聲色好。記住：即使幼兒只能用

動作表示意見，也應在旁協助說明，並提示他下次可以這麼說，讓他能將兩者之間有更好的連結。

六、拓展語言的深廣度

1. 對不說話的幼兒說話要緩慢，強調關鍵字（如：某個名詞或動詞），如果幼兒似乎不懂，就重複再說。

2. 配合當時說話情境，說出幼兒想說的意思，如：幼兒指著開水，說「水」，可以接著說，你想喝開水？；或向幼兒述說自己正在做的事。

3. 如果幼兒發音或句法有誤，避免直接的糾正，有些幼兒越糾正越緊張越說不好，只要給予正確的語句示範，如：幼兒說「他，車車，搶我的」你只要接著說「你是說他搶你的車車？」

4. 讓幼兒模仿聲音、聽兒歌、或練習反覆同句型有押韻但只變化其中某些字詞的兒歌……等有趣的語言遊戲，以提昇其對語言的興趣。

5. 幫助幼兒述說他的感覺，如：「國華不跟你玩，你很難過！」

6. 當幼兒興致高時，可以簡單問題提示幼兒發現，如：「餅乾吃起來味道麼樣？」

七.發現若有語言障礙，儘速找專家檢查、矯治

如果發現幼兒若有語言障礙，需要儘速請專家檢查，瞭解真正的原因，必要時要配合語言矯治。

三、促進溝通的教學態度與方法

1.與幼兒談論共同經驗的事物

若要與幼兒有較好的溝通交流，最好從共同經驗的事談起，如：一起去旅行、一起觀察某事、共同看一齣戲、在學校生活中共同經歷的事件……，都是很好的話題。

2.鼓勵幼兒彼此交談

如：「真有趣！你要不要去告訴小強？」「小美知道怎麼做，你可以去問她？」

　　3.多運用傾聽的態度與技巧，並能用「我」的訊息，傳遞自己的想法（請參考下兩段）

　　4.多運用開放式的問話，發展幼兒對話的質與量

　　開放式的問話較能引發幼兒思考，提供幼兒較多發表意見空間，表3-3提供開放式與封閉式問話示例，可供參考。

　　5.多利用語言反應（如：嗯、我知道、我懂、我瞭解……），讓說者覺得你是認真在聽他說話

　　6.運用適切的回饋策略，避免用禁令、批判、主觀判斷的回應，以發展幼兒的語言禁令、批判、主觀判斷的回應容易阻斷說者或問話者再度嚐試的動機，也可能因此失去信心，阻礙口語能力的發展。到底何種回應方式較為適切，請詳見表 7-1。

　　7.盡量用悅耳的聲音說話

　　8.讓幼兒自己解決問題，聽者只反應問題，不要讓說者失去信任自己能解決問題的能力。

第三節　發展幼兒口語能力的學習經驗

——要訓練孩子的語言能力要先訓練其聽力。

　　要正確發音出來，最初慢一點，強調一個字母的的音，逐漸地就能融合每一個字音，而說出整個單字。——

一、適合各階段發展年齡傾聽與聽覺辨識能力的學習經驗

　　聽覺辨識能力簡單的說就是：分辨聲音相似或差異的能力。也就是分辨聲音方向、年齡的高低音、音量大小……的能力。幼兒的生活世界中，有許多令人迷惑的聲音，如：電話聲、走路聲、水龍頭的水流聲、馬桶的

沖水聲、時鐘的滴答聲、狗吠聲、人們說話聲……等。他需要學習從這些吵雜的聲音中分辨自己名字，學習組織一連串的聲音。如：嬰兒剛開始聽到門鈴聲時，對他而言是個孤立事件，稍後，他會將門鈴聲、腳步聲、開門聲、關門聲，組成另外熟悉的訊息：「爸爸回來了！」。從聲音區辨到組織聲音訊息，是瞭解字彙和語彙的基礎，這些對幼兒語言能力的發展是很重要的。發展幼兒聽覺辨識能力的方法很多，不同年齡的幼兒聽覺辨識能力也大不相同，方法使用上也有差異，以下就不同年齡的幼兒提供適合其發展的學習經驗。

學習目標	適合的學習經驗
零至二歲	
• 感受聲音的美妙	• 播放各種音樂。
• 增進對聲音的敏感度	• 表情豐富地對嬰幼兒說話、唱歌、模仿他發出的聲音。
• 能對自己的名字有反應	• 叫寶寶的名字，讓他尋找叫喚者。
• 熟悉常見的聲音	• 鼓勵傾聽生活環境中常見的聲音。
• 分辨聲音來源方向	• 聽聲音尋找聲音來源的方向。
二至四歲	
• 分辨常見的聲音	• 錄製熟悉的聲音，錄音機錄製一些熟悉的聲音在錄音帶上，如：各種動物叫聲、交通工具的聲音、日常生活常聽見的聲音（汽車啟動的聲音、沖抽水馬桶的聲音、開關冰箱的聲音、電話鈴聲…）；自然界的聽見的聲音（風聲、雨聲、雷聲、暴風雨聲、昆蟲叫聲、鳥叫聲…）……等。每個聲音之間，要稍作停頓，讓幼兒加以辨識。
• 辨識相同的聲音	• 找出兩種相同的聲音

• 簡單指令做動作	• 聽指令做動作。
• 瞭解簡單故事內容	• 專心聽故事
• 保持「聽」的良好態度	• 聽音樂、兒歌

四至六歲

• 依據簡單線索分辨聲音	• 猜領袖、四個朋友（見資訊站）
	• 猜猜這是什麼聲音？
	• 聽音尋寶（見資訊站）
• 能分辨簡單聲音節奏	• 跟著節奏做動作，如：快—拍快，慢— 拍慢，走近—拍大聲……。
• 指認錯誤的發音	• 唱一首常聽見的歌，故意唱錯歌詞，讓幼 兒指證錯誤。
• 能做聲音的聯想	• 相似音接龍
• 聽較長的故事	• 聽類似西遊記，可分天說的故事

教學資訊站：活動設計

活動示例一：四個朋友

適合年齡：4－8歲

環境準備：無

活動目標：

    1. 增進傾聽專注力

    2. 提昇聽覺辨識力

    3. 促進聽故事的理解力

活動過程：

    1. 選擇有特別聲音動作的故事，且該聲音動作出現頻率平均，如：四個朋友（附後）中，四種動物只要出現就會發出特定聲音，並做某種動作。

    2. 老師先介紹該四種動物出現的聲音和動作，並請小朋友模仿做幾次。

    3. 將小朋友分成四組，各代表一種動物。

    4. 老師開始唸故事，只要老師提到該種動物，那組幼兒就必須起立模仿該動物叫聲與動作。

5. 唸故事的速度可以由慢而快。

6. 最後，可全部一起做，只要有動物出現，就要模仿該動物叫聲與動作。

延伸活動：

可改用別的故事，或以日常生活中常聽見的音響，編成故事，以上述方法進行。

觀察重點：

1. 觀察幼兒是否能在聽到該動物名稱，馬上反應做動作。

2. 觀察聲音、動作與動物名稱是否做正確聯結。

注意事項：

* 要確定幼兒已記住，並能做出正確反應動作才能開始活動。

活動示例二：聽音尋寶

活動目標

1. 分辨音量的大小
2. 依據音量線索尋物

適合年齡：4－6歲

環境準備：

寶物（大小適合放手掌中的物品均可，如：小球、小玩具）一個

活動過程：

1. 請一位小朋友到外面當尋寶人。

2. 小朋友圍成圓圈而坐，大家一起唱歌，傳寶物。歌聲一停止，寶物就不再繼續傳，而停藏在手持寶物的幼兒身上，等藏好後，大家一起拍手。

3. 此時尋寶人即可聞聲走進圓圈中間，只要尋寶人走近寶物，小朋友拍手的聲音就要加大，走遠了就要變小。

4. 尋寶人有三次猜測機會，若三次沒猜中就必須表演。

延伸活動：

1. 可改踏腳或變換其他動作。

2. 可玩阿公捉阿婆若中間選出兩人，一人當阿公，一人當阿婆，

觀察重點：	注意事項：
1. 觀察幼兒是否會辨別聲音大小，依循線索猜測。	請幼兒不要指出、暗示或一直盯著持寶人看。

二、適合各階段發展年齡幼兒聽覺理解、記憶能力的學習經驗

聽覺理解、記憶是溝通表達的基礎，一歲的幼兒雖然尚未有口語表達的能力，但對大人所說的話，大部分都能理解，也記得常用物品的位置，許多語言發展遲緩的孩子，在未有口語表達時，宜多加強聽覺理解與記憶能力。

學習目標	適合的學習經驗
零至二歲	
• 熟悉自己的名字	• 叫喚嬰兒的名字
• 感受不同類型的音樂	• 播放各種類型的音樂
• 引發對聲音的興趣	• 給他會發出聲響的玩具把玩
• 鼓勵發聲遊戲	• 在其前後左右發出各種聲音引發他尋找音源
• 連結聲音與名稱的經驗	• 對其自發的喃喃自語聲給予反應回饋
	• 向其說明常見聲音的意義或名稱如：電話鈴響了，可說「電話」、「我去接電話」、「聽！電話聲」

(二)二至四歲

- 增強聲音與名稱的連結
- 指著常見物品說明其名稱
- 記憶覆述的經驗
- 重述三個以上的數字
- 電話交談的經驗
- 玩打電話遊戲
- 簡單日常用語的表達
- 應用生活用語

(三)四至六歲

- 加強聽覺理解記憶能力
- 重述五個以上數字、常見物品名稱

- 增進幼兒對位置詞、形容詞、比較詞、連接詞的瞭解
- 將前述聽覺辨識錄音帶一次放出一連串的聲音，請幼兒說說看他們記得多少。

- 促進聽覺記憶表達能力
- 傳述聽到的消息，如：祕密傳話、老祖母的寶盒（見資訊站）

- 增進聽覺記憶組織能力
- 重述故事大意、情節
- 聽出不正確的陳述
- 陳述一些含錯誤訊息的語句，請幼兒指出錯誤

- 聽懂三個以上同時給的指令並能完成指示事件事件
- 對幼兒清楚地按順序述說指令，如：「你先去把筆收起來，上完廁所，再來拿餅乾！」

教學資訊站：活動設計

活動示例一：猜一猜
適合年齡：4－6歲

活動目標：
1. 提昇幼兒聽覺理解能力
2. 經驗邏輯分考方式
3. 提昇推理思考層次

環境準備：
常見物品或動物圖案卡片

活動過程：

1. 請一位幼兒當「藏寶人」抽一張卡片，再把卡片蓋起來，不要讓

其他人看見。

2.其他幼兒要想辦法猜卡片上的東西。藏寶人只能點頭或搖頭，不可以出其他聲音。

3.猜題者可依大類來刪除不可能的物品，如：「是動物嗎？」「會飛嗎？」「可以吃嗎？」「是四隻腳的動物嗎？」「客廳裡看的到嗎？」……

4.最後，猜題者依這些答案線索，猜出藏寶物。

延伸活動：

熟悉這種遊戲規則後，就可以不須依賴圖片，直接想一件東西，讓對方猜。

觀察重點：	**注意事項：**
觀察幼兒是否有分類概念	剛開始幼兒可能沒有分類概念，可稍作提示。

＊活動設計示例二

活動名稱：老祖母的寶盒	適合年齡：四至八歲
活動目標：	**環境準備：**
1.提昇聽覺記憶力	無
2.增進聽覺辨識力	
3.增加仿音複頌能力	

活動過程：

1. 以故事方式向孩子說明：老祖母有一個寶盒，寶盒裡藏了許多寶貝，平常沒有人敢去碰它，最近老祖母過世了，每個人都想知道寶盒裡到底藏了什麼寶貝？

2.現在請每位小朋友都去看看，老祖母的寶盒藏了什麼寶貝？

3.請小朋友假想眼前有一個老祖母的寶盒，第一位小朋友看了以後要說：「老祖母的寶盒裡有一個××」

4.接著第二位小朋友看了，要重複第一位的話說：「老祖母的寶盒裡有一個××，還有一個○○」

5.第三位以後都重複第四項不斷累加。

6.上述所謂的××，○○，都是由幼兒自行想像。

教學資訊站：活動設計

活動名稱：祕密傳話　　　　適合年齡：四至八歲

活動目標：　　　　　　　　　環境準備：

1.提昇聽覺記憶力　　　　　用紙條寫下幾句適合幼兒程

2.增進聽覺辨識力　　　　　度的話

3.增加仿音複頌能力　　　　年紀愈大，仿音難度與字句

　　　　　　　　　　　　　長度應

活動過程：

　　1.先將幼兒分成幾組，說明遊戲規則。

　　2.拿出事先準備好的紙條，請各組代表抽取一張。

　　3.由主持人在第一位幼兒耳邊述說這句話，請幼兒交頭接耳傳話下去。

　　4.提醒幼兒傳話不能太大聲，如果讓第三者聽到就算犯規。

　　5.比賽看哪一組的祕密話傳得又快又正確。

延伸活動：

　　七、八歲的兒童可以用累進傳話的方式，如：第一人說一句，第二人重第一人的傳話，再自行加一句話，如此類推，最後一人再將全部話說出。

觀察重點：

　　1.觀察是否能遵守遊戲規則？

　　2.觀察傳話的正確度

三、適合各階段發展年齡幼兒口語表達能力的學習經驗

——好的傾聽技巧會影響讀的能力，好的說話技巧會影響寫的能力。——

　　現代的文章比較白話，往往如同記錄下來的口白，所以說好的說話技巧會影響寫的能力。然各年齡階段發展的口語能力不一樣，適合的學習經驗也不盡相同，以下提供的是適合發展階段的口語表達學習經驗。

教學目標	適合的學習經驗
零至二歲	
• 模仿聲音	• 學常見動物叫聲
• 能適切稱呼自己與親人	• 呼喚家人名稱及自己的名字
• 說出生活簡單用語	• 學說生活功能用語：吃飯、喝水、牛奶、尿尿、大便、睡覺……
二至四歲	
• 瞭解物品都有名字，並能說出物品名稱	• 玩命名遊戲
• 依線索說出相關事件	• 看圖簡述故事
• 背誦簡單詞句	• 唸簡單兒歌
• 能回答簡單問題	• 玩簡單的問答遊戲
四至六歲	
• 能敘說討論生活經驗	• 請幼兒說說「假日去哪裡玩？」「今天午餐吃了什麼？」「在旅行中，我看到……」「我最喜歡……」

- 按序說出事情的先後順序
- 討論「剛開始是……」「接著發生……」「後來又……」「最後……」

- 說出因果關係
- 幫助幼兒發現因果關係，討論事情的因果，如：「下雨後地面很濕，是因為下雨，地面才濕，還是地面很濕，所以下雨了？」，另外與幼兒交談時，可多問其「為什麼？」

- 會重述所聽故事內容
- 重述故事情節、討論故事情節

- 能看圖說故事
- 唸兒歌、唐詩、三字經
- 能想像編故事
- 想像編故事、猜謎語
- 能玩簡單的故事接龍遊戲
- 故事接龍遊戲
- 能說出常見物品、交通工具
- 敘述常見物品、交通工具的功能，可用猜謎方式，一人說功能，一人猜可能的物品。

- 指出錯誤荒謬的地方
- 糊塗魔術師（說出圖片中錯誤的地方）

- 體驗口語溝通經驗
- 你聽我說（詳見第一節）
- 能說出相反詞
- 接相反詞

教學資訊站：活動設計

活動名稱：神祕袋　　　　　　適合年齡：四至八歲

活動目標：

1. 能觀察注意物體的特徵
2. 能說出物體的名稱與功能
3. 能描述物體的結構、形狀、感覺

環境準備：

神祕袋、適合觸摸的物品（如：球、湯匙、牙刷、小鏡子、鑰匙……）

活動過程：

1. 讓幼兒坐在一安靜角落或桌子旁，討論神祕袋裡可能藏有什麼東西？

2. 請一位幼兒讓他從袋中選擇一樣物品，先不要取出，

3. 此時教師與其他幼兒可以問他問題，如：摸起來感覺如何？是什麼形狀？有什麼功能？

4. 請取物者回答並描述該物品的特徵與功能，最後說出該物品名稱。

5. 將物品取出，宣布答案。

6. 若答錯可罰表演。

延伸活動：

準備兩份神祕袋，袋中物品完全一樣，同時請兩位幼兒出來，一位先摸，並描述其特徵與功能，請另一位動手摸出同樣的物品。

觀察重點：	注意事項：
1. 觀察是否能遵守遊戲規則？	1. 不可以偷看
2. 觀察幼兒口語描述的清晰與正確度	2. 不要急於拿出物品，盡量回答詳細。

討論與練習：

1. 觀察記錄一段幼兒園中師生的對話，分析聽者與說者的態度與技巧。

2. 請運用傾聽技巧在你朋友的交談上（不要告知他，你正在練習傾聽技巧），觀察朋友的反應，並寫下自己的感覺。

3. 請運用「我」的訊息回應技巧，觀察記錄對方的反應。

4. 請至幼兒園觀察記錄一段師生的談話，分析其中哪些屬於適切語言回饋？哪些為不適切的語言回饋？並分析其使用的策略。

5. 試設計一個促進幼兒口語溝通的教學活動。

第八章

讓讀寫自然萌發的全語文
課程

本章重點

第一節　全語言課程的理論觀點

一、讀寫自然萌發的理論基礎

㈠「讀寫萌發」與「全語言」

　　當心理語言學與社會語言學研究，被用來當作是改變幼兒讀寫教育的實務基礎時，「讀寫萌發」的概念便經常被引用。「讀寫萌發」的研究工作最早始於 1960 年代，由紐西蘭的學者 Marie Clay 做先鋒；1970 年代關於「讀寫萌發」的文章在美國問世；並在 1980 年代劇增。「讀寫萌發」的一個重要觀念就是：兒童學習讀寫是一個「持續的過程」，而不是一個特定的時刻（Raines & Canady，薛曉華譯，民 86，頁 18-19）。全語言課程的概念源自有關讀寫萌發的研究，全語言強調語言是「完整的」（whole）整體的，不可切割成語音、字彙、詞彙、和句子等片段，這些片段不能拼湊成真實的語言；語言的學習也必須是完整的，不可被劃分成內容或技巧的部分，並且必須包含對學習者個人有意義的「語言」（language），因此稱之為「全語言」（whole language）（黃瑞琴，民86）。

　　讀寫萌發的理論觀點強調：在一個使用讀寫機會的社會，學習讀寫對兒童是件很自然的事，因為成人每天在寫計畫、寫信、看報、讀書、製表、簽名、打字……等，當兒童觀察並參與這些活動，他們自然會受到影響而想學習。（Goodman, 1986）另外，關於讀寫能力習得觀點轉變的原因是：許多學者採用兒童為主動建構的角色，從蒐集兒童胡亂書寫的來研究其對文字表徵知識變化的瞭解（Harste, Woodward & Burke, 1984）或研究幼兒讀、拼與記憶文字的嘗試，藉以瞭解其理解文字的策略（Mason, 1989）。從這些研究報告可以發現「讀寫萌發」的觀點相信下列幾件事：

　　1.兒童在學習閱讀和寫字的過程中，就如同他們在學習說話一樣，是

一個主動的參與者和建構者。

　　2. 能夠聽懂和辨識字中字母聲音的兒童，就能觀察及使用字形與字音間規律來認字和寫字。

　　3. 幼兒置身在一個文字的社會，在文字環繞的環境中長大，他們的讀寫基礎早就奠定了。

(二)讀寫萌發的鷹架理論

　　讀寫能力自然萌發的理論基礎，受到了**維高斯基**（Lev Vygotsky）的**鷹架理論**影響甚大。鷹架理論提供一個非常重要的架構來研究與應用成人與兒童互動分享的讀寫活動，及如何引導學習者達到熟練階段（Mason & Sinha, 1991）。維高斯基認為，學習必須透過社會互動的過程，只有在兒童透過社會互動、同儕合作的互動交流中，才能發展出超越現階段發展的能力。舉例來說，成人說故事給幼兒聽時，幼兒已知道什麼是故事情節，知道圖畫書中的圖和文是有關連的，瞭解只要讀圖畫書上的文字就能知道圖的意思。幼兒可能不認識字，但會指著一個一個的字按自己的意思編說故事，這就是文字的概念。雖然這位幼兒他還沒有能力閱讀，但他有上述有關閱讀的概念，這就是他的「現有發展水準」，也就是所謂的閱讀準備能力。根據這些準備能力，我們可以預期他可以達到的能力如：看著圖能說出故事內容；能瞭解故事中的專有名詞；能把故事中的情節與自己的經驗相連結。由於幼兒無法獨立運作這個區域，就由成人為幼兒與圖畫文字間當個中介橋樑，如提供：說故事、討論故事情節、引導幼兒說出與故事相似的生活經驗，介紹特殊專有名詞……等，這就是透過成人與幼兒的互動中增進幼兒閱讀能力的**最佳發展區**。

　　維高斯基曾經以三個讀寫能力的主要概念：**文章的概念、字詞的概念、字母的概念**；提出習得讀寫萌發概念的四個指導階段。筆者將之整理成下表說明之。

兒童讀寫主要概念習得的四個指導階段表

發展階段	文章概念	字詞概念	字母概念	指導原則
■第一階段 天生發展層次	自發性運用故事中的字詞與片語。	優良的字形觀察者，但沒有轉錄語言的企圖，也不瞭解文字代表語言。	玩語音與非語音的聽力遊戲。	自然地涉入或探索： 需要教師提供兒童探索讀寫活動與事件的機會。
■第二階段 有限度利用符號	在成人協助下組織故事結構，或將故事內容再延伸。	在成人引導下，會注意與利用印刷文字、標籤。	能隨不同的音節語調型態跳舞、行進和走路。	有仲介的學習： 教師安排兒童在有支援的情況下，參與新的活動。示範與操作是常運用的技巧。
■第三階段 有效利用符號或工具	幼兒使用道具表現出事件與故事情節。	能使用已知的音和字建立詞和片語，並擴展他所瞭解的概念，以及用新的文字概念。	幼兒可能可以自己閱讀和書寫，建構目標在造出有意義和有溝通性的信息。	自發的學習及有道具的練習： 教師可安排兒童獨自工作，作自發的學習，或提供和同儕合作的機會。
■第四階段 歷程內化不需外在符號	幼兒能認知及陳述有結構的規則。	已經能夠辨詞與使用字詞為基礎的拚字型態。	字母的建構完全包含在字詞與文章概念的發展中。	內在或獨立的活動： 學生能在沒有輔助下完成作業，且經概念思考和談論能得到基層概念的理解。

從上表可以清楚看出兒童習得讀寫萌發的架構與基本指導原則。維氏提到「學習可以喚醒許多內在的發展歷程，這些歷程只有在兒童和周遭人物且於同儕合作時才能運用，這些歷程一但內化，就成為兒童獨立發展的成就。」（Mason & Shinha, 1991）。而教師或其他教導者的工作，就是在兒童未發展成熟前，協助幼兒搭起學習的鷹架，使不可能的作業變成可能，就是說：內化外在的知識並將他轉成意識所能控制的工具。

(三)皮亞傑的認知建構論與全語言課程

全語言課程也受皮亞傑（Piaget）認知觀點的影響，相信「認知是一種透過同化與調適的建構意義過程」，認為「兒童有主動建構知識的能力」，強調在閱讀及書寫的過程中，也像他們學習其他事物一樣——透過實驗、互動，而後自然融入閱讀及書寫的經驗中（Raines & Canady，薛曉華譯，民 86，頁 28-29）。基於這個理論觀點，全語言課程強調提供孩子一個新鮮能激發幼兒主動探究閱讀及書寫的環境。

二、全語言課程的基本理念

Froese（1990）在其對全語言理論與實務探討的書中，對全語言課程的觀點強調：

1.語文學習是自然語言發展的過程

語文是人類生活的一部份，是人類生活中自然發展的產物，將語文從自然生活中抽離學習將使語言變得缺乏意義與生命力，學習者也會缺乏學習動機，不知所學為何？

2.語文發展是從整體到部分

語言在生活中扮演著溝通訊息的角色，許多人在整段對話中可能不瞭解每個字句的意思，但卻能約略透過整段對話的表達與肢體語言，瞭解別人的意思。閱讀文章也是如此，常常幾個單字不懂，但仍能猜懂大意。所以可以說語文發展是從整體到部分的，而不是由部份組成整體的。

3.語言扮演溝通與社會文化傳承的角色

　　語言是一個社會的記號系統，它是一個透過社交分享以創造意義的複雜系統。讀寫是為了溝通、傳遞資訊、傳承知識、分享經驗下的產物。全語文課則是依據溝通系統的法則，推測語文是如何運作。

4.語文學習是透過實際使用而學到的

　　讀寫是透過真正讀寫活動學習到的，讀寫活動有別於讀寫練習。全語文的所教所學取決於兒童在當時實際使用語言的需要。

5.兒童有主動建構知識的能力

　　兒童浸沁在一個有意義的使用語文情境下，會自然發現發音與符號間的關係，透過積極的參與閱讀圖畫書、重複句型的書、歌曲……，自然會發覺文字的結構韻律。

6.語言學習過程、學習成果和學習內容有相互依存的關聯性。

　　全語言課程相信語言學習過程、學習成果和學習內容有相互依存的關聯性，幼兒可能因為想看懂招牌的意思，而激發對招牌文字的興趣，甚至將對招牌的熱度表現在娃娃家的角色扮演上，如開鞋店，幼兒會想到寫個招牌，招攬客人，全語文的觀點認為兒童是當他們發現閱讀與書寫與生活、需求相關連，才會主動學習。

7.尊重、信任老師與學習者

　　尊重、信任老師與學習者，相信老師與學生皆有能力主導他們自己的學習。

三、全語文教學觀點與傳統式語文教學觀點的比較

	全語文教學觀點	傳統式語文教學觀點
基本觀點	1. 學習語文是依據溝通系統的法則，推論語文如何運作，並在日常生活中使用語文的過程中去實際測試這些臆測。 2. 閱讀不是得到文字，而是創造意義的過程。 3. 文字的學習是在日常生活情境中實際運用而學習。 4. 文字的意義依使用的情況和語文使用者帶入情境的文學歷史而變化。	1. 語文是由簡單到複雜，由不連續、可分的部分所構成，而部分和整體的關係是累積的，即整體是部分的和：字母或聲音加起來就是將一串字組成句子，句子加起來就是段落。 2. 聽說讀寫有一定的次序性，讀"字"是讀其他任何東西的基架，辨識字義是大段文章的基礎。 3. 語言學習是透過習慣性聯結，模仿和強化，學習語言的組成部分（聲音、字與字的組合）如：運用閃示卡教閱讀，強調增強與反覆練習。 4. 讀"字"是讀其他人任何東西的基架辨識字義是辨識大段文章的基礎。 5. 認為無誤的讀字是評估閱讀能力的一項有效方法。
理論基礎	1. 交易互動的模式 2. 皮亞傑認知發展論 3. Vogasky 的「最佳發展區」論	1. 行為主義觀點 2. 自然成熟理論

教學重點	1. 所教與所學取決於兒童在當時實際使用的語言需要 2. 重視原則和信念，不強調教學方法	1. 依照外在設計的一個法定課程順序 2. 注重教導技巧——拼音、造句、聽力、譯解能力。 3. 強調不斷的讀寫練習，包括運用閃示卡、兒歌讀本、寫字練習 4. 設計各種字詞的連結活動。

第二節　讀寫萌發的語言的經驗

讀寫能力自然萌發的理論觀點強調：讓語文的學習無所不在；為孩子準備一個良好的閱讀環境，讓孩子在自然情境中，自然萌發出讀寫的能力。所以有益幼兒讀寫文字的經驗應該不只限於幼兒園，它應是無時無地的。

一、家庭的讀寫經驗

對一個人閱讀習慣影響最深的就是家庭。一個能促進幼兒養成良好閱讀習慣的家庭環境，應具備一些特質：

1. 隨手可以拿到適合閱讀的資料，

2. 讓書籍、雜誌、報紙像家具一樣，擺置家中。讓幼兒有很多機會接觸到文字，使書籍的接觸就像生活的一部分。

3. 幼兒有自己的書架或書櫃，或選擇家中或園中較僻靜的角落，設置一個閱讀區。

4. 送兒童圖書當作獎品或禮物。

5. 有機會讓幼兒自己選擇讀物。

6. 經常和孩子一起讀、唸故事。若有可能盡量設定固定時間和孩子一起讀唸故事，藉說讀故事擴充孩子的生活經驗。

7.時常帶幼兒逛書店；到書館看書、借書。

二、讀寫情境的提供

要兒童喜歡讀寫最好的方法就是讓兒童浸在一個需要運用讀寫能力的環境，如：

1.在日常生活中讓孩子自然體會閱讀的功能

看報紙時討論報上登載的新聞；指著新聞照片告訴孩子新聞發的事件。

2.在幼兒的東西寫上名字可以分辨你我物品

將幼兒能應用的東西都標上名字，讓幼兒感受寫字的好處：

可以容易分辨自己的物品，保障自己的權益。

3.利用留紙條、留言版……等方式，讓幼兒體會文字是用來溝通的。

在廚房門口寫上：「請勿進入」；留紙條告訴尚未歸的爸爸「我們到樓下小公園玩，回來請來找我們。」……等等，讓孩子自然體會文字的功能。

4.一起查資料讓幼兒瞭解書本的知識可以協助解答問題

5.在自然情況下與成人或較大的孩子共同體驗讀寫的經驗

三、讀寫的支持與引導

㈠讓幼兒感受讀寫的樂趣

1.唸唱美妙詩句、兒歌，讓幼兒感受語文聲韻的美妙。

2.以各種不同方式呈現故事，如：以布偶、角色扮演、幻燈片、利用實物想像……等。

3.引導幼兒以自身的經驗來描述故事，扮演故事。

4.帶幼兒去觀賞兒童戲劇活動。

㈡用語言策略進入孩子的生活領域與想像世界

1.和孩子討論故事中的圖畫。

2. 不斷反覆讀同一篇故事。

3. 讓幼兒複述他們聽過多次的故事。

4. 在適當時候和幼兒討論書中特別的字彙。

5. 藉著不同故事討論故事內容、情節、主題、人物個性……等。

6. 讓幼兒去配對字詞、排列字句、造詞造句、找出聲音和符號的關係，亦可玩視覺記憶與聽覺記憶遊戲，以協助幼兒發展新的語言策略。

7. 教師可以採用一些語言策略，如：預言、再確認、自我修正、創造詞句，再藉故事扮演，角色模擬進入想像、虛構世界及孩子的生活領域。

(三)增進讀寫的實際知識

1. 製造閱讀生活中標誌、符號的機會
走在街上看著招牌尋找預定的目標。
觀察交通標誌與警示牌，討論其代表意義。

2. 發現圖畫與文字的不同
和幼兒一起討論發現圖畫與文字的不同，發現寫字與使用線條的特徵。

3. 提供有關文字知識的學習經驗，幫助幼兒認識文字建構概念

• 如念書時，可指著字，一字一字逐字唸，讓幼兒發現中國字字形是一個一個的，每個字有一個音。

• 引導幼兒注意觀察文字的組成部首、方向、筆順……，發現國字有一定的結構。

4. 瞭解翻書的規則、書寫的方向順序。

5. 以生活體驗或借道具協助找出文字組織的脈絡學習讀寫不應只是學習字母、聲音、字形、字義而已，而是應幫助孩子去瞭解故事的意義，認識故事人物、個性、情緒感覺，以自己的生活經驗編織起來，找出文字組織的脈絡。

(四)文字書寫的體驗

1. 記錄想法、感覺
當幼兒畫好圖、或講述故事、生活經驗時，將其想法、感覺寫下來，當寫時，老師（或父母）可以大聲朗讀該字句，慢慢地孩子就會認識，並能透

過視覺感受到字形，連結想法經驗與文字書寫的關係。

　　2.提供增進書寫能力的手眼協調活動

書寫能力需要手眼協調的基礎，多提供繪畫、釘木工、排插板、泥工、黏土工、縫工……等，將有助於書寫的活動。

　　3.提供各種塗畫的機會

教室裡（或家裡）應準備各種紙筆，如：蠟筆、簽字筆、彩色筆、B2筆、硬鉛筆……等，讓孩子塗畫。

　　4.提供寫字的機會

鼓勵孩子用各種書寫或塗畫方式寫信給朋友或家人。

第三節　全語文課程的計畫與實施

一、全語言的教室環境與教材

㈠全語言的教室環境

　　全語言的教室應是一個豐富的學習環境，是一個提供充滿語文和文字的環境，能反應真實生活語言的環境，能刺激語言發展的情境。以下提供全語言環境安排的考量重點：

　　1.讓語言是環境一部分，不要被刻意分離為教學主題。

　　2.讓教室充滿正向支持性的氣氛，成為一個接納孩子成為閱讀者及寫作者的環境。

　　3.視園區人數與空間規劃閱讀空間，從一個小角落至一整間閱覽室均可，引導幼兒成閱讀的習慣。

　　4.闢置一個「寫作區」，放置各種書寫工具和材料，如：筆、紙張、複寫紙、舊信封、文字印章、印台、粉筆、小黑板、舊雜誌、剪刀、膠水、釘書機、打洞器……等，增進幼兒運用書寫的機會。

4.可鄰近娃娃家、音樂區，以方便進行戲劇扮演遊戲，增進幼兒溝通互動的機會。

5.注意照明度：可選擇靠近窗口、添置照明設備，以保護孩子的視力。

6.地板上面鋪上軟墊、拼接地毯，上面放置靠墊、舊輪胎、小桌椅、搖椅、填充玩具、長沙發……等，提供孩子一個溫馨的閱讀情境。

7.利用組合陳列架或陳列室書架擺置適當圖書，部分重點書籍最好能展示封面，以吸引幼兒的注意。

8.若園方經濟與空間許可，可添置一套視聽設備。

(二)全語文學習的教材

1.所有的教材都只是一個學習的工具。

2.任何可能形式的語言，都是教材。

3.自製學習教材優於市面購買的。

4.任何原始的教材，如：孩子自己寫的東西、參考書、雜誌、遊戲、影片、錄音帶、電腦、圖片、藝術品、紙、畫……等，都是教材的資源。

5.人們的溝通就是很好的語言資源。

6.教材種類、組織、應有彈性。

7.教材包含完整內容的語言活動。

教學資訊站：全語言課程學習角的讀寫材料

1.積木角：

＊提供紙筆讓幼兒畫出記錄所搭建的作品

＊提供「請保留」、「展示中」、「請勿碰觸」……等字卡

2.娃娃家

＊在玩具電話旁提供紙條、筆

＊隨主題變化提供相關讀寫材料，如：「家」的主題可以在各區貼上標示（客廳、冰箱、床、電視……）；「商店」的主題可提供收據、紙條、廣告單、鈔票、留言板、商店招牌、商標……

＊標示扮演角色的掛牌

3. 語文角

　　＊圖畫書、大型讀本、兒歌圖、兒歌配對卡、字詞遊戲卡（配對、接龍……）……

　　＊偶台、各式偶……

　　＊錄音機、故事帶、耳機……

　　＊筆、紙張、剪刀、膠水、釘書機、空白小書、文字印章、印台、舊雜誌、廣告單……

　　＊亦可分設「寫字角」、「圖書角」、「偶戲角」……

4. 美勞角

　　＊各類型畫筆、各種類紙張、立體工材料、陶土（或黏土）……

　　＊畫架、工作桌（台）、展示區

　　＊可另設「縫工角」：提供縫針、布塊、紙袋、紙張、打洞機、鞋帶（或毛線）、繪製圖樣的紙筆

　　＊有關美勞的圖書

5. 益智角

　　＊提供有字、圖的教具，如：文字賓果、大富翁遊戲、撲克牌、象棋……

6. 科學角：

　　＊紙、筆、測量工具（量尺、天平、溫度計……）、實驗器具，讓幼兒觀察、測量，做實驗記錄。

　　＊有關科學或主題有關的科學圖書、圖片……

二、全語文課程的教學實施

　　綜合 Froese（1990，p2-12）及 Rainess & Canady（薛曉華譯，民86，頁 29-40）對全語文課程教學實施的看法，歸納出全語文課程的教學實施重點如下：

1. 機會與資源：

＊提供讓幼兒適當發展聽說讀寫的時間、材料、空間及活動。

＊花時間定期為幼兒閱讀詩歌、故事等各式文學作品。

2.個別化學習：

• 學生是獨特的個體。

• 教學應個別化，建立在學生的個別需要上。

• 重視幼兒帶到學校的語言，並運用這些語言，作為發展語言及讀寫活動的基礎。

3.有意義的溝通：

• 提供幼兒多樣的生活經驗，讓幼兒以他們所知、所想、及所感受的表達出來。

• 幫助幼兒把自己看成一個喜歡探索口語溝通與書面語言的人。

• 把「溝通」當作讓經驗完整、有意義的重要部分。

4.示範：

• 教師必須扮演一個有傾聽、說話、閱讀及書寫等溝通能力的示範角色。

• 在教室，教師是一個協助學生學習的支持性成人。

5.隨目標需要調整學習活動類型：

教學應隨目標或幼兒需要採用個別教學、小組教學、或大團體教學等各類型學習活動。

6.讓幼兒成為一個積極的參與者：

• 設計能讓幼兒自由說話、傾聽、書寫及閱讀的活動，以鼓勵幼兒在學習過程中，成為積極主動的參與者。

• 每天的學習應能引發學生學習的興趣，使學習的動機大而持久。

• 學生應能計畫他們的工作，決定他們如何完成它。

• 學生應能評估他們自己的工作，或學習在老師的引導下評估他們自己的工作。

7.讓幼兒有成功的經驗：

• 對幼兒第一次對閱讀書寫的嘗試，應給予鼓勵。

• 運用熟悉的教材，像有名的童話，因為它們帶給幼兒一種對文字的控制感，以及對自己學習的信心。

• 幼兒用其自己的想法，透過工作發展自我，透過自我評估發展自信。

• 接納幼兒是一個閱讀者及小小作者。

8.親職教育：

• 讓家長瞭解學校提供全語言課程的理由，並提供他們可以在家實施的活動。

• 提醒家長知道，那些評量初學者閱讀及書寫技巧的測驗，並不能真正測出孩子的能力。

三、全語文課程的主題單元發展

在全語言的幼兒園整合課程中，幼兒不僅能學習到特定單元的特定訊息，也知道如何使用這些資訊來發展，讓未來學習經驗有意義的概念與通則。（Rainess & anady，薛曉華譯，民 86，頁 201）透過主題網絡的發展，可以整合幼兒的聽說讀寫經驗。

(一)主題的導入

根據課程統整與教學單元的概念，幼兒園課程要能統整幼兒的統整經驗，促進其個人讀寫意義架構的成長，應讓每位幼兒的能力、經驗、興趣與需要融入單元活動中，使得讀寫功能的知識成為其個人意義體系的一部分。主題統整的讀寫經驗，並不是刻意教幼兒與單元主題有關的幾個字句或唸誦幾首兒歌，而是需要整體形成物理的、認知的，和社會文化的讀寫情境（黃瑞琴，民 86，頁 131-132）。Rainess & Canady（薛曉華譯，民86，頁 202）則提到為了讓幼兒能將教材內容與新資訊，整合到既有的單元知識裡，老師需要安排幼兒有興趣的主題作為學習單元。幼兒可以在一段時間內不斷地討論該主題。有關單元主題情境的引導，以摘自佳美、新加美幼稚園的教學實例（佳美、新加美幼稚園家長老師，民 84，頁 28）來說明：

我們並不是在一開學，就將整個學期的教學主題全部擬好，而是在前一個主題將結束的前一週或兩週觀察大部分孩子所常談論或出現的行為，而後延伸出下一個主題……

有時候當主題已訂出來，而孩子發展出的路線卻偏離主題時，我們也會依孩子所發展的而變更成更適合孩子的主題……

　　例：這是中班，在進行「逛街」主題之前，班上是進行「飛向太空」的主題，因為剛開學時正好遇上中秋節，因此想到進行這樣的主題。當此主題發展到最後幾天時，孩子常提及世界上有沒有嫦娥、吳剛；也談到買月餅、吃月餅、柚子及有幾位孩子還大談「月餅經」，因此我靈機一動，心想可以來個「逛街」，於是在大活動「太空人體能競賽」後，「逛街」就這麼展開了。

(二)主題活動中的讀寫統整經驗

　　再延續上述「逛街」主題為例，「活動內容」部分引自（佳美、新加美幼稚園家長老師，民 84，頁 29），加以分析說明主題單元中的「學習過程分析」、「活動中的語文經驗」和「若實施全語言課程可增加的讀寫經驗」

活動內容	學習過程分析	活動中的語文經驗	若實施全語言課程可增加的讀寫經驗
星期一一早，俊佑和利宜正忙著將裝扮角裡的東西往桌上搬。	角落時間		教師可於此時介入，以問話引導：「你們正在忙什麼？」
一張椅子不夠，還從別處借來一張。	幼兒主動建構遊戲		「準備怎麼賣？」「這麼多東西，怎麼讓客人知道價錢？」「你們開的是什麼店？」
待物品塞滿了桌面，俊佑即扯開嗓門喊著：「大拍賣哦！東西便宜又好用，大家快來買！」	主動引發互動	主動溝通的經驗	可能可以引出寫標價、寫店名、寫廣告語的動機

活動內容	學習過程分析	活動中的語文經驗	若實施全語言課程可增加的讀寫經驗
好多孩子聽了都好奇地走過來瞧瞧。	吸引其他幼兒的參與		
只見老闆兩人一會兒忙著找錢，一會兒忙著替客人找他想買的東西，拍賣的東西也所剩無幾了。	幼兒互動溝通的經驗	鼓勵幼兒記下每件出賣東西的價格	「你們怎麼知道有沒有賺錢？」
「這是什麼地方？為什麼會有大拍賣？」趁老闆休息時，我過去問他們。	教師參與		
「我們這裡是菜市場啊！」			

由部分幼兒活動發展為全班性活動

在接下來的團體分享討論時，我問孩子們：	分享討論	可再深入討論你們怎麼讓客人知道你們在賣什麼？	
「你去菜市場會看到什麼？」	教師主導活動		
孩子們談出有：菜、水果、雞肉、衣服、玩具、	幼兒主動參與意見	腦力激盪聯想，增進語文的詞彙	引出寫店名、看招牌

活動內容	學習過程分析	活動中的語文經驗	若實施全語言課程可增加的讀寫經驗
麵包、鞋子、帽子、皮包、電動車等等。			
於是再來的分組佈置情境，我們將創作角變成蔬果、雜糧專賣店；而裝扮角經一番表決後，變成了「三商服飾店」，專賣衣服（男女裝）、童裝、襪子、鞋子、絲巾、領帶、皮包。之後我們陸續「補貨」，添加的有孩子們創作的拖鞋、髮飾、衣架、撐竿等物品。	分組活動 大部分的幼兒投入活動 發展爲共同有興趣的主題活動	意見不同可以採表決方式決定	「怎麼讓客人清楚你的東西放哪裡？」 ←引出標示物品名稱，價格 「怎麼知道客人需要穿幾號的裙子？」 ←引出測量記錄
菜市場的東西有的是利用團體時間做，如：小白菜、絲瓜、葡萄、糖果、紅白蘿蔔；有的則是孩子們在角落自己創作出來的，如	動動手製作拍賣品，可增進寫的基本能力 （原文中並未詳述討論過程）	「怎麼讓自己很快找到客人要的東西？」 ←引出物品歸類、 「餅乾要怎麼賣？算一個多少錢？還是一斤多少錢？」 ←引導幼兒討論買	

活動內容	學習過程分析	活動中的語文經驗	若實施全語言課程可增加的讀寫經驗
：茶葉蛋、蛋捲、花、餅乾、茄子等。		賣東西的單位、形式、類別、大小………	

(三)全語言主題課程網絡的發展

　　延續上述「逛街」的主題，以全語言的觀點，設計可能的發展網絡圖如下：

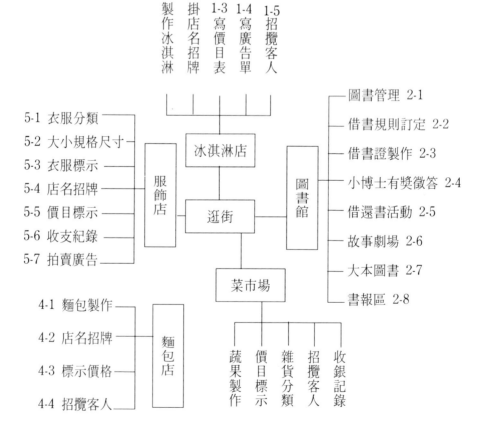

活動說明：	讀寫經驗

一、冰淇淋店

1-1　製作冰淇淋──製作各式各樣冰淇淋　　手的精細操作是寫的基本能力

1-2　掛店名招牌──討論店名、寫招牌、　　由需求，導出「寫」的經驗決定招牌掛處

1-3　寫價目表──決定產品名稱，寫下各產品名與價格亦可以圖案表示產品　　可由老師協助寫下，經驗每樣東西都有名字，並可記錄下來「圖式」是寫前的基本能力

1-4　寫廣告單──想出吸引人的廣告詞，請老師協助寫下，並在設計形式圖案

1-5　招攬客人──互相討論，猜測顧客想法想出吸引顧客的奇招　　獲得「口語」與文字關連的經驗
　　獲得處身第三者角度思考的經驗

二、圖書館

2-1　圖書管理──圖書分類方式討論決定、書碼製作、排列方式　　獲知同一東西有不同分類方式的認知，且能用不同方式標示記錄

2-2　借書規則訂定──決定規則以維持秩序記下並公佈借書規則　　獲得「口語」與文字關連的經驗；規則是人訂出來的

2-3　借書證製作──製作借書證　　瞭解記錄可以幫助規則的執行獲得「製作」與「記錄」的經驗

2-4　小博士有獎徵答──想出一些問題，記下並公佈，公開徵答　　經驗「想法」與「記錄」的關係

2-5　借還書活動──經辦借還書、人多時要排隊……　　經驗記錄對行為的規範

2-6　故事劇場──故事劇演出　　語言表達的經驗

2-7　大本圖書——將老師講過的故　體驗故事有不同的表達方式
事，影印放大製作大本圖書

2-8　書報區——放置報紙雜誌

2-9　資料處理——剪報、剪輯舊雜　剪貼與資料處理的經驗
誌的圖案

三、菜市場

3-1　蔬果製作——製作各種蔬果　手的精細操作是寫的基本能力

3-2　雜貨分類——將各種雜貨分類　獲知歸類的認知，及寫下記錄的經驗
擺放，並標示類別

3-3　價目標示——以紙卡寫下各產　可由老師協助寫下，經驗每樣東西都
品名與價格　　　　　　　　　　　有名字，並可記錄下來。「圖式」是
　　　　　　　　　　　　　　　　寫前的基本能力

3-4　招攬客人——互相討論，猜測　獲得處身第三者角度思考的經驗
顧客想法想出吸引顧客的奇招

3-5　收銀記錄——以紙筆記下買賣　經驗記錄有助瞭解經營狀況
價格

四、麵包店

4-1　麵包製作——自製各種麵包　手的精細操作是寫的基本能力

4-2　店名招牌——討論店名、寫招　由需求，導出「寫」的經驗
牌、決定招牌掛處

4-3　價格標示——決定產品名稱，　可由老師協助寫下，經驗每樣東西都
寫下各產品名與價格　　　　　　　有名字，並可記錄下來。「圖式」是
　　　　　　　　　　　　　　　　寫前的基本能力

4-4　招攬客人——互相討論，猜測　獲得處身第三者角度思考的經驗
顧客想法想出吸引顧客的奇招

五、服飾店

5-1 衣服分類——討論衣服分類擺 獲知歸類的認知,及寫下記錄的經驗
放方式並標示「童裝部」「女裝部」
⋯⋯

5-2 大小規格尺寸——為客人丈量 獲得測量記錄的經驗
尺寸、衣服規格標示

5-3 衣服標示——討論衣服處理的 獲知「圖示」有代表含意
標示

5-4 店名招牌——討論店名、寫招 由需求,導出「寫」的經驗
牌、決定招牌掛處

5-5 價目標示——在衣服上貼標價 經驗「數字」與「價格」的關係

5-6 收支紀錄——以紙筆記下買賣 經驗記錄有助瞭解經營狀況
價格

5-7 拍賣廣告——想出吸引人的廣 獲得處身第三者角度思考的經驗
告詞,請老師協助寫下,並在設計形
式圖案

　　每個主題發展活動,基本上以幼兒先前的知識經驗作為基礎,把個人
的經驗和主題教學的情境結合,進而吸收保存主題教學活動的主要概念,
最後將資訊類推到新的情境中。

問題討論:

　　1.小組討論,請成員回想自己的讀寫經驗,或對弟妹讀寫反應的
觀察。

　　2.請觀察記錄一段幼兒活動行為,試分析其可能獲得的「語言溝
通」與「讀寫經驗」。

　　3.請自行決定一個「主題」,試畫出課程網絡圖,並說明可能發展
的活動,並分析幼兒可能從中獲得的語言溝通與讀寫經驗。

第五篇　認知探索課程領域

第九章

皮亞傑觀點下的認知課程

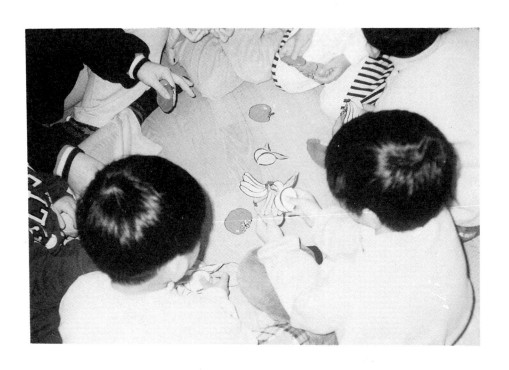

本章重點

第一節　認知理論基本概念

一、兒童認知階段的發展

㈠認知發展階段特徵

　　皮亞傑將人的認知發展分成四個階段——感覺動作期、前運思期、具體運思期、形式運思期（陳李綢，民 81）。每個階段認知基模不同，適應的功能也不同（蘇建文等，民 80，頁 339）。這四個階段的特色在於不同的思考（或運思，operations）、結構（structures of thinking）或數理邏輯架構（logico-mathematical structures），而且每個人一律皆需經歷此四階段的發展程序。綜合陳李綢（民 81）；蘇建文等（民 80）；Hendrick 原著，林翠湄等譯（民 84）；俞筱鈞（民 71）等對該四發展階段的闡述，整理出下表九－1，期簡單說明皮亞傑各認知發展階段的行為特徵，提供認知探索課程教學實施的參考。

表九－1：皮亞傑各認知發展階段的行為特徵表

	感覺動作期 （0-2 歲）	前運思期 （2-7 歲）	具體運思期 （7-11 歲）	形式運思期 （11-15 歲）
認知保留概念	• 不具認知保留概念 • 時間知覺只限於「現在」 • 空間知覺只限於「目前」狀態	• 對結果判斷受物體外表影響 • 自我中心觀 • 直覺判斷 • 重視結果，不重視轉換過程 • 不能應變	• 具補償替代的可逆思考 • 已獲得下列概念：保留、可逆、移轉、排序及分類概念 • 有可逆性反應	• 會做抽象思考 • 可將假設、假說的可能性作為理論上解決問題的基礎

	• 初步知道方向與目的	• 集中性 • 移轉推理	• 具保留概念 • 具轉換觀念	
主要行為特徵	• 包含從反射動作至有意義行動，分成六小階段 • 只有動作智慧，而無表象和運算智慧 • 用身體動作直接與環境互動 • 新方法的發現純屬嘗試中的偶然 • 不會對結果做判斷	• 開始由外在的行動轉到心智的行動 • 會使用想像、模仿、扮演遊戲、畫畫、語言表達傳遞經驗 • 瞭解並能運用口語溝通 • 萬物有靈論 • 無法轉逆思考方向 • 行動易受知覺影響 • 對世界充滿好奇心	• 具加減算術運算法則 • 具多重分類概念 • 具補償及乘除法則 • 具測量觀念 • 具現在、過去及未來時間概念 • 開始對遵循規則感興趣 • 能在腦中運思具體實物 • 能使用多元分類方式	• 能進行假設、演繹推理 • 具推理猜測能力 3. 對道德價值提出批判 • 時間觀念擴大 • 能綜合再創新 • 能以理解方式

註：請注意表中的年齡指達到此階段的平均年齡，可能不同的孩子個別差異仍相當大。

(二)學前兒童的認知發展特徵

學前階段的兒童處於「前運思期」階段，其認知發展特徵說明如下（王文科，民72；頁189-228；陳李綢，民81，頁44-52；林朝鳳，民75）：

1. 自我中心觀：

自我中心觀指兒童無法接納他人的見解，僅憑自己的觀點，判斷每件事情。凡事所作的判斷解釋因果關係均從絕對出發，而非本著相對立場而

論。僅能做敘述的判斷，無法從事的關係判斷（林朝鳳，民 77，頁 241）。意即幼兒無法以他人的立場或以別的角度看事情，無法區分自己與別人的觀點，只從自己的方向思考，依皮亞傑的觀點，若要從自我中心觀進展到具有角色取替能力，需仰賴與他人的互動發展。

2.直覺思考：

幼兒常只做單項思考，缺乏可逆性。

例：「唉！媽媽老了，怎麼老忘記事情呢？」媽媽常常如是感嘆。

「媽媽！不用擔心，等一下我幫你拔白頭髮，你就不會變老。」女兒凱凱總是會如此接著說（劉玉燕，民 84a）。

3.集中性：

幼兒常把注意力集中某一點，無法顧及全面性。如將等量的水倒入不同形狀容器，會認為不一樣多。常只重視結果，不重視轉換過程，如：只顧及一連串靜止狀態，無法將一連串靜止狀態連貫成一變換的整體。

4.移轉推理：

幼兒對因果推論關係概念不太成熟。孩子認為船會浮的理由是：「玩具船會浮，因為它是船。」「玩具鴨會游泳，因為鴨子會游泳。」「小石頭會浮，因為它很小。」

例：「爸爸！你在美國的時候，頭髮是金色還是黑色的呢？」偉翰愣頭愣腦地問。

「當然和現在一樣是黑色的。」爸爸回答。

「為什麼我在電視上看到的美國人都是金色的頭髮，你的頭髮怎麼是黑的？」（劉玉燕，民 84a）

5.具體性：

當兒童對周遭環境進行操作時，其物理經驗即隨之產生。有了物理經驗後，兒童才開始進入數學——邏輯的經驗，最後才領悟抽象性的概念。所以幼兒需透過實際操作建立抽象概念。

6.萬物有靈論：

認為萬物都是有生命的。

例：「為什麼會下雨？」世穎問媽媽。

「因為水蒸氣在天上積成雲，雲太厚了，飽和了，掉下來變成雨

水。」媽媽很認真的回答。

　　「不對！因為太陽被媽媽打，在哭了；要不就是太陽在洗澡，嘩啦嘩啦掉下來變成雨水。」世穎理直氣壯的提出自己的解釋（劉玉燕，民84a）。

二、認知發展理論對兒童學習的觀點及幼兒教育的啟示

(一)兒童學到什麼東西，取決於他的發展水平

　　皮亞傑認為兒童的發展制約著他們所能學習的範圍。兒童的可逆性概念的發展並不是由於經驗的結果。數理邏輯架構和時空架構是孩子透過反省性抽象化的歷程建構而來的(Kamii, 1997)。所謂的反省性抽象化（reflective abstraction）是指大腦通過對心理活動本身的思考，而不是通過外部事件的思考，而產生一種前後連貫的信息系統方式。只有當兒童已具備把各種有關信息整合能力時，才有可能習得某種特定的概念，這種功能系統的成熟會制約兒童所能學習的範圍（施良方，民85，頁187）。但並不是幼兒通過完成某一時期的測驗，就認定其屬於這個階段。需要多一些觀察與測試，方能正確判斷其認知程度。而且即使同一發展階段兒童，其心智操作的表現與了解可能有顯著的差異（歐陽鍾仁，民73，頁67）。所以教育課程的設計需要考慮幼兒認知的發展階段特性。

(二)刺激是被認識的而不是被經驗的，知覺受心理運演的影響

　　皮亞傑不贊同刺激——反應理論，他認為刺激是被認識的而不是被經驗的。刺激並不是感覺的要素，知覺也不僅僅是有選擇地注意有關刺激的問題。建構論的觀點，知覺是一種主動的、有目的的搜索活動，而不是毫無目的的掃視。如以兩根等長的小木棍為例，當八歲的兒童看到一根木棍突出時，馬上會去看它的後端，因為他預期到這根木棍的後端會短一些。

由於他根據推理知道木棍的長度不會因移動而有所改變，所以他搜尋自己想看到的東西，而不是不顧一切地掃視所有的刺激（施良方，民 85，頁 187-188）。

(三)學習是一種主動參與學習的結果

認知論所提出的假設，認為個體可調整其認知結構，以適應生活中各種情境的需求。這不僅是個體對外來的刺激有所反應，更是主動參與學習的結果。（張蘭畹，民 85）在皮亞傑認為通過練習或許可以教兒童某些知識，但這種知識很快就會被遺忘，除非兒童能夠理解它，也就是說，除非兒童能夠把他同化到他已有的認知圖式中去，這種同化只有在兒童積極參與建構時才可能發生（施良方，民 85，頁 189）。同時其也意味著唯有允許或刺激學生思考，學生才能學習如何思考（歐陽鍾仁，民 73，頁 67）。所以，認知學習應是統整學習的一環，而且要能維持幼兒的好奇心，讓認知學習成為愉快的經驗。

(四)有意義的學習來自衝突的解決

根據皮亞傑「平衡作用」理論的界定，及新知識的傳入與學生現有的認知結構不一致時，認知結構即失去平衡，而造成認知衝突（陳李綢，民 81，頁 55）。施良方（民 85，頁 190 ）亦提到：皮亞傑認為讓學生犯些錯誤是應該的。為了使學生從事自我調節———這是平衡過程中的實質性部分，學生必須經歷某些衝突或不平衡。衝突來自預測結果的錯誤，錯誤會引起學生順化自己的知識結構，並把所觀察的結果同化到修正過了的知識結構中。也可以說，學習是一通過、反覆思考招致錯誤的緣由逐漸消除錯誤的過程。

(五)學習應重發展形成概念與問題解決能力

學習應重在發展形成概念與問題解決能力，而非只是強調事實的認知情處理。而且，應盡量讓語文伴隨認知學習，在學習讀寫前先發展思考推理技巧。

㈥互動溝通的過程有助體會他人的觀點

皮亞傑堅信兒童彼此之間，以及兒童與成人之間的合作與互動關係，對兒童的認知發展具有影響力。學生在學習過程中若缺乏了解相對性的機會，自然會停滯在自我中心的觀點。（陳李綢，民81，頁55）兒童藉由人際的合作與爭執，慢慢瞭解他人的想法，也漸能體會他人的感受，這是其突破自我中心的契機。藉著不同觀點的激盪，兒童會學習用不同角度看問題，這是孩子由自我走向社會化的歷程。

資訊小站：認知發展理論在教育上的應用及所依據的認知觀點彙總表

認知發展理論在教育上的應用	所依據的「認知觀點」
• 學習必須配合認知發展階段	• 兒童學到什麼東西，取決於他的發展水平。
• 被動的知識灌輸，無法提昇認知發展程度，除非孩子能有主動建構知識的機會。	• 刺激是被認識的而不是被經驗的，知覺受心理運演的影響。
• 設計能讓幼兒主動學習的環境，提供幼兒主動學習的機會。	• 學習是一種主動參與學習的結果。
• 利用問題提示或情境設計製造幼兒的認知衝突。	• 有意義的學習來自衝突的解決。
• 提供幼兒適當難度與挑戰性的學習活動，讓幼兒有自行解決問題的機會。	• 學習應重發展形成概念與問題解決能力。
• 提供同儕互動機會，運用學習互動原則。	• 互動溝通的過程有助體會他人的觀點及認知的發展。

第二節　認知學習的教學與實施

一、皮亞傑認知觀點下的教育目標

認知導向課程，不只純粹是「認知」層面，且含濃厚社會、情意成份，其教育目標重點如下：

1. 以發展兒童完整人格為主，創造一個學習環境，讓幼兒在這個環境中，透過同儕、成人的互動經驗來學習。

2. 鼓勵自主性，以提昇幼兒情緒和認知發展層面。

3. 培養有能力從事新事物，有創造力、能創新且獨出心裁的發現者，而非重複前人事物的人。

4. 培育一顆能接受批評，肯提出證據，不唯命是從的心智，和一個批判的、能驗證的頭腦。

5. 引導個人以積極的態度、敏慧的智力改善其生活面。

6. 造就有眼光的男人和女人，他們有預見性，能考慮到他們決策的長遠效果。

二、認知教學步驟、策略與技巧

根據上述有關認知教學的理論觀點，試著聯結課程進行過程、可能使用的教學策略、及幼兒可能運用到的思考推理技巧，分述如下。

(一)認知論觀點下的教學步驟與教學策略

教學步驟	常用教學策略
1.找出幼兒感興趣的事作為課程主題 ↓	觀察幼兒、收集資訊
2.收集相關資料、佈置環境 ↓	提供探索機會與環境
3.以幼兒有興趣的課程內容，延伸幼兒的學習 ↓	提供有趣題材與幼兒分享學習樂趣，活動保持簡短而沒有壓力。
4.發展課程主題相關的事實或資訊——（水平課程） ↓	操作：學習要配合幼兒的發展階段讓兒童決定自己的學習，並賦予兒童較長時間可以控制自己的學習。
5.發展推理／思考能力（垂直課程） ↓	安排討論：詢問問題、鼓勵發問、大膽假設、歸納、協助找尋答案、解決衝突。
6.回饋與評量	觀察幼兒反應、從幼兒操作過程、討論所發現的問題給與回饋、根據長遠目標進行

(二)發展幼兒思考推理技巧

1.配對

　　同質配對：同質配對是配對相同的東西，或如襪子配成雙，鞋子配成對，或配對相同數字、數量。

　　異質配對：異質配對是配對相關物品如：上衣配褲子、鞋子配襪子、數目與數量的配對、醫生配聽筒、司機配方向盤……。

2.分類

　　比較異同：兩件物體比較其相同與不同的地方。

　　始分類：從一堆圖片中找出與指定圖片相似的圖片。

盡分類：將一堆物品找出一種方法，將其分成幾類。

多重分類：瞭解同一堆物品可以有多種分類方式，讓幼兒將物品以各種不同方法分類，並說出分類的依據。

分類相加：將一堆物品分類後加起來，與全部做比較。如：將三輛紅色汽車和四輛藍色排成一排，問幼兒：「紅色汽車和藍色汽車加起來比較多？還是全部汽車比較多？」

分類相減：將一堆物品分類後減掉某類物品，與全部物品做比較。如前例，可問：「如果我把全部的紅色車子開走，剩下來的都是藍色汽車嗎？」「剩下的藍色汽車和全部的汽車是不是一樣多？」

3.知覺共同關係

找出一對一的對應關係

了解日常用品的數目與單位的關係，如：一條魚、一匹馬、一朵花……

數的集合：把一堆東西分成兩個一組、三個一組……

比較部分與全部的關係

4.瞭解因果關係

從結果推測可能原因

從原因推測可能的結果

從事件判斷，兩件事情之間是否有因果關係，如小偵探從現場被破壞的情形，或找到的線索推測判斷可疑的對象。

利用「假如……，然後……」的問句，促進幼兒對因果關係的思索。

5.序列

順序、倒序：數的順序倒序，如：如利用車廂號碼、選手號碼排序；或依邏輯序列排列物品並能按原順序或倒序重新排列。

長度序列：依長度排出序列，並能瞭解序號。

時間序列：可提供連續圖片，如春夏秋冬、一天的作息、吃蘋果的過程、植物的成長……，讓幼兒排順序，說故事；或利用娃娃家角色扮演，演出一天的生活情形討論時間變化與作息的關係；觀察連續關係，如水的流量、沙漏流量與時間的關係……。

6.量保留概念

提供幼兒度量、測量的工具與機會，如為娃娃量身高體重、量桌椅長

度、比較誰的頭最大？腿最長？

　　買賣果汁比較哪杯裝的多？討論不同形狀的杯子是否裝的一樣多？

　　數的分解合成

7.圖形空間

　　辨識圖形：認識基本形狀、了解形狀和大小、顏色無關；分辨開放圖形、封閉圖形……

　　辨識空間地理位置：上下、前後、裏外、左右、遠近、距離……

教學資訊站：基本認知能力與日後學校相關技巧間的關係

能　　力	價　　值
配對：能夠辨認出相同與不同的東西。 **基本問題**：你能找出一對完全相同的東西嗎？	辨別的能力是發展其認知能力的重要關鍵。要獲得書寫能力，首先要能辨認字母（像 m 跟 w 要能分辨）。辨別能力也可以促進對「相同」概念的瞭解。鼓勵圖像知覺的技巧（將特定圖像跟背景分開的能力）。
分類：能夠辨別成爲同類的一些共同特徵。 **基本問題**：你能告訴那些東西是同一家的？	增進數學理解能力：集合理論和等量關係。幼兒必須分辨、推理、分析及選擇，才能順利的完成分類。重新分類可以鼓勵幼兒的彈性思考。藉著呈現的方式培養多樣的思考——不只一種方法可以將東西分類。需要用到調適和類化的作用。同時分類也是生命科學最基礎的單位：允許人類去組織知識。
共同關係：能夠在不同的組合中指出共同的特徵或關係。 **基本問題**：下列那一個東西跟其他東西最相近？	增進數學理解能力：一對一關係。可以鼓勵不同概念的瞭解：多種的關係組合（相反、因果、全等）。可以教幼兒使用類推和諒語的方式來運作思考。
因果關係：是共同關係的一種；能夠指出什麼是造成事情發生的原因。 **基本問題**：是什麼造成這件事情的發生？	科學探索的基本能力。建立世界是依規律在運行的概念。培養個人能力自信感：用周遭世界採取行動、製造一些成果、使事情發生等。鼓勵幼兒運用預測及推論其假設。爲幼兒介紹小學所使用的科學方法。
序列：能夠指出在一定順序下，接下來該出現的事物。 **基本問題**：接下來呢？	增進數學理解能力。量之間的關係：數數（瞭解數目意義的數數），一對一對應關、相等、估量。如果教師能將序列由左向右排列，還可幫助建立基本的閱讀技巧。（譯按：中文排列由上至下，由右至左。）
時間序列：能夠依時間先後說出事情發生的順序。 **基本問題**：接下來呢？	增進數學理解能力。提供秩序感、時間感和感受時間的作用。事情之間的關係：因果和其他關係。預測。需要運用記憶：先發生什麼，然後發生什麼？
保留概念：能夠瞭解事物可以回歸到先前的狀態以及它的質量並不會受外形改變的影響。 **基本問題**：他們現在還是一樣嗎？	物體長存（可逆性）概念是邏輯推理的基礎，科學理解的根本；同時也是數學運算（包括長度、容量、面積……等）的基礎。

（引自 J. Hendrick 原著，林翠湄等譯，民 85，頁 558）

三、幼兒認知學習內容與經驗

(一)各發展年齡認知學習內容與經驗

　　認知學習的內容發展年齡與經驗影響很大，也受個體認知能力的影響，有些孩子先天條件好，父母又提供豐富的環境刺激，可能其發展相當快速，反之，先天能力弱，又缺乏刺激，就相差甚遠。以下只提供一般的發展狀況下建議的認知學習內容，實際上應視幼兒的實行發展狀況而定。

表九－2：各發展年齡認知學習內容與經驗建議表

	數	量	圖形	空間	邏輯推理
三 ｜ 四 歲	(1)數數　①比較2個 　　　　　②比較3個 (2)唱數、數目與數字 (3)經驗日常生活中所 　　使用的數字 (4)對應觀念 　　3以內的對應 (5)3以內的比較 (6)順唱、倒唱 　　雙重數數辨認	(1)比較量： 　　大小、快慢、多 　　少、高矮 (2)時間概念：分辨 　　上午、中午、下 　　午觀察時鐘與指 　　針的移動情形 (3)一半的概念	○ □ △ 名稱認識 觀察實物 基本形狀	裏外 上下	分類 配對差異 異大的相 同物品圖 片 部分與全 部。
四 ｜ 五 歲	(1)1～10集合的指認 　　依數量將東西放入 　　容器 　　數字與數量的聯合 (2)金　錢 　　1元5元的認識 (3)對應：5以內 (4)1～5的比較 (5)分類：分成三類	(1)序列 　　單純序列比較 (2)比較量： 　　快慢、粗細、寬 　　窄 (3)時間概念（三、 　　六、九、十二點 　　鐘）	○ □ △ □ 形狀認識 立方體 長方體 圓柱 正五角形 正六角形	前後	配對 相加分類 相減分類

| | (1)金　錢
　　1 元、5 元、10 元
　　的認識
(2)10 以內數的分解合
　　成
(3)對應：10 以內
(4)1～30 的數數
　　唱數、點數
(5)數字 0 與零的概念 | (1)序列
(2)辨識日常生活的
　　單位量
(3)比較量：
　　浮沉
(4)時間概念（小時）
(5)四等分的概念 | (1)部分與
　　全部

(2)○□△
　　分解及
　　組成 | 遠近

上下
前後
左右 | 部分與全
部 |
|五｜六歲| | | | | |

（本表參考張翠娥，民 70，P298-299，並作部分修正）

(二)有關認知學習的基本概念

1.事物是可以根據不同方法分組的

如可以分大小、分顏色、分形狀……等，將物體分為一組，主要是因為它有相同或相似的特性。

2.事物是可以拿來做比較的

如可以比較大小、遠近、多少、高低、輕重，但比較只能在同一度量下才能進行，如兩公尺不能跟三公斤比較，一定要重量與重量比較，長度與長度比較。

3.事物是可以排列的。

事物可以排由大至小、由遠至近，但必須同類物體才能做系列排列。

4.每次在一組事務中再加一件就比原來多，減少一件就比原來少。拿走全部，剩下的就是零。

5.數目是可以分解的。

如五可以分為一和四，六可以分為一和五，二和四，三和三，可以利用實物讓幼兒練習操作。

6.數目和形狀大小無關。

許多幼兒會因為形狀或大小改變，而認為數目不一樣，如五隻小蝴蝶和五隻大蝴蝶，他可能認為不一樣多。

7.形狀和大小、顏色無關。

　　幼兒常因為形狀不一樣，而影響其認知，如他雖然認識三角形，但看不一樣顏色或大小的三角形，又不認為其是三角形。

8.物體有不同形狀，形狀改變時，數目和重量不變。

　　幼兒的認知概念處於混淆渾沌時期，必須透過許多實物操作，才能建立其對數目、重量等的守恆概念。

9.液體不論被放在什麼容器，其量不變。

　　幼兒常會受容器的影響，認為量改變了，如等量的水，倒到大杯子中，他會認為變了。

10.無論位置如何改變，長度是恆常不變的。

　　幼兒比長度時，常只看是否齊頭，而不管是否立於同一水平線，所以必須經過多次操作經驗，才能建立此基本概念。

11.物體的重量不因形狀的改變而有所增減。

　　許多幼兒會以為體積大就比較重，形狀改變重量就改變，針對此概念的建立，可以多設計一些實際操作的活動。

12.兩個同體積的物體，不論其形狀與重量如何改變，在水中所占的空間是一樣的。

　　此為阿基米德所發現的原理，可以做許多有趣的實驗，也常是許多幼兒不易瞭解的概念。

資訊小站：幼兒數學的特性

　　1.幼兒數學包括數數、時間、形狀、度量、金錢、空間、大小、序列……等。

　　2.幼兒會數數，並不代表他瞭解數與數量的關係。

　　3.幼兒對於數目和形狀、大小的關係仍混淆不輕。

　　4.幼兒數學的教法最好能提供教具，玩具、實物，讓幼兒計算。

　　5.幼兒數學教學要有系統，由淺至深，由易至難，是幼兒程度而定。

㈢有助幼兒認知學習的教材與環境

　　幼兒的認知學習來自日常生活中所接觸的環境，如果能儘量從生活中取材，利用日常生活中所見所聞來建立其認知概念，將可以加強幼兒的學習動機與應用能力。

表九－3　有助幼兒認知學習的教材與環境建議表

	學習環境	學習教材	生活中的數字
數	張貼有關數的圖案、提供可練習數數的教材	＊積木、食物、手指、鈕扣、貝殼、彈珠、錢、骰子、翻數牌、數字賓果……	門牌號碼 電話號碼 車牌號碼 書的頁數
量	比較幼兒身高、體重、喜好……製作成圖表，張貼在教室	長度：繩子、鞋帶、尺、吸管、毛線… 重量：秤、體重計、天平……	東西上的價目表 郵遞區號 身高器 體重器
圖形	設計各種圖形，提供可拼排圖形的教材，讓幼兒操作	積木、桌椅、橡皮筋、汽球、各種形狀的瓶子／石頭／貝殼、七巧板、拼圖……	電視轉台號碼 郵票上數目 升降機樓數 計算機
空間	將環境設計成各種大小空間讓幼兒體驗	量杯、瓶子、籃子、積木、大小盒子、	水電錶 日曆
時間	作季節表、星期表、掛數字清楚的時鐘	時鐘、溫度計、錶、日曆、月曆、沙漏、	月曆 時鐘的數字 發票上的價錢 火車、電影院的座號 溫度計的刻度 體溫計刻度 衣服的尺碼

四、認知課程中的教師角色

1.輔助者

在學習過程中教師只是個輔助者，兒童才是主動學習者。教師對幼兒的學習活動不是主動告知者，而是透過適時引導協助，要富有愛心、耐心、循循善誘，以鼓勵代替責備，以引導兒童走向正常的發展方向，幫助兒童從活動運算中建立自己的知識。

例：

幼兒園新設吊繩大家都覺得很新奇。

「這繩子可以怎麼玩？」老師抖動著繩子問。

「我知道！」研研上前，雙手僅攀繩索，兩腳曲起，企圖擺動，但沒位移，只見繩子隨身體在扭動。

一會兒，開始有小孩拉開繩索，製造了一些移動力。

「怎麼可以盪得更高？」老師提出挑戰。

半小時候，已有小孩可以盪得比身體還高。

「你怎麼能盪得這麼高？」老師傾身問。

「我用衝的啊！到了邊邊還要往上跳，你看！」說著，小手抓著繩索就衝了出去，盪得好高好高。（劉玉燕，民 84b）

2.觀察、評量者

認知發展觀強調：不要因為兒童能完成某一時期的測驗，就認定其屬於這個階段。需要多一些觀察與測試，方能正確判斷其認知程度（歐陽鍾仁，民 73，頁 67）。可見教師需要成為一位敏銳的觀察者，有計畫、有系統地觀察兒童的發展，並能判知幼兒的認知程度。教師要熟悉認知領域，瞭解皮式系統的評鑑方法，有能力評鑑幼兒應繼續學習的內容。

3.主動研究、發掘問題者

教師在教學歷程中常需要主動研究、發掘問題，引導孩子進入更多元的思考世界。教師必須在一旁觀察幼兒興趣的動向，思考何時可以加深幼兒遊戲的難度，引導幼兒以不同方式解決問題，何時可以挑戰幼兒……。

例：孩子們帶來了不少玩具飛機，有孩子仔細介紹機身結構，有孩子剖析飛機的模樣，有人索性自己動手將飛機拆掉重新組合一次，有人對竹

蜻蜓老是飛不遠感到納悶，孩子有問題，大家共同討論集合經驗與智慧。

　　T：爲什麼竹蜻蜓飛不高？

　　C：因爲吸管做竹蜻蜓的桿子，每次一轉就歪掉，當然飛不高。

　　T：有什麼辦法可以解決問題？

　　C：要慢慢的轉。

　　C：不一定要用吸管，可以用其他東西。（練雅婷、鄭玉玲，民86）

4.學習環境與氣氛的營造者

　　教師要能創造有助於學習的環境，提供材料與建議活動，以營造一個吸引幼兒，能引發幼兒學習興趣的學習氣氛，並能隨時觀察、判斷何時該提供新的情境、教材。

5.教師是孩子的友伴

　　教師與幼兒之間應彼此尊重，與學生產生交互作用，而不是高高在上的權威者。教師可以參與孩子的遊戲活動，以朋友的身分與幼兒互動。

　　例：娃娃家的幼兒正在賣東西，教師走進娃娃家。

　　幼兒問：「你想買衣服嗎？很漂亮又很便宜喔！」

　　教師：「這條裙子要賣多少錢？」

　　幼兒：「五百塊！」

　　教師：「太貴了！能不能再算便宜一點！」

　　幼兒：「好吧！那就買一送一！」

第三節　以皮亞傑理論爲基礎的教學活動

一、主題發展活動

　　以下教學實例部分引自曾慧蓮、林娟伶（民86）——圓、足球、影子。

教學實例說明	教學活動發展分析
T：下星期五是什麼日子，誰知道？	由生活經驗引發
C：中秋節	
T：中秋節要吃什麼東西呢？	
C：月餅	
C：柚子	
T：中秋節那天的月亮有什麼特別的地方？	
C：圓圓的	引出「圓」的主題
T：除了圓圓的月亮，你還看過哪些形狀的月亮？	
…………	
…………	
T：那誰會畫圓形的月亮？	
（C1，C2均試畫圓形）	
C3：他們畫的不像，一點都不圓嘛！	
T：是有一點不圓，我們可以用什麼方法把圓畫的更圓呢？	討論各種畫圓的方法
C1：可以圓規、圓的尺。	
T：你怎麼知道圓規呢？	瞭解幼兒解決問題背後的經驗
C1：因為我看過哥哥在用。	
C2：也可以用杯子。	
C3：可以用瓶子。	
T：好！每一個人到教室，找一樣可以畫圓的東西。（小朋友開始四處搜尋，找來了膠帶、杯子、碗、水彩瓶、垃圾桶蓋、水筒、時鐘……每個孩子幾乎都可以找到）	透過環境探索，找出可能使用的工具
T：誰找的圓最大？誰的圓最小？	期透過操作，發覺使用工具的方法

C1：我的垃圾桶蓋最大。

C2：友淳的膠帶最小。

T：為什麼呢？你們怎麼知道呢？　　教師引導幼兒思考想法背後的緣由

C1：用看的就知道了！

C2：可以拿來比比看。

T：怎麼比呢？　　　　　　　　　　引導幼兒透過操作證實想法

C1：把垃圾桶蓋和膠帶疊在一起，中　幼兒想辦法比較圓的直徑
　　心對中心，因為垃圾桶蓋比膠帶
　　多很多出來，所以垃圾桶蓋比較　想出不同的比較辦法
　　大。

C1：還有可以拿一條繩子，量定兩個
　　圓的旁邊，然後比比看誰的線比
　　較長，誰就比較大。

T：旁邊是哪裡呢？　　　　　　　　教師想辦法釐清幼兒的思考觀點

C1：（其意思是量圓周）

T：好！你來試試看，並把結果告訴　促使幼兒從直接操作中驗證想法
　　大家。

C：垃圾桶線比較長，所以比較大。　幼兒從操作中證實想法

T：我們剛才找來的畫圖工具都不是　教師提出更困難解決的問題，挑戰幼
　　很大，像膠帶、水彩瓶……，那　兒的推理思考
　　如果我要畫一個較大的圓，或像
　　教室那麼大的圓時，應該怎麼畫
　　呢？

…………

…………

二、小組活動

皮亞傑觀點的小組活動強調同儕的互動與討論

小組活動示例一：

巧巧排

㈠活動目標：

1.認識形狀、顏色。
2.培養幼兒的觀察力。
3.培養幼兒分類的能力。

㈡教具準備

1.五組不同單位組成的卡片各四張（圖9～1）。
2.另一組單位形狀卡最好貼在卡紙上剪下，較耐用。

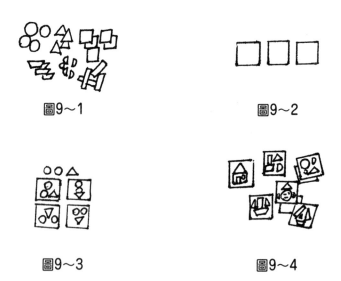

圖9～1　　　　　　　　　　　圖9～2

圖9～3　　　　　　　　　　　圖9～4

㈢活動進行：

1. 先介紹各單位形狀卡，顏色，使幼兒熟悉各形狀，顏色名稱後，再進行遊戲（圖9~5）。

2. 讓幼兒試著將各單位形狀，做各種不同的組合。

3. 拿出一組單位形狀，請小朋友找出利用這些單位形狀拼組成的圖形。

4. 拿出任一形狀（或以顏色為主），請幼兒從所有的卡片中找出有該形狀的圖卡（圖9~7）。

5. 拿出任兩種圖形，請幼兒找出有該兩種圖形的卡片。

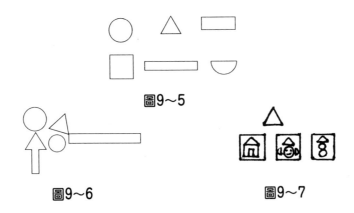

圖9~5

圖9~6　　　　　　　　　　圖9~7

㈣討論：

1. 你看到那些形狀？。

2. 所有的紅色都是三角形（或圖形……）嗎？

3. 兩個形狀放在一起，可不可以變出另一個形狀？

4. 兩個三角形放在一起，還是三角形嗎？

小組活動示例二：

邏輯分類

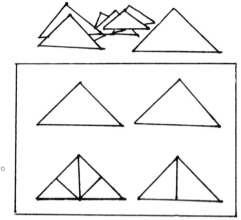

(一)活動目標：

1. 認識部分與全部的關係。
2. 建立幾分之幾的概念。
3. 練習部分與全部間的拼接組合。
4. 設計圖案培養創造力。

(二)教具準備

1. 教具可用不同圖案來分等，如：圓形、正方形、六角形、長方形均可。

2. 教具可依幼兒的年齡大小來設計圖案與等分的複雜與多寡。

(三)活動進行：

1.「小朋友！這是什麼形狀？」「圓形」「有什麼東西長得像這種形狀呢？」「月亮」「大餅」「好！我們把它想成是大餅，如果現在有一個大餅，可是有兩個小朋友想吃它，怎麼辦呢？」「如果又來了兩位小朋友，那又怎麼分？」，如此先介紹分法，再讓小朋友拼回原狀。

2. 可利用切割好的圖案，利用紙板的背面，玩創造性的圖案設計。

(四)討論：

1. 把圓形切成好幾塊，這些小塊還是圓形嗎？可以切成那些形狀？（可以正方形、三角形……）

2. 把兩塊正方形拼起來還是正方形嗎？不然，是什麼形狀？還可以拼成什麼形狀？

(五)注意事項

先介紹一種基本圖形的分割與拼組，等幼兒熟悉後，再介紹另一種圖形的分割，當幼兒都熟悉後，再考慮多種圖案混著玩。

小組活動示例三：

相對概念：

(一)活動目標：

1. 分辨大小、高矮、厚薄、長短……等概念。
2. 認識物體的名稱、功用、分類分式、使用單位等。
3. 建立相對的概念。

(二)教具準備

1. 各種相對概念的圖卡各兩張。
2. 分類板一個。

(三)活動進行：

1. 先拿出小紙卡，請問孩子：「這是什麼？」「蘋果」「瓶子」……等，先確定孩子是否認識紙卡上的物體。

2. 和孩子討論卡片上物體的功用、種類，如：「書是用來做什麼的呢？」「你知道的書有那些種？」「你用什麼方法分的呢？」

3. 討論每種物體的使用單位可以用猜謎的方式：「這是一篇嗎？還是叫一個書？」「哦！對啊！原來是叫做一本書」。

4. 把相對組卡片掛在小丑左手上，再和幼兒討論大小、厚薄問題。

5. 兩人對玩法：將成對的卡分開成為兩組，每人拿到一組的成對的卡片，以猜拳方式決定誰出牌，出牌的人拿出一張牌掛在丑手上時要同時說出一個形容詞如：「大」，對方就得找出相同位的相對牌，並說出其相對詞。對了，就再以猜拳方式決定出牌序，說錯了就由對方繼續先出牌※本

教具適合二至四歲的幼兒。

(四)討論：

1. 小嬰和你，誰比較大？爸爸和你，誰比較大？到底你是大還是小？

2. 這些圖片，你可以用什麼方法把它分成幾堆？為什麼這樣分？還有其他分法嗎？

(五)注意事項：

最好先和幼兒討論過物體的特性、單位、功用後，再讓孩子比較或兩人對玩，以提升幼兒的潛能和興趣。

小組活動示例四：

小貓咪過山洞

(一)活動目標

讓幼兒透過此遊戲學習到順序、倒序的保留概念。

(二)教具準備

1. 以硬盒做成山洞

在山洞前畫條貫穿山洞的道路，並打上格子（約五、六格）。（圖9~9）

2. 十張與格子同樣大小的卡片，畫兩組著不同顏色衣服的小貓咪各五隻。（圖9~10）

(三)活動進行：

1. 在山洞的一方排列四或五隻著不同色衣服之小貓咪，然後告訴小朋友：「小貓咪要過山洞了，而且只能一個接著一個穿過去哦！現在所有的貓咪都進山洞了，你們猜猜看，小貓咪出山洞時，是怎麼排的，請你找出卡片排在這裏」。（圖9~11）

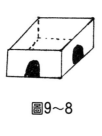

圖9～8

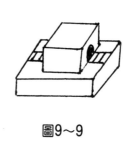

圖9～9

圖9～10

2. 老師再向小朋友解說：「當小貓咪走到山洞口時，剛好有塊石塊阻在洞口，他們只好退回去，你們知不知道他們從原來的洞口出來時，是怎麼排隊的呢？請你排排看？」（圖9～12）

3. 等小貓咪全進洞後，將整個板子轉一百八十度，再問小朋友，小貓咪會從那裏出來，是怎麼出來的。（圖9～13）

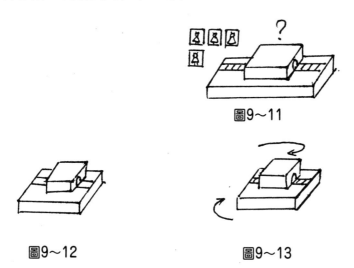

圖9～11

圖9～12　　　　　　　圖9～13

㈣討論

1.請小朋友排成一排,請問小朋友,誰是第一位?再請其向後轉,再問,現在誰是第一位?如果把一排變成兩排,誰會變成第一位?

2.請幼兒想想看,如果他們的隊伍要經過山洞,走到一半,發現走不過去,又倒退回來,誰會是第一個走出洞口?

㈤延伸活動

1.只拿出一組小貓呼卡片排成一排,請小朋友以順序或倒序的方式,在下面亦排排看。

2.讓小貓咪卡片有規律地出現,再蓋起其中幾張,請小朋友找出被蓋起來的小貓咪卡片是那一張。

小組活動示例五:

魔術環

㈠活動目標

1.認識數目與數字。

2.瞭解數的增減與加減的關係。

3.練習數目與數字符號的配對關係。

4.比較數量的多寡。

(二)教具準備

1. 中間為透明色片貼有不同兌數的魔術環卡三組每組 20 張。
2. 最好依幼兒年齡、能力決定數目的多寡與教學的難易度。

(三)活動進行

以較大幼兒為例，教師可依幼兒的年齡程度決定採行其中幾點。

1. 拿出魔術環亮出其中一個環問：「小朋友！這個環裏面有幾個小圓點呢？」幼兒數出後，請他找出相同數量的數目卡與符號卡。

2. 取出兩個魔術環，讓幼兒看清楚個別的數目，「好！現在我要變魔術了！變！」此時將兩個環套在一起，讓幼兒再數數看，分開後，也個別再數一次。

3. 第二步驟練習幾次後，再配合數目卡與符號卡，讓幼兒了解其間的關係。

4. 若各環中，圓點顏色相異，則在套上後，可比較黃點多或紅點多？多幾個？

(四)討論

1. 如果我把這兩個魔術環套在一起，你們猜會變成多少？
2. 如果我會打開魔術環，你們猜會剩下多少？

(五)注意事項

不要太心急，宜按幼兒年齡、能力由淺入深慢慢引進。

三、團體遊戲

以認知為基礎的團體遊戲，強調兒童如何運用身體的活動，以促進心智、道德與人際合作的發展，包括藉物體的推、拉、滾、擲等活動，讓兒童觀察其對所施予動作對物體所產生的反應的身體認知遊戲；需要集合大家力量彼此協調的合作，競爭遊戲；需要透過感官感覺線索的猜測、躲

藏、口令遊戲。

(一)身體認知遊戲

1. 推圓盤遊戲（推的動作）：教師準備六個小方形木磚及六個長方形木磚，讓學生以長形木磚去推動方形木磚朝向預定的目的地。

2. 標的球（滾的動作）：準備大小及重量不等的幾個球，將一塑膠娃娃置於桌上，鼓勵兒童拿球以滾動方式擊倒它。

3. 擲球（擲的動作）：牆壁旁邊放幾個球，鼓勵兒童對著牆壁擲球，並學習從球的反彈中接球或瞄準某一定點練習擲準。

4. 以繩索開車（推的動作）：準備一根粗繩子，一端繫於一輛玩具卡車的後面，另一端交給兒童，此時兒童可將卡車拉往後退，再拿一根長一點的繩子，一端綁在玩具車的前面，另一端繞過桌腳後再交給兒童，然後要兒童藉著拉動繩子而開車。在這個活動中必須注意心智的協調，因為同樣拉的動作，卻產生不同的結果（車子可能前進或後退）。在這種情況下，基於身體的活動，向前或向後這兩種概念很快被學會了。

5. 鐘擺（搖的動作）：教師從天花板垂下一根繩索，在另一端非常接近地板處繫上一塊木磚，作成鐘擺。再在地板上立一塑膠娃娃，鼓勵兒童試著搖動鐘擺以擊倒它。

(二)合作競爭遊戲

1. 賽跑遊戲
　①趣味賽跑：湯匙持球賽跑、吹球賽跑。
　②時間或空間因素可加以變化的賽跑。
　　例如：搶椅子、（大風吹）、媽媽買菜。
　③重覆動作的賽跑
　　如：花生賽跑、接力賽跑。
　　想想看：賽跑遊戲有何認知價值？
2. 合作遊戲：
　①合作拉動某物：用繩開車。
　②合作向一目標：兩人三腳。

③合作完成作品：形狀拼圖。

④合作爭取組別的勝利：支援前線。

(三)線索遊戲：

1. 猜測遊戲：

①觸覺線索：神秘袋、老公公老婆婆。

②聽覺線索：猜猜誰在你的後面。

③視覺線索：猜領袖、比手劃腳。

④語言線索：警察抓小偷。

2. 躲藏遊戲：

①躲人遊戲：如捉迷藏、母雞找小雞。

②藏東西遊戲：鈕釦在那裡。

3. 口令遊戲：

①帶詭計的命令：老師說、我說蹲下。

②聽命令做動作，但可故意「作弊」：向前兩大步。

③有伙伴的命令遊戲：背對背。

4. 追逐遊戲：

①抓人遊戲：紅綠燈、木頭人。

②選一人來追鬼：丟手帕、鴨或鵝。

③鬼要抓某一人，其餘人則儘量阻止：貓捉老鼠。老鷹抓小雞。

討論問題：

1. 如何幫助幼兒發展數學興趣，而非造成數學焦慮？

2. 學前階段為何需要以操作來學習數算？

3. 為什麼一次只適合介紹一種概念給幼兒？

第十章

幼兒自然科學探索課程

本章重點

第一節　幼兒自然科學探索課程的基本理念

　　一、科學的本質

　　二、皮亞傑與後皮亞傑理論對幼兒自然科學教學的啟示

　　三、幼兒自然科學探索課程的目標

第二節　幼兒自然科學探索課程教學方法

　　一、觀察與體驗

　　二、探索的引導

　　三、實驗、記錄與分享討論

第三節　有關自然科學探索主題課程發展

　　一、從偶發事件引出的自然科學課程發展

　　二、從部分概念引發的自然主題課程發展

　　三、以幼兒全面性發展拓展的課程網路

第一節　幼兒自然探索課程的基本概念

一、科學的本質

科學具備下列三種特性：

1. 科學追求理解，所謂「理解」就是在實在界的某個面相裡，找到滿意說明的一種感受。

2. 這項理解靠著普遍定律或原理——可廣泛地適用於各種可能現象的定律。

3. 此定律或原理能用實驗加以檢驗（李執中等譯，民82，Goldstein M. et 原著，頁6）。

1.理解

科學追求理解，就是渴望瞭解複雜事實底層的真實面貌。但所謂的理解，可能相當主觀：同樣的理由，可能滿足某人但未必滿足另一人；滿足百年前人們的說明在今日可能行不通。但主觀的滿足感，常是吸引人從事科學工作的重要理由之一。

2.普遍性

科學是在紛紜中尋求統一，在看不相似的事件中找出共同的模式。許多科學家窮其一生就是想發辦法從眾多的資料中找到適用定律，就如：牛頓發現的萬有引力定律。經由這些定律可以解釋許多現象的普遍性。

3.實驗檢驗

科學強調實驗檢驗，常要問：

我們怎麼知道？我們為什麼有把握？我們會不會有錯？假使我們錯

了，我們如何能知道？為了要瞭解這些問題，科學強調透過實驗檢驗的方式查證。

二、皮亞傑與後皮亞傑理論對幼兒自然科學教學的啟示

㈠從皮亞傑的理論觀點看幼兒自然科學教育

　　Inagaki（1992）認為「結構」（structuralism）觀點與「建構」（constructivism）觀點是皮亞傑智能發展論的兩項基本觀點。強調智能發展是由一連串的「建構」組合而成，而且發展是遵循一系列不變的思考「結構」程序而進行的。認為知識的產生是個人藉由對周遭環境或事物的探索與操弄，將既有知識透過同化與調適的建構歷程，一點一滴發展擴大和充實而成。

教學資訊站：名詞解釋

　　1.「同化」（assimilation）：同化是將來自環境的各種刺激予以解釋，將所接觸之外界事物融入個體知原有知識及意義之架構中。

　　2.「調適」（accommodation）：調適是去適應所接觸之外界事物之特質和需要。（俞筱鈞，民71，頁76）

　　例：將「羊」認爲「狗」是同化作用；發現「羊」與「狗」的不同，而接受「羊」的名詞與定義，而建立「羊」的基模，則是適應作用。

　　＊皮亞傑的認知觀點對幼兒自然科學教學的啟示如下：

　　1.讓幼兒以探索環境或操作事物方式學習

　　皮亞傑認爲行動是個人建構知識的關鍵。

　　2.視適當時機，對幼兒提出疑問，預測事物可能反應，並比較這些反應的不同之處。

　　3.實驗操作前應先有預測或假設

　　實驗的進行主要在檢視自己的預測或假設是否可行，不單只是依

循一定的操作程序。

(二)後皮亞傑的理論觀點

後皮亞傑理論認同皮亞傑理論的建構觀點，認為發展意即對事實性、程序性和概念性知識加以制定、擴充及修訂的過程。但不認同皮亞傑理論的結構觀點。後皮亞傑理論強調經驗累積所形成的特定領域知識可以催化知識建構的過程，研究發現幼兒在他們具有豐富經驗的領域內，亦即在他們具有充足知識的領域內，會運用較為精進的推理模式。後皮亞傑派著重針對特定領域（Inagaki, 1992）。

後皮亞傑理論的代表人物是 Vygotsky，其著名的觀點是「鷹架理論」提倡最大發展軸的智力觀點，認為兒童智力的發展不僅是內在能力的成長，而且是靠外在世界中與人交往作用中不斷的成長。強調智力發展離不開環境因素（蘇建文等，民85，頁340-341）。Inagaki（1992 ）則強調後皮亞傑理論著重針對特定領域，探究對於問題解決及知識獲得歷程產生影響的不同「限制」，而皮亞傑理論則幾乎完全著重於普遍適用於各個領域的思考結構產生影響的各種「限制」。

教學資訊站：名詞解釋

1. 領域（domains）

領域係指相關知識的聚合體，並可藉由經驗發展成個人專精領域，各領域之間存有階層式的關係。

2. 限制（constraints）

限制指增進或狹制個人解決問題或獲致知識歷程的一些狀況或因素，包括有認知或內在的以及外在的「限制」（Inagaki, 1992）。

＊後皮亞傑的認知觀點對幼兒自然科學教學的啟示如下：

1. 科學教育可以幼兒易學易理解的領域，儘早開始實施。

2. 以幼兒能理解的語言，又不偏離科事實的方式答覆幼兒的疑問。

3. 鼓勵幼兒針對他們感興趣的主題深入探究。

4. 教師宜扮演主動積極角色，妥善地運用社會性與文化性的「限

制」。

　　5.多藉由師生討論互動，讓幼兒覺得「探究事實」「發現新事物」是有趣的。

　　6.多安排同儕或師生的討論、設計情境共同解決問題的互動中，提昇幼兒的思考層次。

　　不管是皮亞傑理論或後皮亞傑理論幼兒自然科學教學，共同認可的是：

　　1.讓幼兒以探索環境或操作事物方式學習

　　2.佈置豐富適合幼兒探索的環境，讓幼兒從發現探索中獲得知識概念

　　3.讓幼兒經驗發現知識的歷程，有助智能發展與記憶的保留

三、幼兒自然科學探索課程的目標

㈠幼兒自然科學探索課程的目標

1.經驗科學概念

　　Levenson 提出科學的認知目標乃指獲致科學概念或知識，但並非意指施予密集的課程，而是去開啟知識的大門，種下知識的種子，以供未來成長（引自 周淑惠，民 86，頁 42）。其實，幼兒還未接受正式教育前，已經從其日常生活經驗與每日用語中發展出一些科學概念。如：分享餐點時，孩子會比較「他的比較大，我的比較小」；輪流玩喜愛的玩具時，會計較「他玩得比較久」，如果能在此時，引導孩子經驗「科學方法」，拿出度量工具，討論如何才能讓他們覺得公平，此時孩子可能獲得的科學概念是：光靠目測、感覺可能不準；透過某些測量工具可以較精確比較；長度可以用尺量；重量可以磅秤；時間可以計時或數算……這也就是幼兒自然科學探索課程的目標之一。

2.奠定自然科學學習基礎

　　Inagaki（1992）認為皮亞傑理論明確指出幼兒科學教育應以邁向更高階層的發展階段為目標。後皮亞傑理論認為藉由經驗累積所形成的特定領

域知識可以催化知識建構的過程。如果幼兒有過豐富的自然科學知識與經驗，相信對未來學習自然科學將有莫大助益。

3.培養幼兒觀察、推論、預測、溝通等科學探究方法

根據美國科學促進會（American Association for the Advancement Science）設計的「科學—過程取向」（Science-A Process Approach）課程中所揭示的程序性技巧包括：「觀察、分類、推論、預測、使用數字、溝通、使用空間時間關係、測量」以上八項程序能力是幼稚園至小學三年級所應培養的能力（引自周淑惠，民86，頁2-3）。

教學資訊站：有關科學「演繹」與「歸納」常用的探究方法

1.演繹：啟動發現與探索

促進推理思考

詢問理解

引發預測、重燃興趣

鼓勵創造思考

詢問感覺

2.歸納：引導注意力、統整連貫、認清全貌

4.培養好奇、愛發問與喜愛探究的科學態度

好奇、愛發問與喜愛探究其實可說是幼兒的特質，教師最主要的任務在不抹殺幼兒這種天性，做到順勢利導，就足以培養好奇、愛發問與喜愛探究的科學態度了。

教學秘笈：如何避免成為抹殺幼兒好奇愛探究的殺手

1.不要太早對孩子的意見下判斷或消極的批評

2.不要瞧不起孩子，傷害孩子自尊

3.不要限制孩子太多自由

4.不要對孩子嘮叨不休

5.不要強迫孩子盲目服從自己

6. 不要做出不適孩子的要求

7. 不要排斥孩子的錯誤或失敗

8. 不要常常製造緊張壓迫氣氛

9. 不要只讓孩子背誦記憶課本的知識

10. 不要懷疑孩子的能力事事代勞

5. 養成對自然環境與科學的愛護心

　　培養幼兒對自然環境與科學的愛護心，首先要建立幼兒對自然、科學的情感。而建立情感的最好的方法就是讓幼兒在與自然、科學接觸的互動過程中，獲得美好愉快的經驗。這種美好經驗的獲得途徑通常是：

　　對自然、科學產生觸動的感覺→引起對自然、科學的興趣→從互動接觸中得到快樂與滿足。

6. 培養處理日常生活使用工具或器具的基本技能

　　日常生活中常需要使用一些工具，運用一些基本技能，來進行自然科學有關的經驗活動，如：剪刀的使用、黏貼的技巧、放大鏡、望遠鏡的運用、標本的製作……等，都需要幼兒能具備正確使用的基本技能，及安全防範的知識與態度。

7. 增進幼兒思考與解決問題的能力

　　根據皮亞傑理論發展的課程，特別強調：科學教育應以思考結構的發展為中心。學習者可將這些思考結構運用在各個科學領域，以解決各種的問題（Inagaki, 1992）。意即希望能培育出：凡事能運用思考並想辦法解決問題的人。筆者試著從思考發展程序提出培育幼兒思考與解決問題能力的發展過程：

　　發現問題→找出可能原因→探討可能解決問題的策略→解決問題

第二節　幼兒自然探索課程教學方法

一、觀察與體驗

如果教室像森林、教室像花園、教室像奇幻王國、教室像兒童樂園……，你想孩子會不喜歡上學嗎？創造有吸引力的學習環境，讓孩子參與空間的創作與規劃，將使學習成為生命的活泉，而不是被動的吸收。如果無法把自然搬進教室，不妨讓孩子移師戶外，藉由大自然的教室豐碩孩子的生命。

自然是一種經驗裡的感動，經驗可以激發出孩子清徹的觀察力，讓孩子從歡愉的氣氛中，建構生命力。經驗即生活，它是促進兒童心智發展的花園（游乾桂，民 86）。自然探索課程應該讓孩子多看看、問問、想想、猜猜、說說、玩玩，透過直接的體驗，觀察山間飛舞的螢火蟲、漫天展翅的蝴蝶、樹上爬行的毛毛蟲、牆角邊的螞蟻……，不必刻意教導，只要給孩子機會與時間。經驗自然可以激發想像，而想像是蛻變的泉源，孩子們透過耐心地觀察，終將成為自然的關懷與保護者。

資訊小站：自然環境中可能的觀察重點

1.「根」的觀察重點

植物的根可以分為主根系（雙子葉植物）還是鬚根系（單子葉或某些蕨類植物）。大部分的根深埋在地底，但也有不少根是可以看得見的，如：榕樹類的氣生性柱狀根；玉米及水筆仔的支持根；銀葉數及鳳凰木的板根；黃金葛、常春藤的攀緣根；浮萍類、大萍等沒有根毛的水生根；紅樹林中多數成員的呼吸根等（鄭元春，民 86）。觀察根時，應詳細觀察其形狀如何？肥大的？粗長的？塊狀的？還是細細長長？卷曲的？是長在土裡？水裡？或露在空氣中？可以拍照分類，或

請幼兒畫下來，一起查圖鑑……等。

2.「莖」的觀察的觀察重點

莖是植物用來支撐身體的主要器官，絕大部分暴露在空氣中，很容易進行觀察記錄。觀察「莖」的步驟如下：

a.應先辨別莖的質地，是木本莖？或是草本莖？有些高大多年生的草本植物，其莖枝基部往往有木質化的現象，稱之「亞灌木」或「半灌木」（鄭元春，民86）。

b.觀察莖的形狀——莖的形狀以圓筒型居多，也有四方形（如馬鞭草科）、三角形（如仙人掌科）、還有不少仙人掌科的植物是多稜多角的。

c.觀察莖上的毛被物——注意看是單列細胞所組成的毛？還是多列細胞所構成的鱗片？鱗的寬度、大小、顏色？毛的長短都是記錄的重點

d.審視莖皮的特徵——注意莖皮的表面是否長刺？如薔薇類。是否長瘤？如木棉。莖上是否有皮孔？皮孔的分佈是縱向還是橫向？

e.其他——有些莖為適應特殊功能，產生種種變態，也應該詳加記錄。如葡萄的卷鬚，稱之「莖卷鬚」；仙人掌的莖特別肥厚稱之「肉質莖」；馬鈴薯形成塊狀的地下莖，稱之「塊莖」；蓮藕從根生葉的葉叢中抽出細長的葡萄狀莖，並在末端形成新芽和不定根，稱為「走莖」；爬牆虎的莖卷鬚末端分成好幾叉，且其頂端形成吸盤狀，稱為「爬生莖」（鄭元春，民86）。

3.「葉」的觀察的觀察重點

葉子可以說是綠色的工廠，光合作用主要都在葉肉進行，所以葉子是植物最重要的營養器官。觀察葉子的順序是：葉形→葉序→葉緣→葉片先端與基部→葉脈→其他（鄭元春，民86）。

4.特定對象「動物」的觀察重點

整體外觀、長相，可提醒「和什麼很像？」；喜歡吃什麼？眼睛的形狀、大小、顏色？皮膚顏色、感覺如何？生活習性？居住環境？牙齒、嘴巴、尾巴、四肢特徵？行走速度？……叫聲？大便？發育過程？
……

5.比較不同「動物」的觀察重點

可先由異質性大的動物比較起，如：鳥和狗的異同點，等觀察能力更精進後，再比較同質性較高的動物，且可以多種動物一起比較，甚至找出歸類的原則。若多種動物同時比較，可以一次只找一兩個重點比較。比較項目可參考特定對象「動物」的觀察重點。

6.大自然現象的觀察重點

觀察天氣變化有關的情景，如：樹葉顏色的變化、景物的感覺、人們的衣服、小動物活動情形……；雲的形狀變化、海邊的生物、沙的感覺、石頭的形狀、特徵、公園裡的動植物、下過雨的地面

7.有關宇宙星球的觀察討論主題

討論地球的形狀、自轉、公轉及與月亮、太陽的關係；觀察月亮、星星位置、形狀、顏色；討論太陽光熱和生物的關係；觀察月圓月缺的現象；討論恆星、行星、衛星等的特色與關係

8.有關地球環境的觀察討論主題

討論生物生存的必須環境條件；討論不同季節、地點氣溫差異；觀察天氣的變化（早晚、晴雨、……）；記錄各種天氣變化；討論天氣與衣著的關係；觀察雲的形成、流動及與天氣的關係；觀察記錄風向（落葉方向、汽球、風箏、風車、風標……）；比較自然界各種的聲音（風聲、雨聲、流水聲、打雷聲……）

二、探索的引導

兒童最好奇也最喜歡探險了，如果上課的地點是在戶外，上課的方式就是探險，那我們可以預期孩子們上課的情緒一定是高漲的，也深信透過探險的過程，可以學到許多東西。明知孩子有興趣，也知道學習效果顯著，但仍然有許多幼兒園不敢輕易嘗試，通常他們考慮的問題不外：會不會有安全的問題？去哪裡探險？交通問題如何解決？園所方是否有足夠的經費預算？帶出去孩子會不會亂跑，如何掌握常規？如何規劃引導探險活動？如何視現場狀況提供隨機教學？出門探險前需做哪些準備工作？

(一)探險前的準備

1. 探險地點的決定

探險地點是探險活動決定成敗的重要關鍵因素，正如廚師炒菜的原料一般，要特別慎重。探險地點的決定應考慮以下一些因素。

(1)配合學習主題

通常探險活動是因為幼兒學習的需求希望透過探險活動加深幼兒對學習主題的印象。

(2)探險地點的安全性

探險固然能開拓幼兒的視野，陶冶身心，但如果探險有安全之虞，如可能坍方、有毒蛇出沒、地型險峻……等，應先考慮幼兒的應變能力與必須面臨的危險性，來衡量地點的適切性，畢竟安全是回家唯一的路。

(3)如何到達探險地

探險地離園區有多遠？走路需時多久？車子可到達嗎？路況如何？……等都是考量因素。

教學資訊站：適合探索的地方

1. 一處有花、有果、有樹葉掉落的地方

請小朋友去撿拾落、葉、果，把撿到的放在一起，開始玩家家酒。先把花、葉、果分開放，再來討論花可以玩什麼？當菜；串起來當花環、花冠、手鐲……；葉子可以玩什麼？炒菜、排大小系列、接接排、插在頭上、做手錶……；果子可以玩什麼？插根牙籤當棒棒糖、串起來賣李子糖、數數看、賣水果、當彈珠玩……等。

2. 有許多大大小小石頭的地方

如：建築工地或河邊，可以將石頭排成各種花樣、排系列、比大小、玩五子棋、偷雞蛋的遊戲，甚至可以帶一些回來做石頭畫，比較不同的石頭。

3. 海邊沙灘上

在炎熱的夏天，帶著泳圈，請幼兒帶泳衣、泳褲及換洗衣褲到沙灘，最好多邀些家長幫忙照顧，可以讓幼兒在沙灘上玩水、撿貝殼、

玩挖沙、堆沙、雕沙的遊戲。

4. 菜園

　　帶幼兒到菜園裏看看平常吃的白菜長的什麼樣子；看看玉蜀黍的鬍鬚是藏在那裏；找找看紅蘿蔔在那裏……等。如果可能在教室附近也開墾一塊菜園，讓幼兒有挖土、栽種、澆水、除草、拔菜、煮菜到吃食等一系列的經驗。

5. 稻田、豆田

　　春天可以在田邊找青蛙卵、觀看農夫插秧、施肥、除草；在秋天收割以後，可以去撿撿稻米粒或小豆子。

6. 有昆蟲出入的地方

　　帶著透明的空瓶、塑膠袋、捕蟲網、小圓鍬到野外，找螞蟻、抓螳螂、蚱蜢、蜻蜓、或去挖蚯蚓、抓青蛙、蝸牛、毛毛蟲回來飼養，觀察該昆蟲的形態和生活習性。

7. 找一處有許多大樹的地方

　　如：公園、果園……等，在秋天葉子掉落的季節，去撿果子、葉子，辨認那片葉子是那棵樹上掉下來的，那種果子是長在那棵樹上的，觀察四季樹植物的變化。

8. 一塊比較鬆軟、易挖掘的土壤

　　給每位幼兒一條小繩，繞成一個圓圈，一只圓鍬，讓他觀察地上有什麼東西，挖挖看地下有什麼東西，可以把挖到的東西裝在塑膠袋裏，帶回去展示、比較。

　　2. 探險時間的決定

　　若經評估，探險地點的抉擇已可定案，接著就要考慮：

　　(1)何時去？(2)要花多少時間？(3)是否能趕得及回所吃點心、午餐、或午休，甚至是家長來接的時間？這些因素關係需要攜帶的準備物品，通知廚房阿姨餐點準備事宜，通知家長接送時間等。

　　有時選期不如撞期，遇到下雨天，來個隨機探索課程，下雨天的探索經驗，也將令幼兒難以忘懷。

3. 出發前的準備

　　帶孩子出門最重要的是安全問題，所以出門之前一定要和幼兒討論可能發生的各種情況及應注意的事項。譬如：不可以隨便離開隊伍，要隨時注意老師走到那裏了；說話的聲音要小小的；不推人，不擠人；不隨意摘樹上的花，但可以撿地上的落花、落葉；石頭不拿來丟人，可以撿放在塑膠袋裏帶回來等。假想幾種情況：迷路了，怎麼辦？遇到蛇怎麼辦？最好也能示範一下集合的訊號。

　　除了這些，我們事先最好能依據探險的目的，準備好需要帶的工具，並作一些引發性的活動。就好像要去玩沙，最好能帶一些盛水的器具、漏斗、小瓶罐、粉筆、鏟子等，或許有人會奇怪，爲什麼要帶粉筆，帶粉筆做什麼？事實上，主要是要利用粉筆來介紹沙是怎麼從石頭變來的。把粉筆放進空透明罐內，假裝瓶內的粉筆是石頭，瓶子是海岸，我們來搖一搖瓶子，就好像海水帶著石頭到處跑一樣。讓幼兒觀察粉筆在瓶內碰撞的情形，幾分鐘後，瓶中就會積一些粉粒，就像石頭變成了沙。

　　如果要去抓昆蟲，就要帶與該昆蟲有關的資料圖片，塑膠袋、或玻璃瓶、放大鏡、或是抓該昆蟲特別需要的用品。若要去菜園挖菜，最好能帶鏟子及該植物的根莖葉圖，若想帶回來種就要帶鏟子或塑服袋去裝土或裝菜。

資訊小站：下雨天的體驗

　　1.聆聽雨打在窗戶、屋簷、水桶、紙上、樹梢的不同、比一比聲音的大小，雨滴的快慢。

　　2.穿上雨衣體驗雨水打在身上的感覺。

　　3.拿水桶接屋簷滴下的雨水，觀察雨滴的速度與水位上升情形。

　　4.撐著雨傘漫步雨中，注意雨滴如何沿著傘緣滴落。

　　5.觀察下雨前與下雨後天空的變化。

　　6.下雨後到戶外走走，觀察地面是否有小動物出現？

　　7.如果雨後有彩虹出現，那是怎樣的一種天氣？

(二)過程中的隨機教學

出發了以後，老師就要注意隨機教學。如沿途看到一些不同種類的樹，就可以介紹或複習一下樹的名稱，比較鄰近兩棵樹，有什麼地方相同？什麼地方不一樣？那棵高？那棵矮？那棵樹葉子大，那棵樹葉子小？那片葉子厚？那片薄？摸摸看，感覺有何不同？粗粗的或滑滑的？注意看看樹上有沒有花？數數看開了幾朵花？注意看看每朵花有幾片花瓣？

也許在途中必須爬過一段岩石，穿過小山洞，老師除了招呼孩子安全地上下外，別忘了低頭看看，石縫中可能會別有天地，或許會藏了一些小昆蟲，讓他們能注意而仔細地觀察到所見的一切。

走在沒有車子的林間小路，有時候也不必拘泥於手拉手，排好隊，規規矩矩地走，不妨一面走一面唱歌，有時候亦可以指定一個地點，大家跑過去集合，這樣不只幼兒興趣高，也可以達到運動的效果。

有時也不妨學學小蝸牛走路，找找看地上有什麼寶貝，或者突然停住，請幼兒閉上眼睛，聽聽看，聽到什麼聲音？有時候，到野外探險並沒有特別目的地，只是出來走一走，或許你會經過一座菜圃，不妨徵求一下主人的同意，進去參觀一下。如果是經過計劃的探險活動，到達目的地後，就準備展開計劃的活動，但仍要隨時注意幼兒興趣的引發及就地取材的應變。

教學資訊站：用感官感覺探索自然

1. **聽**──動物的叫聲，各種樂器的聲音，各種情緒表現的聲音，自然天氣的聲音，各種交通工具的聲音，各種走路的聲音，機器的聲音，各種物體相接擊的聲音，日常生活中常聽到的聲音（如：電話聲、炒菜聲、關門聲、哨聲……）等。

2. **看**──不同的顏色，各種物體的形，各種不同動物的特徵，看天氣的變化，看各種樹葉的形狀，花草樹木的特徵，看影片，看展覽，看遠近大小，看放大鏡，看望遠鏡，看顯微鏡，看星星、月亮、太陽，看各種表情動作。

3.**摸**——摸各種動物的毛，摸大小，軟硬、冷熱、粗細、形狀、高低、圓扁、各種物體、材料（布、石頭、玻璃、鐵、海棉、彈性、棉花、水、冰、繩子、漿糊、麵粉、樹葉、鑰匙、砂紙……）。

4.**聞**：各種花香，各種調味品，聞沒有毒性的化學藥品（酒精、藥水、阿摩尼亞水、碘酒），聞各種食物的味道（魚、洋蔥、蒜、菜、鹹魚），聞化妝品，聞各種材料（木材、塑膠、石油）……。

5.**嘗**——嘗調味品（鹽、糖、辣椒、醋、酒、醬油、味素……）嘗食物（魚、肉、菜、苦瓜、南瓜、酸菜），嘗各種水果（檸檬、橘子、蓮霧、芒果……），嘗甜點（蛋糕、蜜餞、糖果……）……。

(三)探險後的發展活動

1.撿回來的花、果、落葉可以做什麼？

(1)請小朋友把堆在一起的花、果、落葉先做簡單的分類，即花一堆，果一堆，葉一堆；再把各類的花分類後，再將每一堆按大小順序排成一排，這是學習先將材料分類的科學方法。

(2)可以把花、果、葉放在娃娃家，利用想像力，拿來當器皿、飯菜、蛋糕、甜食。

(3)可以和幼兒討論，只是花可以玩什麼？如排各種造形，串成花環，再討論，光是果子可以玩什麼？有時配上牙籤就可以做豆細工了，可以玩撈果子比賽，順便練習數數，可以比較葉子之間的不同，可以做樹葉貼畫、樹葉印畫等。

2.撿到的石頭，如何處理

撿到的石頭，除了像花、果、葉一樣分類，觀察其顏色，紋路外，還可以用小石頭排各種花樣，若洗乾淨，可以在上面畫圖案，小石頭上了顏色沾在有色的粗麻布上，還是一幅漂亮的裝飾畫呢！另外還可以讓幼兒用手秤秤看，那塊石頭輕？那塊石頭重？也可以用天平秤。摸摸看那塊粗？那塊細？比比看那塊大？那塊小？有一個有趣的實驗可以做做看：給幼兒每人幾粒綠豆和幾顆小石子，放在小瓶子裏泡水，幾天後，觀察記錄兩者之間有什麼不同的變化，這可以讓孩子了解生物和無生物之間的不同。如果單元的主題和建築有關，那還可以把沙子、水泥加水加小石頭混勻後裝入

各式各樣的紙盒內，三、四天後，撕開來，就是一根根柱子了，這可以讓幼兒了解石頭在建築上的功能。

除了做做實驗、美勞外，還可以講個有關的故事，教教有關的歌，並配上體能，做一些活動等。

三、實驗、記錄與分享討論

觀察是思考的基礎，經由實地的觀察經驗，會帶動孩子想到「為什麼？」從一連串的為什麼，如：為什麼這朵花會長在這裡？為什麼鳥要啄它的羽毛？為什麼山上會發現貝殼？為什麼……？這種由觀察產生問題後，通常會想到用推論、預測等策略去解決問題，進而帶動實驗的進行，問題的討論、溝通與記錄，這些經驗將是科學能力的基礎。

以下以一個實例「影子」說明教師引導實驗記錄的過程（教學實例部分引自曾慧蓮等，民 86），其原是完整的方案發展課程，這裡只摘錄其中一段。

*記錄影子的變化

教學實例	教學引導策略分析
*記錄內容方式的討論	
T：最近太陽光很大，我們之前有討論說怎麼來記錄影子嗎？	延續原有學習經驗，喚起幼兒的記憶，以引發思考
C：要在操場中間立一根棍子。	幼兒想出辦法
T：那記錄什麼呢？	教師提出疑問，引出記錄內容的思考
C：影子怎麼動。	幼兒回答問題
T：怎麼記錄呢？	教師繼續追問，讓記錄方式更明確
C1：用照相機照下來	幼兒出現各種可能答案
C2：可以用石頭在地上畫	
C3：可以用紙、筆畫下來	
T：那要畫些什麼內容呢？	教師利用發問，澄清記錄的內容

（請一位小朋友當竿子，另一位幼兒
當影子）

（再請一位小朋友在旁邊記錄）

T：可是我不知道哪個是竿子？哪個　　教師利用疑問，點出幼兒記錄可能出
　　是影子？　　　　　　　　　　　　現的問題

C：把影子塗黑

T：我們在記錄時要注意哪些事？　　　教師以問題方式，讓幼兒主

C：記錄的人不可以一直亂跑，要站　　動想清楚記錄的規則
　　在同一個地方。（做一個記號）

T：那我怎麼知道你現在記錄的影子　　教師再利用問題，點出幼兒記錄可能
　　是什麼時候？　　　　　　　　　　出現的問題

C：要寫上時間。

（全班準備好工具，一起到操場立竿
做記錄）

實驗：觀察影子的變化　　　　　　　實地觀察實驗記錄

→小朋友早上十點、中午十二點去觀
察做記錄（下午由於沒有陽光且下雨
故沒有記錄）

分享討論：

T：我們來看看他們所做的記錄　　　　觀看記錄結果

C1：中午十二點我沒有發現影子　　　幼兒提出疑點

C2：因為中午的影子很小，在竿子下　另一位提出解答
　　面

T：雖然下午沒有去觀察記錄，但你　　教師提出問題，引導幼兒推測可能結
　　們猜猜看，下午的影子會在哪一　　果
　　邊？

C1：左邊　　　　　　　　　　　　　幼兒推測答案

C2：對，像時鐘一樣。　　　　　　　有幼兒提出比喻

C3：可是它們兩個剛好相反　　　　　有幼兒提出質疑

T：對！以前的人沒有時鐘，你們知道他們如何來知道時間嗎？
教師沒有給答案，只繼續提問題，期透過問題的引導，讓幼兒自己發現答案

C：看影子
幼兒推測答案

T：怎麼看？
教師繼續追問

C：看竿子的影子在哪裡。
幼兒推測答案

T：可是，如果我和人家約十點見面，我還是不知道十點是什麼時候？
教師提出假設性問題，激發幼兒思考

C：那我們可以來做一個影子的時鐘。
引出另一個實驗操作主題

（以下他們繼續討論如何做影子時鐘）

小組討論：

　　請以角色扮演方式，選出一人當教師，其餘當幼兒，試以上例教師引導方式，分組討論下列主題。
　　1. 水的三態變化
　　2. 浮沈的原理
　　3. 風與帆船的關係
　　4. 錢幣投擲與水的波動
　　5. 面積、空氣流動與蒸發的關係

科學角的環境佈置：

*佈置原則：

　　1. 不受干擾，遠離走道的獨立安靜的空間
　　2. 充足光源的地方（可選擇靠近窗戶，有陽臺的地方更好）
　　3. 附近最好有充足的儲物空間，附近有電源插座。
　　4. 足夠的桌面，以例活動進行。
　　5. 最好與圖書區緊鄰，以方便查閱資料

＊如果場地夠大科學角，可以合併動植物區，規劃為植物區、動物區、科學操作區……，否則可以分開也無妨。

＊有關植物的器材：

　　各類型植物培養皿或盆栽、各種類的種子、水栽植物、放大鏡、直尺、布尺、記錄紙栽種區可放在戶外，可放置鏟子、肥料、種植盒、澆水器……

＊有關動物的器材：

　　水族箱、昆蟲箱、貝殼、鳥籠、寵物箱、孵蛋器、補蟲網、透明瓶罐、標本……地方大時可在戶外闢置專門的動物區。

＊有關科學操作的器材：

　　地球儀、鏡子、溫度計、滴管、燒杯、天平、輪軸、齒輪、壞的馬達、壞的發條玩具、放大鏡、直尺、布尺、萬花筒、望遠鏡、小燈泡、磁鐵、礦石、筆、記錄紙……

第三節　有關自然探索主題課程發展與引導

一、從偶發事件引出的自然科學課程發展

　　生活中偶發的事件常會引起幼兒很大的興趣，如果能適時抓住這種機會運用問題引發、引導幼兒深入觀察、再透過活動的發展延伸，將可以使幼兒印象深刻，聯結舊經驗，引發進一步的探索與思考。甚至可以發展出一整個主題活動。

　　下面以一實例「滑輪」說明從偶發事件引出的自然科學課程發展（實例說明部分引自 Paley 原著，蔡慶賢譯，民 85，頁 113-127）。

教學實例說明	教學活動發展分析
放完寒假回來，我發現有一袋重達七十五磅重的沙包在圓形劇場中央。沙包雖然裝在籃子裡，但是我要移動的話就會刮傷地板。	偶發事件： 教師發現教室裡有了一些麻煩
我說：大家來看普藍提斯先生把我們的新砂子放在哪裡？我們怎麼把他移到牆的那邊去呢？	發現問題，引起討論動機教師引出問題，請幼兒協助想辦法
華利說邊笑：超人不在這裡實在太糟糕了！	幼兒提出其超現實的解決方法
安迪補充說：是啊！他只要用一根手指頭，不用一分鐘，沙包就在沙箱裡了……（其他幼兒附和意見）	其他幼兒附和其想法
老師：好吧！既然超人不在這兒，我們該怎麼辦？	教師將幼兒拉回現實，重提問題
安迪：我會，很簡單！ （他拉著籃上的把手，搬動了一吋左右。所有想試試看的人都有一次機會。雖然每個人都搬得氣喘吁吁，但始終堅稱很容易。）	孩子開始想辦法，發現行不通，但還不願承認想法錯誤。
麗莎：用繩子。把繩子綁在我的手臂上，我可以很容易搬。 （她用繩子的一頭綁在籃子上，然後用力拉，可是籃子不動如山。）	有人開始想到使用工具，但仍然行不通
麗莎：太難了！繩子太重了！	幼兒使用錯誤解釋
蘿絲：用粗的線。	試別的方法
老師：蘿絲！這裡有些粗線，試試看！	老師不做任何批判，只提供需要的支援
蘿絲：我不會綁。	幼兒提出困難，教師提出技術性協助

（我把粗線綁上，結果她一拉，線就
斷了）

華利：我就知道會這樣。

蘿絲：華利！你怎麼會知道呢？　　　同儕討論

華利：真的工人從來不用粗線。　　　與過去經驗聯結

肯尼：叫全班都來拉！　　　　　　　幼兒提意見

老師：那太擠了！先四個人試試看。　教師認爲意見不太可行，提出修正
肯尼、蘿絲、依蓮、佛列德——你們
拉拉看！

（他們每個人都往不同方向用力拉，
籃子稍稍動了一下）

蘿絲：你們刮到地板了啦！　　　　　幼兒主動發現問題

艾迪：唉呦！我們快把地板刮起來了。

老師：這樣子的話，我們要想想別的　教師覺得問題嚴重，請幼兒再想其他
辦法。　　　　　　　　　　　　　　辦法

艾迪：去找起重器，把它吊起來，然　幼兒想到比較科學的方法
後用車子把它拖走。

孩子們開始想像滑輪的樣子，他們缺　雖然孩子缺乏語彙、能力，但透過團
乏詞彙來描述即將「發明」的機器。　體討論，開始聯結經驗，努力想解決
他們顯然見過滑輪的操作。也知道那　問題。
能解決他們的問題。可是他們支吾著　這是主動探詢解決問題的經驗
，猶豫著，盲目地尋找正確字眼。在
討論時，他們假裝作出滑輪的動作，
上上下下，搖晃著手臂，模仿著有條
繩子正繞著輪子走。

安迪：拿籃子和圓的柵欄來，把籃子　孩子嚐試更清楚描述解決問題的方法
放裡面，用金屬的柵欄圍起來，再它
拉上來或放下去，向這樣你要往下拉
。

（接著孩子們熱烈討論起重器的製作與裝置位置，老師也陪他們討論各種可能性，最後老師建議請高中部的科學老師來幫忙。由孩子向他解釋所碰到的問題，也說明他們想用繩子和輪子的方法來解決）

同儕討論互動，老師協助發現問題。碰到瓶頸時，老師建議找專家。且由孩子自行向專說明問題及想到解決問題方法。

他告訴他們：「你們已經發明一種很有用的機器。」吃過中飯，他帶著一個輕型滑輪回來。協助孩子將沙包移到手拉車上。

這是讓孩子知道老師也不是什麼都會，問題解決有時需要專業協助的經驗。教師也需要適時提供實務性的協助。

過一星期，由於滑輪還在教室裡，我要孩子再解決一個與重一點的東西有關的新問題。

老師繼續延伸相關經驗，發展課程。

二、從部分概念引發的自然主題課程發展

　　植物是大地的生產者，多少生物仰賴植物而生，關懷自然的第一步就是愛護植物。在我們生活四周常見許多植物，常常我們卻見面不相識，如果從小培養幼兒觀察植物，認識植物，相信長大後一定是位愛護自然的人。適合幼兒探討的植物基本概念包括：1. 植物的種類與特徵2. 植物的部位與功能3. 植物的生長4. 植物的繁殖5. 植物的功用與害處。主題的發展可以部分概念深入發展，亦可從某一點全面性發展。以下課程的發展即以植物的部分概念深入發展後再延伸到另一個與植物有關相關的概念探討，最後可以聯結以「植物」為主題的大網絡。

＊以植物的種類特徵發展的主題課程

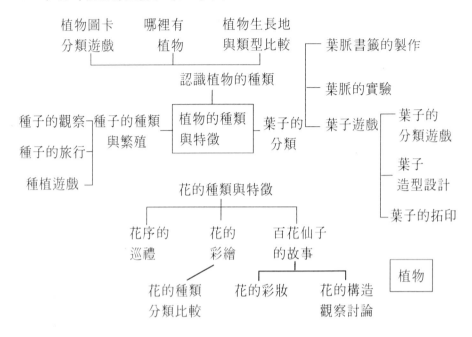

圖十~1：植物的種類特徵主題概念網絡圖

教學資訊站：植物的分類

植物的種類很多，一般教科書對植物的分類如下：

要認識植物分類，不是用口頭問答記憶方式，或畫個掛圖教導，而是要透過實地的觀察比較來帶領幼兒。幼兒是否記住各分類名稱並不重要，重要的是能透過收集探索的過程，發現原來在我們生活周遭中常見的植物，原來有這麼多的種類，可以用很多方法來分類。也可以延伸出葉子的

種類、花的種類、種子的種類……，如果有興趣，甚至可以繼續延伸至另一與植物相關的主題，如：植物的部位與功能（見圖十-2）

＊延伸「植物的種類特徵發展」發展出「植物的部位與功能」主題網
莖的特徵

如此由一個部分概念發展出一個主題網，再引出另一個相關的主題網，則可以延伸拓展相當深入完整的的自然探索課程。

教學資訊站：植物的部位與功能相關知識

除了藻類、真菌、苔蘚類植物外，大部分的植物都具有根莖葉等三個基本部位，這些部位各有其重要的功能，各司其職，可說是植物的生命線。

根：具有向地性，負責搜尋與吸收土壤中的水份和礦物質，以傳送至整株植物。此外根通常能幫助抓住土壤，具有幫助植物平衡、支撐的功能。

莖：莖介於根與葉之間，負責往上運送根所吸收的水分和養分，往下輸送葉子行光合作用所製造的養分，另外，它還具備支撐枝葉，使之獲得足夠陽光，以行光合作用。

葉：葉片中含有葉綠體，可以行光合作用，利用陽光將水和空氣中的二氧化碳製造成養分與吐出氧氣，不但供給自身，也供給人類與動物所需的食物（周淑惠，民86，頁91-92）。

資訊小站：葉子的家族

＊常見的葉形：卵形、倒卵形、橢圓形、心型、披針型、圓形、針型、扇型……等。

＊常見的葉序：互生、對生、叢生、輪生、散生……

＊常見的葉緣：全緣、波狀緣、鋸齒緣、缺刻、毛緣、鼠咬緣……

＊常見的葉片先端與基部：先端——銳形、鈍形、截形、微凹形、凸尖、倒心形……基部——尖角狀、契形、鈍形、心型、耳型、箭形、戟形、腎形……

　　＊常見的葉脈：平行脈—— 直出平行脈、側出平行脈、放射平行
脈網狀脈——羽狀網脈、掌狀網脈
　　＊其他：還有其他需要觀察的項目如——葉柄的形狀、葉片的質
地、托葉的大小及形狀……
　　（鄭元春，民 86）（徐珠湖譯，民 78）

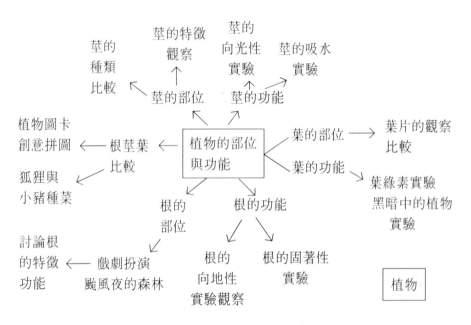

圖十〜2：植物的部位與功能學習網絡圖

三、以幼兒全面性發展拓展的課程網絡

　　前述部份概念發展的課程，著重自然科學的領域，可與其他課程相
容，或成為自然科學領域的課程發展。有時，自然科學主題也可以成為一
個全面性發展的課程，如：以一棵樹開始探討各種與樹有關的知識，以語
文、藝術、音樂、科學、體能……等不同表現方式貫串，最後發展成一個
完整的方案課程。

　　以下就以「能源樹」為例，探討可能發展的課程網絡如下，下列問題討論有助思考的發展

　　1.哪裡可以發現樹？

　　2.樹有什麼用途？

　　3.樹長什麼樣子？

　　從這些問題引出，大致可以發展成下列網絡圖

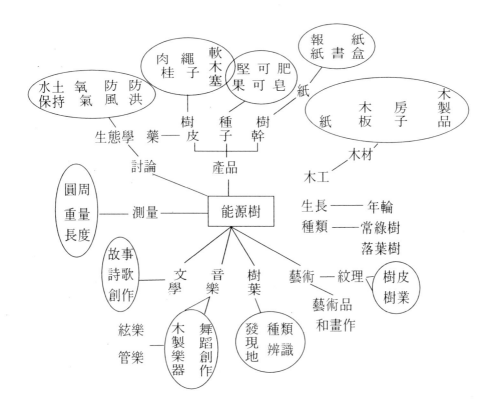

圖十～3：以一棵樹為主題發展的網絡圖（Froese, 1990, p198）

教學資訊站：認識常見的有毒植物

植物名稱	有毒部位	對人體的影響
夾竹桃	全株都帶強烈毒性	噁心、嘔吐、腹部抽筋、眩暈、昏睡、脈搏微弱、心律不整、瞳孔放大、瀉血、痙攣、呼吸系統麻痺、死亡
聖誕紅	全株有毒，特別是白色乳汁	乳汁會引起皮膚紅腫發炎，對眼睛亦有相當毒害；孩童誤食莖、葉、花蕾、苞片，會引起喉嚨燒痛乃至嘔吐、腹瀉
黃金葛	汁液	引起皮膚炎；如：接觸到口部，會造成嘴唇紅腫，甚至腹瀉。
姑婆芋	根莖和果實，不能食用	吃食後會有麻辣與腫或脹的現象，曾有幼兒誤食造成死亡。嚼食花穗會造成神經錯亂；汁液觸及眼睛會造成劇痛
牽牛花	種子	小量可當瀉劑，多量會引發腸炎
咬人貓	葉背的刺毛有毒	碰觸皮膚有灼痛感
咬人狗	刺毛部位有毒	碰觸皮膚會發癢會痛

（參考鄭元春，民76；民80）

　　幼兒自然探索課程強調讓孩子成為一位主動探索者，讓幼兒以探索環境或操作事物方式學習，鼓勵幼兒針對他們感興趣的主題深入探究。教師宜扮演主動積極角色，妥善地運用社會性與文化性的「限制」；多設計情境藉由師生討論互動共同解決問題，以提昇幼兒的思考層次。不宜花太多

時間告訴幼兒有關科學的知識，應該不斷提供機會讓他們自己去發現。還有豐富適合幼兒探索的教室環境也相當重要，一個好的幼兒自然科學教育計畫，應該是民主的、合作的、整體發展的、主動探索的、多樣化的。

問題思考：

　試觀察記錄分析幼兒園教師引導幼兒探索自然科學課程的教學策略，並討論幼兒從活動中所獲得的學習經驗。

第六篇　社會情緒課程領域

第十一章

幼兒社會情緒課程

本章重點

　　「人之初，性本善」每個人在幼小的時候都沒有所謂的好人、壞人之分，但是漸漸長大以後，由於環境的不同，交遊的領域的差異，就慢慢建立一套自己的價值觀和行為準則。這一套價值觀和行為準則並不是每個人都相同的，如果您仔細觀察生活在您周遭的人們，就會發現有些人很能堅守原則，很有正義感、道德觀很強。但有些人就比較隨便、不拘小節，不受禮教道德的約束。甚至翻翻報紙看看社會版新聞，您可能會相當驚訝，那些搶犯、竊賊、殺人魔，他們的道德觀在哪裡？到底他們對人生，對社會持著怎樣的價值觀呢？

　　為什麼會造成這麼大的分野？到底行為規範和價值觀念是怎麼學來的？又為什麼能控制人的行為？我們如何利用社會情緒發展，道德價值觀的發展關鍵期來幫助幼兒建立正確的價值觀、良好的情緒管理及正向的社會互動關係？

第一節　兒童社會發展的理論觀點

～一歲到七歲是「規則」時期，是道德發展的重要階段，在孩子會思考應做什麼事之前，我們應該告知：什麼事可以做？什麼事不可以做？～

一、兒童的社會化成長過程

(一)社會接觸的開始

在生命的第一年，嬰兒學習在與他人的關係中做社會性的反應（Lewis & Brooks, 1975）如：分辨人與物、眼對眼的接觸會引起微笑、對別的嬰兒微笑和接觸、對禁止性的話語有反應、遇陌生人會畏縮、會揮手再見、模仿他人動作……等，基本上，嬰兒與嬰兒的第一次接觸僅限於互相巡視與探索（呂翠夏譯，民 77，頁 200；Hendrick 原著，林翠湄等譯，民 84，頁 214）。

第二年（一至兩歲），幼兒在同儕遊戲的敏感度上和解決同儕問題的能力上顯現了驚人的進步。以前他們著重於物，此時卻表現出與同儕維持社會互動的能力，他們可能回應同伴的動作，開始有初步的互動交流，且僅限於一對一的遊戲（Mueller & Lucas, 1975）。第三年（兩至三歲）想要獨立又抗拒成人的影響力，可以用專橫、跋扈、剛愎自用、難以控制……來形容，與同儕互動型態屬平行遊戲，容易起衝突，不願分享玩具，忽視他人請求。三至四歲的孩子開始可以接受他人的建議，有和成人建立社會性接觸的傾向，表現出模仿「我也是」的傾向（Hendrick 原著，林翠湄等譯，民 84，頁 214）。

(二)社會關係的開展

三歲以後的幼兒，大部分開始進入幼兒園，接觸家庭以外的社會環

境，包括學習尊重成人、遵守常規以適應新環境，接著透過輪流分享、尊重友伴的社會技巧建立人際關係，漸漸拓展生活範圍，經由參觀旅行、角色扮演體會認識文化環境，慢慢發展為成熟、社會化的個體。（詳見圖十一～1）

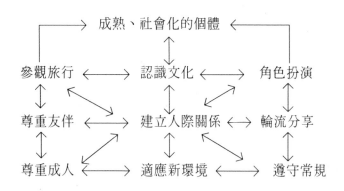

圖十一～1：兒童社會關係開展圖

教學資訊站：什麼是「社會能力」？

1. 完成工作的能力
2. 積極參與的能力
3. 瞭解人己關係的能力
4. 處於公共場所或陌生情境的反應能力
5. 面對突發事件的應變能力
6. 語言表達與溝通能力
7. 日常生活應對進退的能力

＊何謂利他行為？

　　利他行為的表現亦屬於社會道德行為的表現，包括幫助、安慰、救援、保護、分享……等行為。

二、從兒童道德發展論探討幼兒發展階段社會行為學習

　　依據皮亞傑（ J. Piaget ）的道德發展論看，學齡前兒童的社會行為的發展，零至兩歲嬰幼兒處於無律期，其行為以自我為中心，無視他人的看法。三至六歲的幼兒則處於他律期，其行為特徵是以行為結果來判斷是非，服從權威（ Piaget 原著，劉碧如譯，1985 ）。筆者根據皮亞傑的道德發論對幼兒道德發展的特徵描述，以兒童發展年齡為主軸，發展出各階段社會互動特徵、互動形式及引導方式的交互關係表（ 請詳見表十一～1 ）

表十一～1：兒童道德發展論與幼兒發展階段社會行為學習表

年齡	道德發展特徵	社會互動特徵	互動形式	引導方式
一歲	**無律期** • 無道德意識	• 自我中心 • 無法體會他人的感受	獨自活動 平行活動	提供個別的玩具 規劃各自的遊戲區
兩歲	• 感覺動作期	• 缺乏互動關係		
三至六歲	**他律期** • 受成人規範力影響 • 規約前期	• 行為受外在環境影響 • 懲罰與服從導向 • 缺乏完全互動關係	平行活動 簡單合作行為	提供合作機會 小組活動
七至十一歲	**強迫道德期** • 認為規則是神聖不可改的 • 自律期	• 順從同儕意見 • 容易受同儕影響 • 功利相對性導向 • 對規則、規範會追究原因	團體遊戲 合作遊戲 形成小團體	進行團體遊戲 關懷友伴的影響力

　　由上表可看出兒童社會行為的發展，受道德發展階段影響很大，隨著

年齡及發展階段的增進，社會互動也由自我中心→順從同儕→具有自己的見解想法與團體取得協調的能力。所以在設計幼兒的社會學習活動，不能不考慮其社會道德發展階段，且要特別注意其同儕的影響力。

三、幼兒各階段的情緒知覺發展

　　杜彭（Dupont）參考皮亞傑認知理論，建立他的情感發展理論，他將情感發展分成六個階段。其中「他律的」、「人際的」、「心理的」是他自己橫斷面研究所獲得的結論，另一階段「自我中心——非私人性」是根據他人的研究所獲得的結論。「獨立自主」與「整合階段」是基於臨床經驗及他人研究的假設（黃月霞，民 82，頁 9-12）。

　　黃月霞（民 82）根據杜彭的情感發展六個階段，加上葛士達（Gazda）對發展任務或特徵的詮釋及相符的因應行為，提出下表（表十一～2）描述各階段情感發展任務與因應行為。

表十一～2：情感發展任務與因應行為階段表

階段	特徵或任務	因應行為
自我中心—非私人性（0-2 歲）（Egocentric-impersonal）	尋求滿足且避免不舒服；所有的情感集中在自己的身體和行動。	尋求並導向愉快的刺激，逃避不愉快的刺激。
他律性（2-7 歲）（Hetronomous）	孩童區分「自我」與「世界」，發展與他人的關係，表達情感；基本情緒（生氣、悲傷、快樂與害怕）表現出來；衝動的控制開始，開始建立不依賴父母，開始喜歡同輩直到階段末期。	首先表達對成人的情感，後來才形成與同輩關係；逐漸增加自我肯定與獨立，瞭解規則並為避免受處罰而遵守。

人際性（7-12歲）（Interpersonal）	情感集中在與同輩關係上，學到一些社會技巧；行動不依賴父母；有能力瞭解他人重要觀點；行動無情感不再集中在自我；發展對他人的尊重。	與同輩建立平等的關係，認可發展同理心、相互尊重、合作。
心理的—私人性（Psychological-personal）	情感投入於與個人認同感有關聯的各種理想與價值追求；發展內省；小孩想到自己的想法與感覺；評估自己並與他人做比較，察覺他自己的心理存在。	有能力瞭解並應用抽象概念是優先技巧；察覺他人的心理建構—需求、動機、感覺，就如察覺自己的一樣，個人的價值與信念開始發展。
獨立自主（12-15歲）（少數個體達到此階段）	在控制自己命運上（Fdestiny）個體瞭解自己是個獨立自主的人。	標準已內化；抗拒外在標準。
統整階段	人生觀已完全發展，投入於情感的統整。	個體發展並重視（一體）的感覺；統整受到重視，有時甚至超過「生命」。

（引自黃月霞，民82，頁12）

第二節　幫助幼兒發展情緒知能

一、有關幼兒情緒知覺技能發展目標

1.認識基本的情緒

- 幫助幼兒瞭解基本的情緒感覺
- 協助瞭解情緒與社會行為之間的關係
- 認識引發不同情緒的可能原因

2.察覺並表達自己的感覺

- 幫助幼兒認識並分辨不同事件對自己所引發的感覺
- 協助幼兒察覺自己的情緒，並鼓勵用語言表達出感覺
- 引導幼兒用語言表達正負向的感覺
- 學習適時適地表達適切情緒

3.察覺對他人的感覺

- 幫助幼兒發展對他人情緒的敏銳感覺
- 讓幼兒有機會學習與他人分享
- 利用機會培養幼兒的同情心與同理心
- 幫助幼兒瞭解感覺及合作的技巧
- 引導幼兒透過語言或非語言線索，推測他人的感覺

4.察覺情緒表達的複雜性

- 協助幼兒分辨自己與他人的情緒感覺
- 幫助幼兒辨識「感覺會因時因地而變化」

問題討論：合理與不合理情緒觀念的比較

有關以下的情緒觀念，請討論其適切性，並提出較合理的情緒觀念。

1. 男生是不哭的，只有膽小鬼、女生和小嬰兒才哭。
2. 我不可以讓別人知道我生氣了，因為這樣就沒人喜歡我了。
3. 如果有人對我生氣，那表示他們不愛或不喜歡我。
4. 不可以讓別人知道自己會害怕，不然別人就會欺負你。

二、促進情緒知覺的教學活動

　　促進情緒知覺的教學活動在幫助孩子發展情緒使之趨向更成熟的過程，及學習更正確地評估環境和做更恰當的反應。

　　以下提供一些促進情緒知覺的教學活動，以供參考。

I.情緒圖片

　　選取一些不同情緒表情的人物圖片，和幼兒討論：

　　「你想他現在心理的感覺是什麼？」

　　「什麼時候你可能和他有一樣表情？」

　　「當你和他有一樣感覺的時候，通常你會怎麼樣？」（或當你生氣時，通常你會怎麼樣？」

　　「當你和他有一樣感覺的時候，通常你想做什麼事？」

　　「當你和他有一樣感覺的時候，你會希望別人怎麼對待你？」（如果幼兒無法回答，可以提示舉例，如：這時候，如果有人嘲笑你，你會怎麼樣？如果有人對你說：對不起，你的氣會不會減少一些？）

教學資訊站：情緒圖片延伸活動：

　　　可以假設一些情境（如：有別的的小朋友搶走我的玩具；走路不
　　小心跌倒了；當……），以下列問題和幼兒討論：

　　　　我覺得……

　　　　當我……，我會……？（當我和朋友吵架時，我會……？）

　　　　……，希望別人為你做甚麼？

　　　　什麼事，你覺得……？為甚麼？

　　　　別人……都怎麼辦？

2.情緒的聲音

　　預先錄製一段各種不同情緒表達的聲音（哭聲、笑聲、尖叫聲、怒斥聲……）或是與情緒表達的相關音樂，配合情緒圖片。先放一段音樂（或

聲音），請幼兒找出合適的情緒圖片。

3.情緒行動卡

可利用情緒圖片當情緒行動卡，請幼兒輪流抽卡，並表演適合該情緒卡的表情動作。讓其他幼兒猜他抽到的是快樂卡？生氣卡？驚訝卡？……等。

4.相反的感覺

將幼兒分成兩隊，猜拳決定順序，猜贏的先出題說感覺用詞，輸的一方就要對出相反的感覺用詞，如：快樂 -- 生氣……，答對了，就可以換成出題者，請對方回答。如果答錯則由原出題一方繼續出題。若連錯三題，就算輸了這一回合。

5.今天我覺得……？

每天利用一段時間，和幼兒討論今天的感覺。

6.面具的故事

拿出不同情緒表情的照片，和幼兒討論照片人物的情緒感覺。然後發給幼兒每人一個紙袋，請其利用紙袋做一個情緒面具，如：快樂、生氣、悲傷、驚訝、害怕……，做完後把眼睛部位剪掉，使幼兒戴上面具後可以看到外面。製作時，可以和幼兒討論：「你想做什麼樣的情緒臉？」「為什你想做生氣的臉？」……做完後可讓幼兒戴上面具，並表演、分享討論該面具所表達的情緒。

7.油漆的故事（見資訊站）

教學資訊站：活動設計

活動名稱：油漆的故事

教學目標：1.瞭解別人的意圖

2.學習正確面對情緒的態度

3.討論問題解決處理的各種可能性

方法說明：可以說故事的方式，說明情境，再和幼兒討論問題，瞭解幼兒的想法。亦可請幼兒出來以角色扮演的方式演出。

故事內容：

有一天，阿雄的爸爸正在漆籬笆，阿雄問爸爸：「我可以幫你漆嗎？」爸爸說：「當然可以！」於是阿雄就拿起刷子開始漆籬笆。過了一會兒，他想看看到底漆成什麼樣子，就站起來退後看看，卻忘了油漆罐在他後面，一不小心，他的腳就把罐子打翻了，整桶油漆倒的滿地都是。

另外有一位小朋友建民，建民的爸爸在漆餐桌，建民走過來，他也好想漆，就問爸爸：「我可以幫你漆嗎？」爸爸說：「建民！你現在不要來煩我！」建民不喜歡爸爸這個樣子，覺得很生氣，就趁爸爸去儲藏室時，偷偷拿起油漆刷，滴幾滴油漆在地上。

*請問：

1.誰是不小心的？

2.誰是故意的？

3.如果阿雄的爸爸知道這件事，你想阿雄會被爸爸處罰嗎？如果建民的爸爸知道這件事，你想建民會被爸爸處罰嗎？誰可能會被罰的較嚴重？為什麼？

4.如果你是阿雄，你要如何避免油漆桶被打翻？又如何處理滿地的油漆？

5.如果你是建民，你很生氣，你該怎麼辦？能不能想出別的方法，讓爸爸同意你漆油漆？

三、有關嬰幼兒情緒的輔導

Thompson 所做的研究顯示：教師所採取的主動、引導的角色能夠促使某些特別的社會行為之發展。（Hendrick 原著，林翠湄等譯，民 84，頁215）Charles 則提到：身為教師，可以幫助孩子瞭解情緒與某些情境的關係，因為孩子對事件解釋的改變，會影響他的情緒反應。如學步的孩子不

會害怕在街上玩，但對被媽媽留在托兒所卻非常驚恐。但等他瞭解交通的危險和跟著老師覺得舒服後，他對這些情境的反應便會改變（呂翠夏譯，民 77，頁 128-130）。Haswell, Hock, & Wenar（1981）及 Power & Chapieski（1986）認為如果嬰幼兒的照顧者能把孩童自我意願的表達視為一種對獨立追求的正常健康行為，而不是頑固對抗的表現，將可幫助孩子發展成就感，避免過度的衝突。

教學資訊站：從行為輔導事件發展成情緒教育活動，常見的處理過程：

了解並說明幼兒情緒狀況（讓幼兒得到同理與支持，以穩定情緒）

↓

澄清與角色扮演（瞭解情緒來源，並促進雙方關係）

↓

語句示範（練習自我報告語言表達）

↓

共同發展問題解決方案（增加新經驗與成就感）

↓

正向回饋（增強正向行為的回饋）

以下提供一些有關兒童情緒輔導的建議，或許您可以嚐試看看。

1.不隨便發脾氣

幼兒哭鬧爭吵時，會使人忍不住地發脾氣，有人可能會覺得孩子都怕大人生氣，只要生氣遏止就可以解決事情。表面上似乎也能奏效，事實上只是讓問題隱藏起來。尤其是習慣性以生氣解決問題的人，孩子若習慣面對生氣情境，他就不覺得大人生氣與其犯錯的行為有關，他學會的可能是：只要生氣就能解決問題；或也覺得很生氣；內向的孩子會變得更孤僻；最糟糕的是學會以暴制暴。如何做到不生氣呢？這不是容易達成的目標，但至少先做到：不在盛怒下處理問題。有人會在無法控制情緒的狀況下，選擇暫時逃離現場，等情緒平穩下來再處理事件，這是避免自己在盛怒下做出令自己後悔之事的好方法。

2.態度溫和情緒平穩

處理幼兒社會情緒問題最忌諱的是情緒也跟著起伏，一個情緒在不穩定狀態的人，是無法適切地處理幼兒社會情緒問題。態度溫和情緒平穩是基本條件，接著才能談到處理技巧。

3.瞭解尊重幼兒

如果孩子在做錯事時，獲得的只是斥責，將會降低其自尊心，而且也學不到下次避免做錯的方法。瞭解孩子的想法，尊重孩子的感受，用孩子能理解的話，讓其明白錯誤的地方，教導其避免犯錯的方法，必要時，還需要練習社會互動的基本策略，才是處理幼兒社會情緒問題根本之道。

4.提供愛與支持，滿足幼兒安全感的需要

盡量避免用撤回愛的方式作為懲戒的手段，那會使幼兒陷於不安的情緒中，甚至影響自信自尊的發展。在幼兒受到挫折或遭同伴輕視時，成人需要給予更多的支持、愛與安全感。

5.保持彈性

所謂的彈性是要瞭解孩子不同發展階段的特徵及各種可能的狀況，保持時間、空間或要求彈性。（此點與堅持原則並不衝突，堅持的重點在共同訂定的原則，要堅持做到。例：訂原則時，要保持彈性，對兩歲收拾玩具的標準和五歲幼兒的標準可以有彈性。但如果共同訂下不收玩具，就會被禁止一天不能玩玩具，就需要堅持。）

6.給予選擇的機會

提供孩子有選擇機會，並能依不同年齡能力而給不同範圍的選擇權，如較小的幼兒可能只給二選一或三選一的選擇權，大孩子則可尊重其想法，給予更多的選擇機會。通常自制力與自我規劃能力與提供選擇權的大小是成正比的，即自制力越大可提供較多選擇權。

7.避免身體處罰

身體處罰或許可能收到立即效果，但可能使孩子作出更多破壞行為，培養出潛在的施暴者。

教學資訊站：使用賞罰的危險性

使用處罰的危險性

1. 增加處罰者與被處罰者之間的負面感情
2. 被處罰者不易從經驗中學習，易造成逃避結果的習慣
3. 容易使用欺騙的方法逃避成人的偵查
4. 只造成行為上暫時的效果
5. 如果長期使用處罰方法，成人需要更多的權威，花更多時間，更多能量，長期監視，才能保持效果
6. 終有一天成人會失去處罰的能力

使用獎賞的危險性

1. 孩子常會期望行為會有報酬
2. 當報酬停止，行為也會停止，有時會產生長期負面的效果
3. 物質的報酬有時比不上同輩團體、俱樂部、或其他渴望的動機
4. 養成兒童發展外因重於內因的控制行為趨力
5. 成人最終會失去報酬的能力

8. 秉持公平處理原則

俗話云：「不患寡而患不均」，這句話一樣適用於處理幼兒社會情緒問題。孩子並不太在意結果如何？但無論如何，一定要秉持公平處理的原則。如果同樣行為結果，必須有不同的處理（如考慮動機問題），也應讓幼兒清楚明白，為何處理方式不同。除非孩子心服你的作為，否則，他將學會陽奉陰違。

9. 運用傾聽技巧

孩子有情緒問題往往不是需要別人幫他解決問題，他可能更需要有人能聽聽他的心聲，瞭解接納他的委屈與不滿。只要能運用傾聽技巧，幾乎可以解決一大半的情緒問題。傾聽技巧部分請見第七章，有關與幼兒溝通的章節。

10. 保握隨機教育機會

幼兒社會情緒問題常需要借助事件發生的機會，給予隨機教育。特別是年紀較小，尚缺乏社會互動能力時，適時地介入教導合宜的互動技能，將使行為事件印證：「危機就是轉機」的俗話，使每個衝突、爭吵都是增

進解決問題能力的大好時機。相反地，若沒有好好處理，也可能成為成長的陰影。

11. 保持愉快的教室氣氛

快樂的家庭易培養開朗健康的孩子，愉快的教室氣氛也是一樣，可以降低衝突、爭吵的機會。如果教師能保持一顆愉快、幽默的心，將可化解許多無謂的紛爭。

12. 鼓勵幼兒自己解決問題

如果確定幼兒已有解決問題的能力，應鼓勵幼兒自己解決問題。剛開始可以在一旁觀察，適時提供必要的協助，等觀察幾次後，就可以放手讓幼兒設法解決。只要於自行解決後，來報告處理的決定即可。此要求在幫助教師瞭解：幼兒在事件處理過程中是否有弱肉強食的情況。

教學秘笈：如何幫助情緒沮喪的幼兒

短期緊急的處理

1. **原則**：當幼兒處於情緒激動的哭泣狀態時，除非他平靜下來，否則試著說任何道理都是枉然。

2. **安撫技巧**：安撫的方法有很多種，有的幼兒需要抱起來安慰；有的你只要看著他，給他獨處機會以平靜情緒；有的需要陪在一旁；有的只要稍加轉移注意力：如稱讚他的衣服、帶他去洗把臉擦乾眼淚、看看窗外、到處走走、給他玩具……

3. **澄清感受**：等幼兒平靜下來後，再來討論原因。有時候，需要等一段時間再以平常方式提出來討論。

4. **重回團體**：有些孩子平靜後自然就重回了團體，有些孩子需要教師的幫忙，如透過遊戲、故事、工作……等孩子較有興趣的活動帶入。

長期的處置

1. **注意觀察幼兒的行為反應**：通常處於壓力下或某種原因造成的長期沮喪幼兒，通常會有一些明顯或較微細的緊張訊號或異常動作，如：畏縮、少見笑容、打架、黏人、孤立……

2. **利用情緒討論**：如果經常性與幼兒保持情緒討論的互動（可藉

情緒卡或情緒記錄），較容易發現幼兒有異狀。

　　3.探知原因：回想課室或學校生活中是否有足以造成幼兒壓力的原因；與家長討論了解幼兒在家生活是否有所變化？父母管教態度？家庭氣氛？父母婚姻狀況？幼兒身體狀況？或幼兒是否向家長透露相關訊息……等。

　　4.處置原則：只要找出原因，通常就比較好處理。如果情況複雜或棘手，無法藉由教師干預，做有效處理教師可能必須鼓勵家庭尋求醫師或心理諮商。

第三節　幫助幼兒發展社會技巧

一、有關社會技巧能力的發展目標

1.學習與友伴相處

• 協助幼兒發掘擁有友誼的快樂
• 幫助幼兒體驗助人是快樂的
• 幫助幼兒學會慷慨、利他，並能和其他幼兒分享設備、經驗及其他人

2.增進適應團體生活的能力

• 養成尊重保護公物的習慣
• 培養互尊互重，互助合作的態度
• 學習自我控制而不是凡事為所欲為
• 瞭解規則的意義，進而能遵守規則
• 養成說實話的好習慣

3.增進解決衝突與合作技巧

- 強調合作協調的價值，而不要強調競爭、求勝
- 能描述合作的性質
- 指出限制行為的規則、慣例與道德信仰
- 能描述衝突的原因
- 遇到衝突能想出不同解決衝突途徑
- 能尋求非暴力的解決問題方式
- 被需要時能提供保護和援助

二、增進幼兒社會技巧的策略與活動

　　社會學習學派班度拉（Bandura）提出行為可以從兩個途徑學習：一為直接經驗，另一則為觀察別人所獲得的結果而學習（即楷模學習）（蘇建文等，民85，頁290）。所謂的觀察學習是：觀察學習者透過觀察注意去瞭解楷模的反應，學習編碼為未來保留這些反應能力。其中誘因的提供是學習者被激勵去表現所觀察到行的重要因素（Bandura, 1976）。另有研究也指出：小孩學會社會所接受的行為，是因為被成人，或同儕增強所致（Grusec & Redler, 1980; Furman & Masters, 1980）。

　　一般兒童獲得社會技巧概念是從觀察中習得，一些沒有發展或使用社會技巧的兒童，是因為他們尚未察覺到社會技巧的功能性。Rose（1972）認為示範是兒童學習在團體中學習技巧的重要方法。班度拉（Bandura, 1969）用來教導幼兒適當的社會技巧概念的策略是：行為的解釋、指示、假設情境個案討論、角色扮演、故事演出呈現、提供情境觀察社會技巧再行討論。根據上述意見，筆者另加上透過「遊戲活動提供互動與合作機會」，設計以下增進幼兒社會技巧的策略與活動。

1.行為的解釋

　　行為的解釋的策略就是透過解釋別人的感覺來幫助幼兒瞭解行為的動機，並藉機教導適當的行為處理方式。

例如：

兩歲半的小強看到四歲的小嘉，很高興跑過去從後面緊緊抱住小嘉，小嘉覺得很不舒服，一把推開小強，小強跌坐在地上哭了！老師走過去，拉著小強告訴小嘉：「小強好喜歡你！才想抱你！」小嘉回答：「可是他抱的好緊，我很不舒服！」老師對小強說：「小嘉不喜歡你抱得很緊，如果你喜歡她，可以輕輕碰碰她！就像這樣！」老師帶著小強做一次。老師再對小嘉說：「你不喜歡小強抱你，你可以把他的手鬆開，轉過身來，告訴他，我不喜歡你這樣抱我！不要直接推開，你看小強被你推倒了好痛！」這時小嘉過去向小強說：「對不起！我不是故意的，下次你不要抱我，輕輕碰我就好了！」兩人牽手一起去玩。

此例中，老師直接向小嘉解釋小強行為的動機，並教導適當的社會行為處理方式，可以直接讓幼兒瞭解，下次若遇到相同情境該怎麼做。

有時我們也可以透過藉由解釋別人的感覺來增進第三者對他人感覺的同理心。

例如：

立明不小心跌倒了，鼻子上沾滿了灰塵，小方看了忍不住偷笑，立明很生氣，伸手想打小方。老師在一旁看見了，走過來對小方說：「小方！你還記不記得你上次踩到香蕉皮滑倒的事？你覺得很痛，可是那時候好多人都在笑你的樣子，你是不是覺得很生氣？就像立明現在一樣。」小方覺得有些不好意思，趕快問立明：「你痛不痛？」「你可以毛巾把臉擦一擦！」兩人一起走了。

上例中教師直接將立明的感受與小方已有的經驗相連結，這有助於將感受具體化，也鼓勵小方利用這個體會去安慰朋友。

2.指示或示範

所謂的指示，其實就是直接教導幼兒合宜的社會技巧，如不小心碰到別人該說：「對不起！」。想借用別人的東西，應先徵求別人的同意，問：「你的×××，可以借我嗎？」。或有人擋住去路，需要說「對不起！請借過！」接受別人的幫助，要記得說：「謝謝！」這些社會技巧，可以透過團體討論時直接告訴幼兒，也可以在適當情境時，適時教導。有時候也可以

採開放問答方式，請幼兒回答，再討論是否合宜。

3.假設情境個案討論

*假設情境一：好朋友翻臉了（人際衝突）

　　小麗與小英是好朋友，有一天早上，小麗到了幼兒園，看見小英正和小傑一起玩積木，小麗向小英說：「早安！小英」，可是小英好像沒聽見，並沒有理她。小麗好難過，她想小英有了新朋友，她不理我了，她可能不再是我的好朋友了。過了一會兒，小英發現小麗來了，很高興跟小麗說：「早！小麗！」小麗並不理她！小英覺得好奇怪，她心理很難過，不知道小麗為什麼不理自己，如果你是小英，你該怎麼辦？你覺得小英真的不再是小麗的好朋友了嗎？如果你是小麗你會怎麼辦？

*假設情境二：打球的故事（不知如何說道歉）

　　小雄在操場練習踢球，他想把球又快又準地踢入球門，他用力一踢，沒想到球飛過操場，打破了一戶人家的玻璃，此時從屋子裡走出了一爲又高又大的男人，看起來很生氣的樣子，如果你是小雄你該怎麼辦？

4.角色扮演

解決衝突與合作的活動設計：

　　活動名稱：難兄難弟

　　教學目標：合作共同解決某個問題

　　方法說明：先由教師示範表演，再請兩位幼兒出來，鼓勵他們用不同方法解決問題。

　　內容示例：

難兄難弟	要解決的問題和小孩
1.理髮師	1.小孩要理成某種髮型
2.醫師和病人	2.醫師要說服固執的病人說他沒病
3.老闆和顧客	3.顧客帶的錢不夠
4.司機和乘客	4.乘客是外國人不會說國語
5.游泳教練和學生	5.學生害怕水
6.媽媽和小孩	6.媽媽要說服小孩吃青菜

5.故事演出呈現

青蛙的故事（打人、愛生氣、弄壞別人東西）（可利用布偶或戲劇演出方式）

故事簡述：

有一隻青蛙，很會唱歌，跳水技術也是一級棒的，他自認為自己是世界上最了不起的青蛙，沒有青蛙比它更厲害了，它很驕傲，講話很大聲，如果有動物不聽它的話，它就會生氣打人，所以大家都很怕它。（可以製造一些事件）有一天，它沒事做，覺得很無聊，想找朋友一起玩。可是，問了好多朋友，他們不是推說有事，就是不想玩，（此部分可以口語化，編造遇到哪些動物，說出對話）青蛙覺得好奇怪，為什麼大家都不想和他一起玩？（此時，可直接問小朋友）小朋友！為什麼沒有動物要和青蛙一起玩？

他該怎麼辦呢？（讓青蛙試試小朋友提供的辦法，但故意讓他嚐到挫敗經驗，再問小朋友）青蛙已經照你們說的去做了啊，可是還是沒有朋友要和他玩呢！它現在該怎麼辦？它需要再試試看嗎？（鼓勵小朋友與青蛙對話）

6.提供情境觀察社會技巧再行討論

情境提供：分橘子（不知如何解決問題）

利用餐點時間，故意提供不足量的橘子（如：一桌八人，只有七個或六個橘子），請幼兒自行分配橘子，觀察他們如何解決問題。

等餐點過後，再與幼兒一起討論他們解決分配的情形。

（亦可故意少兩把椅子，或無法等量分配的材料……）

7.透過遊戲活動提供互動與合作機會

許多遊戲活動提供互動與合作的機會，都可提昇幼兒的社會能力。設計活動盡量強調合作，若採取競賽方式，也要強調合作式的競爭，鼓勵孩子尊重競爭者，視他們為有感覺的人。強調競賽是一種盡全力表現和鼓勵並刺激別人最佳表現的機會，而不是從打敗別人中獲得樂趣。（呂翠夏

譯，民77，頁281）

　　例：

　　＊兩人三腳：兩人一組，手搭對方的肩，相鄰的兩腳綁在一起，一起走一段路。注意：

　　1.給孩子鼓勵，稱讚他們的合作。

　　2.不要變成賽跑，可以讓孩子輪流而非一起出發。

　　3.不要綁得太緊，最好找有一些彈性的繩子。

　　＊合作運球：兩人一組，共同用肚子頂住球，走到目標物再折回。

　　注意事項前兩點與上同，亦可用汽球。

　　＊汽球不落地：投一個汽球到空中，請幼兒合作讓汽球不落地，但一人只能拍兩次汽球，拍完兩次就要退到旁邊。計算他們能拍幾次汽球而不使汽球落到地面，汽球落地後再重新開始。鼓勵他們刷新記錄。

　　注意：鼓勵孩子合作並刷新記錄。

　　＊合作畫：人數可從兩人至六人不等，可先從兩人開始。共用材料，合作畫同一主題。

　　注意：畫完要有分享活動。

　　＊合作造型創作：將幼兒分成數組，老師先和幼兒討論怎樣可以變得最長？最高？最小？或設計成某種造型，每一組討論後，出來表演。

　　注意：鼓勵孩子的合作與創意，盡量不要變成競爭活動。

　　請孩子說出他們的想法。

三、協助幼兒處理社會行為的態度與方法

　　幼兒階段是社會學習頗為豐富的時期，在很多社會性技巧和互動的發展上，此時期是個開端，但卻少有學得完全的。雖然家庭對幼兒的社會性發展深具影響力，但幼教老師也能對此有重大貢獻（Hendrick原著，林翠湄等譯，民84，頁213）。

㈠歸因模式的輔導觀點

　　認知理論對社會行為的研究重在認知因素的探討（蘇建文等，民85，頁291）。從認知理論的重建觀點，主張認知自我控制訓練應先改變「歸因

模式」，所謂「歸因」，就是嘗試去解釋事件發生的原因，認為兒童如果將其失敗歸因於身外的人際關係，將比較不會有改善其與人互動的動機。建議引導兒童學習查看自己是原因的動力，如此可以強化他們的自尊及自我效能感（兒童對成功的期望）（Glenwich & Jason, 1980）。

(二)社會技巧訓練的輔導觀點

社會技巧訓練是基於「社會技巧缺乏（Social skill deficits）的假設」前提而發展出來的（Asher & Renshaw, 1981；）。綜合 Asher & Renshaw（1981, 1982）；Gottman, Gonso, & Rasmusen（1981）；Goetz & Dweck,（1980）等人對社會技巧缺乏的推論，歸納大致包括如下：

1.對社會互動目標期望的偏差

有些父母從小教導孩子不要輸給別人的觀念，可能導致兒童在遊戲中把目標定位在「輸贏」上，而忽略同伴的感受，以致無法被同儕接受，而獲得友誼。

2.缺乏適當的社會行為策略

常見缺乏適當的社會行為策略大致可分以下幾種：

a.有些兒童可能不知道如何運用適當的社會行為策略與人交往，如：見面不會打招呼、不小心侵犯別人亦不知該說對不起……，

b.可能不知如何運用他人所接受的方式對人表示友善，如重重拍打同伴身體，本來是想表達善意問候，卻被誤以為是攻擊行為。

c.由於挫敗的人際經驗，對人際互動採取退縮或逃避的態度。

3.不知如何因應環境變化改變行為策略

有些兒童學到一兩種社會行為策略，卻食古不化，不管環境如何改變，他都是一樣的行為，如：遇到人打招呼問候，其實是建立人際關係很重要的技巧，可是晚上向人問「早安！」或已是常見面的朋友，卻每次見面都是一句「你好！請問你叫什麼名字？」會讓人懷疑是否腦筋有問題，而不敢與其進一步交往。

4.缺乏社會技巧練習的機會

獨生子女或很少有社會互動機會的孩子（如住在郊區、山上……等偏遠地區），也常因缺乏與外界接觸的機會，在人際互動技巧上顯得笨拙。

5.缺乏檢視與評估自己行為的能力

　　缺乏自省能力或成長經驗中缺乏人際互動機會，往往會缺乏檢視與評估自己行為的能力。

(三)同儕關係對兒童社會發展的研究看法

　　根據一篇綜合許多同儕關係與兒童社會發展研究結果的報告（張翠娥，民74）提出以下有關「同儕關係對兒童社會發展的影響」。

　　1.早期的同儕關係，對成長後社會適應有很大的影響

　　有許多研究指出：不知如何與同儕交往的兒童，長大後比較有社會適應不良的情形。包括：中途退學、自殺、因不良操行從軍隊中退役，及少年犯罪。

　　2.如果學童能為其同儕團體所接納，則其人格發展和生活適應易獲致積極的效果。

　　3.具有為人所稱讚、喜愛的人格特質者，易獲得社會認可與接納，在團體的社會地位較高。反之，若具有不良人格特質者，則亦被其所屬體批評、輕蔑、甚至遭到排斥。（註一）

　　4.同儕是良好的行為示範者，可利用團體中較有吸引力的兒童，經由行為的示範作用，來幫助社會適應欠佳的兒童，亦可利用同儕的增強來修正兒童的負向行為。

　　5.自我中心、有侵略性人格特質對不同年齡的兒童有不同的影響。

教學資訊站：受歡迎兒童之行為特質

　　1.對初次見面的人，能主動且面帶微笑地自我介紹

　　2.經常與人主動打招呼

　　3.能夠與人合作

　　4.能夠與別人輪流、一起做事或遊戲

　　5.願意與人分享事物及樂於幫助別人

　　6.願意給予他人支持與讚美

　　7.以適當方式拒絕他人不合理的要求

　　8.對同伴做適度的要求（邱志鵬，民74）

綜合以上理論觀點上，提出以下幼兒社會行為輔導建議：

1. 引導兒童學習查看自己是原因的動力，避免兒童將其失敗歸因於身外的人際關係。

2. 察覺檢視幼兒社會互動目標期望是否有偏差

可以教師本身的助人行為和合作示範來代替競爭性的培養。例：收拾時間到了，建議以「我們一起來想辦法把這裡收拾乾淨」代替「我們來比賽看誰收得最快最乾淨。」

3. 教導適當的社會行為策略

可利用前述社會技巧教導幼兒適當的社會行為策略，增進其社會能力。

教學資訊站：認知社會學習理論的社會技巧訓練模式

根據認知社會學習理論對社會技巧學習原則與行為改變的分析中，將社會技巧訓練分成以下三個基本訓練目標（ladd & Mize, 1983）。

訓練目標	訓練內容技巧
(一)教導幼兒適當的社會技巧概念	1. 提供一個有益的團體
	2. 提供正向和負向的示範樣本
	3. 鼓勵口語上的演練
	4. 建立記憶性的社會技巧知識
	5. 糾正錯誤的觀念
	6. 確認能隨機運用社會技巧
(二)增強社會技巧的精進能力	1. 提供機會誘導幼兒進行行為演練
	2. 教導其在安全氣氛下進行行為演練
	3. 評估幼兒表現行為
	• 協調溝通行為表現的標準
	• 對幼兒能符合標準時，能適時適切地給予回饋
	4. 能因應情境需要，修正表現適當的社會技巧

(三)維持及解決衝突的社會技巧	1. 配合實際情境的社會技巧演練
	2. 當幼兒自人際關係退縮時，能鼓舞其正確使用社會技巧與人交往。
	3. 能自我獎賞對社會技巧的表現
	4. 自我模擬及測試社會技巧
	5. 採用非挫敗性的自我歸因方式
	6. 將自我修正的社會技巧，實際用在現實生活中

　　4. 提供各種情境演練、角色扮演、角色互換等學習機會，讓幼兒有機會練習如何因應環境變化，使用合宜的社會技巧、策略。

　　5. 多提供社會技巧練習機會，可利用討論、故事演出、玩偶對話、隨機教育練習……等方法。

　　6. 配合道德發展階段特性，輔導幼兒社會行為。

　　7. 幫助幼兒建立良好的同儕關係，可由積極人格特質的建立著手，且對不同年齡、性別應有不同方向的輔導。

　　8. 可利用同儕的增強與示範，修正幼兒的負向行為，幫助適應欠佳的幼兒。

　　9. 多製造設計社交互動機會，以增進幼兒的社會行為。

　　10. 即早發現被團體忽略或排斥的幼兒，即早輔導其在團體中建立良好的人際關係。

教學秘笈：如何幫助交不到朋友的幼兒

　　1. 教導不受歡迎幼兒的社會性技巧

　　如：教他說：「請讓我玩……；請借我……」代替「搶」

　　2. 利用個別輔導，教導幼兒能成功與他人相處的方式，。

　　3. 利用機會教育，輔導討論當他發生爭執時的情緒感受，也讓他聽到別的孩子的心理感受。

　　4. 採小組討論方式，探討各種與他人相處的適切方法。

　　5. 將發生的情況，以動物為角色，編成故事，可提供正向的處理方

法，也可以開放問答方式讓幼兒討論各種可能情況。

　　6.利用戲劇活動、角色扮演、角色互換……，等方法讓幼兒親身體會朋友交往的方式。

自我研習：

　　1.請在一張紙上寫下二十件你喜歡做，而且能為你的生活帶來真正喜悅或成就感的事。（可以簡單到喝一杯下午茶，也可以複雜到出國旅遊，注意在完成前請勿回頭讀它）

　　2.請檢視一下上項作業，並在每一項旁計下你大約多久從事一次這個活動？需要多少花費？需要同伴一起進行該項活動嗎？隨時可做還是需要大事計畫？……

～在行事前，讓孩子清楚分辨各種可能導致的結果，再做理性的選擇、決定～

～勿因惡小而為之，勿因善小而不為～

～太高的標準只會引起失敗、挫折與氣餒～

～你永遠不知道，在什麼時候，一個真誠的關懷或短短幾句誠懇的話，可以對一個人產生多大的影響。～

　　註一：積極進取的人格特質：友善、快樂、有禮、樂於助人、令人喜悅的儀容、爭取領導、勇於嘗試……等。

第十二章

民主式幼兒班級的經營

本章重點

第一節　「民主教室」班級經營的理念

一、班級經營的定義

近幾年教育學者專家的注意力轉向教學實務知識的探究，班級經營就是其中的熱門的主題。到底什麼是班級經營？

有學者專家重視「教育目標」如：

班級經營是教師一連串的行爲和活動，主要目的在培養學生對班級活動的參與感與合作性（Emmer, et al. 1998）。

有強調「教育歷程」者，如：

「教師或學生遵循一定準則，適當而有效的處理班級中的人、事、物等各項業務，以發揮教學效果，達成教育目標的歷程。」（吳清山，民80）。

有學者界定班級經營的「範圍」，如：Emmer, et al（1998）；Brophy（1988）；Smith（1981）等，綜合其看法，歸納如下：

1. 安排學習環境

2. 建立規則程序，維持班級秩序

3. 引導學生學習：維持學生對課程的注意力，使其投入學業活動；培養學生工作的責任感

4. 組織班級社會活動，處進班級社會化

5. 視導個別學生的行爲：督導學生進步情形、處理學生偏差行爲

二、民主式班級經營的基本理念

1.理論基礎

民主式班級經營理念受人本主義與社會學習論的影響甚鉅。

教學資訊站：人本主義與社會學習論的重要觀點

- 人本主義強調：
1. 尊重個人發展，培養獨立負責的個人
2. 幫助個人發展積極的自我觀與世界觀。
3. 幫助個人發展獨特的潛能
4. 強調人與人，人與團體關係的人性化。
- 社會學習論重視：
1. 個人在社會化過程的模仿與合作學習的影響。

2. 基本理念

重視發展幼兒的獨特潛能。

培養幼兒對自己行為的責任感。

強調建立幼兒的自我概念。

幫助幼兒成為同伴中受尊重、被接納、有責任的一份子

3. 教室氣氛

開放、獨立、溝通良好的教室氣氛。

師生、親師之間維持互尊互重的人際互動模式。

4. 教師的角色

採民主領導方式的教室裡，教師是：

慈祥、溫暖、關心幼兒但也是堅持原則的。

5. 教師的作法

教師透過鼓勵而不是支配的方式讓幼兒服從。

教師會儘可能讓幼兒參與班級規則的訂定，並讓幼兒清楚規則訂定的理由。

教師會透過給予幼兒負責的機會協助幼兒培養責任感。

教學秘笈：教師如何避免損及幼兒的自尊

1. 不威脅幼兒：「如果你不……，我（父母、照顧者或神）就不要（愛）你了！」

2.不以任何方式恐嚇、侮辱、羞辱、難看、嘲笑、愚弄孩子。

3.不應給孩子貼上不好的標籤，如說：XXX 是大笨蛋、髒小豬、壞小孩……

4.不對幼兒的種族、宗教、家庭狀況做輕蔑的批評

5.不恐嚇孩子，如果他如何，就有何種體罰。

第二節　民主式幼兒班級風格與常規建立

一、民主式幼兒班級風格特色

1.每個人都有被尊重的權利

民主式的教室中，師生間是彼此尊重的，幼兒與幼兒之間也是互相尊重的，換句話說，每個人都有被尊重的權利。

2.師生共管課室

由於民主的教室是屬於師生共有的，當然教室中的常規事件也不應該只是由教師一個人管理，所以只要是全班的問題，就應該師生共同討論決定。

3.共同執行常規

共同決定的常規需要共同遵守，沒有特權分子，即使是教師也不例外。除非有特殊狀況，是大家決定賦予特權的（如：班上有特殊幼兒，有特別的需求與照顧）。

4.常規的改變需要徵求大家的同意

既然常規是大家決定的，若需要改變也需要徵求大家的同意，即使教師也不例外。但在緊急狀況，因為教師負有保護與督導的職權，所以具有權宜之計的權力，這一點也必須取得共識。

5．具有互助合作、共同解決問題的共識與習慣

民主的教室是自由的而不是放任的，是互相合作而不是相互競爭的。

遇到問題，大家會互相合作、共同解決問題。

二、民主式幼兒班級風格的建立

1.考慮幼兒團體特質、發展年齡、能力、生活背景、性向……

　　民主式幼兒班級風格的建立需要考慮幼兒團體的特質、發展年齡、能力、生活背景、性向……，年齡較大、表達能力較強、意見較多、有獨立自主能力的班級，可以給予較多的自主權，教師只需要適時從旁協助即可。年齡較小、較沈默、自主力較弱的班級，教師則需要較多的引導。城鄉生活背景、或多種文化生活背景的班級，也會形成不同的班級風格。

2.注意教室環境規劃與動線安排

　　民主教室提供的是自主式的學習與自律的行為，相對的環境規劃亦應有相同的考量，包括動線安排、師生互動、各類型學習活動使用狀況、材料使用與成品展示，都應以能促進幼兒上述行為為考量。

3.活動流程安排能考慮幼兒的自主性

　　團體討論的課程一般而言，一起開始一起結束應沒問題，但是有些活動，如：點心時間、美勞活動……，幼兒的個別差異性相當大，若要先完成工作的幼兒，很無聊地空等待，其實是一種懲罰，若能在個別差異大的活動上，能考慮幼兒的自主性，事先安排好先完成工作的幼兒，有選擇下一個活動的機會，或有某些銜接活動可以安排。

4.課程內容規劃符合幼兒能力並能引起幼兒的興趣

　　推行民主教室若課程內容規劃仍以教師主導式，不考慮幼兒的興趣，不讓幼兒主選擇的機會，絕對無法達成真正的民主教室。至少幼兒的習慣仍以權威為首是瞻，凡事聽命教師，無自己的意見，怎能營造出真正的民主氣氛呢？所以民主教室的推行，「課程內容規劃應符合幼兒能力並能引起幼兒的興趣」，可算是必備條件之一。

5.盡量讓幼兒有參與討論，表達意見的機會

　　幼兒愈有參與討論，表達意見的機會，對班級的向心力就愈強。因為常規是他們自己提出來的，辦法是自己制訂的，就比較會去遵守，即使有人偶而犯規，也會有人出面主動維持公道，比較有班級共識感。

6.建立基本的課室行為技巧能力

　　基本的課室行為技巧能力包括：幼兒的溝通能力、幼兒的問題解決能力、基本社會技巧、團體意識能力、尊重別人的習慣……，如果幼兒缺乏這些能力，要求其遵守班級規則，是有些強其所難，也不容易推行真正的民主教室

7.爭取民主作風的行政支援

　　班級特色與園所風格是息息相關的。建立一個民主式的幼兒班級，先決條件就是要有一個具有民主作風的行政體系的支援。否則園所要求按照課表上下課，教師如何讓幼兒按照自己的興趣決定學習的長度。民主式的教室需要豐富的教材教具，如果園所不願支援，教師也是巧婦難為無米炊。

三、師生共管課室意識的逐步形成

(一)教師於帶領幼兒訂定常規前的思索問題

1.園所的基本規範如何？

　　包括：幼兒最早到校時間？教室活動何時開始？要告知家長何時送幼兒到校？是否有集中式的早會活動？若有，通常何時開始？何時結束？是否需穿制服？或者適合時需穿運動服？家長接送還是娃娃車接送？通常需要何時把孩子準備好？是否有全園性的選擇學習區活動？若有，一週幾次？固定的時段為何？幼兒學習的環境是固定於原班教室？或者在某些時段要換班級？……等，這些園所對家長、幼兒的基本規範，一定要透過班級教師傳遞訊息給幼兒與家長。

2.教師本身對幼兒行為的期望為何？

　　有研究指出：教師都肯定「教師期望」對學生行為的影響，以及在教室行為管理的有效性與重要性（朱文雄，民82）。事實上，每位教師對幼兒行為的期望可能不盡相同，不同教育理念模式對幼兒的期望也大異其趣，有些教師重視教室的秩序常規，有些教師在乎師生的互動關係，有些老師則認為幼兒是否自主快樂的學習是最重要的。可以依重要優先順序排

列出來，可作為常規訂定與衝突處理的依據。基本上要採民主式教室風格的教師，要先認同民主式教室風格理念。

3. 幼兒的基礎能力如何？

訂定常規前一定要先瞭解幼兒目前的狀況，如：我面對是幾歲的幼兒？大部分幼兒的家庭背景？家規與管教態度？目前幼兒具備的自理能力？社會與交友技巧如何？學習的技巧與習慣？處理情緒的能力如何？解決問題與語言表達能力如何？這些因素的瞭解有助老師訂定合理合宜的教室常規。

4. 班級的基本組織為何？

班級的基本組織結構會影響常規的運作，這些問題包括：我帶的是混齡班還是分齡班？教室的空間規劃利用？學習動線的安排？師生比例？接新班還是舊班生？不同的班級基本組織，將運作出不同的常規。

教學討論：請討論下列情形，並寫下共同討論訂定的教室常規

1. 老師請小朋友發言，如果大家都舉手，老師又分不出誰先舉手怎麼辦？

2. 如果在教室裡活動大家講話都很大聲，你想會發生什麼事？怎樣才能自由講話，又不會吵到別人？

3. 如果兩人同時搶到玩具，怎麼辦？

4. 如果有人不收玩具，提醒他，還是不收怎麼辦？

5. 如過大家都在教室跑來跑去，可能會發生什麼事？怎樣才能避免？

6. 吃飯的時候，如果有小朋友邊玩邊吃怎麼辦？如果有人吃的太慢怎麼辦？

7. 如果你很想玩別人手上的玩具，又不能用搶的，可以用什麼方法得到？

8. 大家都想上廁所（洗手、溜滑梯……），可是廁所只有兩間，怎麼辦？

9. 如果老師要帶你們到戶外玩，怎樣才不會走失？怎麼知道要集

合了？

　　10.如果發現地上有危險的東西，如：小圖釘，可是那又不是你的，也不知道是誰的，你該怎麼辦？

(二)師生共同建立班級常規的原則

1.建立班級意識

建立班級常規之前，需要先建立班級意識。所謂「班級意識」，即：知覺到我屬於這個班級團體，這個我所屬於的班級團體不同於別的班級團體。意識到我的所作所為，會對所屬的班級團體有所影響，這個班級團體的榮辱就是我個人的榮辱。除非幼兒有這樣的知覺意識，否則，很難要求幼兒遵守常規，特別是那種自我意識很強，堅守「只要我喜歡有何不可以」的幼兒。

2.師生共同討論面對全班性問題

民主氣氛的班級，教室常規應是師生共同訂定的。所以基本上應先分辨問題的屬性，個人問題個別解決，全班性問題則應共同討論決定。

3.常規訂定要考慮可行性與個別差異性

訂定的常規要符合幼兒的能力，如果幼兒提出的規定不合理，教師有權提出討論與修正。所選擇的常規應簡單易懂，理由要大家認同，並能瞭解可能的結果。

4.常規的選擇強調對人尊重，對物愛惜

常規若要訂定可以多如牛毛，如何選擇幾個對班級最適用的的常規，則需要智慧。基本上常規的選擇要強調對人尊重，對物愛惜。特別是經過班級討論，幼兒提出不適切的班級常規時，可以此作為篩選的原則。

5.只要是正確的教育理念，也可以由引導訂定

基本上教室常規的建立應該徵求全班的的意見，但果幼兒年紀太小，無法清楚表達；或大部分幼兒有錯誤的觀念，特別是那些具領導力對班級有影響力的幼兒。（如有幼兒招朋引友玩遊戲，卻特別拒絕些幼兒參與。或對其他幼兒施壓，要求服從，而大部分幼兒又都聽從其指示時。）可以經老師的引導，訂定為班級規則。

6.一次不要訂定太多規則

　　一次訂定太多規則就等於沒有訂定規則，甚至比沒訂定規則更糟糕，因為你無法真正執行，反而帶給幼兒另一個訊息：訂定的規則是可以不遵守的；規則是沒有效力的。以後想要要求幼兒遵守常規，會難上加難。

(三)常規的實施原則與技巧

原則	技巧
1.建立好行為的指標	利用大孩子與舊生示範帶領 強調正向行為 具體行為示範
2.決定了就要共同遵守，若要改變必須經過大家決議。	請幼兒描述原則，確定其是否真正瞭解 利用各種方法提示 利用團體約束力量 鼓勵互助合作
4.幼兒要為自己的行為負責	託付責任：當小助手、協助幼小…… 引導自我實現
5.保持公平一致的管理原則	立場公正，絕不偏袒

　　孩子們有時會因為不知道們要他們做什麼而犯錯，他們需要一些合於他們年齡和理解力的法則：

資訊小站：幼兒園常見的常規

1.遊戲常規

　　①要遵守各種遊戲的規則。

　　②不可爭先恐後，搶玩具。

　　③要注意自身的安全。

　　④不可以弄傷自己或別的小朋友。

　　⑤玩另一種玩具前，要把原來的那一樣放好。

　　⑥不可弄壞玩具。

⑦玩具玩畢要收好。

2.室內常規

①在室內不跑、不大聲說話。

②開、關門要輕。

③離位椅子排好，桌子隨時保持整齊，隨手撿紙屑。

④玩具玩好需歸位、放整齊，主動收拾玩具。

⑤坐姿要正確。

⑥遵守排隊秩序，不爭先搶後，先到先排。

⑦洗手開小水並會關好，將手用毛巾擦拭乾淨，長袖衣服要捲袖子，香皂輕輕抹即可。

⑧見到老師要問早、好，常說「謝謝、對不起、請」。

⑨團體討論時舉手發言，不隨意插嘴。

⑩不可拳打腳踢，比武時，儘可能不要去碰到他人的身體。

⑪衣、鞋擺整齊。

⑫工作櫃放自己的作品，擺整齊。

⑬使用玩具要輪流，不可用搶的。

3.良好習慣及工作態度

①細心的選擇工作用品，並有計畫。

②拿取物品或安放物品要靜、要輕。

③拿取物品不爭先、不搶奪。

④不糟蹋或浪費材料，對用具要愛護。

⑤一件用具用好，再用其他一件。

⑥做事細心、迅速、認真。

⑦一件事情做完了再做別件。

⑧用別人的東西，須經人允許才可以用。

⑨自己會做的事情自己做。

⑩不容易做成的事要忍耐的做。

⑪自己會做的事要幫助不會做的人去做。

⑫肯和人合作，並知道自己工作的責任。

⑬要注意環境的整潔，木頭紙屑不拋在地上。

　　⑭工作完了的地方要收拾乾淨。

　　⑮用過的工具要歸還原處，並放整齊。

　　⑯一定能完成自己或和別人計劃做的事。

　　⑰洗杯盤、小毛巾、抹布應由幼兒自行做，佈置教室也讓幼兒參加設計及行動。

4.進餐常規

　　①飯前洗手，飯後漱口。

　　②口裏有食物不宜說話或發笑。

　　③吃東西要慢嚼，不用湯水送飯。

　　④咀嚼不出聲，餐具輕輕放。

　　⑤餐點、波屑不掉在地下，放在桌上的骨、皮、屑於吃後放入碗內，吃完所分發的餐點，愛惜食物（不能吃告訴老師，不可糟蹋食物），並使之知道定時定量的重要。

　　⑥不接受別人碗內食物，也不將自己碗內食物給別人。

　　⑦掉落在地上，蚊、蠅或蟲吸吮過的東西，不煮熟的東西亦不宜吃。

　　⑧不是吃的東西不放口裏。

　　⑨沒有吃完不隨便走動。

　　⑩吃完才用毛巾擦嘴，不邊吃邊玩毛巾。

　　⑪吃完後，安靜休息，不跑跳。

第三節　民主式幼兒班級中課室輔導技巧

一、幼兒行為問題預防與輔導

(一)幼兒行為問題預防原則

　　1.預防重於處遇——至敵機先原則。

2. 平日建立良好的生活習慣、常規，發展完整人格才是根本之道。

3. 秩序維持——活動有趣活潑甚於管理技巧。

4. 行為是日積月累的，不要期待一招半式解決問題。

5. 每個人都有犯錯的時候，請尊重當事者的人權，體會當事者的感受、想法。

6. 用身體接觸來阻止危險或持續性的不良行為。

(二)兒童行為問題輔導原則

1. 以鼓勵替代指責。

2. 忽視不當行為，稱許良好行為。

3. 用身體接觸來阻止危險或持續性的不良行為

4. 理性處理問題，情緒失控時請暫離現場。

5. 可考慮以隔離、終止喜歡活動、剝奪權益……等替代處罰。

6. 秩序維持——活動有趣活潑甚於管理技巧

7. 行為是日積月累的，不要期待一招半式解決問題。

8. 每個人都有犯錯的時候，請尊重當事者的人權，體會當事者的感受、想法。

9. 平日建立良好的生活習慣、常規，發展完整人格才是根本之道。

(三)對違反常規處理適當與不當的方式

適當的處理方式	不當的處理方式
1.適度隔離：	**1.不當隔離**
• 休息一下；坐一旁	• 到一旁罰站
• 觀察別人玩	• 剝奪權利
• 給予建設性邀請，讓幼兒重回團體	
2.強調正向行為方式	**2.負面指責、禁止**
•「現在是故事時間，請你坐下來！」	• 不可以……
• 具體行為示範	• 不能……
• 忽略不適當行為（危險行為除外）	• 冷言冷語、負向標籤
	• 威脅

3.給情緒穩定空間

• 運用傾聽技巧，反應幼兒情緒

• 在孩子心情未預備好前，勿強迫其說：「對不起」

4.鼓勵幼兒自己解決問題

• 鼓勵幼兒想想問題可能的解決方式及採用這些方式的結果

5.問題處理緊隨行為的發生

• 就事論事，不翻舊帳

3.不能控制情緒

• 大聲責罵

• 粗魯對待幼兒

• 過度反應，小題大作

4.老師當裁判，決定一切

• 抹殺個人自尊，殺一儆百

• 當眾體罰

5.等有空再處理

• 想起來一起算總帳

論題討論：

請討論下列課室管理技巧對幼兒的影響，請分類你認為適當或不適當的課室管理方式，說明理由，若為不適當並請提出較適當的管理技巧（下列示例，部分參考陳雅美，民 84）。

1. 要說話的小朋友請舉手

2. 你們現在不安靜聽老師說怎麼做，等一下不會做或做錯時，我不管你們哦！而且也不能重做。

3. 我只講給專心的小朋友聽。

4. xxx ！如果你還要不斷講話，那我就請你來最後跟我排隊。

5. 施予體罰：如雙手高舉、自打嘴巴三下……

6. 給予幼兒喜歡接受的事物：如用膠帶貼嘴巴、用手指頭在幼兒頭上畫叉叉……

7. 請表現好的幼兒先參予活動

8. ×××！愛講話像個小烏鴉！

9. 小布偶說你們太吵了！他不想講故事給你們聽了！

10. 請其他幼兒眼睛看著不安分的幼兒，問全班幼兒要不要原諒行為不良者。

11. 老師說：「小嘴巴」幼兒答：「閉起來」；師：「小屁股」生：「黏椅子」

12.老師口令:「嘴巴拉鍊拉上」(幼兒做拉上拉鍊的動作)

13.借物(布偶、玩具等)以誇張聲調吸引幼兒

14.放音樂或利用周遭聲音讓幼兒猜是什麼聲音或事物,例:「我好像聽到一種很不一樣的聲音哦!小朋友仔細用耳朵聽聽看是什麼聲音?」

15.安靜的小朋友等一下我要請他吃糖果!

二、幼兒園常見的課室行為困擾問題輔導

㈠學前幼兒常見的行為問題

家庭中常見問題	團體活動常見問題
＊生活自理方面	＊生活自理方面
飲食	飲食習慣
穿衣	午休輔導
清潔	清潔衛生
大小便訓練	
＊生活常規方面	＊生活常規方面
玩具收拾	玩具收拾
社會常規	社會常規
輪流分享概念建立	輪流分享概念建立
問題解決	問題解決　團體常規

㈡團體時間常見問題

可能發生的困擾行為	可能有用的建議
1.上課時間到了,有些幼兒不肯坐下,仍到處遊盪。	•不要強迫他,給他一點時間認識老師、小朋友和設備。

- 有時候，他發現團體活動有趣而好玩時，會慢慢走近來，再邀他試試看，第一、二次，可能會再跑掉，但漸漸好了。

2. 故事時間到了，有的孩子會說：「我不要聽故事，我要玩玩具。」

- 告訴他，你知道他正玩的高興，接納他的感受。
- 強調現在要做的事。
- 告訴他，什麼時候他可以再來玩玩具。

3. 團體討論時，有的幼兒會提出：「老師！我要小便。」「我要喝水。」「我肚子痛，要上廁所。」

- 在每次集合之前，請先提醒他們，要先去小便、喝水。

- 注意是否討論的時間太長，讓幼兒覺得乏味了。
- 仔細觀察孩子，找出不舒服的症狀。
- 如果他只是找藉口，就請他再忍耐一下。

4. 有的孩子不肯安靜地聽講，老是要拉鄰座的小朋友。

- 教學活動考慮動靜的配合，討論時間避免過長。
- 讓他坐在老師較容易注意到的地方，偶而以眼神、表情讓他知道老師在注意他。
- 安排他與較安靜的幼兒坐一起。
- 過一段時間，讓他起來回答問題，替同學發東西……等，讓他有發洩體力的機會。

5. 有的孩子只是坐在一旁看別人唱歌表演，自己卻不唱也不演。

- 先了解其原因。
- 鼓勵他小聲地一起唱，適時地誇獎他。
- 注意教材的選擇，適用性及時間的安排與變化性。

6. 有的幼兒平時說話很大聲，上台講話卻變得很小聲。

- 不要強迫他，等他漸顯興趣時再邀請他。
- 利用故事或各種機會讓幼兒明白，什麼時候要安靜，什麼時候該小聲說話，什麼時候該大聲說話。
- 以獎賞和鼓勵來增強該行為。

(三)小組時間常見問題

可能發生的困擾行為	可能有用的建議
1. 有的孩子總是覺得別組好玩，老是跑到別組去觀看。	• 選組之前，先介紹每組學習的內容。 • 讓幼兒明白，下次他還是有機會選擇其他組別的活動。 • 當他觀看別組時，不讓他直接參與活動，讓他瞭解，他選擇的這一組，他才有資格參與活動。
2. 各組活動結束時間不一樣，會造成教室混亂或干擾還在進行活動的組別	• 如果各組均有老師帶領時，由各組老師想辦法加入一些銜接活動，如說個故事、看看書，帶個小活動。 • 若有些組別沒有老師帶領，請事先告知幼兒，令他做完活動時，可以做那些事。 • 事先提醒幼兒，即使他活動結束也不能大聲喧嘩或隨意走動，干擾別人。
3. 沒有耐心輪流或等待，不懂遊戲規則	• 如果大部分幼兒有此現象，可能遊戲活動太難，宜改變活動方式，降低難度 • 若是個別問題，有可能其不瞭解遊戲規則，可請他先看別人玩一次，或請會的小朋友教他。 • 若經常性發生在某位幼兒身上，可能要多注意其注意力或學習問題。

㈣個別學習時間常見問題

可能發生的困擾行為	可能有用的建議
1. 看見別的孩子在玩一樣玩具，就去搶過來。	• 告訴他，別人在玩玩具，而自己也想玩，可以向他說：「我們一起玩好嗎？」「等一下借我玩好嗎？」等爲人接受的方法。 • 讓他學習輪流等待，可以指示他，等待時可先玩其他玩具，或數一、二、三、四。
2. 有的孩子有逛街行爲，東看看，西逛逛，老是定不下心專心做一件事	• 剛開始實施選角活動的園所，常見此現象，原因是幼兒太興奮、太好奇。 • 如果持續一段時間，可要求他某個時段，只能選一個地方或一件工作。 • 有可能他無法加入其他幼兒的活動，或缺乏自己學習的能力，可針對原因輔導。
3. 玩完了玩具，做完了工作，有的孩子不肯收拾就跑掉了。	• 請事先教導他玩好了玩具如何收拾，做完了工作，該做什麼。 • 把他找回來，溫和而堅定地把行爲標準再提一次。 • 在他收拾好之前，不准他玩任何玩具或設備。 • 讓他明白，除非他會收拾，不然，下次他就沒資格玩。
4. 有的孩子會拿工具來碰、敲別的幼兒。	• 在工具使用之前，都應先說明使用的方法，如：剪刀、木桿、量尺、錘子……等。 • 讓幼兒明白某些工具的危險性。

5. 有的孩子只喜歡某種教具或某個學習區，老是選同一樣。

- 讓幼兒明白，若他不好好使用工具，他就沒資格使用，並要確實實行。
- 孩子可能某段時間會沉溺於某種喜好的活動，可允許他持續一段時間。
- 可借團體分享時，讓他發現別的地方，也有很好玩吸引人的活動。
- 借遊戲分組或某些遊戲規則，將他分派至別個地方，而不是執意要他換。

三、幼兒的特殊行為問題處理

(一)依賴黏人的孩子

行為	原因	老師的處理	家長的配合
1. 孩子不願意上學，來到學校，媽媽一想離開，就又哭又鬧	• 害怕陌生的環境 • 怕別的小朋友不和他玩 • 曾經碰到挫折 • 對教學活動沒興趣 • 怕做不到老師的要求 • 怕父母離開不再回來	• 多和他談談話，拍拍他的背，握握他的手，表示關心他 • 幫助他早點建立人際關係 • 教學活動要適合幼兒的能力、興趣 • 在他哭時，轉移其注意力	• 不要對幼兒說：不乖，就把你送到幼稚園 • 事先帶他認識環境、老師採漸離的方式 • 向他說明，媽媽不在時，在做什麼，什麼時候回來接他，並要確實做到

		• 多了解孩子的個性，必要時給予適當的獎勵或處罰	
2. 有的孩子整天緊跟著老師，寸步不離	• 膽怯、害怕，不知道怎麼和別的小朋友交往 • 不知道自己該做什麼，該怎麼做，怕做錯了會挨罵 • 已失去了父母（父母離他而去，留他在學校），只好找個可信任的人依靠 • 希望得到老師的關愛	• 先讓他跟著，有時找些事情讓他服務 • 安排並鼓勵幾位較活潑的孩子和他做朋友 • 給一些簡單的指示，請他照做，做好了，給予鼓勵 • 隔段時間就和他談談，讓他感覺到老師對他的關心，再鼓勵他參予活動	• 多關心他，鼓勵他 • 讓他做些簡單的事，不要每件事都代他做 • 不要要求他做超越能力的事，做錯了接納他的感受再糾正他，不要馬上指責 • 和孩子分離的時間，讓孩子知道，父母在做什麼，並讓他得到良好的照顧
3. 有的孩子，別人不小心碰到他會哭，不想喝牛奶也哭，經常看到他淚眼汪汪的	• 以哭當作要挾大人的武器 • 缺乏信心，依賴性重 • 不知道該怎麼辦 • 想引起同情和注意 • 受了委屈、挫折或不舒服	• 找出原因 • 讓他明白，除非他用口說明他想做的事，不然老師無法協助他 • 讓他明日，哭並不能解決事情 • 當他會用口述說明時，要鼓勵他	• 大人的情緒不好時，若無意中把孩子吼哭了，要有勇氣坦承錯誤並道歉。 • 不答應孩子要求時，應限他講述理由 • 要先探討哭的原

		• 找他多在什麼情況下哭，再教導他如何應付這些情況	因，不要一味地哄他、同情他

(二)攻擊性強的孩子

行為	原因	老師的處理	家長的配合
1.「老師！阿昌打我！」「我師！小玲咬我！」有的孩子的攻擊性特別強	• 受父母或友伴的影響，學到攻擊性行為 • 受電視、電影的影響 • 從增強和練習中學習	• 課程安排要緊湊有趣，讓孩子經常有事做 • 避免讓幼兒從攻擊行為中獲得鼓勵 • 教他用適當的語言表達來解決問題 • 以身作則，用合理、合作和非攻擊的方法來處理幼兒的糾紛	• 不要隨自己的情緒，而無理地處罰幼兒 • 兄弟姊妹吵架，處理要公平合理，不要一味要兄姊讓步 • 教孩子用合理的方法來解決問題

(三)其他常見行為問題

行為	原因	老師的處理	家長的配合
1. 有的孩子會把學校的玩具帶回家，或拿別人的東西	• 平時的物質供給較缺乏 • 分不清你的、我的、公共的	• 利用語言、故事、或機會教育，教給孩子「所有權」的	• 澄清自己的所有權概念 • 尊重孩子的所有權

	等「所有權」的概念 • 曾成功地帶走，滿足了其需要，而增強該行為	概念 • 在孩子的用品上寫上名字，公用物則寫上幼稚園的名稱和編號 • 強調東西用完要放回原位	• 發現他拿回別人的東西時，問明東西來源，和他討論、解釋後，驕傲要孩子自己或由大人陪他，把東西送還
2. 有的孩子很喜歡講髒話	• 模仿成人或其他孩子 • 引起別人注意 • 模仿電視對話	• 追查髒話的來源，若情況特殊，或許需個別輔導 • 溫和而平靜地告訴他：「這種話不好聽，老師和其他小朋友都不喜歡聽。」 • 不要顯出震驚或威脅他 • 可以採剝奪權益的方式，如請他休息一下	• 初次聽到或孩子為取悅大人而講髒話，最好裝作沒聽見 • 注意自己的言行 • 替他慎選玩伴 • 慎選電視節目 • 不要太震驚或厲罰
3. 有的孩子喜模仿殘障者	• 基於好奇、好玩 • 引起其他幼兒的注意	• 若當面模仿，鼓助孩子當面向對方道歉 • 講述殘障者的	

		故事，讓他們了解殘障的原因和困難 • 利用角色扮演 • 拜訪孤兒院或育幼院 • 設計有關活動或單元	
4. 有的孩子會問：「我媽媽什麼時候來？我什麼時候回家？」	• 可能想家或擔心媽媽不來接他 • 若過了接送時間，媽媽還沒來，焦慮感會較高	• 告訴他，媽媽現在可能在做什麼 • 向他保證媽媽一定會回來 • 讓他知道再做完那些活動他就可以回家	• 請父母準時來接孩子，萬一無法準時來接，也一定要電話告之何時來接
5. 放學了，孩子的父母也來了，可是孩子卻不願回家，說：「我要留下來玩。」	• 學校有吸引他的玩具或活動 • 家中或期望中回家的活動不吸引他	• 只要簡單地說：「我知道你很想留下來玩，但小朋友要回家了，老師也要回家了，你可以明天再來玩，明天你會記得要來的吧！」	• 接孩子時，不在園中逗留太久，讓他養成習慣 • 事先告之，讓孩子有心理期待，知道回家後，要做些什麼事

自我評估：

如果你有機會到幼兒園實習，請利用以下檢評表檢評自己的教學。

教師自我檢評表	全做到				沒做到
檢核日期： 年 月 日 任教班別：					
教師： 第 天					
□1. 我是否對幼兒的注意不只出現在他犯錯的時候？	5	4	3	2	1
□2. 我是否和每位幼兒說過話或特別注意、接觸？	5	4	3	2	1
□3. 當幼兒犯錯時，我是否能心平氣和處理，沒有出現負面情緒，？	5	4	3	2	1
□4. 當大部分幼兒顯得不專心時，我是否會試著去了解其情緒或需要或彈性調整計畫？	5	4	3	2	1
□5. 我是否用小的聲量對幼兒說話？	5	4	3	2	1
□6. 我是否以提供正向行為線索代替禁止、指責？	5	4	3	2	1
□7. 我是否注意到對孩子說話時用「請、謝謝、對不起」？	5	4	3	2	1
□8. 我是否讓幼兒等待的時間不是只要求安靜，會帶些小活動？	5	4	3	2	1
□9. 我是否很滿意今天帶領的活動？	5	4	3	2	1
□10. 我是否鼓勵幼兒自己解決問題？	5	4	3	2	1

問題思考：

1. 在教室裡，身為幼兒保育人員，對班級的經營有那些自主權？
2. 試舉一個你曾經或觀摩的課室輔導案例，請說明案由，輔導經過，及此事件處理過程，對幼兒可能的影響。

第七篇　創造性課程領域

第十三章

幼兒造型創造課程

本章重點

第一節　幼兒造型創造課程的基礎理念

　　幼兒造型創造課程就是透過各種造型材料的提供，提供幼兒嚐試各種材料表達的經驗，豐富幼兒的感覺，啟發創造的潛能，進能讓幼兒享受創造的喜悅。

一、幼兒造型創造課程對幼兒發展的的意義

讓幼兒獲得

＊社會情意方面：

　　1.透過環境的薰陶、色彩的運用、造型的設計過程中，培養審美觀。

　　2.獲得情緒的發洩與滿足

　　3.經由組合創作中，培養創造力

　　4.透過作品的展示，滿足自我實現的需求。

　　5.經由作品的分享，獲得與人溝通分享的經驗，進而能瞭解他人的想法，養成尊重他人的合群性格。

　　6.在創作與嚐試錯誤的過程，幼兒會試著去發現問題，解決問題，進而培養出觀察與解決問題能力。

＊認知方面：

　　1.透過色彩的運用，可以認識顏色，瞭解混色的組合。

　　2.從觀察模仿創作中，可以認識形狀與物體關係。

　　3.運用多種素材的造型創造活動中，可以經由材質的觸摸辨識，增進觸知覺能力。

　　4.造形設計難免需要丈量，在量測過程，自然就有了大小、尺寸的概念。

5.不同的素材需要分門別類放置，自然能增進分類的概念發展。

＊技能方面：

1.不同類型畫筆的掌握，自然練就握筆的能力。

2.貼、揉、拍的技法練習，可以增進手指與手腕的靈活度。

3.縫、剪、切割的技巧，可以發展手眼協調等精細動作。

4.透過堆疊、雕塑的技巧練習，可以增進身體協調與手指精細動作能力的發展。

教學密笈：從生活體驗中發展的幼兒造型創造經驗

美的感受、體驗→創造的體驗→自我滿足與成就感的獲得
↑   ↓
欣賞美的經驗   思考、重組、再創造
↑   ↓
生活的體驗←問題解決←經驗累積、技巧精熟、觀察精進

二、不同年齡階段幼兒的藝術能力發展

表十三～1　幼兒藝術能力發展階段

階　　段	身心發展特徵	繪畫特徵	適用的造形指導方法
無控制期（九個月～一歲半）	• 手的動作漸漸能配合腳的動作 • 所有動作幾乎無統制 • 漸漸出現重覆動作	• 無意義的線描 • 對強烈原色有興趣 • 點錯畫—用筆叩敲紙面亂打點子	• 提供大支的蠟筆，及大張紙供其自由畫
塗鴉期（一歲半～	• 常有反覆動作出現	• 橫線錯畫←直線錯畫	• 多提供生活經驗 • 給予顏色的刺激

二歲半）	• 手眼漸協調 • 各種動作漸有系統	• 對使用彩色開始有興趣	• 玩撕紙遊戲 • 想像力與興趣的培養 ※不要給予挫折感
	• 開始有自我主張 • 動作漸有變化	• 圓形錯畫←波浪形、曲線線條	
象徵期（二歲半～三歲）	• 對東西的名字感興趣 • 錯畫與作混在一起，一一並用聲音來畫線	• 對描畫出來的東西加上象徵性語言的說明 • 為了表示差異，會改用不同色彩，但與現實尚無法相連	• 多認識各種物體的名稱、形狀、特徵，鼓勵他說出來 • 繪畫方法： ①手印、腳印、蓋印 ②漿糊畫 ③摺印畫 ④撕貼畫 ⑤撒　畫 ⑥滾珠畫 ⑦曳　畫
前圖式期（三歲～五歲）	• 手眼較能協調 • 能單腳站立 • 喜發問，能以完整的句子表達自己 • 不能表現事物間的關係	• 人物畫—由蝌蚪人←有眼、嘴、身體、手、腳的人 • 開始尋找圖式來代表自己的概念 • 對色彩的選擇開始因性別而有異 • 描畫逐漸和思考現實發生關係	• 強調各種材料的介紹、使用 • 強調顏色、形狀的組合運用 • 可做簡單的立體工 • 選擇高度興趣及經驗的事物為題材 • 繪畫方法： 加上①剪紙、折紙、剪貼工 ②樹葉拓印 ③陶土、黏土塑造

			④形狀拼組 ⑤簡單設計 ⑥有主題的自由畫
圖式期（五歲～九歲）	①有自己的主見、善表達自己 ②具豐富的想像力 ③肌肉協調不錯 ④受同輩影響，善模仿 ⑤漸有抽象概念	• 用圖式法表現意象事物 • 寫生時並非依實物、量描繪，而是依憑記憶描繪 • 表現特徵： ①透有式 ②展開式 ③基底線式 ④並列式 ⑤強調式 ⑥裝飾式 ⑦擬人化	除上面二期的方法外，可做： ①陶土、黏土，可用搓、壓、切、捏及工具輔助做立體造形 ②較複雜的立體工、綜合亞 ③團體創作、合作畫 ④想像—聽想畫、魔術畫、伸展畫 ⑤觀察畫 ⑥故事畫、故事連環畫、旅行連環畫 ⑦各種材料的運用、組合

（本書摘自張翠娥，民70）

二、適合各年齡階段的繪畫創作方法

㈠適合二至三歲幼兒的繪畫創作方法

摺印畫

將顏料或墨汁滴或擠在圖畫紙上對摺。即可印出甚為美麗的圖案。

曳　畫

讓初學繪畫的幼兒在畫紙上自由地潑、曳、流、倒在紙上，由其自動

性技巧所表現的偶然效果，可形成許多優美的「點」和「線條」。

塗鴉畫

讓幼兒使用粗蠟筆隨意塗鴉，記得問他各個線條、圓圈代表意義，幫他記在一旁。

蠟筆散步畫

讓幼兒用自己最喜歡的顏色在圖畫紙上大膽地畫出一筆畫，可先講個故事，以點表示地點，讓幼兒自由地漫遊各地，然後在自由交叉所形成的各式各樣格子內塗上自己喜歡的各種顏色，可平塗或點描，畫直、曲、折線。

蓋印畫

用水彩塗在手上、樹葉上、模型上、小道具上，再蓋到圖畫紙上形成美麗的圖案，亦可用海棉或甘藷，胡蘿蔔刻蓋印。

撒　畫

將木屑染上染料，待乾後分色放在容器內，畫好圖形，在需要黏出某種顏色的部份塗上膠水，撒上木屑即成，亦可撒沙、撒米、撒紙屑。

模印畫

用各種模型，如：海棉模型，甘藷刻的模型，各種塑膠模型、紙型等，滾上油墨，蓋在畫紙上即成。

(二)適合三至四歲的繪畫方法

草繩畫

即以草繩當畫筆沾顏料畫畫。

梳子畫

拿幾塊硬紙板，剪成粗細不同的鋸齒或梳子狀，沾顏料在紙上平塗、轉圈、製造流線效果。

渲染畫

先將畫紙浸濕，或刷上一層水，趁水分未乾時，大膽地把顏料畫上去，任其水分流動滲透，而形成色與色的自然混合效果。

線印畫

用線沾顏料（不要太濕，亦可一次沾不同顏色），放在圖畫紙上，自

由放置，覆上另一張紙，左手壓住紙，右手拉線頭把線抽出來，把上面的紙打開即成。

滴流畫

將圖畫紙先用水浸得透濕，放在報紙上（不必吸取表面的水分）分，將泡稀的顏色滴上，使其散開形成柔軟的花紋。

(三)適合四至五歲的繪畫

自由畫

自由創作、遠足參觀後將印象深刻的事物用蠟筆、水彩、粉筆在紙張或黑板上，盡其所想所知畫出。

限色畫

讓幼兒先選出三或五種最喜歡或最不喜歡的顏色筆，再限制主題，請他利用這幾種顏色作畫。主要在打破成規的想法。

吹　畫

將水性顏料泡稀，滴在畫紙上，用口或吸管將顏料吹散，亦可用蠟筆或彩色筆在散開的花紋與花紋間裝飾各種線狀花紋。

手掌圖畫

讓孩子把手掌打開，放在圖畫紙上，用蠟筆描下手的輪廓，然後再加上細節，如加上頭、手、眼睛、腳就成了一隻雞，或可創造出更多有趣的動物或圖畫。

圖案畫

用相同的或不同的圖形組合，利用線條或圖形自由交叉組合，以不同的顏色畫出圖案。

蠟筆拓印畫

在畫紙下面墊上一層實物，用蠟筆在紙上擦印，可拓印畫紙下面的形狀。

噴霧畫

噴霧畫的教材可分兩種：一是利用自然物噴霧，如葉子、花朵、樹枝等。另有人為造形，如利用各種剪紙造形噴霧、噴霧的方法可有單獨造形，重疊造形，多次噴霧的錯開重疊造形……等。噴霧時顏色由明度高到

明度低的效果較好。表現噴霧畫大都利用噴霧器，較古老的方法大都是用紗網和牙刷噴刷。

(四)適合五至六歲繪畫

蠟筆擦印畫

將蠟筆塗在紙上或樹葉上，然後將塗好色的紙或樹葉放在圖畫紙上，用手用力將色往外擦開即成。

蠟筆刮畫

將圖畫紙塗上條紋式花紋或不規則的色塊，上面再塗黑色，不勻的地方最好用手推平，底色最好用彩度、明度較高的顏色，然後用各種硬實物（如樹枝、竹枝、牙籤、鐵釘、大頭釘、刀片）刮畫出造形。

燒燃畫

將易燃的色紙或有色的棉紙，用粗細不同的香，燒成自己喜歡的形狀，再把燒好的紙張拼組成有趣的造型。

分割造形

在圖畫紙上設計分割造形，再剪裁色紙鑲嵌在分割造形上，拼貼而成。

單位拼圖

設計簡單大方，形狀優美的單位形後，剪好多個不同顏色的單位形，然後拼組在襯紙上，構成美麗的圖案。

拼貼畫

利用各種舊的報章雜誌插圖，剪下後，將無相關的圖面拼成各種有趣的造形。

水彩蠟筆混合畫——又稱「蠟彩畫」

利用蠟筆具有排水的特性，讓幼兒用蠟筆先好圖形後，再用水彩來塗抹，會有意想不到的效果。

流墨畫

用油彩或油漆倒在水面，用口吹氣或以木棒撥動水面，使之呈現漂浮流動的狀態，把畫紙慢慢由一端平放水面，隨即揭起，可得甚為美麗的畫面。

孔版畫

　　在銅油紙上刻畫造形後，將圖形割掉，覆在刷紙上即成孔版，滴上油墨後，輕取孔版即成孔版畫。

合作畫

　　三五幼兒，共同決定題材設計畫面，用較大的紙張分頭作畫。

故事畫

　　將熟悉的故事，分若干段落要點，分別作畫，集成故事畫。

四、幼兒造型創造環境的規劃原則

1.注意整體環境的美感

　　環境的美觀是培養幼兒審美觀的第一步，幼兒造型創造環境的規劃要重視整體環境在色彩、光線的明暗度、線條上的搭配是否得宜，包括牆壁、置物櫃、展示架、桌椅的搭配感覺等。

2.足夠的工作桌面或空間

　　造型創作需要較大的操作桌面或空間，擁擠的空間易造成幼兒搶奪、推擠、爭吵等行為，徒增教師的困擾，耗費幼兒創造的時間與興致。

3.易於清潔整理的地面

　　造型創作常需要使用顏料及各種素材，容易弄髒地面，所以要考慮地面是否易於清潔整理，在使用易汙染又不易清潔的材料時（如：版畫、泥塑、漆畫……），可能還需要鋪上塑膠布或報紙來保護地面。

4.美勞工具、素材要能分門別類放置，並標示清楚易於取放。

　　多樣素材提供助於幼兒的創作，但若不好好規劃，創作區很快就變成垃圾區。多格櫃子或使用分類籃或盒，將各種美勞工具、素材分門別類放置，並標示清楚，讓幼兒易於取用、歸位是很重要的。

5.作品展示區宜設在幼兒看得見，摸觸得到的地方

　　作品展示區宜設在幼兒看得見，摸觸得到的地方，因為作品的展示讓幼兒有成就感，並可互相欣賞成果、分享經驗。可利用展示牆、展示架或展示檯做為作品展示區，最好還能有可以使畫晾乾或放置未完成作品的地方。

6.靠近方便取水、清潔的水槽或洗手間

　　造型創作活動常需要取水或清洗工具，動線規劃安排上宜靠近方便取水、清潔的水槽或洗手間，否則容易將教室大部分地方弄得濕漉漉、髒兮兮的，不僅容易滑倒，引起糾紛，也影響情緒。

7.提供幼兒能自行使用的清潔工具

　　清潔工具除了要考慮讓幼兒能自行使用外，也要有固定存放位置，以培養幼兒隨時清理使用過空間的習慣。可考慮置放的清潔工具包括：小抹布、小掃把、小畚箕、小水桶……等。

8.能因應不同的創作內容做彈性變更的空間規劃

　　有時隨著主題發展，可能需要較大的空間，所以最好使用可以彈性變更的空間規劃設備以備不時之需。若空間許可亦可區分為繪圖區、造型區、雕塑區……等，讓幼兒更能充份發揮。

教學秘笈

　　1.展示作品的呈現，可以加以裝飾，如將畫變成花，或以汽車呈現，最好讓幼兒自行設計，對較小無法製作的幼兒，應先和其討論。
　　2.展示區有時也可以展示名畫或藝術家作品。
　　3.改變展示最好一次只動一部份，最好不要一次換新，除非是為了教學特別理由，希望刺激或鼓勵幼兒的想像力。
　　4.可留一個牆面空間，貼上大張壁報紙，讓幼兒能自由運用想像力。

第二節　幼兒造型創造課程教學活動

一、創造性幼兒繪畫活動

㈠常見幼兒創作繪畫的方法

　　幼兒創作繪畫的方法有很多種，有的限制主題但不限制材料，有的限制材料但不限制繪畫主題，下面就分別敘述：

1.限制主題不限制材料的畫法：

點畫

　　所畫的造形由點組成，點可用蠟筆、水彩、碎紙、貝殼、火柴棒頭、瓜子殼、滴臘、砂粒、小石頭⋯⋯等材料。

線畫

　　所畫的造型由線組成，線可以用蠟筆、水彩、麥克筆、鉛筆、毛線、火柴棒、冰棒、細繩、髮帶、紙條⋯⋯等，方法可採直線、曲線均可，不管畫什麼畫，必須由線組成。

面的組合

　　即以不同的面來組成新的造型，亦可限制用三角形、正方形、圓形面的組合，材料可用水彩、蠟筆、月曆紙、壁報紙、廣告紙、碎布、色紙⋯⋯等，方法可採平塗、剪貼、蓋印⋯⋯等。

自由畫

　　通常是由老師引發幼兒繪畫的動機，限制主題，材料畫法不拘由幼兒自由選擇。

聽覺造形

　　由老師彈琴，或放一段音樂，和幼兒討論對此段音樂的感覺、想用何種顏色、造形、材料來表現所畫的圖。

觸覺造形

　　讓幼兒觸摸各種資料感覺不同的東西，由幼兒憑任自己的感覺，選擇顏色、造形、材料來畫圖。

律動造型

　　讓幼兒看一段舞蹈、動作，再憑自己的感覺選擇顏色、造形、材料來作畫。

2.限制材料不限繪畫主題：

蠟筆畫

　　材料：①蠟筆或粉蠟筆。②畫紙：白報紙、牛皮紙、圖畫紙、廣告紙、砂紙、棉布、木塊……等。畫法：蠟筆散步法、蠟筆擦印法、蠟筆拓印法、蠟筆刮畫、限色畫、手掌圖畫，及前述的各種方法。（以下將不提前面不限材料的各種方法）注意事項：盡量用各種畫法——塗抹、旋轉、點、刮、印。

水彩畫

　　材料：①水彩或廣告顏料。②畫紙：白報紙、圖畫紙、壁報紙、棉紙、宣紙、木塊、石頭、蛋殼等。畫法：滴流畫、蓋印畫、吹畫、噴霧畫、摺印畫、曳畫、渲染畫、流墨畫、水彩蠟筆混合畫、草繩畫、梳子畫、線印畫。

手指畫

　　材料：①顏料製作：漿糊加各種廣告顏料加幾滴甘油。②畫紙：圖畫紙、牛皮紙、包裝紙、紙板。③工具：海棉或抹布、水、塑膠布或平滑的桌面，或壓克力板。④給小朋友穿的工作服。畫法：①可先將顏料調好，直接抹在畫紙上，作抽象圖案或畫各種景物。②拿抹布將桌面或壓克力板抹濕，再將顏料抹在上面，抹到自己認為最滿意的圖案為止，再拿畫紙蓋上拿起即可。③將顏料抹手上蓋印，可用姆指、手掌、各個指頭變化花樣，如蓋成螞蟻、蜈蚣、魚、小雞……等。

剪貼畫

　　材料：①色紙、壁紙、壁報紙、卡片、月曆紙、包裝紙、郵票、沙紙。②毛線、碎布、繩子、麻布。③海棉、羽毛、棉花、火柴棒。④樹葉、稻草、石頭、貝殼、蛋殼、鈕釦、瓜殼、苦瓜子、紙盤、亮片……等。⑤膠黏劑：漿糊、強力膠或萬能糊。⑥圖畫紙。⑦剪刀、刀片。畫法：剪紙、對稱

剪紙、分割造形、單位拼圖，三角形的組合、圓形的組合、方形的組合、拼貼畫、撕貼畫、燃燒畫，瓦楞紙造形、撒畫。

版畫

　　材料：①刷紙：圖畫紙、西卡紙、有色道林紙（棉紙）。②原版：西卡紙、厚紙板、瓦楞紙、桐油紙、棉紙、木板、塑膠板、保麗龍板、甘藷、肥皂、石膏板……等。③實物：紗布、紙屑、棉線、樹葉、碎布、細繩。畫法：實物版畫、孔版畫、瓦楞紙版畫、棉紙版畫、線印版畫、黏土版畫、木刻版畫、模印畫、石膏被畫、保麗龍版畫、塑膠板版畫。

麥克筆畫

　　材料：麥克筆、塑膠墊板、毛筆、松香油、刀片。畫法：麥克筆畫有油畫及水彩畫的味道，如果要表現油畫風味，只要把麥克筆直接塗抹在塑膠板，畫錯了可用布或棉花沾松香油就可脫落。要表現水彩風味時，用毛筆沾上松香油在畫好的部份沖淡，就現出充滿水分的作品。

㈡幼兒版畫的製作方法

實物版畫

　　在原版上貼上各種實物，滾上油墨，覆上刷紙，擦印即成。

瓦楞紙版畫

　　將瓦楞紙撕去一層紙，露出波浪橫紋，再另外設計圖形貼上，滴上油墨，覆上刷紙用擦板擦印即成。

棉紙版畫（亦可用萱紙、毛邊紙）

　　在棉紙上用粉蠟筆設計造形，塗面狀不要塗面線狀，將畫好的棉紙反面覆在刷紙上，用刷子醮上墨汁在棉紙上均勻的刷，輕取棉紙即可。

線印版畫

　　在圖畫紙或白報紙上滴上油畫成底版，輕輕地覆上圖畫紙用鐵釘描畫，打開刷紙即成陽版，再用另一刷紙覆在底版用擦板均勻擦印，掀開刷紙即成陰版。

黏土版畫

　　在厚紙版上設計各種造形，用黏土壓成小薄片後黏土造形上，用紗布包著棉花或海棉沾顏料後，輕輕的沾印在造形上，用棉紙覆在版上，用乾

淨的海棉拓印即成。

木刻版畫

　　用刻刀在木板上用筆設計造形，刻去墨線條部份後滾上油墨、覆上刷紙擦印即成。

石膏版畫、保麗龍版畫、塑膠板版畫、橡皮版畫

　　用刻刀在各種質料的板面上刻上圖形，再滴上油墨，覆上刷紙擦印即成。

二、創造性幼兒造型設計活動

㈠常見幼兒造型設計的素材選擇與技法

工具：
剪刀、釘書機、尺、打洞機、切紙刀、美工刀

黏貼劑：
漿糊、合成樹脂、膠水、膠帶

紙類

軟紙類：衛生紙、棉紙、皺紋紙、紙巾……

硬紙類：圖畫紙、書面紙、白報紙、報刊、月曆紙、廣告紙、包裝紙、舊雜誌、壁紙、報紙……

厚紙類：馬糞紙、瓦楞紙、西卡紙、厚紙板、砂紙……

紙器類：紙袋、紙杯、紙盒、紙筒、紙箱、紙盤、裝蛋盒……

布、繩類

碎布類：粗麻布、毛料毛皮、尼龍布

舊衣物：舊襪子、舊手套、舊帽子、舊絲襪……

繩帶類：粗細緞帶、鞋帶、長布條、毛線、絲帶、草繩、麻繩、塑膠繩……

自然物

植物類：葉子、種子、果實、乾燥花、細樹枝、浮

日常用品類

瓶罐類：玻璃瓶、牛奶瓶、易開罐、

木、豆莢……　　　　食品類：通心粉、穀類

動物類：貝殼、羽毛、蛋殼、皮　　用品類：塑膠袋、牙籤、吸管、
　　　　毛……　　　　　　　　　　　　火柴、釦子、珠子、
礦物類：各類石頭、砂子……　　　　　　線軸、原子筆桿、棉花
　　　　　　　　　　　　　　　　　　……

常用技法

彩色裱貼：利用原物形體，加以裱貼，繪製成想像的造型物。

造型設計：利用材料主體的原形，加工成為另一造型物如：將瓶罐
　　　　　製成筆筒、紙杯做成娃娃、牙膏盒做成汽車。

組合構成：利用各種立體素材本身的造型做量的組合，或拼裝組
　　　　　合，構成新的作品。

(二)幼兒平面紙工製作技法

1.剪貼工：用各種不同質料顏色紙張創造畫面與造形。

　•基本剪紙

　剪紙的基本技法有二：一、紙的摺法，要對邊或對角摺，分三等摺或
四、五六等摺。二、為剪法：可剪直線曲線，盡量移動紙剪，不移動剪
刀，剪好後，將紙展開即成。

　•對稱剪紙

　在對摺的色紙上畫上各種造形，剪開來就是對襯的圖樣，可貼在有色
的紙上，稱為稱剪紙。

　•黏貼工：用色紙、報紙、月曆紙、皺紋紙、棉紙……，來設計圖樣，
以黏貼方式製作或裝飾。例如：用報紙、汽球黏貼成的撲滿、碎紙黏貼圖
案、撕貼畫、剪貼畫等。

2.撕紙工：將紙撕成各種形狀，貼成畫面。

　•撕貼畫

　利用舊報章雜誌的畫面，或色紙，畫好圖形後，用手撕下重新黏合拼貼。

3.摺紙工：用紙張摺成各種形狀，如：青蛙、小狗、花、葉子、汽車、房
屋等。可作為欣賞或遊戲用。

• 摺剪紙：將紙張摺了再剪或剪了再摺，製成各種造型。如：對稱剪紙、剪紙吊飾、衣服白兔、花、風琴等。

4.紙條工：利用紙條的捲、摺、穿插編織製作成各種立體造型

• 紙條造型：利用紙條的捲、摺、穿插，編織製作成各種立體造形，例如：做項鍊、手鐲、花環、蝸牛、心型、長鍊裝飾物……等。

• 捲紙造型：用紙捲成圓柱或圓錐體，再改裝組合或裝飾成各種造型，例：手指傀儡、小天使、皇冠、花、紙動物、國王、皇后等。

• 編織：可利用一張原稿紙割成長條狀，兩邊不要割斷，另外用色彩比較豐富的紙條穿織、編成各種圖案或籃子、提袋、皮夾等。

資訊小站：紙工常用的技法

紙工常用的方法有剪、摺、撕、捲曲、搓捻、接合、剪貼。

• 紙的操作：

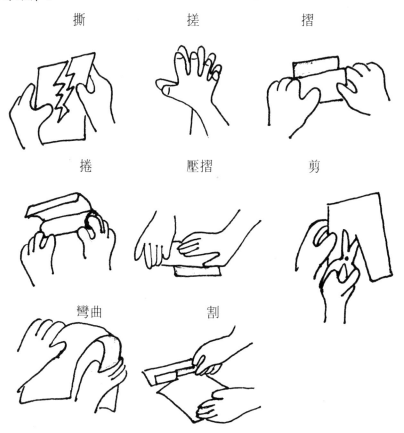

- 捲紙：

- 摺紙：

- 摺剪紙：

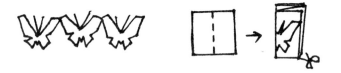

- 面具製作：

5.紙漿工：用衛生紙、報紙、毛邊紙泡水絞爛後，擰乾水分加漿糊或南寶樹脂，可塑造傀儡頭、面具、動物等。

　　紙漿工製作：材料：①衛生紙一包或舊報紙多張。②藍寶樹脂。③裝飾物。方法：1.先將衛生紙泡水，不必撕，或用報紙撕碎浸一小時水。2.撈起來擰乾再撕碎。3.加漿糊，揉好，捏造形狀。4.曬乾。5.貼上棉紙或色紙，其他裝飾物裝飾。

6.**造型設計**：將紙任意切割、摺疊成圖案及造形，由各種造形組合成一個大主題。

　　包括面孔設計、文字設計、包裝設計……等，可利用各種不同的材料來設計，如：面孔設計可設計各種人物的臉孔、動物的臉孔，所用的材料方法不拘，甚至可做立體的。

7.**廢紙工**：搜集不同的包裝紙、畫報、紙盒、塑膠盒、舊信封、紙口袋等製作手套玩偶及各種手工藝。

　　厚紙工：利用硬而厚的紙可製作模型、面具、紙盒、各種立體造形。例如：做立體的娃娃、樹、花草、動物、面具、糖果盒等。

　　紙器工：利用各種用過乾淨的紙器，如：紙袋、紙杯、紙筒、紙盒、紙箱、紙盤等設計各種造型。例如：紙袋玩偶、火柴盒玩偶、瓶子玩偶、紙盤鐘、電視機、火車、動物等。

教學秘笈：平面造型設計教學注意事項

　　1.應隨時留意收集各種可利用的廢物材料。

　　2.可連絡家長協助或運用社會資源。

　　3.將收集來的廢物，要加以分類整理。可用各種空盒空箱裝，要注意衛生和安全。

　　4.所選教材要適合幼兒的能力和興趣，不會用剪刀的幼兒不要強迫他，可改用撕貼或紙條工。

　　5.選擇技法簡單，變化性大的題材教，讓幼兒有創作的機會。

　　6.紙工剪下的碎紙，不要丟在地上，等結束時用紙或盒裝起來，可供下次貼畫用。

　　7.每次工作完畢，讓幼兒自己收做工具材料，老師要督導整理。

　　8.幼兒用的剪刀，大約三吋左右，套手處的兩個圈不要太大，平頭，以免危險；應該用盒子裝著放在櫃子或架子上。用這種工具時教師應多注意其安全。拿著剪子走路時，切勿讓幼兒將剪刀開著，以免碰著別人或戳了自己。將剪刀頭朝下，用手握著剪刀頭的部份，即使跌倒，也不至傷害自己。

三、創造性幼兒雕塑活動

㈠泥工

1.材料

泥土：包括陶土（黏土）、紙黏土、油土（塑膠泥）、彩色麵粉，隨意塑成各種大小模型。

陶土：向陶土廠買，鶯歌比較多。

紙黏土：各書局、文具店可買到。優點：方便、乾淨、乾燥後可固定形狀。缺點：有些紙黏土材料有毒，要注意品牌選購。

油土：到書局大都可買得到。優點：方便、乾淨。缺點：有味道、油油的、冬天太硬、夏天太軟。

麵粉：一份麵糊材料需四杯麵粉，二茶匙食用油，一杯食鹽，一杯清水和食品色素或廣告顏料。

肥皂：一般家用肥皂即可。

蘿蔔：市場上購買

※泥工宜選用較易揉搓塑造的材料，亦可添加色彩，由幼兒自由創作。

2.工具

(1)有蓋子的水桶或塑膠臉盆，土要用塑膠袋裝。

(2)篦：用竹片切修成刀片狀，或冰淇淋木匙可用來切刮。

(3)切土器：鈍了的水果刀或墊板。

(4)小器具：各種小小的模型、牙籤、香柱腳。

(5)桿平器：麵桿或空圓罐。

(6)工作板：可在桌上舖上舊報紙。

(7)展示台：把桌子併成一列或櫥櫃即可，若長時間放置要墊上塑膠布。

3.技法

給每一位幼兒約有 1/4 磅的土，約一個拳頭大小。

(1)揉：用雙手揉土直至最合適的彈性，可瞭解土的軟、黏及展性。

(2)搓：可搓成球（或湯圓），先搓十個可以數數，排列大小，玩系列花樣、拼成圖案，串起來當手鐲等。可搓成長圓柱形，可做蛇、繩子、油條、麻花、手錶、裝飾花……等。

(3)壓印：先將土弄平，拿各種小器具，**模**型印在上面，可印小餅乾、葉子、粗布……等，再切下來，又稱「模印」。

(4)捏塑：用整塊土捏成各種動物，器具等的形象，儘量不要用接合的方式，亦可做各種圓柱，三角錐，正方體、長方體等立體幾何圖形。

(6)切塊：先將土桿平，切成一塊塊可當磚塊蓋房子，或當積木排列，亦可用不同顏色的油土（麵泥），各桿平切塊後相疊捲起來，切一切可當西點蛋糕、餅乾，可用盒子起來包裝送禮。

(7)插裝：在黏土上插東西，如插成棒棒糖、李子糖、刺蝟……等。

(8)戳洞：在黏土上挖洞。

4.指導態度

(1)要瞭解孩子發展的特徵。

(2)瞭解土的性質。

(3)幾天後要換別的材料。

(4)尊重他、鼓勵他。

(5)先讓幼兒有興趣，有信心。

(6)和幼兒一起討論，可變化什麼花樣，缺少的由幼兒補充。

5.教學注意事項

(1)使用肚膠泥或彩色麵糰做泥工時，以單色為宜，麵（泥）糰的大小亦以拳頭大小為宜，以免彩色混合太大、太小而不方面揉搓塑造。

(2)場地用舊報紙舖好。

(3)約四人一組合用一組工具。

(4)整潔：結束後，用比較大塊的油土，將碎屑黏起來，不要吹或擦。同樣色的土放一堆，用塑膠袋裝起來，手用衛生紙先擦擦，再用肥皂洗，可先在水桶裏洗！再到水龍頭下沖淨。

(5)展示：展示作品時，在作品下舖一層塑膠布，若要隔夜最好用塊濕布覆蓋。

(二)塑沙活動

1.玩沙的行為目標：

　　(1)讓幼兒瞭解沙的特性、來源、功能、及使用方法。

　　(2)培養幼兒的想像力、創造力。

　　(3)讓幼兒從玩沙中得到情緒發洩的快感。

　　(4)從玩沙活動中，可學習如何與他人合作，分享。

　　(5)學習收拾整理的習慣。

2.種類

　　(1)木製沙箱：放在室內，可自由搬動，可放置一些玩具，配合單元的教學，講故事當人物插座的沙箱台，自由活動時，可設計成村舍、田莊、江河、公園、城市、動物園。

　　(2)固定的沙箱：比自由移動的沙箱大些，以沙坑小，用水泥、鐵板、木頭等釘造成的，通常固定在室內或教室外面、走廊上。

　　(3)沙坑：在室內遊戲場，挖一沙坑，可配合其他玩具，可挖可掘可剷、或跳高、跳遠用，也可以用水混合沙土，讓小朋友玩堆山和建築，買賣遊戲。

　　(4)沙灘：配合老師的教學，必要時可帶小朋友至海邊的沙灘玩，可讓小朋友共同合作玩較大型的建築工作，如：築水壩、溝渠、城堡等。

3.配合玩沙的器材

　　(1)玩具：貨車、小汽車、小兵、動物、各種模型……等。

　　(2)家家酒的工具：小鍋子、湯匙、碎碗片、葉子碗。

　　(3)量器：小水桶、量杯、篩子、牛奶罐、天秤、量匙。

　　(4)挖掘器：鐵鍬、鐵鏟。

　　(五)水。

4.使用器材的注意事項：

　　(1)如果沙硬化，老師要時常把沙弄鬆，以供幼兒可隨時使用。

　　(2)在玩沙之前，要告訴幼兒玩法，應注意遵守的規則。

　　①不可用腳踢揚沙子。

　　②不准散步，玩丟沙仗。

　　③鐵鍬、鐵鏟，只作挖掘用，不可用來打仗。

　　④不可以把沙弄到其他地方。

　　⑤若引水到沙坑，以便於捏造，但不可玩水仗。

　　⑥沙箱、沙坑的玩具應在玩畢後，收藏好，水桶、鐵鏟、鐵鍬最好能掛起來。

　　⑦玩沙後，要將身上的沙弄乾淨再離開，然後去洗手，穿鞋（沙坑）。

　　(3)玩沙時，老師要在一旁指導。

　　(4)玩畢，老師要督導收拾、洗手。

5.引起幼兒玩沙動機的方法：

　　(1)討論蓋房子的材料，由沙的功能來引發小朋友對沙的興趣。

　　(2)老師可用和水的沙，做各種模型，如蛋糕、碗粿等，並加一點裝飾，做買賣遊戲或生日請客遊戲，來引起動機。

　　(3)可加上各種玩具雜物或工作成品，設計布置庭院、高山、水池、交通要道等，配合教學主題進行活動。

　　(4)把沙裝進鐵罐中，當樂器，配合音樂節拍、唱歌，並讓小朋友猜猜看裏面裝什麼東西，再來討論沙的用途。

　　(5)和幼兒討論沙從何處來？那些地方可以看到沙？沙的用途、特性。

　　(6)利用沙箱講一個有關沙的故事。

6.活動進行時，老師的指導：

　　(1)小朋友玩沙時，老師要能在一旁指導，瞭解小朋友在做什麼？

　　(2)避免違規事項發生，若有小朋友違規，要能妥善處理。

　　(3)鼓勵幼兒多創作，若發現新的玩法。

　　(4)鼓勵每一位小朋友專心儘情的玩，特殊兒童要給予特別的輔導。

　　(5)老師應儘量參予幼兒的活動。

資訊小站：

　　※沙箱（坑）製造時應注意事項：

　　　(1)沙箱高度不宜過高。

　　　(2)沙箱要堅固耐用、夠寬大。

　　　(3)沙坑中，沙的厚度要夠跳遠、跳高的彈力厚度。

(4)沙坑要能隨時翻鬆。

(5)避免設在風口，以免到處沙粒飛揚。

※沙箱宜選用顆粒較粗的沙，並經過濾雜質，準備各種基本工具，由幼兒自行建造。

※沙箱附近宜有洗手臺，以便就近洗手及清潔工具。

(三)積木活動

1.行為目標

(1)讓幼兒瞭解積木的材料、特性、功用及使用方法。

(2)利用積木本身的形狀、顏色，增進幼兒對形狀、顏色的認識。

(3)培養幼兒對數的觀念、幾何圖形、拼排的變化。

(4)由建築遊戲，圖樣變化來培養幼兒的想像力、創造力。

(5)讓幼兒從玩積木中，得到情緒發洩的快感。

(6)從合作搭積木的遊戲中學習如何與本人合作。

2.積木的種類

(1)大積木：大部份是木造的空心積木，形狀大部份是基本幾何圖，如正方體、長方體、馬蹄型、全圓形、三角形、圓柱型，可以堆疊起來成為房子、庭園、階梯、車輛……等，幼兒可在上面活動、可爬、可坐、可穿山洞……許多幼兒可以一起玩。

(2)中積木：

木製的——長方體、正方體、三角體……等。

塑膠製的——拼板、塔形方盒、正方體、長方體、三角錐……等。

紙製的——六角柱、正方體、長方體、硬紙拼板……等。

(3)小積木：

木製的——福祿貝爾、第二～六恩物。

塑膠製的——如市面上常見的「智高遊戲」，形狀多、顏色豐富，收集的養樂多瓶。

紙製的——拼板、拼圖、肥皂空盒。

3.選擇積木的原則

(1)配合幼兒的身心發展、適合其年齡。

(2)外表儘量光滑，不能有粗糙或裂痕。

(3)避免顏料有毒或易脫落，顏色應明朗優美。

(4)求安全、堅固、耐用。選用體積、質地、色彩、大小不一的積木，由幼兒裝排。

教學資訊站：選擇不同種類積木注意事項

(1)大積木：

①不可太重，最好能在小朋友能搬動的範圍。

②要堅固、安全、避免太多銳角。

③形狀以簡單、基木幾何型為主、數量二、三十個。

(2)中積木：

紙積木可以自己做。

②數量上可多些、形狀變化也比大積木多。

③若經濟不許可，可至木材行買小木塊，磨平上漆即可。

(3)小積木：

①形狀、造形可更新穎多變化。

②數量要多，顏色要鮮明。

4.引起動機的方法

(1)利用積木建造故事的情景，講故事來引起幼兒的興趣，然後由小朋友來創造，之後利用自製的模型講故事。

(2)上課時，把其他玩具拿開，鼓助小朋友利用積木來代替。

(3)由木材的故事談起，提到木製積木的種類、用途，再討論各種積木的種類，使用的方法。

(4)將積木破壞，看起來很零亂，鼓勵幼兒再創造。

5.活動過程的指導

(1)鼓勵每位幼兒儘量參予活動，必要時可講故事堆積木以引起興趣。

(2)當幼兒玩積木缺乏變化時，可提醒他、刺激他的想像力、鼓勵他多變化。

(3)積木放置、或活動中，注意不讓幼兒跌倒，提醒幼兒自己注意小

心。

(4)作品完成後，鼓勵幼兒說出他所排物體的名稱：鼓勵他講故事或說出自己的創作想法，以訓練其語言發展、想像力、思考力。

(5)利用各種不同的玩法，讓幼兒數數看、分類、認識顏色、形狀、推理、想像。

(6)一次只介紹一種新的玩法，慢慢再加上其他類的玩法。

(7)活動結束時，老師應鼓勵小朋友來幫忙收拾器材、清理場地老師可以說：「你整理那部份，我來收拾這部份」，如此帶領一起整理。

6.玩積木應注意的事項：

(1)放置地方：積木操作要有空間、操作地點最好遠離交通要道。

(2)不要一次給予太多種類的積木。

(3)應遵守的規則：

①不准積木亂打、亂丟，以避免危險。

②勿拿積木含在口中，以免顏色褪掉，勿吞小積木。

③玩畢後，要收拾整理。

④不得他人准許，不可破壞他人的作品。

⑤積木要共同使用，不可搶成一團（老師可先安排，避免造成搶的場面）。

⑥活動過程中，老師要在一旁指導，知道幼兒在做什麼？

⑦玩積木後老師要注意讓小朋友把積木整理好，要有足夠的時間讓他們有心理準備結束。

資訊小站

各種積木的玩法

(1)玩建築遊戲——搭房子、城塔、車輛、庭院、堡壘……等。

(2)搭各種簡單的物體——如椅子、桌子、床、火車、階梯、杯子……等，可一面玩，一面講故事，並要幼兒說出物體的名稱。

(3)利用系列積木，如蒙特梭利視覺圓柱體，由小到大的方盒積木，可訓練幼兒從粗到細，由高到低的系列觀念。

(4)排中心花樣，中心放一塊積木，排各種對稱圖形的花樣。如：

(5)排空心花樣，對稱圖形的中心是空的，如：

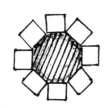 

(6)排橫列、直列花樣，如：□◇□◇，或以顏色來變化、訓練幼兒邏輯的觀念。

(7)排空間圖樣，可將積木疊起來，數數看，由幾塊積木將造成的，建立乘除觀念的基礎。

(8)利用積木練習數數、觀察直角、銳角等角度的變化，認識長方面、正方面、三角面等各面的數目……等幾何基本概念。

※各種幾何圖形的教學法（利用正方形、三角形的積木或紙形排列，二個小三角形可合併爲一個大三角形，三角形爲等腰直角三角形）：

排正方形			排三角形			排四角形 排行形			排中心花樣	排各種花樣
正方形	大三角形	小三角形	正方形	大三角形	小三角形	正方形	大三角形	小三角形	以正方形排（一～九）個中心花樣，排橫花	樣，作高度的比較作空間的研究。
1	4	0	0	2	0	0	2	0		
1	0	4	0	0	2	0	0	4		
	4		0	0	4	1	2	0		
2	4	2	1	2	1	0	0	6		
5	4	4	9	6	1	2	2	0		
9	0	0	4	4	1	排梯形				
4	0	16	排六角形 1	0	2	0	0	3		
排長方形						0	0	4		
0	1	2	0	0	6	1	2	0		
0	0	4	0	6	0	0	3	0		
0	0	8	4	4	0					
3	0	0	5	4	2					
0	6	6	8	4	2					

㈣雕刻活動

　　1.雕塑：雕塑宜選用質軟的材料，並準備基本工具，由幼兒雕塑。常用的材料包括肥皂、蘿蔔、蕃薯、軟木及其他材料等，可以直接在上面雕塑花紋，蘸上印色蓋於紙上。

　　2.浮雕：先壓平作成一塊土板，然後在上面浮雕。若要桿成有一厚度，可先取兩塊木條，置於兩旁，再用桿平器桿成和木條同樣厚度的土板。亦可用肥皂或蘿蔔做浮雕。

第三節　幼兒造型創造活動的實施

　　綜合胡寶林、鄭明進、潘元石、許榮哲等資深兒童造型創作指導工作者對幼兒造型創造活動的輔導看法，歸納如下建議：（胡寶林，民75）（陳瑤華，民85）

一、有關幼兒教師的進修與準備

1.瞭解幼兒發展特性及兒童繪畫發展階段與能力
2.熟知兒童畫與藝術欣賞基礎理論
3.培養美的鑑賞能力：可透過參觀畫展、關心各種文化活動……
4.親身動手試著創作，以培養自己的指導興趣。

二、教材與教學主題的選擇

1.幼兒親身經驗有關的生活主題是教材與教學主題的最佳選擇。
2.教師可以主動提供話題內容的資料
3.想像的畫題也是很好的教學主題。
4.視覺資料要有選擇，避免打鬥、色情、不宜兒童發展的階段的教材。
5.多應用各種材質及不同的操作方法變換作品風貌，並體驗不同材質與技法的特殊效果。

三、幼兒從事造型創作活動的心理準備

1.提供兒童開放的生活與視覺的經驗：引導幼兒觀察日常生活中的美、參觀美術館、多看美展、參加藝術創作活動、多接觸及發現多樣世界、多遊歷欣賞各地風土民情的美……
2.提供幼兒視覺對象的資料，以有趣、新鮮及幼兒能理解的語調和幼兒討論，加深印象。
3.引導幼兒對色彩的感覺及聯想，隨時喚起某種色彩與某種實物的關連。
4.可選擇不同畫風的幼兒圖畫故事書，講故事給幼兒聽。
5.在幼兒開始創作活動前，要注意教材的引導，以引起幼兒創作及表現的動機。

6.幫助幼兒認識自己的感覺並表達出來，讓他瞭解獨立的思考和自由的創作是被尊重的。

資訊小站：如何使幼兒喜歡造型創作課

兒童的藝術課程並不是要培養小畫家，重要的是透過創作的藝術活動達到各種學習的效果。有些兒童可能由於過去不悅的經驗，而不敢下筆，不願去嘗試。他們會說：「老師！我不會！」這時候，老師該怎麼辦呢？如果勉強他去做，可能會帶給他另一次挫敗的經驗，以後將退縮的更遠。這裏提供幾個原則，幾種可以試用的方法，供您參考。

1.先建立良好的關係，對他表示充分的關心，做他的朋友，聽聽他的想法，再予適度的鼓勵。

2.透過各種直接、間接的觀察體驗，或各種生動活潑的引導，來激發幼兒的興趣。

3.認識幼兒每人的作品，給予適當的稱讚與鼓勵。讓幼兒了解在教室裏並不一定要畫最漂亮的，重要的是表達自己。鼓勵幼兒能欣賞自己的作品也能欣賞別人的作品。

4.利用各種簡易而效果顯著的繪畫方法，讓幼兒得到滿足與成就的喜悅。如：漿糊畫、蓋印畫、蠟筆散步畫、蠟筆擦印畫（適大班）、摺印畫、滴流畫、吹畫、曳畫、梳子畫、線印畫……等。

四、教學活動的引導

胡寶林強調教學活動的引導，要重視實驗性與遊戲性的啟發。他提出教學三部曲：

1.先玩玩與畫題有關的材料（如：紙盒、皮球、用布偶說個故事、做手指節奏……）

2.開始畫畫

3.大家一起來看看，共同欣賞討論，對抽象的遊戲作品可共同聯想猜途中線條像什麼？他還特別建議兩點：

1.把教材與上課氣氛變成一種遊戲，幼兒才能無拘無束地、開放地顯露自己創作的獨特性。

2.給予足夠的創作時間（胡寶林，民 75 ）。

許榮哲則提出發展式的五段教學法，簡稱：「發展—5」（Development-5）就是把一堂課分成五個段落來進行，依序如下：1.暖身暖腦活動→2.材料安全與特質介紹→3.孩子自由創作→4.個別分享與欣賞→5.責任與禮節（陳瑤華，民 85 ）。

綜合以上兒童美術專家的看法加上個人的教學經驗，歸納幼兒造型創作的教學活動引導過程，分成以下四個進行階段：

(一)準備階段

準備階段包括：幼兒心理的準備、對工具材料使用能力的準備及創作活動過程中教師對幼兒行為規範的準備。

1.**幼兒心理的準備**：讓幼兒在創作前先動動自己的身體和頭腦，也舒展一下工作前的情緒。通常可以做的暖身活動有：生活經驗分享、即興聯想活動、說故事……等，最好與當日主題活動有關，以引起幼兒創作動機。

2.**材料安全與特質介紹**：向幼兒介紹使用材料的特質性，並強調使用該素材需要注意的安全性，讓幼兒據自己的經驗與素材做朋友。讓幼兒清楚知道如何使用工具、收放器材；知道材料是用來創作的不可以拿來當攻擊別人的武器；知道如何保護照顧工具……等。此階段還可依據幼兒的發展能力，介紹適合的技法。

3.**行為規範的準備**：在正式進行創作活動之前，需要讓幼兒瞭解其該遵守的規範行為，如：不大聲說話但可以小聲交談；不干涉他人作品；將畫畫在紙上或指定位置上，不畫在別人身上；創作前要穿工作服；，完成作品後，如何收拾；若比別人早完成作品可以做什麼……等。

(二)創作階段

幼兒瞭解了材料的特質性，並知道如何使用，接著就是讓幼兒自由創作。當幼兒進行創作時，教師必須走動巡視，鼓勵不敢動手的孩子；提醒

不守常規的幼兒注意自己的行為；提供幼兒必要的協助……等，此時亦可放點音樂，可紓緩情緒，增加氣氛。

(三)分享階段

在創作階段後期，有幼兒已先做完，此時教師可以與幼兒做一對一的溝通與分享。可將幼兒的想法直接記錄在畫紙上面、背面或另外的紙上。等大部分幼兒都完成作品後，再集合分享討論。此時分享的重點放在幼兒對自己作品的介紹，老師盡量不做批判的工作。可以開闢一個展示區，陳列幼兒的作品，或未完成的作品。一對一的分享可在創作過程中進行，團體的分享可以在收拾整理好後，再進行。

(四)收拾階段

最後這個階段重點就是養成物歸原位，收拾整理的習慣。幼兒需要做的事包括：自己的東西收好、桌子擦乾淨、工具放好等。

五、教學的輔導原則

1. 對兒童說話語氣要親切而肯定，以具有愛心權威去獲得兒童的信賴。

2. 少教超出兒童年齡的技巧，技巧要等到孩子需要時才教。

3. 讓兒童有機會發明畫法，過足原創力的癮。

4. 給兒童有「畫不好」的自由、或偶而畫概念畫的自由。

5. 避免把成人的想法，加在幼兒身上，抹殺他們的個性。

　　勿主動為幼兒的創作進行修飾工作，這麼做會抹殺孩子的自信心。

6. 鼓勵幼兒多使用色彩，但不要批評或指定幼兒使用某一特定顏色。

7. 多給材料，多給繪畫自由。

8. 觀察幼兒作品內容及表現習慣，若有些幼兒偏好某種顏色，或人物表現都是同一個樣子，可以鼓勵幼兒試試別種顏色，多觀察每件東西的不同樣子，可使創作更活潑，免流於呆板。

9. 少參加比賽，以避免為參賽患得患失，養成為競爭而創作的不當心

態。

　　10.不要幫幼兒完成作品，可以引導他，但不要幫他做。

六、幼兒作品的評鑑與欣賞態度

　　如何評鑑欣賞兒童的作品？胡寶林（民75）提出：要尊重兒童作品、以兒童的心情來欣賞以兒童的立場來評鑑與欣賞

　　1.基本上每樣幼兒的作品都有創作價值，少拿作品當面作優劣比較。

　　2.對每位幼兒的作品都找出好的地方讚賞，該糾正的地方只說：「如果能多注意這些……那些……就更好了！」

　　3.好的作品可說：「比較有趣！」「……地方比較好！」而不說「做的最好！」

　　4.圖示期的兒童畫，以教育為目的的評鑑準則，建議如下：

- 特異的題材
- 富想像的畫面及情節
- 活潑及打破習慣的創作
- 具原創作力的線條節奏
- 認真的製作態度
- 主觀的感情表現及有結
  構的畫面組織

問題思考：

1. 造型創作活動中，你如何幫助一位向你表示他不會做的幼兒？

2. 有老師告訴你，家長很在乎孩子帶回去的作品，最好幫孩子把作品修一修，才讓他帶回去，你的看法如何？

3. 有位幼兒要求你：「老師！我想做的像×××一樣，你教我做！」你怎麼辦？

4. 美勞課，你發現有幼兒用單色塗滿整張圖畫紙，你會如何輔導他？

5. 當你在巡視幼兒作品時，看到有幼兒把魚畫在天上，把太陽畫在水裏，你會如何輔導他？

6. 美勞課時，分小組共用一套美勞工具材料，可是有幼兒向你告狀，「老師！××拿了好多顏色！不給我用！」，當你希望勸服××時「可是我需要這麼顏色啊！」你會如何輔導？

第十四章

創造性幼兒音樂啟蒙課程

本章重點

第一節 幼兒音樂啟蒙課程基本理念

　　一、幼兒音樂教育的定位

　　二、幼兒音樂教育的目標

　　三、幼兒音樂教學中教師的角色

第二節 音感的培養與樂器的接觸

　　一、音感培養與樂器接觸的主題活動發展

　　二、發現周遭環境的聲音及音源

　　三、音的辨識

　　四、節奏的練習

　　五、樂器的接觸

　　六、自製音響玩具與樂器

第三節 創造性幼兒音樂啟蒙課程的引導

　　一、幼兒音樂教材的編選

　　二、幼兒歌曲的教唱

　　三、幼兒音樂教學指導原則

　　四、樂器演奏的引導

第一節　幼兒音樂啟蒙課程基本理念

一、幼兒音樂教育的定位

　　幼兒音樂教育應該不是片面技巧的學習，應強調提供孩子一個全面而開放的音樂視野，讓孩子在充滿音樂氣氛的環境中，去感受、欣賞音樂，進而喜歡研習音樂。音樂啟蒙教育若是一開始就在特定的音階、指法、和弦、認譜等有形的知識和技巧上訓練，往往窮年累月的學習，徒有磨練技巧的苦役，而無緣享受音樂的樂趣（賴德和，民 86）。Spodek B.& Saracho O. N.（郭靜晃等譯，民 87，頁 561）認為教育中的音樂課程應給予兒童聆聽音樂、學習理解音樂元素、透過歌唱及彈奏樂器複製這些元素以及把身體韻動和音樂的情感表現相結合的機會。也應包括樂曲或節奏的創作。音樂課程必須和教學計畫中其他部分相結合，特別是語言藝術與社會學科，以幫助兒童學習關於在不同文化中音樂的運用。

　　胡寶林（民 86）指出：音樂也可以說是一種以聲音發出的「動作」，無論是外在的音樂或自己的歌唱喊叫，最易引誘動作的發生和結合，增強對外界時空的體驗，把心靈導向和諧秩序。就好像心理活動也是一種看不見的動作一樣。使心理活動和身體舉動趨向共同和諧韻律的現象，就是身心平衡的一種表現。

　　楊茂秀則認為：如果有個小孩，說是七歲吧！小心地，將他收集的瓶瓶罐罐，各種金屬的蓋子，一個一個拿出來，放置排列在家裡花園的走道上，排好之後，邀他的小朋友，整個下午，在那裡敲敲打打，打擊出各種韻律、節奏及不同的音高，這就算是他們的音樂經驗（楊茂秀，民 84）。綜合以上意見，將幼兒音樂教育的定位如下：

　　1. 強調提供孩子一個全面而開放的音樂視野。

　　2. 讓孩子在充滿音樂氣氛的環境中，去感受、欣賞音樂。

3.幼兒音樂課程內容應包括：聆聽音樂、學習理解音樂元素、歌唱、彈奏樂器、樂曲節奏的創作、不同文化中音樂的運用……等。

4.幼兒音樂課程指導方法重視和教學計畫中其他部分的結合，如：與時空環境的結合、與身體韻動和音樂的情感表現的結合、與不同文化的結合、與遊戲快樂結合……等。

5.幼兒音樂對隨性快樂的音樂經驗獲得比特定音階、指法、和弦、認譜等有形的知識和技巧上訓練更重要。

二、幼兒音樂教育的目標

音樂與韻律的教育功能乃透過自由與創造力促進的方式，配合生活周圍的環境，培養兒童對聲音和動作的節奏運作，產生敏銳的反應與和諧的共鳴。讓兒童內在的生理與心理節奏轉化成為一種生命的動力，積極地參與這世界事物的時序與運作，充份發揮身體、感覺和意志力控制的潛能（胡寶林，民86，頁58）。胡寶林認為音樂與韻律比較具體的教育功能可歸納為：

1.初步對周圍音效的捕捉和製造引發興趣，感到有聲和有秩序的世界好可愛。

2.自由及創造性地進行音樂和韻律的活動。

3.對多樣的音樂儀器產生興趣。

4.使音樂和語言產生互動關係。

5.習慣生活中透過語言聲調或唱歌、敲擊樂器、演奏，流露應有的感情。

6.學習注意力的集中和合群性的共同遊戲，服從音樂韻律的規則，善於組織遊戲的變化和發現獨特的表現。

7.大小肌肉和動作的自主運作。

8.從小養成有旋律及有儀表性的節奏舉動。

依據現行幼稚園課程標準的音樂課程目標，則提到幼兒音樂教育課程的目標如下：（幼稚園課程標準，民76）

(一)總目標

1. 增進幼兒身心健康的均衡發展
2. 激發幼兒愛好音樂的興趣
3. 培養幼兒音樂的基本能力
4. 啟發幼兒對音樂的表現能力
5. 發展幼兒互愛、合作、快樂、活潑的情形

(二)一般目標與具體目標

* 音樂欣賞

一般目標	具體目標
1. 培養幼兒注意力及對周遭環境事物之敏銳觀、細心探索	1. 能和友伴一起快樂地學習音樂
2. 培養幼兒豐富的想像力、創造力及審美能力	2. 能靜靜地聽音樂
	3. 喜愛各種優美的音樂
3. 培養幼兒優雅高尚的氣質	4. 能靜聽朋友唱歌或演奏
4. 培養幼兒健全、獨立人格、充滿信心	5. 能感受音樂旋律的「快慢」、「優美」、或「雄壯」。
	6. 在平常生活中喜歡音樂

* 節奏樂

一般目標	具體目標
1. 培養創造性與群性發展	1. 喜歡敲打各種小小樂器，如：手響板、木魚、鈴鼓等。
2. 輔導幼兒了解與熟練樂器的奏法，藉以提高其學習音樂的興趣	2. 能配合樂曲的快慢、強弱來敲打節奏樂器
3. 培養幼兒快樂的合奏態度、能力及合作精神	3. 能和大家一起快樂的敲打樂器
	4. 能隨音樂的旋律敲打樂器
4. 培養幼兒敏捷的反應，並養成愛護與保養樂器的好習慣	5. 分擔指定的樂器來敲打，並能與別人交換樂器
	6. 愛惜樂器

三、幼兒音樂教學中教師的角色

1.高敏感度的生活體驗者

在音樂課堂進行時，教師如果能有較好的敏感度，留意孩提的生活經驗快速在腦中一順，仍納入課程中，如那溪，沿途注入不同的流，在同赴廣闊大海時，才能豐富飽滿（邱惠瑛，民84，頁23）。

2.能欣賞音樂，懂得音樂藝術的愛好者

幼兒音樂教師不必是個音樂演奏家或歌唱家，但他必須是個能欣賞音樂，懂得音樂藝術的愛好者，否則他將無法帶領幼兒感受音樂的奧祕，引領孩子走入音樂的殿堂。

3.提供孩子輕鬆愉快音樂經驗的情境安排者

我們將幼兒音樂定位於讓孩子在充滿音樂氣氛的環境中，去感受、欣賞音樂，而不是汲汲教導樂理、音符，所以教師應該是提供孩子輕鬆愉快音樂經驗的情境安排者。經由教師經營的愉悅音樂氣氛中，去感受音樂的美妙與喜悅。

4.引發幼兒學習興趣的發酵者

教學怕貪心，也怕錯失良機，課前的準備重要，但也不要準備得太滿，這些準備，只是酵母菌，在合適的環境下，必定有它必顯的效果（邱惠瑛，民84，頁49）。

5.能從幼兒經驗中關照自己的反省者

孩子們從教師身上學習到的不光只是知識與技術的傳授而已，教師的一言一行都是孩子們的模仿對象，教師需要經常從幼兒經驗中關照反省自己的言行與教學，而不只是單純設計音樂活動進行音樂教學而已。

第二節　音感培養與樂器接觸

一、音感培養與樂器接觸的主題活動發展

　　音感的培養在提昇孩子對音效現象的分辨，通常音效現象的分辨可分：　1.**音色**：音源種類的分辨　2.**響度**：音響的輕重、體積、疏密……3.**音程**：音響的速度長短　4.**音調**：高低音調的階層（胡寶林，民86，頁68）。

　　依據上述基本要素，設計以「音感培養與樂器接觸」為主題的活動發展網絡圖如下：

二、發現周遭環境的聲音及音源

　　1.**聽身體**：以手掌掩住耳朵，做嚼動、磨牙、吞口水、彈舌、上下敲動牙齒……等動作。利用身體各部位試著發出各種聲音，拍手、搓手、敲拳頭、踏腳、踢踏、拍腿、拍臀部、敲膝蓋……等，亦可兩人一組，互相傾聽心跳的聲音、肚子的咕嚕聲……。

　　2.**傾聽自然**：帶幼兒至戶外大樹下，請幼兒閉上眼睛，傾聽自然界發出的聲音：風聲、鳥叫聲、樹葉摩擦聲……，或利用大自然音樂錄音帶，讓幼兒以最舒服的姿勢放鬆身體，傾聽自然界的各種聲音。

　　3.**聽交通工具聲**：分辨事先錄製的火車聲、汽車聲、摩托車聲、船行駛聲音、飛機聲……等

　　4.**聽日常生活的聲音**：錄製日常生活中常見的各種聲音，如：電話鈴聲、沖水馬桶聲、刷牙、下樓梯、嬰兒哭聲、打字聲、開關門聲……，亦可經過計畫安排，將這些聲音串起來，邊串成故事。

　　5.**以聲音表現故事**：利用預先錄製的聲音，請幼兒配合想像劇情，演

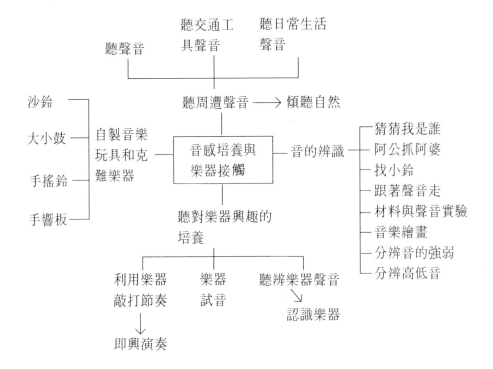

音感培養與樂器接觸主題活動發展網絡圖

出故事情節。

　　6.利用圖片想像聲音：選擇容易想像聲音情景的圖片，如：大笑的臉孔、尖叫的表情、快樂的生日情景、海浪拍打岩石、安靜的月夜、小狗吠叫……等圖片，和幼兒討論圖片當時情景可能的聲音，聲音與感覺的關係，色彩和聲音的關係……等。

三、音的辨識

　　1.猜猜我是誰：大家圍成圓圈，請一位幼兒蹲在中間，頭朝地面閉起眼睛，幼兒圍繞其身旁，一面唱歌一面繞圈，等歌聲停時，站在中間幼兒後面的幼兒，說一句話，讓他猜猜是誰在他後面。

　　2.阿公找阿婆：請兩位幼兒出來，一位當阿公，一位當阿婆，均蒙上眼睛，全體幼兒一起鼓掌，當阿公接近阿婆時，掌聲要大聲，遠離時，要

變小聲。如果阿公找到阿婆，就換人。

3.找小鈴：幼兒圍成一個圓圈，請一位幼兒站到中間，閉起眼睛，老師把小鈴放到一位手中，其他幼兒，也要將雙手握起，中間微空，假裝手中有小鈴，大家邊搖邊唱歌，此時就可請中間的幼兒把眼睛張開，尋鈴聲找小鈴，找到後，即換人，輪流玩下去。

4.跟著聲音走：將幼兒兩兩配對，其中一人自尋一樣可以發出聲音的東西或樂器，另一人蒙上眼睛，矇眼人必須跟著同伴敲打的樂聲走。老師可以鼓聲或尋一較為響亮的樂器，先示範停止與再開始的訊號，再進行活動。此活動在訓練幼兒對聲音的敏感度，如何在吵雜聲中，聽出指示的聲音。

5.聽是什麼樂器：請幼兒閉上眼睛，老師在幼兒看不見的地方敲一種樂器，請幼兒猜猜看是什麼樂器的聲音？猜對了，可以把樂器拿出來，當幼兒的面再試一次。

6.材料與聲音實驗：可利用各種材料，試各種方法，分辨其聲音的差異性。如：在等高的玻璃杯，裝不等量的水，敲玻璃杯邊緣聽聽其聲音。或裝一桶水，丟入匙、沙、石頭、用樹枝拍打、吸管吹、將水滴在鐵片上……聽聽看聲音有何不同？其他如紙、金屬、石頭、土壤、塑膠袋、木頭、竹片……都是很好的素材。

7.分辨音的強弱：利用聲音強弱，請幼兒回應相關動作。如：大聲彈琴就大步走（用力拍手），小聲彈琴就輕聲小步走（輕輕拍手）。或大聲叫幼兒名字，幼兒則大聲回應「在這裡」，小聲叫則小聲回應。老師小聲敲鼓，幼兒比小圈圈，大聲敲則比大圈圈。

8.分辨高低音：做出與高低音相關的動作反應。如：高音（高處的花開了），低音（低處的花開了）；高音（星星在天空一閃一閃），低音（烏龜在地上慢慢爬）；高音（蝴蝶在天空飛），低音（烏龜在地上慢慢爬）；高音（把手伸高），低音（放下手）；高音（手擺前面），低音（手擺後面）。

9.音樂繪畫：透過繪畫和遊戲的方法，來幫助孩子了解聲音的高低和節奏。

教學資訊站：音樂繪畫

1.聲音與圖形的配對

老師先畫出幾種圖形，再利用不同樂器吹奏出長短、強弱不等的聲音，讓幼兒感覺，並試者配對聲音與圖形。

2.畫聲音

彈奏一小段樂曲，或播放一段音樂，讓幼兒在聽後，以手在空中畫出他所感受到的圖形，或用蠟筆或以手指沾上顏料，在紙上畫出，以小樹枝、火柴或手指在舖平的薄沙上畫出。此外，還可以用黏土做出聲音圖形，排列出來。

3.畫圖形唱曲調

請一位小朋友閉上眼睛，另一位小朋友站在他的身後，用指在他的背上畫出圖形，由閉眼的小朋友唱出他所畫的那種圖形的聲音。

4.聽聲音排隊形

將小朋友分成幾個小組（一組約十名），然後由老師吹奏出幾種聲音，讓各組的小朋友排出圖形，看看那一組排得快又好。

※隊形排法參考

直線隊型：小朋友彼此緊靠，站成一直線。

曲線隊型：小朋友手拉手成彎曲的圖形。

間斷隊型：小朋友蹲在地上，彼此間隔一小段距離排列。

※各種旋律書法的參考：

- 強音……粗又大的線條
- 弱音……細又大的線條
- 快音……非常小
- 高音……瘦瘦長長的
- 慢音……非常大
- 低音……矮矮胖胖的
- 圓滑音（legata）
- 斷音（staccato）

※速度節拍畫法參考

二拍　　 celelelelele

三拍　　celeeleeleelee

四拍　　celelelelelel

或以圖形呈現

四、節奏的練習

1.**感受不同拍子的音樂**：經常放音樂或演奏曲子，任孩子擺舞或敲打。

2.**速度的練習**：隨著音樂節奏做動作，如：快速度（輕快地拍手），低速度（慢慢地拍手）；快速度（小跑步），慢速度（慢慢舉步）；快速度（小白兔跳），慢速度（大象走路）。

3.**鐘擺韻律**：學鐘擺的節奏擺動身體，按旋律或歌曲的快慢輕重左右擺動身體。

4.**機器人**：讓幼兒想像自己是上了發條的機器人，先由老師指揮做動作，再兩人一組，一人當指揮一人當機器人，由指揮發命指示機器人做各種動作。

5.**噴水的水管**：想像自己是一根噴水的水管，身體站直，腳不動，身體以繞圓圈的方式，隨音樂節奏搖動身體。

6.**開火車**：幼兒排成一列，手搭在前面幼兒肩上，最前面的幼兒則可以擺動雙手，隨音樂節奏的快慢前進或後退。

五、樂器的接觸

1.**認識各類樂器**：教師在上課前先準備各類樂器，拿一塊布將之覆蓋，引導幼兒伸手觸摸，說出觸摸的感覺；請幼兒觸摸一種樂器，並使它發出聲音，讓其他幼兒猜猜那是什麼樂器；教師示範正確動作，並介紹樂器名稱；讓幼兒自選一項樂器，自由把玩幾分鐘。

2.**分辨各類樂器的音色**：敲擊不同樂器，讓幼兒憑感覺將樂器分類；依樂器材質分類，讓幼兒聆聽，並嚐試說出不同材質音樂音色的差異。

3.**分辨合奏樂器的音色**：將樂器分成三大類，如：皮質類、金屬類、木質類，以三種顏色卡代替三大類，老師敲擊哪一類樂器，幼兒就要舉該顏色卡，漸進至兩類樂器合奏，就要同時舉兩張顏色卡。

六、自製音響玩具與樂器

不一定需要是市售的樂器才得以彈奏音樂，有人可以用自己的身體彈奏樂曲，日常生活中可以發聲的物品，其實也是樂器的來源。

1.**常見自製音響玩具與樂器的材料**

空罐頭、奶粉罐、汽水瓶蓋、竹筒、鎖匙、衛生紙主軸、餅乾罐、不用的鍋子、鍋蓋、湯匙、塑膠盒、貝殼、洗衣板、衣架……

2.**風鈴**：用衣架吊掛竹筒、鎖匙、湯匙、汽水瓶蓋……等，即可做成一個什錦風鈴。

3.**小鼓**：紙箱、圓筒盒、餅乾盒、奶粉罐、木箱、養樂多罐……等都可以拿來當鼓打。

4.**波浪鼓**：紙製的飲料盒接根冰棒棍，兩邊連上小段繩，繩端穿上小珠子，即可當個克難波浪鼓。

5.**手響板**：兩個大貝殼一開一合就可當手響板。

6.**沙鈴**：把小石頭、米粒、綠豆、鈕扣、或銅板放到空罐盒內，將口封起來即成沙鈴。

7.**鍋蓋鑼**：不用的鍋蓋，可以當鑼使用，是壓軸、刻劃節拍少不了的

主音。

8.**手搖鈴**：以鬆緊帶把現成買來的小鈴鐺串起來，套在手上搖；或用鐵絲串起來，直接握住搖晃。亦可用汽水蓋串接。

9.**吹哨器**：可利用哨子、玩具喇叭、葉笛、玩具喇叭……當吹哨器。

第三節　創造性幼兒音樂啟蒙課程的引導

一、幼兒音樂教材的編選

根據幼稚園課程標準有關幼兒音樂教材的編選建議如下（幼稚園課程標準，民 76，頁 40-41）：1.歌詞：歌詞的意義、深淺、長短要適合幼兒的**發展、生活經驗及口吻**，避免教條式、深的歌詞，內容生動活潑，富有表情，並與單元配合。

1.**歌詞長度**：每句以一或二小節，歌曲長度以八小節至十六小節為宜。

2.**音域和音程**：以中央 C 到高音的 C 的八度音為主。音程以三度音到五度音為宜。

3.**曲調**：速度要適中，不宜太快或太慢。歌曲以 C、D、E、F、G 調為宜。

4. **節奏**：適合幼兒的節奏為二拍子，其次為四拍子，再次為三拍子。

5. **伴奏**：幼兒歌曲的伴奏，以簡單的合音伴奏，且節奏明顯者為主。除了鋼琴、風琴之外也可以用節奏樂器來伴奏。

二、幼兒歌曲的教唱

1. **「仿唱」和「聽唱」**：是指教師在鋼琴或風琴上彈奏音階、分解和弦及新歌曲調時，邊彈奏邊範唱，讓幼兒模仿，更進一步引到聽唱。

2. **齊唱**：老師引導幼兒全班齊聲同唱，時間不宜過長，每次連續齊唱，至多不可超過三次。

3. **分唱**：即一組一組或一行一行的唱。當採用分唱法，某一組或某一行在唱時，其他組或各行均可按節奏打拍子，或說白節奏，以加深印象，訓練節奏。

4. **連唱（接唱）**：即一首歌曲由全班小朋友先後分組唱完，也就是說甲組唱第一句，乙組立刻接唱第二句……等。分唱與連唱的應用，在新歌教學的過程中及複習舊歌中，都是不可缺少的。

5. **獨唱**：可採輪流指定或自願方式，可坐原位或站原位或站在臺上或大家面前唱。

6. **默唱或哼唱**：即老師彈琴、幼兒可模仿各種聲音哼唱曲調或說白節奏（但不唱譜），或在心裏默唱，不要出聲。

7. **搭配動作**：動作可由幼兒自編或師生共同創作。

三、幼兒音樂教學指導原則

1. **教材準備**：可將歌詞編成生動的故事，在畫成故事圖片後講述給幼兒聽，以引起幼兒學習新歌的動機。

2. 教學的**指導語**要用孩子聽得懂的話說出來。

3. 教師教學前要**熟練歌曲**。

4. 唱遊時應注意快樂氣氛，不必太注重糾正錯誤。幼兒模仿性強，只要教師唱得正確，幼兒很快就可以唱得正確。

5. **活動進行後**，如果孩子沒有什麼反應或共鳴時，不必太在意，不必強迫孩子一定要有反應，可以先跳過去進行其他的，過一些時候再回頭試試原來的活動。

6. 不需要一次或一天內完全學會新歌，可採取「**交錯漸離**」，即新舊歌曲交錯學，可增加幼兒學習興趣。

7. 幼兒唱歌不可以過分大聲用力尖叫或大叫，應用輕聲好聽的聲音或快樂的聲音歌唱。所謂**好聽的聲音**，就是能夠發出正確的音高、適當的音量而愉快的唱出歌聲。

8. 鼓勵幼兒**發揮創造力**，而不是希望他們遵照一些既定模式表達自己。

9. 鼓勵幼兒隨音樂**自然流露**自己內在的**情感**。

10.讓幼兒有機會認識學習各種樂器。

11.練習時可用琴聲、口琴、吉他、手風琴或錄音機或節奏樂器伴奏。

12.**歌曲方面**：速度要適中，不宜太快或太慢。歌曲最好用 C、D、E、F、G 各調。

13.**動作**可由幼兒自編或師生共同創作。

教學秘笈：新歌教唱流程

1. 先彈奏（或播放錄音帶）整首新歌的節奏，讓幼兒先熟悉旋律。

2. 讓幼兒點頭、拍手、或其他動作配合旋律，熟悉節奏。

3. 教師範唱（可配合旋律，讓幼兒注意聽歌聲）

4. 配合圖畫或故事，向幼兒解釋歌詞意義，幫助幼兒瞭解並熟記歌詞。

5. 注意歌唱的快樂氣氛，不必太注重糾正錯誤。幼兒模仿性強，只要教師唱得正確，幼兒很快就可以唱得正確。

6. 不需要一次或一天內完全學會新歌，可採取「交錯漸離」，即新舊歌曲交錯學，可增加幼兒學習興趣。

四、樂器演奏的引導

根據幼稚園課程標準有關幼兒節奏樂器的教學建議如下：（幼稚園課程標準，民76，頁47-49）

㈠節奏樂器教學內容

1. **敲打節奏樂器**：輔導幼兒利用各種不同的打擊樂器來敲打，如：三角鐵、鈴鼓、響板、小鈴、串鈴、小鐘、木魚、大鼓、小鼓、鈸等，並培養節奏感，並讓幼兒學習輪流、等待和愛惜樂器的習慣。

2. **敲打克難樂器**：利用與節奏樂器相似的音響物或利用廢棄物自製樂器來敲打，以培養幼兒節奏感、創造思考和問題解決的能力。

3. **小樂隊合奏**：組成小樂隊來合奏，以培養幼兒團隊的精神，並滿足團體合奏的樂趣。

㈡節奏樂教材編選

1. 所選樂曲節奏明顯，以二拍、四拍、三拍者為宜。同時曲調活潑，避免用悲哀、沈重的曲調。

2. 編選樂曲時，要以現有的樂器為標準，並適合幼兒的能力。

3. 節奏應按照幼兒的能力，適當地加入各種變化。

㈢幼兒樂器合奏教學方法

1. 教師用鋼琴或風琴，先將欲演奏的的歌曲彈一次，以引起幼兒學習動機。

2. 教師以拍手示範，隨著音樂的旋律一拍一音，再一拍兩音，兩者交互配合反應，帶領幼兒拍手。

教學資訊站：常用樂器介紹

(一)鐵琴

①音色要正確。

②兩隻敲棒要有彈性。

③可以一個一個的敲。

④可以兩個一齊敲。

⑤可以使用滑音。

(二)三角鐵（鈴）

①缺口在下面。

②三角鐵要有帶子。用左手拇指與食指夾著三角鐵的皮帶或絲帶。

③聲音較清脆。

④在＜處來回敲。

(三)手響板（分有棒、無棒兩種，幼兒通常使用後者）

①使用時，手執響板。

②響板上要有繩子，使用時食指穿過繩，用大拇指和中指按。

③可雙手各持一個手響板。

(四)鈸

①鈸聲音響而脆，用於加強節奏。

②使用時，兩個鈸要錯開相碰右手往上，左手往上。

③將皮帶套在手背上，左右手各持一鈸。

④斷音或音符後面有休止符時，可用鈸擱置胸前為止音符。

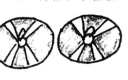

(五)鼓

①有大鼓、中鼓、小鼓。

②是打節奏不可缺的樂器。

(六)鈴鼓

①手執於鈴鼓周圍的一個缺口。

②可拍、可搖、可拍打身體上各部位如：拍肩、拍手……

(七)手搖鈴

　　①在手腕上輕敲。

　　②不要用搖動方式。

(八)沙鈴

　　①鈴聲任放置豆子或沙。

　　②手執沙鈴棒。

(九)木魚（屬中音樂器）

　　①左手握木魚下面的尾巴，右手取槌。

　　②將木魚的大面無缺口之任何一處對著自己。

　　3.教師介紹各種節奏樂器的名稱，並以正確拿法及敲打法做示範。隨著音樂試奏全曲。

　　4.各類節奏樂器分組練習

　　5.再依規定節奏形式隨音樂練習，

　　6.幼兒要注意指揮。

　　7.注意二拍子是強弱，三拍子是強 弱弱。

　　8.以一種樂器練習打節拍，由一拍、二拍、三拍……休止符、跳音……等節奏打法，再練習熟悉的曲子。

　　9.讓幼兒認識每一種樂器的特性及奏法，先以一種樂器，熟悉整個曲子的旋律、節奏。

10.等熟悉各種樂器後再進入合奏。

(四)幼兒節奏樂教學實施要點

　　1.讓每位幼兒有機會使用各種不同的樂器來敲奏，同時要輔導幼兒等待、輪流、使用樂器的好習慣。

　　2.樂隊隊員應以男女幼兒混合編組。

　　3.樂隊排列應注意隊員身高高矮及樂器種類。

　　4.樂隊小指揮應遴選反應靈敏、注意力集中、聰明活潑、音感好且特別喜愛音樂的幼兒擔任。

　　5.培養幼兒自動領取及收拾樂器的習慣，並知道如何保管和保護樂

器，放置的高度以便利幼兒能取用為佳。

　　6.合奏以培養幼兒學習興趣及團隊精神為主，不必太注重其技巧的表現。

　　7.節奏樂的使用，可伴奏歌唱、韻律表演、節奏樂演奏及團體遊戲時製造氣氛等。

　　8.練習時間不宜太長，每次以二十至三十分鐘為宜。

(五)即興演奏的引導

　　即興演奏就是一種沒有預定樂譜的演奏，可以隨著演奏者的興趣自由演奏。即興演奏可以使用正式的樂器也可以用克難樂器，甚至用身體發聲演奏，如：嘴巴發聲的共鳴，嗚……嘟……啦……咿……呀……及各式各樣的怪聲、各國的語言，笑聲、咳嗽聲、哭聲……，拍打身體、彈舌、踢踏腳步……都可以是身體發聲演奏的「樂音」。

＊即興演奏流程與引導

請幼兒先靜聽自己製作的樂器聲音（或用身體發聲）

↓

將幼兒依樂器種類或者音色、音調來分組

↓

約定若干記號，如：開始、終止、快、慢指揮可先由教師示範，再選出幼童當指揮

↓

用不同方式練習，如：輪奏、齊奏或高、低音輪流演奏亦可分兩對，採一問一答的方式演奏

↓

可先由教師示範幾次指揮，再選出幼童當指揮自由演奏

↓

以錄音機將即興演奏錄下

↓

聆聽討論即興演奏的優缺點

討論問題：

1. 請回想看看從小到大你是否有自由創作歌曲或即興演奏的經驗（包括拿起瓶瓶罐罐自由敲奏，或隨性哼唱曲調……）？那是在何時？何地？和誰在一起？那時候的情緒如何？

2. 你曾經上過音樂班嗎？學過鋼琴或某種樂器嗎？談談你的學習經驗，還記得每次要上課前的情緒嗎？你父母對你學音樂的要求與期望如何？

3. 請試著用你的身體發出各種聲音，如果有一組人，請協調用身體發音，演出一首你們熟悉的歌曲。

4. 請討論家中日常用品，或園所舉手可得的資源中，有哪些物品可以用來當克難樂器？並說明如何使用及聲音的感覺。

5. 請試著以新歌教唱流程，練習教一首歌曲。（可以同組討論同學或全班同學當幼兒）

第八篇　幼兒教材教法
相關論題探討

第十五章

幼小銜接課程

本章重點

第一節　幼小銜接課程的理論觀點

一、幼兒入小學可能面臨的困擾問題

二、影響入小學適應的因素探討

三、學前教育與國小低年級教育課程的比較

第二節　幼小銜接課程設計

一、幼稚園與國民小學的語文教學目標暨範圍

二、幼小銜接課程架構

三、國小一年級幼小銜接班級情境布置參考要點

第三節　幼小銜接的準備

一、檢視幼兒入小學前的基本能力

二、幼兒園為幼兒進小學的銜接準備

第一節　幼小銜接課程的理論觀點

幼兒告別幼兒園進入小學，要面對新環境、新老師、新同學，甚至連團體規律、生活作息都完全不同，對孩子可是相當大的改變與衝擊。個性活潑外向的孩子或許較容易適應新環境，氣質上注意力較分散的孩子，易受外在環境的吸引，剛開始時，會覺得新鮮，也比較容易調適。但如果注意力過於渙散，導致學習不專心，則可能在開學後一段時間，易出現學習適應不良的情形。還有那些堅持度高、內向、沈默的孩子，要關心的還不只是學習問題，生活適應、交友問題都是需要預作準備。所以不管是何類型的孩子，如果能於事前做好各種準備工作，相信都有助其適應。所以幼小銜接課程，絕不只是臨時搭橋的工作，需要長期的經營與準備。

一、幼兒入小學可能面臨的困擾問題

究竟兒童在入學之後，其生活型態有何重大的改變？在這適應的過程中，可能面臨那些困擾情境呢？

1.生活步調與方式的改變

在幼稚園裡，上課就是「遊戲」，孩子們在遊戲中學習，也在學習中遊戲。但進了小學以後，可能七點以前就起床。清理梳洗，趕在八點以前到校。每天有固定的上課時間，上課時要正襟危坐，不再像幼稚園時那麼自由自在了。放學回家後，還有學習作業要做，和以往的遊戲生活大不相同。這種生活步調與方式的改變，難免會使精神較為緊張，甚至發生調適上的困難。

2.得重新認識陌生的環境和設備

對大部份幼童而言，入小學是進入一個全然陌生的環境（讀國小附幼

者除外），不僅換了地方，學校設備、教室佈置也改變了。他必須重新認識學校的地理位置、了解設備使用的方式與規則，不免會有不安與焦慮的情緒反應。

3.必須建立新的人際關係

國小新生剛入學時，放眼望去，幾乎都是陌生的臉孔，老師換了，舊朋友也不知到那兒去了，外向、活潑的孩子可能很快可以交到新朋友。但有些孩子可能會因為個性害羞、畏縮，不知如何融入團體，而鬱鬱寡歡。有些在家受到父母驕寵，社會技巧差的孩童，會因為不知如何交朋友而出現侵犯他人、攻擊、愛發脾氣等行為，易和同學發生衝突，而遭受同學的排斥與拒絕。

4.必須解決課業壓力與困難

在幼稚園裡沒有家庭作業，更不用考試，不必擔心跟不上進度，也不會有名次落後的挫折感。但進了小學以後，不只回家要寫作業，每天老師要檢查外，還得解決課業上的困難，通過考試的關卡，諸如種種的課業壓力常困惱著剛入學的兒童，如果這時教師、父母不適時輔導，減輕其焦慮與壓力，很容易使兒童產生厭學症，甚至對自己失去信心與鬥志。

5.父母、教師對其獨立自主有更高的期望與要求

進了小學，無論是父母、老師或社會對其都會有更高的期望與要求；逐漸會要求其學習獨立自主，自己處理生活週遭的一些事物，如：自己過馬路上學、自己整理書包、專心上課、做好老師交代的事務、回家要做作業等；並為自己的行為負責，不能再處處依賴成人。但孩子並不是一下子就長大的，有時他仍會出現任性、依賴的行為，因此容易遭到遣責。有些孩子可能因處處難以達到老師、父母的期望，加上課業上的挫折與壓力，易導至其焦慮不安、自暴自棄等不良情緒的發展。

總之，兒童從幼稚園進入小學校後，生活步調與方式改變了，要重新認識環境、建立新的人際關係、必須解決課業壓力與困難，加上父母與老師對其有更高的期望與需求，往往使其產生一些適應上的困擾。如果此時

不加以適當的指導，恐對其日後的學習與發展產生負面影響，不能等閒視之。

教學思考：早學習注音符號對入小學學習是否有幫助？

已學者的效果：

1. 對注音符號形體辨識能力較佳

   剛開始有明顯差距，但十週後，則無任何差別。

2. 少數能辨識同音不同調值的符號

   剛開始時，已學組只有少數能辨識同音不同調值的符號，而未學組幾乎不知道何謂調值。但十週後，則無任何差別。

3. 效果比較，極少差異

已學者產生的弊端：

1. 會降低學習興趣

   因為入小學後重讀，已無新鮮感，興趣會大為降低。而從未學注音的學童，則興趣盎然，學習態度良好。

2. 養成不良學習態度，上課不專心，影響秩序

3. 初學錯誤，不易糾正

   已學組的寫字姿勢、筆順有較多錯誤，不易糾正。

4. 師生情感易生隔閡

   為糾正幼生錯誤，屢次無效後，師生情感易生隔閡。

二、影響入小學適應的因素探討

幼兒入小學是否適應良好，受到下列因素影響：

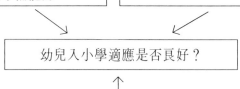

```
┌─────────────────────┐   ┌─────────────────────┐
│   幼兒本身因素      │   │   幼兒家庭因素      │
│ 1.身心的成熟度      │   │ 1.父母的教育價值觀  │
│ 2.個性與氣質        │   │ 2.家庭的學習環境    │
│ 3.生活自理能力      │   │ 3.父母管教態度      │
│ 4.獨立與解決問題能力│   │ 4.家庭的生活互動經驗│
│ 5.社會人際關係      │   │                     │
│ 6.讀寫準備能力      │   │                     │
└─────────────────────┘   └─────────────────────┘
           ↘                    ↙
        ┌──────────────────────────┐
        │   幼兒入小學適應是否良好？│
        └──────────────────────────┘
                    ↑
┌──────────────────────────────────────────┐
│   小學與幼兒園環境、生活與學習差異的因素 │
│ 1.學習環境的差異                          │
│ 2.生活作息的差異                          │
│ 3.學習方式的差異                          │
│ 4.教師對課室管理與生活輔導的差異          │
│ 5.教師對學生要求與期待的差異              │
│ 6.學習評估的差異                          │
└──────────────────────────────────────────┘
```

三、學前教育與國小低年級教育課程的比較

　　學前教育與國小課程在各方面都有明顯的差距，表十五－1試著從教育目標、課程編排、作息與環境等各方面作簡單比對，或許有助幼兒早日適應新環境。

表十五－1：學前教育與國小低年級教育課程比較表

類別	學前教育	小學低年級
教育目標	1. 維護幼兒身心健康 2. 養成幼兒良好衛生習慣 3. 充實幼兒生活經驗 4. 充實幼兒倫理觀念 5. 培養幼兒合群習性	培育活活潑潑的兒童、堂堂正正的國民為目的，應注重國民道德之培養，身心健康的鍛鍊，並增進生活必須之基本知能。
課程編排	以興趣為中心，採心理組織編排課程的方式。大部分採單元統整學習。	以學科為中心，採理論組織編排課程的方式。國小低年級有九個科目：國語、數學、自然、社會、唱遊、美術、分組活動、健康教育、生活與倫理。
教學型態	各園所可依自己的教學理念，選擇適合的教學模式，教學型態較多樣化。	雖然目前已開放教科書選擇權，但基本教學型態仍以團體、靜態教學為主。
學習活動	通常由教師自行編定教材，自定進度，或隨幼兒興趣自由調整學習內容與進度，通常採分領域或統整單元主題的方式進行教學，較多自主與個別的學習，學習氣氛較自由活潑。	會選定教科書，按課本及規定進度教學，通常採團體教學，由教師講授，學生聽講方式進行課程。較少自主與個別化的學習，較多靜態統一的學習。
作息安排	通常視活動內容彈性調整時間，並無固定的上下課時間。大部分園所會在上、下午各安排一次點心時間。	學校統一安排課表時間，每節課四十分鐘，下課十分鐘，上午第二節下課休息二十分鐘。無所謂點心時間，作息分明。

教室情境	配合教學模式或主題情境的不同，而有不同的情境佈置。大多會有許多可供幼兒自由操作的教具或教材。通常會隨主題更動佈置。	通常是生活公約、榮譽榜、標語、學生作品公佈欄……等，通常一學期才更換。
課業學習	以實物操作為主要的學習，沒有硬性規定的作業。通常是從遊戲與實物操作中學習。	需抄寫黑板、通常有回家的紙筆作業。課業學習需要聽寫、抄寫的基本能力。
學習評量	以身心發展與生活教育為評量重點。評量方式以觀察、作品、實物操作為主。	重視紙筆測驗的評量，各個學科通常有定期統一的測驗。

第二節　幼小銜接課程設計

一、幼稚園與國民小學的語文教學目標暨範圍：

㈠幼稚園的語文目標暨範圍：

依據民國七十六年一月教育部公布之幼兒園課程標準之規定：

幼稚園國語文教學須達下列目標暨範圍：

1.目標：

⑴啟發幼兒語言的潛能，增進幼兒語言的能力。

⑵培養幼兒良好的說話、聽話的態度與習慣。

⑶發展幼兒欣賞、思考和想像能力。

⑷培養幼兒閱讀、問答和發表的興趣。

⑸陶冶幼兒優美的情操及健全的品格。

2.範圍：

(1)故事和歌謠。

(2)說話。

(3)閱讀。

□**國民小學的語文教學目標暨範圍**：

依據民國八十二年九月教育部公布之國民小學課程標準之規定：

低年級語文教學須達下列具體目標暨範圍：

1.目標：

(1)培養倫理觀念、民主風度、科學精神。激發愛國思想、宏揚中華文化。

(2)擴充生活經驗、思想情意、培養想像、思考的能力，樂觀進取的精神。

(3)認識國語文的特質，培養熱愛國語文的情操，和對自己所發表的語言文字負責的態度。

(4)說：

　　①熟習注意符號，能讀、寫每個字音。

　　②培養聽說國語的能力和習慣。

　　　聽：凝神靜聽、了解內容。

　　　說：發音正確、語句流利，並能活用。

(5)讀：

　　①熟習課文中生字的形、音、義，並能活用。

　　②認識簡易的記敘文，詩歌等文體，了解課文內容，熟習字詞與字型。

　　③閱讀課外注音讀物的興趣和能力。

　　④認識字、詞典。

(6)作：

　　①培養造詞、造句、口述作文等基本能力。

　　②能把自己的話寫出來。

　　③認識標點符號。

　　④寫：正確的執筆、運筆方法和良好的姿勢。

2.範圍：
  (1)注意符號。
  (2)說話：
     ①聆聽的練習。
     ②說話要點的練習。
     ③思維方法的練習。
     ④各種說話方式的練習。
  (3)讀書：
     ①記述文。
     ②韻文。
     ③簡易國語語法。
  (4)課外閱讀：
     ①各類讀物。
     ②圖書館的設施和功能。
  (5)作文：
     ①基本練習。
     ②寫作練習。
     ③標點符號的認識和應用。
  (6)寫字：
     ①筆畫和間架的認識。
     ②硬筆字的習寫、應用和欣賞

教學資訊：

符號和寫字不適合提前在幼兒園教習的原因是

1. 可能影響幼兒上小學後的學習興趣與態度。

2. 可能影響幼兒身心的正常發展。

3. 幼稚園教師大部分缺乏教導注音符號和寫字的專業知能。

二、幼小銜接課程架構

　　為了幫助幼兒即早適應小學生活，可以在大班階段安排一段以「我要上小學」為主題活動，其課程架構設計，可參考圖十五～1。

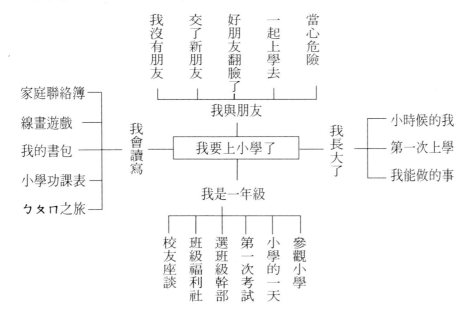

三、幼稚園與國小一年級 班級情境布置參考要點

一、設立學習區的原則

　　1.每班依據單元設置二至三個學習區為宜。

　　2.以正在進行教學的單元內容布置為主，可呈現加深加廣或補救教學的學習內容，增加學生腦力激盪與學習的機會。

　　3.根據課程內容做彈性合科的布置或分科的布置。

4.除了教師自製及學校購置的教具外，大都以小朋友可自行製作收集的教具為主，學生與家長共同製作的教具為輔。

5.家長提供圖書、模型、錄影帶、錄音帶，充分利用社會資源，擴大學習領域。

6.教具製作以分組、分科、或分單元等方式指導小朋友製作，擴大學生的參與。

7.提供多變化的教具，讓小朋友從遊戲中學習，並彼此互相帶動，使學習活動活潑化。

二、教具來源

1.教師準備：利用學校已有的或自行製作。

2.學生自製及收集：教師指導及規劃。

3.學生與家長合作製作及收集。

三、教具使用時機及方式

1.早自修：分組分區輪流使用。

2.教學進行中：

(1)教師指導全班學生共同操作。

(2)已完成指定作業者，可自由到學習區學習。

3.分組時間：學生依照自己的興趣和能力，選擇學習區，做加深加廣的學習。

四、設置學習區的優點

1.加強學生自動學習的能力。

2.從操作及遊戲中學習，提高學生學習興趣。

3.善用社會資源。

4.學生參與雙向溝通。

5.增進親子互動的機會。

6.可做加深加廣的學習及補救教學。

第三節　入小學前需做的準備

一、檢視幼兒入小學前的基本能力

　　幼教專家甚至小學低年級老師一直強調不要上小學前教注音符號及寫字，但並不表示上小學前不需要具備基本能力。

　　這些基本能力可分成幾類：

1.生活自理能力

　　許多幼兒園的環境很像個家，幼教老師往往也被要求扮演替代母親的角色，一般而言，幼教老師會被要求只要幼兒在的地方，一定要有老師在一旁看顧。可是，小學的活動範圍比幼兒園大多了，下課時間，國小教師也不會在一旁盯著看，所以在生活自理能力上是需要具備高於幼兒園的能力標準，如：能主動完成生活事項（知道隨天氣變化穿脫衣服、自己整理書包、吃飯不掉滿地、保持自身的整齊清潔、會主動收拾、協助打掃工作……）等，不需要大人叮嚀；能注意保護自身安全（特別是戶外遊戲安全、交通安全、人身安全……）。如果生活自理能力不好，易受老師的指責，同學的嘲笑，對入學適應有相當大的影響。

2.語言表達溝通能力

　　幼兒園的聯絡簿都是由老師寫的，許多消息傳遞，不是利用通知單、聯絡簿、就是直接由老師告訴家長，較少要求由幼兒自行告知家長。而小學的聯絡簿是需要孩子自己抄，或直接由老師口述，孩子必須自己記住交代事項。所以語言表達溝通能力必須擔負更重的功能，否則，對課業學習的影響會相當大。

3.社會人際關係能力

　　社會團體對個別兒童的意義在小學低年級時顯得特別重要，在這個階段中兒童與同儕的關係受到認知發展和對同儕態度所影響（呂翠夏譯，民77，頁206-207）。Sally 則提到兒童對友誼的想法，在小學階段有很大的改變。此時的朋友是令你覺得和他在一起很自在、喜歡和他一起做事、能一起分享感受和祕密的人。友誼使得兒童更敏感、更關愛、更能給予並接受尊重。只有當兒童達成認知成熟，會考慮他人觀點和需要時，他們才能成為別人真正的朋友（Sally 原著，黃慧真譯，1994，459-461）。所以，如果兒童擁有良好的社會人際技巧，能與友伴融合相處，相信入小學將可以適應良好。

4.認知概念發展

　　一般家長都非常關切孩子入小學、在認知課業上是否跟得上，甚至希望能高人一等，不要輸在起跑點上。其實以目前任何一種形式的幼兒園學習情況看，上小學最不用擔心的就是認知的學習。反而需要擔心孩子都會了，上小學老師教時，覺得太簡單都會了，而輕忽學習，養成不專心的學習態度，造成學習的障礙。

5.動作知覺能力

　　動作知覺能力是感覺統合的主要能力，從以下教學資訊站對感覺統合發展與學習的關係的探討，不難瞭解動作知覺能力對將來學習的影響力。

教學資訊站：感覺統合發展與學習的關係

＊第一階段的感覺統合發展（約0-1歲）

　　感覺統合最初發展的是觸覺系統，嬰兒喜歡與經常照顧他的人有身體的接觸，包括觸摸與被觸摸。在孩子學會獨立行走之前，其生活需求幾乎都仰賴大人的撫抱照顧，與照顧者的身體接觸量也是一個人一生發展期中最高的。這些觸覺的刺激幫助嬰兒吸吮、咀嚼、吞嚥食

物與其他動作發展的基礎。嬰兒從俯臥抬頭、翻身、獨力坐到爬行，這些發展動作除了觸覺系統的發展外，也需要運動覺與前庭覺的配合。大腦則擔任將此三種感覺刺激整合的工作，幫助嬰兒由俯臥抬頭進而翻身，由獨立坐起到爬行，最後能不藉外力而能獨力行走。如果此階段的觸覺系統功能發展不良，則嬰兒吸吮與咀嚼可能會發生困難，如：很大了還在流口水，日後無法吞嚥固體或纖維質較粗的食物。如果前庭與本體感受系統不好，孩子的動作發展會發生遲緩現象，其動作會顯得笨拙而異常，平衡與肌肉張力差。將來走路容易跌倒，缺乏安全感，情緒發展也會受到威脅。

＊第二階段的感覺統合發展（約 1-2 歲）

第二階段的感覺統合發展重點在形成自我的身體形象與身體兩側的協調發展。自我的身體形象可以說是儲存在腦中的「身體之圖」。這個身體圖可以讓一個人即使沒用手去摸，或不用眼睛看也能感覺出自己的身體在做什麼，如：你可能不必轉頭仍能感到有人站在身後，或突然停電仍能憑著感覺穿衣或在家中自由走動。幼兒會透過走跑跳、攀爬、上下樓梯、日常生活操作動作、遊戲……慢慢建構自己的身體之圖，發展身體兩側的協調性。如果「身體之圖」發展不好，就很難發展動作計畫能力，對不熟悉的動作要花很長的時間才能學會。身體協調能力不好學節奏敲擊動作或跳舞動作就特別困難。

＊第三階段的感覺統合發展（約 2-4 歲）

幼兒透過前二階段感覺統合的發展，慢慢能做出適應性的動作反應及掌握正確的身體形象概念。在這些基本身體動作發展協調的同時，語言的理解、表達；認知的學習也慢慢展開，幼兒開始能做一些有目的的活動。

語言的學習基本要件是要能注意說話者的口型變化與語音的關係，這需要視覺與聽覺系統的幫忙。要理解語言，需要前庭系統幫忙腦處理所聽到的東西。要發出字音，需要準確地放好舌與唇的位置，腦內的聽覺--語言中心要處理嘴巴傳來的感覺訊息，前庭系統需協助

辨識訊息。

「視覺認知」是認知學習的基礎，意指認識所見事物，並能辨識其空間位置與背景關係。視覺認知不只需要視覺的發展，還需要藉觸摸、拿放、移動物體並藉由肌肉關節感覺其重量，以及重力與動力間的相互經驗來發展視覺認知。有目的的活動需要經過計畫，計畫過程中需要許多的基礎生理發展動作與整個神經系統的協調配合，如果孩子前三個階段的基礎沒有發展好，往後更複雜的概念學習就容易受到影響。

＊第四層次的感覺統合發展＊

我們都知道發展的一般原則是由「中心往外」，「由上往下」。基本的生活自理行爲大部分可在第三階段完成，第四層次的感覺統合發展主要在協助概念認知、抽象符號運用、判斷推理能力、精細動作、自我控制能力、問題解決思考、團體規範遵守……等的學習。換句話說在此階段的孩子已經具備了基本的學習及面對環境挑戰的能力，這階段大約在八歲以前完成大部分。

6.讀寫準備能力

幼教專家學者及小學老師一直在呼籲不要在學前教注音符號和寫字，但並不表示孩子什麼都不會，上了小學可以什麼都學得很好。事實上，學習讀寫是需要一些讀寫準備能力，包括：仿音能力、文字知識、手眼協調能力、握筆能力、仿畫能力、描寫能力、視覺辨識能力……等，如果孩子缺乏這些準備能力，倒是需要擔憂的。

教學秘笈：如何增進幼兒的讀寫準備能力？

一、注意幼兒感覺動作的發展
　　1.學前幼兒應注意其感覺動作的發展。
　　2.多提供促進幼兒感覺統整與知覺動作的遊戲活動。
二、強感官知覺的敏銳度
　　1.加強視知覺能力的訓練，包括：視覺辨識、視覺記憶、視覺追

覺、視動協調、視覺序列……等。

　　2.加強聽知覺能力的訓練，包括：發音辨識、聽覺理解、聽覺記憶……等活動。

　　3.練習具視覺辨識功能的配對、分類遊戲。

三、提供文字體驗的環境與活動

　　在家中可以留紙條說明需要交代孩子的事情，或請幼兒幫忙尋找商家招牌以瞭解合適的採購場所……，讓孩子感受到文字與生活是息息相關的。

四、依個別差異性提供不同適性的教學方式。

　　1.觀察孩子的性向、能力、興趣，依個別差異性提供不同適性的教學方式。

　　2.不同能力的孩子給予符合其程度的教材教法。

　　3.提供多種形式的教學 -- 學習方式。

　　4.鼓勵多感官的學習模式，如用觸覺、聽覺替代視覺閱讀。

二、幼兒園為幼兒進小學的銜接準備

㈠教學方面

　　1.加強生活自理應變能力

　　2.培養讀寫準備能力

　　3.培養良好生活態度與習慣

　　4.安排參觀小學，認識小學的學習環境與生活作息

　　安排幼兒園畢業班孩童至該園所屬學區的小學參觀可以讓孩子事先熟悉環境，最好還能跟在教室上一、兩節課，讓其實地體會一下小學的生活，有助其減少陌生感，並增加其心理準備。

　　5.設計入小學有關的主題活動，加強幼兒入小學的心理建設（參考第二節）

　　一般而言，人們對不熟悉的陌生情境，較易產生焦慮緊張的情緒，如果能讓孩童在新入學前能有「上小學」的模擬情境練習，應能將其焦慮不

安的情緒減至最低。

6.增進人際關係的處理能力

小學階段屬於同儕階段，朋友關係對其影響頗大，許多學齡兒童常因人際關係問題影響其學習動機，甚至演變成上學問題。

㈡行政措施

1.利用家長會、親職教育座談會讓家長認識學校的準備措施。

幼兒園為家長所作的一切努力需要讓家長知道，常用方式就是透過家長會、親職教育座談會的方式，向家長解釋各種措施與努力，才易得到家長的支持。

2.讓家長瞭解幼兒入小學的適應不應只是幼兒園的責任。

資訊小站：家長如何協助幼兒做好入小學的準備？

1.培養良好生活態度與習慣，加強生活自理能力、應變能力。

家庭教育對孩子的影響遠大於學校教育，若平日家長能注意孩子良好生活態度與習慣的培養，發展健全的自我概念，良好的人際關係，那將是將來孩子日後學校生活適應的本錢。

2.奠定基礎學習能力

基礎的學習能力包括：讀寫準備能力、專注力、口語表達能力、語言理解能力、基本日常生活的認知常識……等，如果孩子的基礎學習能力不錯，將能縮短開學適應期。

3.為孩子準備一個適合讀寫的環境

孩子上小學後，或多或少都有作業。因此若環境許可，讓孩子擁有一個屬於自己的書房，當然最理想，否則至少要為孩子準備一張書桌。書桌放置位置要遠離電視，注意燈光，以培養孩子專心的習慣，並可藉機教他如何分類將自己的東西放在抽屜裡。

4.開學前陪孩子一起準備開學用品

找個時間與孩子一起去選購上學用品（如書包、制服、帽子、運動鞋、雨衣、水壺……）及書寫文具（鉛筆、鉛筆盒、橡皮擦、削鉛筆機……）

5. 在開學前至少帶孩子到欲就讀的學校玩一、兩次，以熟悉環境。

　　熟悉環境可以減少緊張、焦慮的情緒，帶孩子至準備入學的國小玩玩，一方面讓孩子熟悉將來上下學的路線，討論上下學需注意的安全問題，並熟悉學校的環境設備位置與使用方法。

6. 安排孩子認識

附近鄰居同校的兒童如果孩子有個熟悉的友伴一起上學，能增加其安全感，或在學校有已認識的朋友也能增近其對上學的動機。所以不妨事先打聽附近鄰居是否有同校的兒童，安排孩子事先認識、拜訪，或一起出遊，增加熟識度。

7. 在開學前一週做好心理準備

　　暑假生活畢竟較無拘無束，所以在開學前一週就要慢慢調整過來，譬如：早上七點以前要起床，模擬一下學校的生活作息，多安排描寫、畫圖、看書等靜態活動等（參考張翠娥，民 78）。

3. 主動保持和幼兒園學區內的小學聯繫

　　畢業班的孩子可能分在哪幾所國小就讀，通常不難推測。如果幼兒園能主動與小學聯絡，定期舉辦座談會，讓國小老師能瞭解幼兒園的教學理念與方式，彼此多配合聯繫，追蹤檢討畢業幼兒入國小適應情形，將有助幼兒的適應。

4. 邀請學區小學低年級教師或行政輔導人員來園說明

　　邀請學區小學低年級教師或行政輔導人員來園所，向家長說明小學的期望與要求大部分的幼兒應該都是在同一個小學上課，如果能事先邀請幼兒園所屬學區小學低年級教師或行政輔導人員來園所向家長說明該校對新生的期望與要求，可以讓家長減低一些焦慮，對小學而言也順便宣導教育理念，使新生適應更順利，雙方都可以互得利益。

5. 邀請畢業校友返園現身說法，交換心得。

　　不妨利用國小學童沒有下午課的時間，請回在小學低年級的的校友和畢業班幼兒交談有關小學生活的點滴，一方面讓畢業班幼兒能體會小學與幼兒園的差異，也幫他們認識一些同校的大哥哥姊姊。

（另可參閱附錄五：台灣省加強幼稚園與國民小學低年級課程銜接實施計畫）

幼兒入小學前基本能力檢視表

(一)生活自理能力

☐1. 獨立使用湯匙或筷子用餐，並能主動收拾善後。

☐2. 願意嘗試各種食物。

☐3. 能依天氣變化加減衣物。

☐4. 大小便能控制自如，並能於便後沖水，自行整理衣物。

☐5. 進廁所前養成敲門習慣，使用時會關門。

☐6. 養成洗手、以衛生紙擤鼻涕的習慣。

☐7. 能遵守戶外遊戲規則，保護自身安全，避免危險。

☐8. 養成不在馬路上嬉戲的習慣，過馬路會看清左右，遵守交通規則。

☐9. 具備保護自身安全的基本常識

☐10.能與同伴相處融洽

☐11.養成自己收拾自己東西的習慣

☐12.會自己洗澡，保持身體整潔。

☐13.會幫爸媽做簡單家事

(二)語言表達溝通能力

☐1. 能用語言表達自己的需要與感受。

☐2. 能夠說出自己的名字、家中電話、地址及家長姓名。

☐3. 不隨意插嘴，會等別人說到一個段落才說。

☐4. 學習融入大家的話題，避免說出不相關的話。

☐5. 瞭解電視或廣播中兒童節目的對話。

☐6. 能清楚陳述曾經發生的事，介紹假日生活趣事。

(三)社會人際關係能力

☐1. 和老師朋友交談時懂得如何應對。

☐2. 能清楚轉達老師交代的事

☐3. 知道在適當的時候表現應有的禮貌。

☐4. 會適時使用「請」、「謝謝」、「對不起」。

☐5. 團體遊戲中，能遵守團體規則。

☐6. 能輪流、等待、分享。

(四)認知概念發展

☐1. 能比較兩件東西的異同

☐2. 能了解並比較常用相對詞，如：高矮、胖瘦、大小、輕重……

☐3. 具基本分類概念

☐4. 嘗試找出圖畫中不合理的事物或現象，並說明理由。

☐5. 認識基本顏色與形狀。

☐6. 能辨識前後、左右、上下等位置，並在生活中應用。

☐7. 具備基本的數字與數目概念。

☐8. 看懂時鐘、身高計、體重計、體溫計的指標數字意義。

☐9. 了解比較複雜圖形的異同

(五)動作知覺能力

＊粗動作

☐1. 跑步時會閃開障礙物

☐2. 雙腳併攏站立往上跳、往前跳。

☐3. 單腳站立一段時間

☐4. 配合音樂做體操

☐5. 會玩躲避球、閃躲車輛

☐6. 連續拍球

☐7. 能丟接球

☐8. 單腳連續跳

☐9. 能攀爬攀登架

＊精細動作

☐1. 用鉛筆畫出簡單基本幾何圖形

☐2. 用剪刀剪出直線或曲線

□3. 能正確使用膠帶、打洞器、訂書機、漿糊、剪刀……等常用工具

□4. 能做簡單摺紙

□5. 能綁鞋帶的蝴蝶結

□6. 能以拇指和食指彈彈珠,以食指中指移動象棋,不掉落。

□7. 以鉛筆畫迷宮圖不超出界限

□8. 能組合比較複雜的玩具

(六)讀寫準備能力

□1. 有良好的感覺動作發展

□2. 能正確仿音

□3. 能聽懂日常生活交談內容

□4. 完成一次給予的三種指令

□5. 知道中文字是一個一個唸的

□6. 能聽懂簡單故事內容

□7. 能用自己的話陳述故事大意

□8. 能運用細筆畫圖

□9. 拿筆畫寫迷宮圖不會超出線外

□10. 能分辨日常生活中常見指標、符號、招牌

問題思考:

1. 有家長質疑開放式幼兒教育方式,會使幼兒上小學適應發生較大的困難與問題,你會如何與家長溝通?

2. 有幼兒園以一年方式,每週為大班幼兒上一小時幼小銜接課程;也有幼兒園在畢業前幾週才進行一整個單元的「我要上小學了」的主題,如果是你,你喜歡設計何種課程來為大班幼兒做入小學的銜接準備?

3. 你如何觀察瞭解幼兒是否已做好入小學的準備?又將如何計畫幫助他?

第十六章

開學適應與讀寫問題

本章重點

第一節　開學準備與適應

一、開學前的準備

此起彼落的哭聲，夾雜著「我要回家！」、「我要找媽媽！」、「我要尿尿！」、「媽媽什麼時候來？」……，老師要安撫幼兒情緒，隨時處理各種突發狀況，還要面對焦慮的家長，開學現場的混戰，是許多幼教老師的夢魘。如何做好開學準備，幫助幼兒儘快能適應新環境，更是幼教老師的挑戰。

(一)心理準備

1.想想自己的選擇，想想幼兒的感受

你是否因為喜愛孩子才選擇幼教工作？你是否有一顆愛孩子的心？走上幼教這條路，是否出自你的自願？如果答案是肯定的，那請想想這些剛離開父母的小娃兒，他們來到一個陌生的環境，他們內心可能的焦慮、害怕，他們不知如何用語言表達，哭泣是他們最熟悉的表達方式。你是否有股想呵護、照顧他們的念頭？

2.以最佳身心狀況迎戰

身心俱疲的時候，連自己都照顧不好，如何照顧別人。所以請記得保持良好的身體狀況，足夠的睡眠，充足的營養，會讓自己有較佳的情緒寬容度。

3.準備應戰的技能

如果你是位新手老師，多請教園所內資深老師或園長，他山之石，可以攻錯，藉由他人的經驗來幫助自己思考如何應對，想清楚是否有遺漏之處？若已不是新手老師，可以檢討過去的經驗中，有哪些可以借鏡？或需檢討改進的地方？有無可利用的資源？若還覺得不足，參加在職進修或成

長團體，增進自己的專業知能，也會有助益。

4.保持寬容、愉悅的心情迎接幼兒

我們可能會對外表看起來邋遢髒亂的幼兒有些偏見，事實上這些孩子才更需要關懷與照顧。當一位幼教老師一定要以公正理性的態度，接納每一位幼兒，保持一顆寬容的心，多給幼兒適時的鼓勵或微笑，尊重幼兒，以愉悅的心情迎接幼兒。因為這份寬容與愉悅，將使幼兒感受到你的關懷，較快速渡過適應期。

(二)課程的規劃

每個園所的教學理念、特色不同，課程規劃的方向就會不一樣。如大單元教學法可能強調：學期開始前就需要規劃好全學期的大小單元主題、目標，甚至各教學單元的教學活動計畫。方案教學則重在幼兒興趣的引發，方案主題並不預先設定，但開學前第一次的主題引發，仍需要教師事前的構想與資料收集。其他如蒙氏、學習區發現學習、高廣度課程……在開學前都各有其課程必須規劃的事宜。

(三)教材教具的收集

幼兒園教師通常在學期開始後，就像一顆打轉的陀螺轉個不停，可能沒有時間精力進行教材教具收集的工作。如果能利用開學前的空檔，盡量收集可能需要使用的教材教具，並加以歸類、整理，方便日後教學的使用，會使教學進行較為順暢。

(四)教室環境的佈置

教室環境的佈置規劃與使用的教學模式有關，應依據不同教學模式的需求進行環境的佈置。如：學習區教學需要先考慮教室可利用的空間，來決定介紹學習區的種類與規劃方式。甚至要考慮園方進行學習區的階段，思考是否需要在開學初期全部角落一起開放？或一個一個學習區慢慢逐步開放，介紹各個學習區的使用規則。若採大單元教學，可能需要依據開學初第一個單元主題來佈置教室環境。

㈤協助幼兒認識適應環境的準備工作

如果教師能在開學前，先思考如何讓幼兒很快認識自己東西放置的位置。如：先將鞋櫃、工作櫃貼上名條或辨識記號，考慮茶杯、毛巾的放置位置、出席記錄方式、角落選擇方式等都事先做好規劃，將使幼兒較快認識適應環境，避免因個人物品混淆造成的困擾，也會讓教師有較多時間與家長、幼兒溝通。

㈥幼兒資料的掌握

開學前教師若能透過家庭訪問，先熟悉幼兒建立初步關係，對幼兒適應會有很大的幫助。如果限於時間人力無法做到，至少教師應在開學前熟記幼兒姓名、收集幼兒相關資料，要清楚幼兒的健康狀況，特別是特殊疾病、過敏體質，需要在飲食或活動上有所限制的幼兒，以瞭解幼兒的特性及個別差異。

㈦與家長的溝通

開學前教師如果能印發有關教學理念、課程規劃、幼兒入學前注意事項、及園所作息狀況等資料給家長，請家長配合園所幫助幼兒適應新環境，也讓家長清楚幼兒在園內的學習內容。或在家庭訪問中直接說明，並瞭解家長的專長，必要時也可以運用家長資源。

㈧行政協調事宜

開學適應週通常是忙亂的，尤其是採分齡編組的新生班級，可能許多事情需要園所方的協助，如：人力的支援、作息的配合（有些學校會安排新生適應週，採漸進方式，從第一天二小時起慢慢增加時數）、場地的協調……等。還有如上述與家長的溝通，有關整個園所共同執行的事宜，可由園所直接通知，或召開家長說明會。另外，園所亦應於開學前召開教學行政協調會，討論開學適應週需要互相配合支援的事宜。

㈨其他注意事項

其他有關開學前需要注意的事項，還包括：

1. 將家長的聯絡電話、緊急醫療資源表，貼在明顯易見的地方。

2. 清楚幼兒來園與回家的交通接送時間、接送方式。

3. 將需要特別照顧的幼兒需求（如：不吃含糖食物、不能劇烈跑跳、不能吃蠶豆……），向所有可能照顧幼兒的工作人員說明，並張貼在教師工作人員易見的地方（不必公佈讓家長知道），以免因慌亂造成遺憾。

二、協助新生適應新環境

㈠帶領新生認識園所環境與設備

開學之初可以安排活動，讓幼兒認識園所環境與設備。如校園巡禮活動，由教師帶領幼兒到校園的每個角落走走看看，認識校園中每種設施的名稱與遊戲規則（可參考第伍章）。或安排探險活動，由老師事先規劃探險路線，如：由教室→滑梯→攀登架→花圃→平衡木→沙池→假山→教室。在出發前，以故事想像為引導，想像自己是個探險家要出發去探險，並提醒幼兒要如何仔細觀察，發現新事物，並在探險回來分享探險經驗。亦可在需要特別遊戲規則的設施，設下關卡，如必須回答幾個有關遊戲規則的問題才可以過關。

㈡園內與教室設施使用的引導

1.鞋櫃

許多幼兒園進教室都必須脫鞋，為避免幼兒搞混，教師會事先在各鞋櫃格內貼上幼兒的名字。擺放鞋櫃的位置，也要考慮給予幼兒脫鞋、換鞋的轉換空間，以免容易造成擠撞。最好在開學前給家長的通知單上，能順便提醒家長，為幼兒準備容易穿脫、安全實用的鞋子。在使用之前，可以個別或集體方式，向幼兒說明鞋櫃的使用規則。

2.工作櫃

　　為了讓幼兒容易辨識自己的工作櫃位置，可以在工作櫃上貼上名字或容易辨識的圖案。工作櫃通常可以擺放幼兒個人的背包、作品或雜物。在使用之前，教師應先向幼兒說明使用原則。通常使用一段時日後，教師需要指導幼兒如何整理工作櫃，以養成幼兒保持工作櫃整潔的好習慣。

3 茶杯、毛巾架

　　原則上幼兒應使用個人的茶杯與毛巾，有些園所可能統一購置，有些則可能通知家長讓幼兒自行帶來。若是由園所統一購置，應先在茶杯及毛巾上寫上幼兒姓名，若是由幼兒自行帶來亦應通知家長，事先為幼兒寫上名字，以免搞混。開學之初，教導幼兒使用茶杯喝水的原則、洗茶杯的方法、使用毛巾及洗晾毛巾的方法都應特別說明。常見的原則包括：

　　(1)想喝多少，就裝多少水，不要浪費。

　　(2)保持地面乾燥。

　　(3)清洗茶杯應裡外都洗。

　　(4)清洗時，身體不要貼靠水槽，以免弄濕身體。

　　(5)毛巾要擰乾再晾掛，不要讓水濕濕地滴落。

4.洗手台

　　有些園所的洗手台在戶外，有些園所則每間教室均有洗手台。洗手台的使用規則可能因各園所人數、作息、位置、大小……的不同而有差異。通常老師需要事先準備的是：在洗手台旁放置洗手乳或將肥皂放置於濾網或絲襪中懸吊在水龍頭旁邊適當的位置。幼兒個人的毛巾最好也能靠近水槽，或另外準備擦手用的毛巾（要經常洗滌以保持清潔）另外，需要教導幼兒洗手的原則，以下提供一般教導洗手的原則：

　　(1)如果有許多小朋友同時都想洗手，依據先來後到原則，應排隊等候。

　　(2)若為長袖請幼兒先將衣袖捲起或拉起。

　　(3)身體不要貼近水槽，以免弄濕。

　　(4)開水龍頭要注意水量，不要太大，以免濺濕衣服。

　　(5)手沾濕後，就將水龍頭關閉。

　　(6)擠出少量洗手乳或抹上適量肥皂。

　　(7)搓洗雙手、手背、交叉搓洗。

⑻打開水龍頭沖洗。

⑼若水龍頭上留有殘餘肥皂沫，可取少量水將水龍頭沖淨後，再關水龍頭。

⑽用毛巾將手擦乾。

5.廁所

雖然許多大人覺得廁所是個髒亂的地方，但我卻觀察到許多幼兒喜歡上廁所，因為在廁所可以理所當然地玩水，尤其是喜歡壓按鈕沖便池。如果每次幼兒上完廁所就順便玩玩水，可想而知，教師需要善後的事就多了，如：幫濕掉衣服的幼兒換穿衣物、協助清理廁所地面……，甚至是意外引發的事件。所以開學之初花些時間教會幼兒如何使用廁所，絕對是明智之舉。

教幼兒使用廁所需要注意以下事項：

⑴使用廁所之前，請先教會幼兒如何洗手。

⑵分組向不同性別的幼兒介紹如何使用屬於該性別的便器，及沖水方法。

⑶觀察並確定每位幼兒都能正確使用便器及沖水方法。

⑷教導並觀察確定幼兒能依需要自行穿脫衣褲。

⑸上完廁所後，要洗淨雙手。

教學秘笈：上廁所男女有別

小男生上廁所	小女生上廁所
1. 如爲坐式馬桶，要先將馬桶蓋掀起來。若爲一般男生用小便池，則不必。但記住，不管何種便池一定要瞄準目標，不可亂射。	1. 如爲坐式馬桶，可先用衞生紙將馬桶蓋擦乾淨。然後在馬桶蓋上舖上一層衞生紙再坐下。
2. 上完後記住要沖水。	2. 上完後，用衞生紙由前往後擦拭屁股，並將用過的衞生紙丟棄在垃圾桶內。
3. 如爲坐式馬桶，要將馬桶蓋蓋回去。	3. 沖水，確定將排泄物沖淨。
4. 將衣服穿整齊。	4. 將衣服穿整齊。
5. 洗淨雙手。	5. 洗淨雙手。
6. 男生上大號，步驟與女生同。	

(三)帶領新生適應新環境的技巧

1.請家長協助的事

(1)請家長於開學前帶孩子至將就讀的學校參觀、遊玩

(2)建立基本生活自理能力

(3)利用各種機會，如：參觀、和已上幼兒園的幼兒聊天……等方式，讓幼兒有機會瞭解上幼兒園的實況，做好心理準備

(4)對幼兒園教師持信任肯定的態度，不以學校老師作為糾正幼兒的擋箭牌，在孩子心中樹立親和的幼兒教師形象。

(5)開學前應配合幼兒園作息，調整幼兒居家的作息時間

(6)激發幼兒上幼兒園的動機

(7)採漸進分離方式，讓幼兒慢慢適應

(8)遵守與孩子約定的接送時間，以免造成幼兒等待的惶恐及不安

(9)每天抽空和幼兒討論分享當天在校的發生的事與心情

2.園所方可以做的努力

(1)採漸進式的迎新，如：控制每週新生入園數、集中人力於舊生入學前辦理新生適應週、漸進式增加新生留托時間……

(2)增加支援人手

(3)辦理新生家長說明會

三、教師安撫新生技巧

1.轉移注意力

可以和幼兒討論他身上穿的衣服圖案、顏色；帶他看看外面景色；拿衛生紙擦擦鼻涕；帶他去洗把臉……

2.由已適應的幼兒陪伴帶領新生

有些孩子適應力強，合群性高，可以請他們來協助照顧新生，也幫新生製造交友機會。混齡班新生比例低，加上舊生的帶領，通常開學適應期會比較短。

3.安排吸引幼兒的環境與活動

　　剛開學的課程安排不要太結構性，多一些好玩有趣，可以自由選擇或能動手做的活動，如：說故事、玩操作玩具、創造性活動……，團體活動盡量減少縮短，環境的佈置要豐富、多樣化……。

　　4.以正向鼓勵代替責罵、批評、嘲諷

　　例：可以說：「不哭的臉好可愛！好漂亮，哭的時候就變醜醜的！」

　　而不說：「別的小朋友都不哭，只有你一直哭，好丟臉！」

　　「只有壞小孩才會哭！」

　　5.和幼兒討論爸媽可能做的事

　　有些幼兒會吵著要爸爸媽媽，如果他的理解能力夠，可以和他討論他上學時，爸媽可能做的事，如果他真的去找爸爸媽媽，可能的情形是什麼？

問題思考：

　　1.如果有家長請教你，他的小孩不肯來上托兒所，你如何向家長建議？

　　2.如果你是位初任教的保育員，開學在即，你會做那些準備？

　　3.如果你認為新生幼兒應讓其慢慢適應環境，可是所方卻堅持讓家長第一天就把孩子放所裏，不准家長陪伴幼兒，認為新生只要哭兩天就好，你怎麼辦？

第二節　學前讀寫訓練與閱讀障礙論題探討

　　提早在學前階段教讀寫早已不是新聞，甚至許多園長、老師表示：如果不教讀寫就會有招生的困難。而當今的幼稚園課程標準明文規定：幼稚園不得提早教注音符號、寫字。政府當局且透過政令及各種教師研習宣導，三令五申提醒幼教教師要配合實施。這種兩極化的看法導致官方與幼教業者一直扮演捉老鼠的遊戲。

　　七〇年代的幼稚園教學內容，除了唱遊、排排坐吃果果外，就是注音與寫字教學，由於其教學內容貧乏，在開放式教學理念於幼稚園實驗展現豐碩成果後，幼教學者就不斷的呼籲：放下紙筆，從遊戲中學習。直到九〇年代的今天，從遊戲中學習與開放式教學理念已普遍為幼教老師、家長接受，但要不要在學前階段教讀寫，仍是個熱門話題。在許多幼稚園或親職教育講座上常會有家長殷切的詢問：不讓孩子在學前階段練習讀寫，上小學真的沒有問題嗎？

　　「不讓孩子在學前階段練習讀寫，上小學真的沒有問題嗎？」這個問題的另一面是「讓孩子在學前階段練習讀寫，上小學真的就沒有問題嗎？」我覺得這個問題很有意思，想試著從學理與相關研究探討這個論題。

一、「閱讀」與「閱讀障礙」定義探討

㈠「閱讀」

Elkonin（1973）：閱讀乃是將字的形狀表現再生為聲音的形式。

Venezky（1976）：閱讀是將書寫符號轉移為聽覺符號的過程。

Fries（1963）：閱讀還包含將聽覺符號轉移為視覺符號的過程。

Smith（1978）：將語言的視覺表象轉為意義。

Downing&Leong（1982）：閱讀乃是符號的解釋。（以上文獻引自郭為藩，民67）

廣義：包含形符及其他記號的閱讀。

狹義：只限於形音的轉譯。

㈡「閱讀障礙」

Gearheart 於一九八五年提到閱讀障礙者係指智力中上、無生理缺陷、有適當教育機會，然閱讀能力卻顯著低落者。Hallaham, Kauffman & Lloyd（1985）則指出閱讀障礙是一種異質性障礙，其嚴重程度足以妨礙學生學業進步之閱讀遲緩情形，且已持續一段時期者。國內著名學者郭為藩（民67）綜合各種定義提出：「閱讀障礙」乃指智力正常，或在一般水準以上，無任何感官缺陷，卻在閱讀或書寫方面的表現落後一般學生很多，在語文學習方面比一般學科有顯著落後的情形。

二、有關影響兒童閱讀因素的研究探討

有關影響兒童閱讀因素的研究探討，換句話可以這麼問：

〔論題一〕：有哪些因素與技巧是兒童在閱讀歷程中必須運用的？

英國 Mclean-Thorne（1994）依據 Morton 的意義基模模式（Morton's Logogens Model）所提出的閱讀歷程分為四個重要部分：

a. 聽覺輸入意義基模（口語文字的再認）

b. 視覺輸入意義基模（視覺文字的再認）

c. 圖形意義系統（物體和圖形的再認）

d. 聲韻輸出意義基模（口語文字的產生）等，並根據這四部分閱讀歷程，指出不同的閱障困難和處理策略。

若以圖示來表示解碼認字 (decoding) 到閱讀理解 (comprehension) 過程，可能需要以下的工作歷程。

說明：

解碼認字（decoding）

視知覺處理（visual processing）

聽知覺處理（listening processing）

音韻覺知（Phonological awareness）

文字知識（listening vocabulary）

工作記憶（working memory）

閱讀理解（comprehension）

閱讀理解（comprehension）

圖十六－1：閱讀歷程的認知成分

茲將上述名詞說明如下：

＊視知覺：視知覺乃表示再認及區別視覺刺激並與過去經驗相聯結以解釋之的能力。

＊聽知覺：聽知覺乃表示再認及區別聽覺刺激並與過去經驗相聯結以解釋之的能力。

＊音韻覺知：通常指對所聽到的語音，有分辨其內在因素結構的能力。

＊文字知識：指對文字規則、用途、概念；閱讀規則、生活語彙等知識。

＊工作記憶：包括短期與長期記憶。

＊閱讀理解：指對閱讀文章的理解程度。

〔論題二〕：大部分的學前兒童都還不會閱讀，但是否有哪些因素可以預

測其未來的閱讀成就？

(一)影響學前閱讀者技巧的因素

這是許多人非常關切的論題。據 Adams, M. J. 在其「Begining to read」書中綜合許多相關研究報告指出：影響學前閱讀者技巧的因素可以分為四大類。

a. 心理年齡或 IQ

b. 知覺技巧或教學型態

c. 文字知識

d. 音韻覺知

大部分的研究者發現若把心理年齡（或 IQ）界定在中上程度，則智力與閱讀程度並無明顯相關。我想這也是目前閱讀障礙的定義以智力中上者為界定標準的原因。

A. 文字知識：

Bond & Dykstra；Chall's（1967）的研究發現：學前閱讀者的文字知識是最好預測一年級閱讀成就的因素。其次，分辨音韻及相似音的聽音區辨亦是很好的指標。而這兩種因素在教學執行上常受到忽視。

另有 Arlin(1981)；Luner, Dolan and Wilkinson（1976）的研究提出：兒童在基礎邏輯、分類、序列與數學推理的表現，對早期閱讀成就的預測度很高。（引自 Adams M.J.1991）

Mann(1985) 發現幼稚園兒童對字母名稱的知識與一年後的閱讀分數有關。（引自 Adams M.J.1991)

在臺灣也發現閱讀低成就學生的聽話字彙和生活常識是顯者落後正常學生的主要項目（洪蘭、曾志朗、張稚美，民 82）。

B. 知識技巧：

有關影響「閱讀障礙」發生的可能知覺技巧包括：

1. 視知覺問題

視覺區辨：Goyen 等人（1971,1973）發現閱障學生在視覺配對測驗上表現正常。

視覺記憶：Hinshelwood（1895,1917）& Orton（1937）支持視覺記憶

與視知覺問題與閱障有關。Hulme,（1981）, Jorm,（1983）, Oellutino,（1979）亦對過去認為視覺記憶與視知覺問題與閱障無關的論題提出批評。

Denckla & Rudel（1976）發現閱讀落後兒童的叫色測驗（RAN）比正常兒童慢很多。

視覺追視：（eye movement）

Tinker（1959）注意到閱障學生在視覺追視上表現異常。

Pavlidis（1981）要求閱障者追視連續照明光時顯現不規則的眼球移動。

Stanley, Smith & Howell（1983）覺得無差異。

單眼優勢：（Eye dominance）

Orton（1937）首先指出半球優勢與閱障有關。

Dunlop, Dunlop & Fenelon（1973）提出視覺的單側化與閱障有關。

Stein & Fowler（1985）的研究則發現無顯著差異。

視覺序列：（Brief visual displays）

許多研究顯示閱讀障礙兒童快速視覺序列困難的問題（Lyle & Goyen 1975）。

2.聽知覺問題

包括：聽覺辨識、聽覺理解、聽覺記憶…等。

閱障者記憶廣度小且錯誤多。

閱讀非字有困難、可能因記憶短暫導致語音上的困難。

Jorm 等人（1984）發現記憶困難可以預測閱讀障礙。

Mann & Liberman（1984）發現幼稚園兒童對無關連字的記憶與其一年後的閱讀分數有關（此小段有關文獻全引自 Hulme, C. 1987）。

C.音韻覺知：

Liberley et al（1977）提出在學習正確閱讀之前應先覺知韻的變化。Bradley & Bryant（1978）亦支持以上論點。Lundberg, Olofsson & Wall（1981）證實音韻覺知能力與閱讀分數有關。

Bradley & Bryant（1983）測試了 400 名 4 至 5 歲兒童的聲音分類能力，發現與三年後的閱讀、拼音能力有關。Snowling,（1981）; Olson et al,（1985）發現閱障兒童在閱讀非字有困難，可能是其無法運用語音的規則在正

確閱讀理解上。Frith & Snowling（1983）發現閱障兒童對音韻規則的敏感度較低。Snowling（1981）發現閱障兒童在發音複雜的非字上比正常的兒童有明顯的錯誤（以上此小段有關文獻全引自 Hulme, C. 1987）。另外（Adam,1991; Brady & Shankweiler,1991）提出絕大多數的拼音文字研究都顯示音韻覺知能力是預測兒童閱讀能力的最好指標。可是批評者認為這兩個變項的診斷困難度高過預測價值。因為我們不知道文字解碼流暢度或音韻分段技巧是否能從教學或經驗以外獲得（Adams, M.J. ;1992）。

在知覺技巧或教學型態方面，目前並沒有強而有力的證據證明：知覺——動作發展或任何形式的教導型態與閱讀能力有顯著相關。大部分的研究支持：文字知識與音韻覺知是在學前階段能預測未來閱讀成就最好的因素 (Adams, M.J. ;1992)。

三、從認知學習理論探討讀寫訓練與閱讀學習

讀寫訓練與閱讀學習的研究探討，其實就是許多人關心的

〔論題〕：是否需要提早學讀寫以提昇幼兒未來的讀寫能力？

〔論題〕：學前階段可以透過何種訓練以提昇幼兒未來的讀寫能力？

針對此問題以下再從理論觀點探討其建議的教學策略，探討學前階段可以做哪些教學活動以提昇幼兒未來的讀寫能力？

理論基礎：補救教育與矯治理論

從以上有關讀寫歷程與影響因素的分析可知有些因素是可以人為補救的，有些則是先天的缺陷，很難用教育來補救。然基於早期介入的觀點，即便是智力問題都可以透過早期豐富的環境刺激影響其發展，何況是一般智力正常的孩子。若從潛能開發與補救教育的觀點，教育是大有可為的。以下試著從常見的四個理論觀點探討訓練與矯治教學策略。

(一)訊息處理理論

訊息處理理論注意到認知發展過程中的知覺與注意、記憶間的關係。

認為訊息若要成功的獲得需要感覺器官正確的接獲訊息（感覺知覺能力）；能有效地過濾掉無關的訊息（選擇性的注意力）；在收尋到（注意到）登錄訊息後有譯碼、編碼、組織、記憶的能力（後段認知能力）。若從訊息處理理論來看：只要是訊息處理過程中任一環節出了狀況都可能發生閱讀遲緩問題（Lenz, B. K. 1992）。

有關的研究包括：

1. 閱障者的短期記憶較正常兒童差。

2. 自動化的缺失使注意力系統造成過多負荷，對記憶體有過多需求，這對瞭解有不利影響（引自 Das, J. P., Naglieri, J. A., & Kirby, J. R. 1994）。

訓練與矯治策略：

訓練與矯治的原則是了解訊息處理過程的可能缺失，針對其弱點加以補救。如果問題出在第一個階段，可能需配合下面所謂的感覺統合理論做訓練。若問題出在第二個階段，則可考慮配合下面所提的知覺動作理論訓練。訊息處理階段若是因花費太多時間在辨識過程則可訓練，使再認自動化不須經理解過程。這通常用的技巧就是過量記憶。第三階段屬後設認知部分，教學策略包括：字的再認與發音技巧、字母-字音的聯結、詞素分析、結構分析…等。從矯治觀點，對理解的增進所用的策略不應只是音韻訓練、轉換與保持而已。

(二)知覺－動作理論

從發展心理學的觀點來看，個體各項身心特質的發展是循序漸進的，早期的各項發展是否健全足以影響後期的各種發展狀況。神經心理學強調早期的動作學習是建立腦皮質細胞組合的重要統整階段。知覺——動作理論認為視、聽、觸、運動等感官所組成的感覺——動作與知覺——動作的發展乃是較高層次學習的必要基礎。若這些基本階段的學習有缺陷，將會使整個學習速度變得緩慢，整個學習效果偏低（毛連塭，民78）。

有關的研究包括：

本文前段所述有關視知覺與聽知覺相關研究。

訓練與矯治策略（許天威，民 75）：

1. 加強視知覺能力的訓練，包括：視覺辨識圖形／字體、視覺記憶（廣度／缺部位／位置…）、視覺追視、視動協調、視覺序列（圖形／符號）……等。

2. 加強聽知覺能力的訓練，包括：發音辨識、分辨聲母／韻母、仿音練習、組合發音、聽覺記憶……等活動。

3. 針對幼童的弱點加強其知覺——動作的發展。

㈢性向處遇互動論

性向處遇互動論強調適性發展，認為不同類型的孩子適用不同的教學方式。有的孩子在開放教學模式如魚得水，可以盡展所長。有些孩子則可能每天混水摸魚，無所事事。同樣在蒙氏教學中，有些孩子覺得適得其所，學有所成；有些孩子卻感到頗受束縛。這就是每個孩子的性向不一樣。如果能依照孩子的性向能力興趣，給予適合的教學方式、教學策略將能改變大部分的學習問題。有話說：「沒有不能教的學生，只有不適合的教學方法。」

有關的研究包括：

Kirey 於 1980 提到閱讀需要運用到許多技巧。補救教學可以善用學生的優點以改善其缺點（Das, J. P., Naglieri, J. A., & Kirby, J. R. 1994）。

訓練與矯治策略：

依照孩子的性向能力興趣，找到適合的教學方式、教學策略，並依其學習狀況調整教學內容、速度。

㈣維康斯基 (Vygotsky) 語言理論

　　維康斯基認為學習早於發展；語言是兒童所聽到的外部語言與其本人思維的內在語言間的產物。教育可以加速孩子認知的發展；認知的學習並不是透過教學——測驗模式所獲得的。兩歲前後兒童會開始思考他們所說的話，這時思考與語言開始相互影響。認為可以透過教育與環境的安排，提早促使其認知能力好好發展，不一定要等到其獨立能力完全發展後才可以教育。Vygotsky 重視內在化語與調節過程中的符號與角色，教學上強調動機的引發與教學的豐富性（Lenz, B. K. 1992）。

有關的研究包括：

　　　維康斯基（Vygotsky）語言理論批評皮亞傑認知發展理論，太強調認知能力發展的階段性，忽略了語言的功能與社會層面（Lenz, B. K. 1992）。

訓練與矯治策略：

1. 重視動機的引發。
2. 提供豐富的教學環境與教材教法。

四、幼兒讀寫能力的準備

　　從以上的研究報告顯示確實有許多因素影響兒童讀寫能力，如果能在上小學前能即早做好準備，相信上小學就比較能應付自如。

〔論題〕上小學學讀寫前需具備哪些準備能力？

　　有關閱讀障礙的研究報告中並未有以「純粹小學先修班式的讀寫訓練方式」作為訓練方法的研究報告，但若從前述的多項研究中，似提早讀寫訓練並不是影響讀寫的重要因素。相反的，若幼兒的時間都用在以讀寫為主要教學訓練，就沒有時間遊戲，無機會培養感覺－知覺能力，反而會真正影響讀寫能力的提昇。所以上小學學讀寫前需具備哪些準備能力，綜合

以上理論可以歸納出可以提昇幼兒未來的讀寫能力的幾種教學原則與策略。

＊原則一：早期的感覺動作發展是讀寫學習的基礎。

教學策略：1.學前幼兒應注意其感覺動作的發展。

　　　　　2.多提供促進其感覺統整與知覺動作的遊戲活動。

＊原則二：知覺——動作的發展乃是較高層次學習的必要基礎。

教學策略：1.加強視知覺能力的訓練，包括：視覺辨識、視覺記憶、視覺追視、視動協調、視覺序列…等。

　　　　　2.加強聽知覺能力的訓練，包括：發音辨識、聽覺理解、聽覺記憶…等活動。

　　　　　3.針對幼童的弱點加強其知覺——動作的發展。

＊原則三：音韻技巧可以透過直接的教學提昇技能。

教學策略：1.字的再認與發音技巧。

　　　　　2.字母－字音的聯結。

　　　　　3.詞素分析、結構分析…等活動。

＊原則四：記憶儲存與資訊處理過程會影響讀寫技能。

教學策略：1.設計一些記憶遊戲，包括視覺記憶與聽覺記憶遊戲。

　　　　　2.練習具視覺辨識功能的配對、分類遊戲。

　　　　　3.教導一些記憶策略，如：特徵記憶法、諧音記憶法、頭尾記憶法、心像記憶法…等。

＊原則五：全語言的讀寫經驗有助於讀寫能力的提昇。

教學策略：1.多提供各種生活經驗的機會。

　　　　　2.藉說讀故事擴充孩子的生活經驗。

　　　　　3.提供有關文字知識的學習經驗，如：知道中文字是一字一音的、認識漢字特徵、閱讀規則…等（可參考本書七、八章）。

＊原則六：不同類型的孩子適用不同的教學方式。

教學策略：1.觀察孩子的性向、能力、興趣，依個別差異提供不同適性的教學方式。

　　　　　2.不同能力的孩力給予符合其程度的教材教法。

＊原則七：學習早於發展；教育可以加速孩子認知的發展。

教學策略：1. 重視動機的引發。

2. 佈置豐富刺激的教學環境。

*原則八：讓幼兒浸沁在需要讀寫的環境

教學策略：1. 提供多種形式的教學－學習方式。

2. 鼓勵多感官的學習模式，如用觸覺、聽覺替代視覺閱讀。

3. 提供全語文的學習環境（本文曾刊載於幼教學刊，第 4 期，1996）

問題思考

1. 開家長會時，有家長提出如果不提早教幼兒注意符號與讀寫，上小學會跟不上其他幼兒，你會如何回答？

2. 你如何發現班上可能在未來會有讀寫障礙的幼兒？又將如何幫助他？

參考資料

中文資料

王文科（民 83） 課程與教學論 臺北：五南。

王文科（民 72） 認知發展理論與教育——皮亞傑理論的應用 臺北：五南。

王鍾和譯（民 69） 兒童發展 臺北：大洋

毛連塭（民 78） 學習障礙兒童的成長與教育 第二章 臺北：心理出版社。

水谷英三原著（民 70） 林春生等合譯 幼兒體力理論與實際 臺北：幼獅文化。

李子建、黃顯華（民 85） 課程：範式、取向和設計 臺北：五南。

李丹、劉金花（民 78） 兒童發展 臺北：五南。

邱志鵬（民 74） 社會技巧訓練研討會（民 74.2.5-8） 中華兒童福利基金會主辦。

邱惠瑛（民 84） 枝枝葉業——兒童肢體、遊戲與音樂 臺北：豐泰文教基金會。

呂翠夏譯（民 77） 兒童的社會發展——策略與活動 臺北：桂冠。

林幸台（民 63） 大腦半球功能研究與資優教育 資優教育季刊 6 期，30－33頁。

林風南（民 84） 幼兒體能與遊戲 二版 P76 臺北：五南。

吳清山（民 80） 班級經營 臺北：心理。

周淑惠（民 86） 幼兒自然科學經驗 臺北：心理。

佳美、新加美幼稚園家長老師（民 84） 與孩子共舞 臺北：光祐。

柯華葳（民 77） 兒童口語溝通能力 國際幼兒教育學術研討會 臺北市

　　立師院主辦。

洪蘭、曾志朗、張稚美（民82）　閱讀障礙兒童的認知心理學基礎，載於
　　台北市教師研習中心編，**學習障礙與資源教學**，台北市教師研習中心，
　　74－86頁。

胡寶林（民75）　**繪畫與視覺想像力**　臺北：遠流　第四章。

林朝鳳（民75）　**幼兒教育原理**　高雄：復文。

施良方（民85）　**學習理論**　高雄：復文

俞筱鈞（民71）　**人類智慧探索者——皮亞協**　臺北：允晨。

徐珠湖譯（民81）　**植物觀察入門**　修訂版　臺北：渡假。

教育部（民76）　**幼稚園課程標準**　臺北：正中。

黃月霞（民82）　**教導兒童社會技巧**　臺北：五南。

黃政傑（民80）　**課程設計**　臺北：東華。

黃瑞琴（民84）　**幼稚園的遊戲課程**　臺北：心理。

黃瑞琴（民75）　**幼稚園教育目標理論與實際的研究**　師大家政研究所碩
　　士論文。

黃瑞琴（民86）　**幼兒讀寫萌發課程**　臺北：五南。

黃慧真譯（民85）　**發展心理學**　初版三刷　臺北：桂冠。

陳李綢（民81）　**認知發展與輔導**　臺北：心理

陳雅美（民84）　**幼稚園實習教師團體活動秩序管理技巧分析研究**
　　八十四學年度師範學院教育學術論文發表會　教育部主辦

陳瑤華（民85）　**兒童美術教學講座**　臺北：藝術家。

陳龍安（民73）　**創造思考教學對國小資優班與普通班學生創造思考能力
　　的影響**　國立師範大學輔導研究所　碩士論文

陳龍安（民77）　**創造思考教學的理論與實際**　臺北：心理。

陳龍安（民81）　**幼稚園創造思考教學手冊**　臺北：臺北市立師院創造思
　　考教育中心。

許天威（民75）　**學習障礙者之教育**　第九章　臺北：五南出版社。

郭靜晃等譯（民87）　Spodek B.& Saracho O.N.原著
　　幼兒教育——適合三至八歲幼兒的教學方法　臺北：揚智

郭為藩（民67）　**我國學童閱讀缺陷問題的初步調查及其檢討**　國立臺灣

師大教育研究所集刊，20期，57-78頁。

莊麗君（民76）　**兒童口語溝通能力發展之研究**　中國文化大學兒童福利研究所碩士論文。

張玉成（民77）　**開發腦中金礦的教學策略**　臺北：心理。

張玉成（民73）　**教師發問技巧**　臺北：心理。

張美麗（民74）　**幼兒家長、老師、專家對幼兒教育的意見與期望比較研究**　師大家研所碩士論文

張蘭畹（民85）　兒童學習潛能的發展發表於「**認知與學習**」——專題研究計畫成果與學術研討會結案報告　嘉義：中正大學認知科學研究中心

張翠娥（民76）　故事劇場　父母親月刊　32期　P50。

張翠娥（民85）　學前讀寫訓練與閱讀障礙論題探討**幼教學刊**第四期國立台師師院幼教學

張翠娥（民78）　搭一座幼稚園與小學間的橋樑——談幼稚園與小學課程的銜接　**豐泰幼教季刊**，24期，頁14-17。

張翠娥（民82）　「讀寫能力自然萌發」理論與實務探究　收錄於**博雅文集**　第三輯頁　207-212　臺北：國立臺北師範學院

張翠娥（民73）　如何選擇和發展教材　**國教月刊**　31卷，五期，頁16-24。

張翠娥（民75）　學前教師所扮演的角色　**豐泰幼教**　13期，頁12-14。

張翠娥（民85）　**幼稚園教材教法**　14版，臺北：大洋。

游乾桂（民86）　**尋找田園小學**　臺北：張老師文化

曾慧蓮、林娟伶（民86）　圓、足球、影子　收錄於「**建構主義在國小低年級和幼稚園教學的　應用學術研討會論文集**」　臺北：臺北市立師院兒童發展中心

楊茂秀（民84）　瓶瓶罐罐（序二）　收錄於　邱惠瑛（民84）　**枝枝葉業——兒童肢體、遊戲與音樂**　臺北：豐泰文教基金會。

劉玉燕（民84a）　牽強附會專家　收錄於　所有的狗狗都是男生——走入**幼兒的世界**　書中頁9　臺北：光祐。

劉玉燕（民84b）　吊繩索、打水漂　收錄於　所有的狗狗都是男生——走入幼兒的世界　書中　頁29　臺北：光祐。

練雅婷、鄭玉玲（民 86）　飛機　收錄於「建構主義在國小低年級和幼稚園教學的應用學術研討會論文集」　臺北：臺北市立師院兒童發展中心

鄭元春（民 86）　你也是個植物觀察家　大自然　54 期　頁 42-51。

鄭元春（民 76）　認識常見的有毒植物　台北：渡假。

鄭元春（民 80）　有毒植物　臺北：渡假。

鄭美珍（民 76）　國小教師創造力、教學態度與學生創造力之相關研究　文化大學兒童福利碩士論文

歐陽鍾仁（民 73）　皮亞傑的認知論與科學教育　國立教育資料館主編，臺北：幼獅。

賴德和（民 86）　透過藝術的教育　收錄於　胡寶林等著「音樂韻律與身心平衡」一書中。頁 2，臺北：遠流。

簡楚瑛（民 85）　幼稚園班級經營。臺北：文景。

薛曉華譯（民 86）　Shirley C.Robert, Robert J.Canady 原著　全語言幼稚園　臺北：光祐

龐麗娟、李輝（民 84）　嬰兒心理學　臺北：五南。

蘇建文等（民 85）　發展心理學　再版二刷　臺北：心理

英文資料

Adams, M.J.（1992）Begining to read——Thinking and Learning about Print. ch4, **Research on Prereaders** p55-91, London, England: Massachusetts Inc. of Tec.

Asher, S.H., & Renshaw, P.D.（1981）Children without friends: Social knowledge and social skill training. In S.R. Asher & J.M.Gottman（Eds.）, **The development of children's friendships.** New York: Cambridge University Press.

Asher, S.H., & Renshaw, P.D.& Hymel, S（1982）Peer relations and the development of social skills. In S.G. Moore & C.R. Cooper（Eds）, **The Young Child: Review of research**（vol.3）.Washington, D.C.National Association for the Education of Young Children.

Bandura（1976）Social Learning theory: Englewood cliffs, N.J: Prentice-Hall.

Bellack, A.S. & Hersen, M.（1976）Social skills training for chronic psychiatric patients : Rational, research fingdings and furture directions. Comprehensive Psychiatry, 17, 559-580.

Brophy, J.（1988）Educating teachers about managing classrooms and students. Teaching and Teacher Education, 4(1), 1-18.

Chamber J.A.（1969）Beginning a multidimensional theory of creativity, psychological report, vol.25, p78.

Das, J.P., Naglieri, J.A., & Kirby, J.R.（1994）Assessent of cognitive processes. chp.9, Boston: Allyn and Bacon.

Dickson , W.P.（1981）Introduction : Toward an interdisciplinary conception of children's communication abilities, In W.P.Dickson（ed）Children's oral communication skills, New York: Academic Press.

Emmer, E.T.; Evertson, C.M.; Sanford, J.P.; Clement, C.M.& Worsham, M.E.（1998）. Classroom management for secondary teachers. Englewood Cliffs. New Jersey; Prentice-Hall, Inc.

Furman, W., & Masters, J.C.（1980）Affective consequences of social reinforcement , punishment, and neutral behavior. Developmental Psychology, 16, 100-104.

Feeney 原著，黃慧真譯（1985）Who am I in the lives of children？2ed 臺北：桂冠

Froese V.（1990）Whole Language Practice and Theory Canada: Hall Canada Inc.

Getzels J.W. & Jackson P.W.（1962）creativity and Intelligence: Exploration with gifted students N.Y.: John wiley & son, p91.

Glenwich, D.S. & Jason, L.A.（1980）Locus of Interaction in child cogntive behavior therapy.In A.W.Weyers & W.E.Craighead.（Eds.）Cognitive behavior therapy with children. New York: Plenum Press.

Goodman K.（1986）What's Whole in whole language.（Bright Idea book series）. Portsmouth, NH: Heinemann.

Gordon, T.（1974）Teacher Effectiveness Training. New York: Peter H. Wyden.

Gottman, J.M., Gonso, J. & Rasmusen, B.（1975）Social interaction, social competence and friendship in children. Child Development, 46, 709-718

Goetz, T.E. & Dweck, C.S.（1980）Learned helplessness in social situation. Joural of Personality and Social Psychology, 39, 246-255.

Grusec, J.E. & Redler, E.（1980）Attribution, reinforcement, and altruism: A development analysis. Development Psychology, 16, 525-534.

Harste, J., Wood ward V., & Burke, C.（1984）Language stories and literacy lessons.

Haswell, K., Hock, E., & Wenar, C.（1981）Oppositional behavior of preschool children : Theory and prevention.Family Relations, 30, 440-446.

Hendrick 原著　林翠湄等譯（民84）　幼兒全人教育　臺北：心理。

Hsu, J.H.（1985-1987）A study of development and acquisition of Mandarin Chinese. NSC research report. Exeter, NT: Heinemann.

Hulme, C.（1987）cognitive approaches to reading. Reading Retardation. p245-265, In J.R. Beech & A.M. colley（Eds.）, N.Y.: John Wiley & Sons.

Inagaki, K.（1992）Piagetian and Post-Piagetian conceptions of development and their implications for science education in early children. Early Childhood research quarterly, Vol. 7. Number 1. Mar. 115-133.

Kamii, C.（1997）Piaget's Theory , Behaviorism, and other theories in education.（辛曼玲譯）刊於　建構主義在國小低年級和幼稚園數學教學的應用　學術研討會論文集　臺北：台北市立師院兒童發展中心

Khatena, J.（1971）Teaching disadvantaged preschool children to think creatively with pictures. Journal of Educational Psychology, 62, 384-386.

Kosnik, C.（1993）Everyone is a V.I.P. in this class, Young Children, Nov.

Ladd, G.W., & Mize, J.（1983）A cognitive　social learning model of social-skill training. **Psychological Review**, 90(2), 127-157.

Lauritzen, P.（1992）Faciliting integrated teaching and learning in the pre-school setting : A process approach. **Early childhood Quarterly**, 7(4), 531-550.

Lenz, B.K.（1992）In the spirit of strategies instruction: cognitive and metacognitive aspects of the strategies intervention model. In S.A. Vogel（Ed.）. **Educational alternatives for students with learning disabilities**（141-158）N.Y.: Springer-Verlag.

Lewis, M., & Brooks, J.（1975）**Infants' Social Perception A Constructivist View, in Infant Perception: From Sensation to Cognition**, Vol.2, New York: Academic Press, 102-148.

Maslow A.H.（1959）creativity in self-actualizing people in H.H. Anderson（ed）, creativity and Its cultivation（N.Y.: Harper & Row, 1959）,p83-95.

Mason, J.（1989）**Reading and Research Quarterly**, 23, 263-284.

Mason, J.& Sinha（1991）Emerging Literacy in the Early Childhood Years: Applying Vygotskian Model of learning and Development. **The Handbook of Research on the Education of Young Children**.臺灣省國小敎師研習會譯，發表於八十學年度幼兒敎育學術研討會。

Mueller, E., & Lucas, T.（1975）**Friendship and Peer Relations**. New York: Wiley ,228-237.

Rhonda & Rebecca，毛連塭、魏月容合譯（民76）**嬰幼兒動作發展量表** 臺北市立師院兒童研究實驗中心出版

Paley 原著，蔡慶賢譯（民85）華利的故事 臺北：豐泰。

Patterson, C.J. & M.C.Kister,（1981）**The development of listerser skills for referential communication, in Children's oral communication skills**.

Peterson, C.L.; Danner, F.W., & Flavell, J.H.（1972）Development changes in children's response to three indications of communication failure. **Child Development**, 43, 1463-1468.

Piaget 原著，劉碧如譯（1985）**兒童道德判斷** 臺北：五洲 163-276.

Power, T.G.& Chapieski, M.L.（1986）Childreaing and impulse control in toddlers: A naturalistic investigation. **Developmental Psychology.** 22(2), 271-275.

Power, T.G. & Chapieski, M.L.（1986）childreaing and impulse control in toddlers: A naturalistic investigation. **Developmental Psychology.** 22(2), 271-275.

Roweton, W.E.（1970）Creativity: A review of theory and research. **Wisconsin Research and Development Center for Cognitive Learning,** The Uni. of Wisconsin .

Robinson, E.J.& Robinson, W.P.（1977）Children's explanations of communication failure & the inadequacy of the misunderstood message, **Developmental Psychology,** 13(2), 156-166.

Sally 原著，黃慧真譯（1994）　**發展心理學——人類發展**　臺北：桂冠。

Singer, J.B. & Flavell, J.H.（1981）Development of knowledge about communication: Children's Evaluations of explicitly ambiguous messages. **Child Development** , 52, 1211-1215

Smith, B.（1981）**The influence of context on teachers'classroom management decisions.**（Eric Document Reproduction Service No.331817）.

Torrance, E.P.（1972）Can we teach children to think creatively ? **Journal of Creative Behavior.** 1972, 6, 114-143.

Statman 原著，陳月霞譯（1996）**安全地帶**　臺北：創意力。

附錄一　幼稚教育法

總統七○臺統㈡義字第七二五八號令
中華民國七十年十一月六日公布

第　一　條　幼稚教育以促進兒童兒身心健全發展為宗旨。

第　二　條　本法所稱幼稚教育，係指四歲至入國民小學前之兒童，在幼稚園所受之教育。

第　三　條　幼稚教育之實施，應以健康教育、生活教育及倫理教育為主，並與家庭教育密切配合，達成左列目標：
一、維護兒童身心健康。
二、養成兒童艮好習慣。
三、充實兒童生活經驗。
四、增進兒童倫理觀念。
五、培養兒童合群習性。
幼稚教育之課程標準，由教育部定之。

第　四　條　幼稚園由直轄市、縣（市）政府設立或由師資培育機構及公立國民小學附設者為公立；其餘為私立。

第　五　條　幼稚園之設立應符合左列標準：
一、園址適當且確保安全。
二、園長及教師符合規定資格。
三、私立者應寬籌基金，其資產及經費來源，足供設園及發展之需要。
四、園舍、面積、保健、衛生、遊戲、工作、教學等設備符合幼稚園設備標準；其標準由教育部定之。

第　六　條　公立幼稚園由師資培育機構附設者，應報請所在地主管教育行政機關備查。
私立幼稚園應由設立機關、團體或創辦人擬具設園計畫載明左列事項，報請所在主管教育行政機關核准後籌設之：

一、擬設幼稚園之名稱。

二、擬設幼稚園之園址、面積、園舍圖。

三、擬設立班級。

四、經費來源。

五、擬設幼稚園所需經費概算。

六、創辦人姓名、住址及履歷；經捐資人推薦者其證明文件。

私立幼稚園籌設定竣，應報請所在地主管教育行政機關立案，經教育行政機關立案，經核准後始得開辦招生。私立幼稚園如不對外募捐經費，且未超過五班者，得不設董事會或辦理財團法人登記。但均應指定負責人，並報請所在地主管教育行政機關核備。設董事會者，其章程由創辦人報請主管教育行政機關核備。

第 七 條　有左列情形之一者，不得充任幼稚園之董事或負責人：

一、曾犯內亂、外患罪，經判決確定或通緝有案尚未結案者。

二、曾服公務因貪污瀆職，經判決確定或通緝有案尚未結案者。

三、曾受有期徒刑一年以上刑之宣告，服刑期滿尚未逾三年者。

四、褫奪公權尚未復權者。

五、曾任公務人員受撤職或休職處分，其停止任用或休職期間尚未屆滿者。

六、受破產宣告尚未復權者。

七、無行為能力或限制行為能力者。

第 八 條　幼稚園教學每班兒童不得超過三十人。

第 九 條　幼稚園置園長一人，綜理園務，專任，得擔任本園教學。但學校、機關、團體附設之幼稚園園長，得由各該單位遴選合格人員兼任。

第 十 條　直轄市、縣（市）政府設立之幼稚園，其園長由各該政府派任。

師資培育機構附設之幼稚園，其園長由該機構遴選合格人員

聘任，並報請所在地主管教育行政機關備查。

公立國民小學附設之幼稚園，其園長由校長遴選合格人員報請該管主管教育行政機關派任。

私立幼稚園，其園長由董事會遴選合格人員聘任；未設董事會者，由設立機構、團體或創辦人遴選合格人員聘任，並均報請所在地主管教育行政機關核備。

第 十一 條　直轄市、縣（市）政府設立之幼稚園，其教師由各該政府派任。師資培育機構附設之幼稚園，其教師由校長遴選合格人員聘任。公立國民小學附設之幼稚園，其教師由該主管教育行政機關遴選合格人員派任。

私立幼稚園，其教師由園長遴選合格人員聘任，並報請所在地主管教育行政機關核備。

第 十二 條　幼稚園園長、教師以由幼稚師資培育機構畢業者擔任為原則。但合於下列規定之一者，亦得擔任：

一、專科以上學校有關系、科畢業者。

二、高級中等以上學校畢業，曾修習規定之教育學科及學分者。

三、本法施行前，已依規定取得幼稚園園長、教師資格者。

　　幼稚園園長、教師之登記、檢定及遴用辦法，由教育部定之。

第 十三 條　公立幼稚園園長、教師、職員之待遇、退休、撫卹、保險及福利等，比照公立國民小學教師、職員之規定辦理。

私立幼稚園園長、教師、職員之待遇、退休、撫卹及福利等，由各私立幼稚園參照有關法令訂定章則，籌措專款辦理，並報請所在地主管教育行政機關備查。

私立幼稚園辦妥財團法人登記者，其園長、教師、職員之保險，準用私立學校教職員保險條例之規定辦理。

第 十四 條　私立幼稚園辦理成績卓著者，由主管教育行政機關予以獎勵；其辦法由教育部定之。

第 十五 條　私人或團體對公立幼稚園或辦妥財團法人登記之私立幼稚園

之捐贈，除依法予以獎勵外，並得依所得稅法、遺產及贈與稅法之規定免稅。

第 十六 條　公立幼稚園或辦妥財團法人登記之私立幼稚園，進口專供教學使用之圖書及用品，經所在地主管教育行政機關證明，得依關稅法之規定，申請免稅進口。

第 十七 條　公私立幼稚園收費項目、用途及數額，須經所在地主管教育行政機關核定。

第 十八 條　幼稚園兒童上、下學應實施導護，確保交通安全；其由幼稚園備車接送者，車輛應經交通監理單位檢定合格，嚴格限定乘車人數，並派員隨車照護。

第 十九 條　私立幼稚園辦理不善或違反法令者，所在地主管教育行政機關應視其情節，分別為下列之處分：

一、糾正。

二、限期整頓改善。

三、減少招生人數。

四、停止招生。

第 二十 條　私立幼稚園有前條規定之情事，其情節重大或經依前條規定處分後仍不改善者，得撤銷其立案並命停辦或依法解散之。

第二十一條　幼稚園負責人、園長、教師或職員有下列情形之一者，主管教育行政機關視其情節，予以申誡或記過處分；其情節重大者，得解除其職務；如觸犯刑法應移送法院依法處理：

一、虐待兒童摧殘其身心健康者。

二、供應兒童有礙身心之讀物（包括電影、照片或其他視聽資料及器材）者。

三、供給不衛生之飲料或食物，經衛生機關查明有案者。

四、供應不安全之遊戲器材，經視導人員查明屬實者。

五、不按課程標準教學，致嚴重影響兒童身心者。

六、不遵守第十八條之規定者。

七、違反第六條第二項之規定者。

　　幼稚園園長、教師或職員因有前項情事之一而受處分者，

　　　　　　其負責人處一千元以上、一萬元以下罰鍰。

第二十二條　私立幼稚園未經核准立案，擅自招生或受停止招生、停辦或解散之處分而仍招生者，由主管教育行政機關報請當地政府取締。其負責人處一萬元以上、五萬元以下罰鍰。

第二十三條　依第二十一條及第二十二所處之罰鍰，逾期不繳者，移送法院強制執行。

第二十四條　本法施行細則，由教育部定之。

第二十五條　本法自公布日施行。

附錄二　幼稚教育法施行細則

中華民國七十二年五月七日

教 育 部 發 布

第 一 條　本細則依「幼稚教育法」（以下簡稱本法）第二十四條之規
　　　　　定訂定之。

第 二 條　實施幼稚教育之機構為幼稚園。

第 三 條　由直轄市、縣（市）政府設立之幼稚園，其名稱應冠以所在
　　　　　地地名。公立國民小學附設之幼稚園，其名稱應冠以該國民
　　　　　小學之校名。由師資培育機構附設之實驗幼稚園，其名稱應
　　　　　冠以該機關之名稱。

　　　　　私立幼稚園之名稱，比照前項之規定辦理。

　　　　　在同一直轄市或縣（市）之幼稚園，不得以同名同音命名。

第 四 條　幼稚園之教學應依幼稚教育課程標準辦理，如有實施特殊教
　　　　　育之必要時，應報請主管教育行政機關核准後，設置特殊教
　　　　　育班級。

第 五 條　私立幼稚園依本法第六條第四項之規定設置董事會者，其董
　　　　　事會應依下列各款辦理：

　　　　　一、董事名額五人至十一人，並互推一人為董事長。

　　　　　二、第一任董事，除由創辦人擔任外，其餘由創辦人遴選適當
　　　　　　　人員充任，並召開董事會成立會議，推選董事長。

　　　　　三、董事會成立後三十日內，應檢同下列文件報請主管教育行
　　　　　　　政機關核備：

　　　　　　　㈠董事會織章程。

　　　　　　　㈡董事名冊。

　　　　　　　㈢董事受聘同意書。

　　　　　　　㈣董事會成立會議紀錄。

　　　　　四、董事會之職權如下：

　　　　　㈠董事會組織章程之制訂及修訂。

　　　　　㈡董事之選聘及解聘。

　　　　　㈢園長之選聘及解聘。

　　　　　㈣園務發展計畫及報告之審核。

　　　　　㈤基金之保管及運用。

　　　　　㈥經費之籌措。

　　　　　㈦預算決算之審核。

　　　　　㈧財務之監督。

　　　五、董事會每學期應開常會二次，必要時得召集臨時會，董事
　　　　　會由董事長召集，並為主席。

第　六　條　私立幼稚園依本法第六條之規定籌設完竣後，由設立機關、
　　　　　團體或創辦人檢具下列文件向所在地主管教育行政機關申請
　　　　　立案：

　　　一、園則：包括兒童之人數、班級數、兒童入園出園之手續及
　　　　　免費名額等。

　　　二、設園園址、園舍所有權證明或租用或借用五年以上之公證
　　　　　契約。

　　　三、園舍平面圖及設備一覽表。

　　　四、財產目錄。

　　　五、基金存款證明文件；應以董事會或創辦人名義專戶儲存。

　　　六、園長及教職員名冊。

第　七　條　幼稚園兒童得按年齡分班，每班置教師二人。其職員編制得
　　　　　比照國民小學規定辦理。

第　八　條　幼稚園園舍以平房或樓房之地面層為限。但樓房地面層不敷
　　　　　使用時，在不影響兒童安全原則下，得報請主管教育行政機
　　　　　關核準利用一樓房屋。

第　九　條　依本法第十五條所為之捐贈，應由接受捐贈之幼稚園開具捐
　　　　　贈之項目與數額，連同捐贈證明文件報經主管教育行政機關
　　　　　查核屬實後，依規定報請獎勵。

第　十　條　私立幼稚園園址遷移，應先由董事會或負責人開具下列事

項，報請主管教育行政機關核准後辦理：

一、擬遷往之園址、面積、園舍平面圖。

二、園舍及設備一覽表。

三、園址及園舍所有權證明或租用五年以上之公證契約。

第 十一 條　本法第二十一條第二項及第二十二條規定之罰鍰，在直轄市由該管教育行政機關報請市政府，在縣（市）由縣（市）政府處罰，並限期繳納。

第 十二 條　私立幼稚園之停辦，應依下列規定辦理。

一、依本法第二十條規定勒令停辦者，由主管教育行政機關派員監督其董事會或負責人清理結束事務。

二、私立幼稚園自請停辦者，應由董事會或負責人申敘停辦理由，報請主管教育行政機關核准後辦理。

第 十三 條　私立學校法第十五條至第十七條、第二十二條至第二十四條、第二十七條、第二十八條、第三十條至三十二條、第五十九條、第六十一條及第六十四條之規定，於私立幼稚園準用之。

第 十四 條　本細則自發布日施行。

幼稚教育法施行細則第十三條規定準用之「私立學校法」有關條文

第 十五 條　董事須有三分之一以上曾經研究教育，或從事同級或較高級教育工作，具有相當經驗者。外國人充任董事，其人數不得超過總名額三分之一，並不得充任董事長。

第 十六 條　現任主管教育行政機關人員，或對私立學校具有監督權之公務員，不得兼任董事。

第 十七 條　董事相互間有配偶及三親等以內血親、姻親之關係者，不得超過總名額三分之一。

第二十二條　董事每屆任期三年，連選得連任。

創辦人為當然董事。當然董事因辭職、死亡或依本法有關之規定解聘時，其所遺董事名額，由董事會補選之。

第二十三條　董事會應在當屆董事任期屆滿二個月前開會選舉下屆董事，

並將新董事名冊及其同意書報請主管教育行政機關核備後二十日內，由原任董事長召開新董事會，推選新任董事長。

原任董事長逾期不召集新董事會時，得由新董事三分之一以上報經主管教育行政機關許可自行召集之。新舊任董事長應於十日內交接完畢，報請主管教育行政機關備查。

第二十四條 董事長、董事在任期中有下列情形之一者，應予解職或解聘：

一、具有書面辭職文件，提經董事會議通過者。

二、有第十八條規定情形之一者。

三、利用職務上之機會犯罪，經宣告有罪之判決確定者。

四、擔任主管教育行政機關工作或對私立學校具有監督權之公務員者。

五、董事連續三次無故不出席董事會議者。

六、董事長在一年內不召集董事會議者。

董事長、董事有前項第三款或第十八條第一款、第二款之犯罪嫌疑經被提起公訴者，應即停止其職務。

董事長、董事在任期中出缺者，由董事會補選之。

第二十七條 董事應親自出席董事會議，不得委派代表。

董事會之決議應有過半數董事之出席，以出席董事過半數之同意行之。但下列重要事項之決議，應有三分之二以上董事之出席，以出席董事三分之二以上同意行之。

一、董事之改選、補選。

二、董事長之選舉、改選、補選。

三、校（院）長之選聘或解聘。

四、依第五十八條但書之規定為不動產之處分或設定負擔者。

五、董事會組織章程之修訂。

六、學校停辦、解散或申請破產之決定。

前項重要事項之討論，應於會議前十日，將議程通知各董事，並申報主管教育行政機關；主管教育行政機關得派員列席。

第二十八條　董事會議所討論事項，如涉及董事或董事長本身利害關係時，該董事或董事長不得參與該案之表決。

第 三十 條　董事會因發生重大糾紛致無法召開會議或有違反教育法令情事者，主管教育行政機關得限期命其整頓改善；逾期不為整頓改善，或整頓改善無效果時，得解除董事之職務，並就原有董事及熱心教育人士各指定若干人會同推選董事，重新組織董事會。

第三十一條　董事長、董事及董事會不得於本法所定之職權外，干預學校行政。

董事長及董事不得兼任校（院）長或校內其他行政職務。

第三十二條　董事長及董事均為無給職，但得酌支交通費。

第五十九條　私立學校之收入，應悉數用於預算項之支出；如有餘款，應撥充學校基金。

第六十一條　私立學校年度收支預算經董事會核定後，由校長報請主管教育行政機關備查並執行之。

主管教育行政機關認為前項收支預算有不當者，得予糾正。

第六十四條　主管教育行政機關為瞭解私立學校財務情況，得派員或委請會計師檢查其帳目。

附錄三　美國幼兒教育協會之倫理守則

前言

　　美國幼兒教育協會認為，日常的許多決策在在都要求與幼兒共事的人必須具有道德，美國幼兒教育協會的倫理守則為負責任的行為提出指引，並說明解決早期兒童教育所遭遇之主要道德困境的一般原則。主要的焦點是放在為出生至八歲的幼兒所設計的幼兒教育機構裡，如幼兒園、幼兒保育中心、托兒家庭、幼稚園和小學教室，日常與幼兒及其家人相處的實務上。其中有許多的條款也適用於沒有直接與幼兒相處的專家，包括機構裡的行政人員，親職教育者，大學教授和核發幼兒保育執照的專家。

　　早期兒童教育的道德行為標準，是以我們對這個領域歷史悠久之核心價值的承諾為基礎的，我們已承諾：

- 承認幼兒期是人類生命週期中獨特且重要的階段
- 以幼兒發展的知識為基礎而與幼兒共事
- 欣賞及支持幼兒與家庭之間的親密關係
- 承認在家庭、文化和社會的脈絡下，對幼兒才能有最好的了解
- 尊重每個人（幼兒、家庭成員和同事）的尊嚴、價值和獨特性
- 在以信任、尊重和關心為基礎的關係裡協助幼兒和成人發揮其最大的潛能

　　該倫理守則分成四部分：(1)幼兒、(2)家庭、(3)同事和(4)社區與社會，分別說明我們在這四方面的專業責任和專業關係。每個部分皆包括幼兒教育的從業人員在該領域之主要責任的介紹，一些專業實務的理念及界定必須、禁止及許可的實務的原則。

　　理念反映從業人員的抱負，原則則試圖引導行為及協助從業人員解決所遭遇到的道德困境。不一定每個原則都有一個相對應的理念。理念和原則皆企圖引導從業人員負起責任，去處理一些做嚴謹的決策時所會面臨的問題。有些守則對一些道德困境的處置有特別的指導，其他的則需要從業

人員將守則上的指導和合理的專業判斷組合，以提出好的對策。

　　這份守則裡的理念和原則，說明了一種專業責任的共同概念，也肯定了我們對專業領域之核心價值的承諾。這份守則公開說明我們在此領域的責任，及完成這些責任應有的道德行為。應鼓勵面臨道德困境的從業人員去尋找這份守則中適合的部分及整個守則所強調的精神以作為指引。

第一部份：對幼兒的道德責任

　　幼兒期是生命週期中一個獨特且重要的階段，我們最重要的責任就是提供幼兒安全、健康、富含教育性和有回應的環境。我們承諾藉著重視個別差異、協助他們學習生活及與人同心協力工作並促進他們的自尊而支持幼兒的發展。

理念

I-1.1　熟悉幼兒教育的知識基礎，並透過繼續教育和在職訓練以跟上時代的潮流。

I-1.2　以幼兒發展及相關領域的知識與對每位幼兒的特殊了解作為實務的基礎。

I-1.3　認識及尊重每位幼兒的獨特性及其潛力。

I-1.4　承認幼兒特別容易受到傷害。

I-1.5　創造及維持可促進幼兒的社會、情緒、智力和身體發展，及尊重他們的尊嚴和貢獻的安全且健康的環境。

I-1.6　支持特別需要參與與其能力一致的正規幼兒教育方案之兒童的權利。

原則

P-1.1　最重要的是，我們絕對不能傷害幼兒，我們絕對不要做會對幼兒不敬、使其墮落、危險、加以剝削、脅迫或對其心理或生理有危害的事情，這個原則應優先加以考慮。

P-1.2　我們絕對不可因幼兒的種族、宗教、性別、國籍或其家長之地位、

　　行為或信仰的不同，就藉著取消優惠、給予特殊的益處或不讓他們入學或參加活動而歧視他們（這個原則並不適用於專門為某特殊族群之幼兒服務的合法機構）。

P-1.3 在做與幼兒有關的決策時，我們應讓具有這方面知識的所有人（包括工作人員和家長）參與。

P-1.4 在與幼兒和家庭共同努力之後，如果幼兒尚無法從我們所設計的方案中獲得益處，則應以正面的方式和家庭溝通我們的關心，並協助他們尋找更為合適的環境。

P-1.5 我們應該要熟悉幼兒被虐待和被忽略的徵兆，也要知道在社區裡揭發這種事情的程序。

P-1.6 當我們握有幼兒被虐待和被忽略的證據時，我們應向適當的社區機構呈報，並加以追蹤以確定已採取合宜的行動。可能的話，也要通知家長已加以轉介的事。

P-1.7 當別人告訴我們幼兒被虐待或被忽略，但我們卻無證據時，我們仍應堅持要有人採取合宜的行動來保護幼兒。

P-1.8 當兒童保護機構無法給受虐或被忽略幼兒足夠的保護時，我們有道德上的責任要改善這些服務。

第二部分：對家庭的道德責任

　　家庭在幼兒發展的過程中是最重要的（家庭一詞除了指父母外，尚包括其他與幼兒有密切聯繫的人），由於家庭和幼兒教育者一樣關心兒童的福祉，因此我們應承擔主要的責任，使家庭和學校能合作以促進幼兒的發展。

理念

I-2.1 與我們所服務的家庭建立彼此互信的關係。

I-2.2 認可及增強家庭照顧幼兒的力量和能力。

I-2.3 尊重每個家庭的尊嚴及其文化、習俗和信仰。

I-2.4 尊重家庭之幼兒養育的價值及他們為幼兒作決定的權利。

I2.5　以發展觀點的架構向家長說明每位幼兒的進展，並協助家庭了解及欣賞對發展有益的幼兒教育方案的價值。

I-2.6　協助家庭成員增進他們對幼兒的了解，並加強他們為人父母的技巧。

I2.7　藉著提供工作人員與家庭互動的機會而為家庭建立起支援網路。

原則

P-2.1　我們不應該拒絕家庭成員到其子女的教室或學校來。

P-2.2　我們應該告訴家長我們所設計之方案的哲學、政策和工作人員的資格，並說明為什麼我們會這樣教。

P-2.3　我們應該通知家庭，並在適當的時刻讓他們一起參與政策的制定。

P-2.4　我們應該通知家庭，並在適當的時刻讓他們一起參與會影響其子女的重要決定。

P-2.5　我們應該通知家庭會涉及其子女的意外事件、暴露於會引起感染之傳染病的危險，及可能會造成心理上之傷害的事件。

P-2.6　我們不可以許可或參與任何會妨礙幼兒的教育或發展的研究，應該讓家庭知道任何會涉及其子女的研究計畫，並給他們有表示同意與否的機會。

P-2.7　我們不應該利用家庭，我們不能為了個人的方便和利益而利用我們與家庭的關係，或與家庭成員建立一種會損害我們與兒童共事時之效能的關係。

P-2.8　對於幼兒的記錄，在何時我們應加以保密，何時我們又該透露，我們應該要有明白的政策，而這項政策文件應讓機構裡的所有人員和家庭都知道。要經過家庭的同意之後，才可向家庭成員以外的人、機構裡的全體人員和顧問透露幼兒的記錄（有被虐待或受忽略等情形發生時例外）。

P-2.9　對於家庭的隱私我們要加以保密，並尊重家庭的隱私權，避免透露秘密的消息及干擾家庭的生活。不過，在我們為幼兒的福祉而覺得擔憂時，是可以向對兒童的利益可能有所作為的機構或個人透露秘密的消息。

P-2.10　當家庭的成員有衝突時，我們應開誠佈公的去調停，分享我們對幼兒的觀察，協助雙方參與作有意義的決定。我們應該避免只擁護某一方。

P-2.11　我們應該熟悉可支援家庭的社區資源和專業服務，並妥善利用。在轉介之後，我們應追踪，以確保所提供的服務是足夠的。

第三部分：對同事的道德責任

在一個彼此關懷、互相合作的工作場所，人的尊嚴會受到尊重，專業的滿足會提升，也可建立良好的關係。我們在這方面的主要責任，在於建立及維持能支援多采多姿的工作並滿足專業需求的環境和關係。

㈠對同事的責任

理念

I-3A.1　與同事建立及維持信任與合作的關係。
I-3A.2　與同事共享資源及訊息。
I-3A.3　支援同事滿足專業的需求並獲得專業的發展。
I-3A.4　對同事的專業成就應給予肯定。

原則

P-3A.1　當我們對同事的專業行為覺得擔心時，我們應首先讓那個人知道我們的擔憂，並和他一起來解決這個問題。

P-3A.2　我們應該練習表達有關同事之個人特質或專業行為的觀點，所做的陳述應以第一手的資料為基礎，並與兒童和任職機構的權益有關。

㈡對雇主的責任

理念

I-3B.1　以提供最高品質的服務協助所任職之機構的業務推展。

I-3B.2　忠於任職機構並維護其聲譽。

原則

P-3B.1　當我們不贊同任職機構的政策時，我們應先在組織內透過建設性的行動來達到改變的目的。

P-3B.2　我們應該在經過授權之後，才可以代表組織說話或行動。我們在代表組織說話及表達個人的判斷時，必須要小心注意。

㈢對屬下的責任

理念

I-3C.1　不斷改善能促進工作人員之能力、福利和自尊的政策和工作環境。

I-3C.2　創造一個信任和公正的氣氛，使工作人員能為兒童、家庭和幼兒教育這個領域說話和行動。

I3C.3　致力確保與幼兒共事或代表幼兒的人得以維持其生計。

原則

P-3C.1　在做與幼兒有關的決定時，我們應妥善利用工作人員的訓練、經驗和意見。

P-3C.2　我們所提供給工作人員的環境，要能容許他們負起他們的責任，評鑑的程序要合宜且不具威脅性，有明確的訴怨管道，建設性的回饋及能持續專業發展和進步的機會。

P-3C.3　我們應發展及維持完整且明確的人事政策，以明示任職機構的標準，並說明部屬在工作場所外之合理行為的範圍，這些政策應告訴新進人員，也應讓所有工作人員可隨時翻閱。

P-3C.4　對於無法達到任職機構的標準的部屬，應給予關切，可能的話，應協助他們改善他們的表現。

P-3C.5　要解聘部屬時，一定要讓他知道被解聘的原因，而解聘原因的認定必須以工作不力或行為不當的確實記錄為準，並讓部屬也有一份可參考。

P-3C.6　在評鑑或建議時，應以事實及與幼兒和任職機構有關的利益為基礎而提出。

P-3C.7　雇用和升遷應以該名人員的成就記錄及他在工作上負責任的能力為基礎來考量。

P-3C.8　雇用、升遷和有訓練機會時，我們不能有種族、宗教、性別、國籍、殘障、年齡或性別偏好上的歧視，我們應熟悉關於工作歧視的法律和規定。

第四部分：對社區和社會的責任

　　幼兒教育機構是在一個由許多家庭及關心幼兒之福祉的機構所構成的社區內運作的，我們對社區的責任，是提供能符合其需求並能與同樣對幼兒有責任的機構和專家合作的方案。由於整個大社會對幼兒的福利和保護有很大的責任，而我們在幼兒發展方面有專業的知識，因此我們有義務作為幼兒的代言人。

理念

I-4.1　提供社區高品質、有文化特色的幼兒教育機構和服務。

I-4.2　促進關心幼兒的福祉、兒童的家庭及教師的機構和專家間的合作。

I-4.3　透過教育、研究和宣導以建立一個到處都很安全的世界，使生活於其中的幼兒都能吃住不缺，並有適當的教養。

I-4.4　透過教育、研究和宣導使社會中的每個幼兒都有機會接受有品質的教育方案。

I-4.5　增進對幼兒及其需求的認識和了解，讓社會更能認同幼兒的權利並接受其對幼兒之福祉的責任。

I-4.6　支持能促進幼兒和家庭福祉的政策和法律，反對會妨礙他們之福祉的政策和法律，與其他個人和團體合作以進行這方面的努力。

I-4.7　促進幼兒教育這個領域的專業發展，並加強其實現這份守則所反映之核心價值的承諾。

原則

P-4.1　我們應該公開、誠實地說明我們所提供之服務的本質和範圍。

P-4.2　我們不應該接受或繼續從事一份不適合我們的個性或與我們的專長不符的工作，我們不可提供我們沒有能力做到、不具資格或沒有資源的服務。

P-4.3　我們應以實務為基礎，客觀、正確地說出我們的經驗。

P-4.4　我們應該要和與兒童及其家庭共事的專家合作。

P-4.5　我們不要雇用或推薦一個能力、資格或品行不合要求的人來工作。

P-4.6　如果私底下的解決方法無效時，我們應將同事缺德及無能的行為向上司報告。

P-4.7　我們應該熟悉保護幼兒的法律和規定。

P-4.8　我們不能參與會違反保護幼兒的法律和規定的活動。

P-4.9　如果我們知道某個幼兒教育機構違反了保護幼兒的法律和規定時，我們應該告訴該機構的負責人。如果在合理的時間內仍沒有改善，我們就應向能糾正這種狀況之適當的政府機構呈報。

P-4.10　如果我們發現有機構或專家向幼兒、家庭或教師收取服務費用，我們有責任向適當的政府機構或大眾報告這個問題。

P-4.11　如果有幼兒教育機構違反或要求其部屬違反這份守則，只要有充分的證據，是可以舉發的。

資料來源：這份倫理守則和承諾宣言是在美國幼兒教育學會之道德委員會的協助下完成的，委員會的成員有 Stephanie Feeney（主席）、Bettye Caldwell, Sally Cartwright, Carrie Cheek, Josue Cruz, Jr., Anne GDorsey, Dorothy M.Hill, Lilian G. Katz, Pamm Mattick, Shirley A. Norris, 和 Sue Spayth Riley.

（引自 J. Hendrick 著／林翠湄等譯，民84，《幼兒全人教育》附錄一）

附錄四　兒童福利法

中華民國六十二年二月八日總統台統㈠義字
第六二〇號令制定公布全文三十條
中華民國八十二年二月五日總統華總㈠義字
第〇四七五號令修正公布全文五十四條

第一章　總　則

第　一　條　為維護兒童身心健康，促進兒童正常發育，保障兒童福利，
　　　　　　特制定本法。

第　二　條　本法所稱兒童，指未滿十二歲之人。

　　　　　　兒童出生後十日內，接生人應將出生之相關資料通報戶政及
　　　　　　衛生主管機關備查。

　　　　　　殘障兒童之父母、養父母或監護人得申請警政機關建立殘障
　　　　　　兒童之指紋資料。

第　三　條　父母、養父母或監護人對其兒童應負保育之責任。

　　　　　　各級政府及有關公私立機構、團體應協助兒童之父母、養父
　　　　　　母或監護人，維護兒童身心健康與促進正常發展，對於需要
　　　　　　指導、管教、保護、身心矯治與殘障重建之兒童，應提供社
　　　　　　會服務與措施。

第　四　條　各級政府及公私立兒童福利機構處理兒童相關事務時，應以
　　　　　　兒童之最佳利益為優先考慮。有關兒童之保護與救助應優先
　　　　　　受理。

第　五　條　兒童之權益受到不法侵害時，政府應予適當之協助與保護。

第　六　條　兒童福利之主管機關：在中央為內政部；在省（市）為社會
　　　　　　處（局）；在縣（市）為縣（市）政府。

　　　　　　兒童福利主管機關應設置承辦兒童福利業務之專責單位：在
　　　　　　中央為兒童局；在省（市）為兒童福利科；在縣（市）為兒

童福利課（股）。

司法、教育、衛生等相關單位涉及前項業務時，應全力配合之。

第 七 條　中央主管機關掌理下列事項：

一、兒童福利法規與政策之研擬事項。

二、地方兒童福利行政之監督與指導事項。

三、兒童福利工作之研究與實驗事項。

四、兒童福利事業之策劃與獎助及評鑑之規劃事項。

五、兒童心理衛生及犯罪預防之計劃事項。

六、特殊兒童輔導及殘障兒童重建之規劃事項。

七、兒童福利專業人員之規劃訓練事項。

八、兒童福利機構設置標準之審核事項。

九、國際兒童福利業務之聯繫與合作事項。

十、有關兒童福利法令之宣導及推廣事項。

十一、兒童之母語及母語文化教育事項。

十二、其他全國性兒童福利之策劃、委辦及督導事項。

第 八 條　省（市）主管機關掌理下列事項：

一、縣（市）以下兒童福利行政之監督與指導事項。

二、兒童及其父母福利服務之策劃、推行事項。

三、兒童心理衛生之推行事項。

四、特殊兒童輔導及殘障兒童重建之計畫與實施事項。

五、兒童福利專業人員之訓練事項。

六、兒童福利機構設置標準之訂定與機構之檢查、監督事項。

七、兒童保護之規劃事項。

八、有關寄養家庭標準之訂定、審查及其有關之監督、輔導等事項。

九、有關親職教育之規劃及辦理事項。

十、其他全省（市）性之兒童福利事項。

第 九 條　縣（市）主管機關掌理下列事項：

一、兒童福利機構之籌辦事項。

二、托兒機構保育人員訓練之舉辦事項。

三、兒童社會服務個案集中管理事項。

四、兒童狀況之調查、統計、分析及其指導事項。

五、勸導並協助生父認領非婚生子女事項。

六、兒童福利機構之監督事項。

七、其他全縣（市）性之兒童保護事項。

第 十 條 各級主管機關為協調、研究、審議、諮詢及推動兒童福利，
應設兒童福利促進委員會；其組織規程由中央主管機關定
之。

第 十一 條 政府應培養兒童福利專業人員，並應定期舉行職前訓練及在
職訓練。

兒童福利專業人員之資格，由中央主管機關定之。

第 十二 條 兒童福利經費之來源如下：

一、各級政府年度預算及社會福利基金。

二、私人或團體捐贈。

三、兒童福利基金。

第二章　福利措施

第 十三 條 縣（市）政府應辦理下列兒童福利措施：

一、婦幼衛生、優生保健及預防注射之推行。

二、對發展遲緩之特殊兒童建立早期通報系統並提供早期療
育服務。

三、對兒童與家庭提供諮詢輔導服務。

四、對於無力撫育未滿十二歲之子女者，予以家庭生活扶助或
醫療輔助。

五、早產兒、重病兒童之扶養義務人無力支付兒童全部或部分
醫療費用之醫療補助。

六、對於不適宜在其家庭內教養之兒童，予以適當之安置。

七、對於棄嬰及無依兒童，予以適當之安置。

八、其他兒童及其家庭之福利服務。

第 十四 條 前條第四款之家庭生活扶助或醫療補助，以具有下列情形之一者為限：

一、父母失業、疾病或其他原因，無力維持子女生活者。

二、父母一方死亡，他方無力撫育者。

三、父母雙亡，其親屬願代為撫養，而無經濟能力者。

四、未經認領之非婚生子女，其生母自行撫育，而無經濟能力者。

第 十五 條 兒童有下列各款情形之一，非立即給予緊急保護、安置或為其他處分，其生命、身體或自由有明顯而立即之危險者，應予醫急保護、安置或為其他必要之處分：

一、兒童未受適當之養育或照顧。

二、兒童有立即接受診治之必要，但未就醫者。

三、兒童遭遺棄、虐待、押賣，被強迫或引誘從事不正當之行為或工作者。

四、兒童遭受其他迫害，非立即安置難以有效保護者。

主管機關緊急安置兒童遭遇困難時，得請求檢察官或警方協助之。

安置期間，主管機關或受主管機關委任安置之機構在保護安置兒童之範圍內，代行原親權人或監護人之親權或監護權。

主管機關或受主管機關委任之安置機構，經法院裁定繼續安置者，應選任其成員一人執行監護事務，並向法院陳報。

前項負責執行監護事務之人，應負與親權人相同之注意義務，並應按個案進展作成報告備查。

安置期間，非為貫徹保護兒童之目的，不得使兒童接受訪談、偵訊或身體檢查。

安置期間，兒童之原監護人、親友、師長經主管機關許可，得依其指示時間、地點、方式探視兒童。不遵守者，主管機關得撤銷其許可。

安置之原因消滅時，主管機關或原監護人，得向法院聲請裁定停止安置，使兒童返回其家庭。

第 十六 條　依前條規定保護安置時，應即通知當地地方法院。保護安置
　　　　　　不得超過七十二小時，非七十二小時以上之安置不足以保護
　　　　　　兒童者，得聲請法院裁定繼續安置。繼續安置以三個月為
　　　　　　限，必要時，法院得裁定延長一次。

　　　　　　對於前項裁定有不服者，得於裁定送達後五日內提起抗告。
　　　　　　對於抗告法院之裁定不得再抗告。抗告期間，原安置機關得
　　　　　　繼續安置。

第 十七 條　兒童因家庭發生重大變故，致無法正常生活於其家庭者，其
　　　　　　父母、養父母、監護人、利害關係人或兒童福利機構，得申
　　　　　　請當地主管機關安置或輔助。

　　　　　　第十五條及前項兒童之安置，當地主管機關得辦理家庭寄養
　　　　　　或交付適當之兒童福利機構收容教養之。受寄養之家庭及收
　　　　　　容之機構，應提供必要之服務，並得向撫養義務人酌收必要
　　　　　　之費用。

　　　　　　第一項之家庭情況改善或主管機關認第十五條第一項各款情
　　　　　　事已不存在或法院裁定停止安置者，被安置之兒童仍得返回
　　　　　　其家庭。

第 十八 條　醫師、護士、社會工作員、臨床心理工作者、教育人員、保
　　　　　　育人員、警察、司法人員及其他執行兒童福利業務人員，知
　　　　　　悉兒童有第十五條第一項及第二十六條各款情形或遭受其他
　　　　　　傷害情事者，應於二十四小時內向當地主管機關報告。

　　　　　　前項報告人之身分資料應予保密。

第 十九 條　依本法保護、安置、訪視、調查、輔導兒童或其家庭，應建
　　　　　　立個案資料。

　　　　　　因職務知悉之秘密或隱私及所製作或持有之文書，應予保
　　　　　　密，非有正當理由，不得洩漏或公開。

第 二十 條　中央主管機關應會同目的事業主管機關擬訂辦法獎勵公民營
　　　　　　機構設置育嬰室、托兒所等各類兒童福利設施及實施優待兒
　　　　　　童、孕婦之措施。

第二十一條　兒童及孕婦應優先獲得照顧。

交通、衛生、醫療等公民營事業應訂定及實施兒童及孕婦優先照顧辦法。

第三章　福利機構

第二十二條　縣（市）政府應自行創辦或獎勵民間辦理下列兒童福利機構：

一、托兒所。

二、兒童樂園。

三、兒童福利服務中心。

四、兒童康樂中心。

五、兒童心理及其家庭諮詢中心。

六、兒童醫院。

七、兒童圖書館。

八、其他兒童福利機構。

第二十三條　省（市）及縣（市）政府為收容不適於家庭養護或寄養之無依兒童，及身心有重大缺陷不適宜於家庭撫養之兒童，應自行創辦或獎勵民間辦理下列兒童福利機構：

一、育幼院。

二、兒童緊急庇護所。

三、智能障礙兒童教養院。

四、傷殘兒童重建院。

五、發展遲緩兒童早期療育中心。

六、兒童心理衛生中心。

七、其他兒童教養處所。

對於未婚懷孕或分娩而遭遇困境之婦、嬰，應專設收容教養機構。

第二十四條　前二條各兒童福利機構之業務，應遴用專業人員辦理，其待遇、福利等另訂定之。

兒童福利機構設置標準與設立辦法，由省（市）政府訂定，報請中央主管機關報備。

第二十五條　私人或團體辦理兒童福利機構，應向主管機關申請立案；並於許可立案之日起六個月內辦理財團法人登記。但私人或團體辦理第二十二條之兒童福利機構，而不對外接受捐助者，得不辦理財團法人登記。

前項兒童福利機構不得兼營營利行為或利用其事業為任何不當之宣傳。

各級主管機關應輔導、監督、檢查及評鑑第二十二條、第二十三條之兒童福利機構；成績優良者，應予獎助；辦理不善者，令其限期改善。

第四章　保護措施

第二十六條　任何人對兒童不得有下列行為：

一、遺棄。

二、身心虐待。

三、利用兒童從事危害健康、危險性活動或欺騙之行為。

四、利用殘障或畸形兒童供人參觀。

五、利用兒童行乞。

六、供應兒童觀看、閱讀、聽聞或使用有礙身心之電影片、錄影節目帶、照片、出版品、器物或設施。

七、剝奪或妨礙兒童接受國民教育之機會或非法移送兒童至國外就學。

八、強迫兒童婚嫁。

九、拐騙、綁架、買賣、質押兒童，或以兒童為擔保之行為。

十、強迫、引誘、容留、容認或媒介兒童為猥褻行為或姦淫。

十一、供應兒童毒藥、毒品、痲醉藥品、刀械、槍砲、彈藥或其他危險物品。

十二、利用兒童攝製猥褻或暴力之影片、圖片。

十三、帶領或誘使兒童進入有礙其身心健康之場所。

十四、其他對兒童或利用兒童犯罪或為不正當之行為。

第二十七條　法院認可兒童收養事件，應考慮兒童之最佳利益。決定兒

之最佳利益時，應斟酌收養人之人格、經濟能力、家庭狀況及以往照顧或監護其他兒童之紀錄。

滿七歲之兒童被收養時，兒童之意願應受尊重。兒童堅決反對時，非確信認可被收養，乃符合兒童最佳利益之唯一選擇外，法院應不予認可。

滿七歲之兒童法院認可前，得准收養人與兒童先行共同生活一段期間，供法院決定認可之參考。

法院為第一、二項認可前，應命主管機關或其他兒童福利機構進行訪視，提出調查報告及建議。收養之利害關係人亦得提出相關資料或證據，供法院斟酌。

法院對被遺棄兒童為前項認可前，應命主管機關調查其身分資料。

父母對於兒童出養之意見不一致，或一方所在不明時，父母之一方仍可向法院聲請認可。經法院調查認為收養乃符合兒童之利益時，應予認可。

法院認可兒童收養者，應通知主管定期進行訪視，並作成報告備查。

第二十八條 收養兒童經法院認可者，收養關係溯及於收養書面契約成立時發生效力。無書面契約者，以向法院聲請時為收養關係成立之時。有試行收養之情形者，收養關係溯及於開始共同生活時發生效力。

聲請認可收養後，法院裁定前兒童死亡者，聲請程序終結。收養人死亡者，法院應命主管機關或其委託機構為調查並提出報告及建議，法院認其於兒童有利益時，仍得為認可收養之裁定，其效力依前項之規定。

養父母均不能行使、負擔對於兒童之權利義務或養父母均死亡時，法院得依兒童、檢察官、主管機關或其他利害關係人之聲請選定監護人及指定監護之方法，不受民法第一千零九十四條之限制。

第二十九條 養父母對養子女有第二十六條第一款、第二款、第四款、第

五款及第七款至第十四款之行為者，或有第三款及第六款之行為而情節重大者，利害關係人或主管機關得向法院聲請宣告終止其收養關係。

第 三十 條　父母、養父母、監護人或其他實際照顧兒童之人，應禁止兒童從事不正當或危險之工作。

第三十一條　父母、養父母、監護人或其他實際照顧兒童之人，應禁止兒童吸菸、飲酒、嚼檳榔、吸食或施打迷幻藥、麻醉藥品或其他有害身心健康之物質。

　　　　　　任何人均不得供應前項之物質予兒童。

第三十二條　婦女懷孕期間應禁止吸菸、酗酒、嚼檳榔、吸食或施打迷幻藥、麻醉藥品或為其他有害胎兒發育之行為。其他人亦不得鼓勵、引誘、強迫或使懷孕婦女為有害胎兒發育之行為。

第三十三條　父母、養父母、監護人或其他實際照顧兒童之人，應禁止兒童出入酒家、酒吧、酒館（店）、舞廳（場）、特種咖啡茶室、賭博性電動遊樂場及其他涉及賭博、色情、暴力等其他足以危害其身心健康之場所。

　　　　　　父母、養父母、監護人或其他實際照顧兒童之人，應禁止兒童充當前項場所之侍應或從事其他足以危害或影響其身心發展之工作。

　　　　　　第一項場所之負責人及從業人員應拒絕兒童進入。

　　　　　　任何人不得利用、僱用或誘迫兒童從事第二項之工作。

第三十四條　父母、養父母、監護人或其他實際照顧兒童之人不得使兒童獨處於易發生危險或傷害之環境，對於六歲以下兒童或需要特別看護之兒童不得使其獨處或由不適當之人代為照顧。

第三十五條　任何人發現有違反第二十六條、第三十條、第三十一條、第三十三條、第三十四條之規定或兒童有第十五條第一項之情事者，得通知當地主管機關、警察機關或兒童福利機構。警察機關或兒童福利機構發現前述情事或接獲通知後，應立即向主管機關報告，至遲不得超過二十四小時。

　　　　　　前項機關或機構發現前項情事或接獲通知後，應迅即處理，

不得超過二十四小時，並互予必要之協助。主管機關之承辦人員應於受理案件後四日內向其所屬單位提出調查報告。

前二項處理辦理，由省（市）政府訂定，報中央主管機關備查。

第三十六條　主管機關就本法規定事項，必要時得自行或委託其他機關或兒童福利有關機構進行訪視、調查。

主管機關或受其委託之機關或機構進行訪視、調查時，兒童之家長、家屬、師長、雇主、醫護人員及其他與兒童有關之人應予配合並提供相關資料。必要時，得請求警察、醫療、學校或其他相關機關或機構協助，被請求之機關或機構應予配合。

第三十七條　兒童有賣淫或營業性猥褻行為者，主管機關應將其安置於適當場所，觀察輔導二週至一個月。若有本法保護措施章規定之其他情事時，併依各該規定處理之。

對於兒童犯告訴乃論之罪者，主管機關得獨立告訴。

第四十四條　違反第二條第二項規定者，處新臺幣一千元以上三萬元以下罰鍰。

違反第二十六條、第三十條規定者，處新臺幣一萬元以上十二萬元以下罰鍰，並公告其姓名。

第四十五條　父母、養父母、監護人或其他實際照顧兒童之人，違反第三十一條第一項情節嚴重，或明知兒童在第三十三條第一項場所工作，不加制止者，處新臺幣六千元以上三萬元以下罰鍰，並公告其姓名。

父母、養父母、監護人或其他實際照顧兒童之人，違反第三十三條第一項或第二項者，處新臺幣一千二百元以上六千元以下罰鍰，並公告其姓名。

第四十六條　雇用或誘迫兒童在第三十三條第一項場所工作或供應迷幻、麻醉藥品或其他有害其身心健康之物質予兒童者，處新臺幣三萬元以上三十萬元以下罰鍰，並公告其姓名。情節嚴重或經警告仍不改善者，主管機關，得勒令其停業、歇業，或移

　　　　　請其事業主管機關吊銷執照。

　　　　　與從事賣淫或營業性猥褻行為之兒童為性交易者，處新臺幣三萬元以上十萬元以下罰鍰，並公告其姓名。

　　　　　主管機關應自行或委託其他機構，對前項為性交易者施予輔導教育，其實施及處罰準用第四十八條之規定。

第四十七條　供應菸、酒及檳榔予兒童者，處新臺幣三千元以上一萬五千元以下罰鍰。

　　　　　違反第三十三條第三項或第四項者，處新臺幣一萬二千元以上六萬元以下罰鍰。情節嚴重或經警告仍不改善者，主管機關得勒令其停業、歇業或移請其事業主管機關吊銷執照。

第四十八條　父母、養父母、監護人或其他實際照顧兒童之人，違反第二十六條、第三十條、第三十一條第一項、第三十三條第一項、第二項或第三十四條，情節嚴重，或有第十五條第一項所列各種情事者，主管機關應令其接受四小時以上之親職教育輔導。

　　　　　前項親職教育輔導，如有正當理由，得申請原處罰之主管機關核准後延期參加。

　　　　　不接受第一項親職教育輔導或時數不足者，處新臺幣一千二百元以上六千元以下罰鍰，經再通知仍不接受者，得按次處罰，至其參加為止。

第四十九條　違反第十八條規定者，處新臺幣六千元以上三萬元以下罰鍰。

　　　　　兒童之家長、家屬、師長、雇主、醫護人員及其他與兒童有關之人違反第三十六條第二項規定而無正當理由者，處新臺幣三千元以上三萬元以下罰鍰，並得連續處罰，至其配合或提供相關資料為止。

第　五十　條　兒童福利機構違反第二十五條第一項、第二項之規定者，處新臺幣三萬元以上三十萬元以下罰鍰；其經限期辦理立案或財團法人登記、或停止第二項之行為，逾期仍不辦理或停止者，得連續處罰之，並公告其名稱，且得令其停辦。

兒童福利機構辦理不善，經依第二十五條第三項規定限期改
善，逾期仍不改善者，得令其停辦。

依前二項規定令其停辦而拒不遵守者，再處新臺幣五萬元以
上三十萬元以下罰鍰。

經主管機關依前項規定處罰鍰，仍拒不停辦者，處行為人一
年以下有期徒刑、拘役或科或併科新臺幣五十萬元以下罰
金。

兒童福利機構停辦、停業、歇業、或決議解散時，主管機關
對於該機構收容之兒童應即予以適當之安置，兒童福利機構
應予配合。不予配合者，強制實施之，並處以新臺幣三萬元
以上三十萬元以下罰鍰。

第五十一條　依本法應受處罰者，除依本法處罰外，其有犯罪嫌疑者，應
移送司法機關處理。

第五十二條　依本法所處之罰鍰，逾期不繳納者，移送法院強制執行之。

第六章　附　則

第五十三條　本法施行細則，由中央主管機關定之。

第五十四條　本法自公布日施行。

附錄五　兒童福利法施行細則

中華民國六十二年七月七日內政部台內社字

第五四九二四一號令發布

中華民國七十一年九月九日內政部台內社字

第一〇九〇二三號令修正發布

中華民國八十三年五月十一日內政部台內社字

第八三七五一三七號令第二次修正發布

第　一　條　本細則依兒童福利法（以下簡稱本法）第五十三條規定訂定
之。

第　二　條　本法第十七條第一項、第二十七條第四項、第二十八條第三
項、第二十九條、第四十條第一項及第四十一條第一項所稱
利害關係人，係指與兒童有直接利害關係之人。

本法第十七條第一項之利害關係人，由主管機關認定之；本
法第二十七條第四項、第二十八條第三項、第二十九條、第
四十條第一項及第四十一條第一項之利害關係人，由法院認
定之。

第　三　條　本法第二條第二項所稱之出生相關資料，在醫院、診所或助
產所接生者，係指出生證明書或死產證明書；非在醫院、診
所或助產所接生者，係指出生調查證明書。

本法第二條第二項所稱十日內，係以兒童出生之翌日起算，
並以發信郵戳日為通報日；非郵寄者以送達日為通報日。

依本法第二條第二項規定接受接生人通報之機關，應將逾期
或未通報之接生人資料，移送當地主管機關。

第　四　條　本法第二條第三項、第七條第六款、第八條第四款及第二十
六條第四款所稱殘障兒童，係指依殘障福利法領有殘障手冊
之兒童。

依本法第二條第三項建立殘障兒童指紋資料之管理規定，由

中央警政主管機關定之。

第　五　條　本法第七條第六款及第八條第四款所稱特殊兒童，係指資賦優異或身心障礙之兒童。

第　六　條　本法第十一條第一項所稱政府應培養兒童福利專業人員，得由中央主管機關商請大專院校相關科系培植，並得規劃委託有關機關選訓。

本法第十一條第一項所稱定期舉行職前訓練及在職訓練，係指每年至少一次，由省（市）主管機關舉行職前及在職訓練，直轄市、縣（市）主管機關舉辦托兒機構保育人員在職訓練。

第　七　條　直轄市、縣（市）主管機關應定期對兒童福利需求、兒童福利機構及服務現況調查、統計、分析，以提供上級主管機關作為策劃全國（省）性兒童福利參考依據。

第　八　條　私人或團體捐贈兒童福利機構之財物、土地，得依法申請減免稅捐。

第　九　條　本法第十二條第三款所稱兒童福利基金來源如下：

一、政府預算撥充。

二、私人或團體捐贈。

前項兒童福利基金之設立、收支、保管及運用辦法，由各級主管機關定之。

第　十　條　本法第九條、第十三條、第二十二條所定縣（市）政府掌理之兒童福利事項、辦理之兒童福利措施及應自行創辦或獎勵民間辦理之兒童福利機構，直轄市政府準用之。

第 十一 條　本法第十三條第二款及第四十二條所稱發展遲緩之特殊兒童，係指認知發展、生理發展、語言及溝通發展、心理社會發展或生活自理技能等方面有異常或可預期會有發展異常之情形，而需要接受早期療育服務之未滿六歲之特殊兒童。

第 十二 條　本法第十三條第二款及第四十二條所稱早期療育服務，係指由社會福利、衛生、教育等專業人員以團隊合作方式，依發展遲緩之特殊兒童之個別需求，提供必要之服務。

第 十 三 條　從事與兒童業務有關之醫師、護士、社會工作員、臨床心理工作者、教育人員、保育人員、警察、司法人員及其他執行兒童福利業務人員，發現有疑似發展遲緩之特殊兒童，應通報當地直轄市、縣（市）主管機關。

直轄市、縣（市）政府為及早發現發展遲緩之特殊兒童，必要時，得移請當地有關機關辦理兒童身心發展檢查。

直轄市、縣（市）政府對於發展遲緩之特殊兒童、其父母、養父母或監護人，應予適當之諮詢及協助。該特殊兒童需要早期療育服務者，福利、衛生、教育機關（單位）應相互配合辦理。經早期療育服務後仍不能改善者，輔導其依殘障福利法相關規定申請殘障鑑定。

第 十 四 條　以詐欺或其他不正當方法領取本法第十三條第四款、第五款核發之家庭生活扶助費或醫療補助費者，主管機關應追回其已發之補助費用；涉及刑事責任者，移送司法機關辦理。

第 十 五 條　本法第十三條第七款所稱無依兒童，係指無法定扶養義務人或遭依法令或契約應扶助、養育或保護之人遺棄，或不為其生存所必要之扶助、養育或保護之兒童。

本法第十三條第七款所稱棄嬰，係指前項未滿一歲之兒童。

第 十 六 條　主管機關依本法第十三條第六款、第七款或第十五條第一項規定安置兒童，應循下列順序為之：

一、寄養於合適之親屬家庭。

二、寄養於已登記合格之寄養家庭。

三、收容於經政府核准立案之兒童教養機構。

第 十 七 條　本法第十六條第一項所稱七十二小時，自依本法第十五條規定保護安置兒童之即時起算。

第 十 八 條　本法第十七條第一項所稱家庭發生重大變故，致無法正常生活於其家庭者，係指兒童之家庭發生不可預期之事故，致家庭生活陷於困境，兒童無法獲得妥善照顧者而言。

前項家庭發生重大變故，致無法正常生活於其家庭者，由當地主管機關認定之；必要時得洽商有關機關認定之。

第 十九 條　直轄市、縣（市）主管機關對依本法安置之兒童反其家庭，應進行個案調查、諮商，並提供家庭服務。

直轄市、縣（市）主管機關依本法處理兒童個案時，兒童戶籍所在地主管機關應提供資料；認為有續予救助、輔導、保護兒童之必要者，得移送兒童戶籍所在地之主管機關處理。

第 二十 條　本法第十七條第二項所稱寄養家庭、收容機構得向撫養義務人酌收必要之費用，係指安置兒童所需之生活費、衛生保健費及其他與寄養或收容有關之費用，其費用標準由省（市）主管機關定之。

前項撫養義務人有本法第十四條各款情形而無力負擔費用時，當地主管機關應斟酌實際需要，對該寄養家庭或收容機構酌予補助。

依前項規定給予補助者，其原依本法第十三條第四款發給之家庭生活扶助費，自安置於第一項之寄養家庭或收容機構時起，停止發給。

第二十一條　主管機關發現接受安置之兒童不能適應被安置之親屬家庭、寄養家庭或教養機構之生活時，應予另行安置。

第二十二條　依本法第十八條規定報告時，應以書面為之。

前項報告書之格式由中央主管機關定之。

第二十三條　依本法第十九條第一項及第三十七條第三項建立之個案資料應記載下列事項：

一、兒童及其家庭概況。

二、個案輔導之目標、策略、步驟與時間表。

三、有關個案觀察、訪視之報告。

第二十四條　公、私立兒童福利機構接受捐助，應公開徵信。

前項機構不得利用捐助為設立目的以外之行為。

第二十五條　兒童福利機構之目的事業，應受各該目的事業主管機關之指導、監督。

第二十六條　私人或團體，對兒童福利著有貢獻者，政府應予獎勵。

第二十七條　主管機關依本法第二十五條第三項令兒童福利機構限期改善

者，應填發通知單，受處分者接獲通知單後，應提出改善計畫書，並由主管機關會同目的事業主管機關評估。

第二十八條　本法第三十四條所稱需要特別看護之兒童，係指罹患疾病、身體受傷或身心障礙不能自理生活者。

第二十九條　本法第三十四條所稱不適當之人，係指有下列各款情形之一者：

一、無行為能力人。

二、七歲以上未滿十二歲之兒童。

三、有法定傳染病者。

四、身心有嚴重缺陷者。

五、其他有影響受照顧兒童安全之虞者。

第 三十 條　本法第三十七條第二項之專門機構對於安置之兒童，於執行強制輔導教育六個月期滿之十五日前，應檢具申請延長或停止執行之理由及事證，報請該管主管機關核定。經核定停止執行者，該主管機關並得視需要對該兒童為適當之安置或輔導。

本法第三十七條第二項規定之輔導教育執行前滿十二歲者，應移送少年福利主管機關繼續辦理；執行中滿十二歲者，由原機構續予執行。

第三十一條　依本法第三十七條第一項、第二項施予觀察輔導或輔導教育之兒童，逃離安置之場所或專門機構時，該場所或機構之負責人應立即通知警察機關協尋，並報告當地主管機關。逃離期間不計入觀察輔導或輔導教育期間。

第三十二條　少年法庭依本法第三十八條第一項規定命責付、收容兒童於主管機關或兒童福利機構，或依本法第三十八條第二項規定安置於兒童福利機構或寄養家庭執行感化教育時，得指定觀護人為適當之輔導。

觀護人應將輔導或指導之結果，定期向少年法庭提出書面報告，並副知主管機關。

第三十三條　主管機關依本法第三十九條第一項規定責由扶養義務人負擔

費用時，應填發繳費通知單通知扶養義務人。扶養義務人接獲通知單後，應於三十日內繳納或提出無支付能力之證明申請免繳，逾期未繳納或未提出證明申請免繳者，主管機關應派員調查，並於提出調查報告後，依本法第三十九條第二項規定辦理。

第三十四條 主管機關依本法第四十四條至第五十條規定處罰鍰，應填發處分書，受處者應於收受處分書後三十日內繳納罰鍰；逾期未繳納者，移送法院強制執行。

主管機關依本法第四十六條規定處接受輔導教育或依本法第四十八條規定處接受親職教育輔導，應填發處分書，受處分者應於指定日期、時間，到達指定場所接受輔導；未申請核准延期而未到達者，視同不接受輔導教育或親職教育輔導。

第三十五條 本法第三十三條第一項營業場所之負責人應於場所入口明顯處，張貼禁止未滿十二歲兒童進入之標誌。

第三十六條 主管機關依本法第四十四條至第四十六條及第五十條之規定公告姓名或機構名稱時，得發布新聞。

第三十七條 第二十三條、第二十七條、第三十三條及第三十四條規定之書表格式，由省（市）主管機關定之。

第三十八條 本細則自發布日施行。

附錄六　臺灣省加強幼稚園與國民小學低年級課程銜接實施計畫（草案）

一、依據

(一)教育部頒「國民小學課程標準」。

(二)教育部頒「幼稚園課程標準」。

(三)臺灣省輔導幼稚教育正常發展實施要點。

(四)臺灣省國民教育發展措施。

二、目的

(一)輔導幼稚園正常教學，達成幼兒教育目標，促進幼兒身心健全發展。

(二)加強國民小學行政與教學措施，增進新生快樂的生活經驗，提高學習興趣，落實國民教育目標。

三、原則

(一)遵循人類身心發展自然法則，國民小學與幼稚園應做好課程教學的銜接工作，幫助幼兒正確的成長與學習。

(二)幼稚園教育在透過生活教育、健康教育及倫理教育，培養身心健全的幼兒，不提早實施國民小學一年級課程。

(三)國民小學應確實依規定課程內容實施教學，不得省略或縮減，以建立新生家長信心。

(四)幼稚園與國小在課程編擬、教材選擇及教學方法之實施上，應依繼續性、程序性與個別性原則，以增進兒童成功的學習經驗，建立自我信心。

(五)為幫助幼兒適應國民小學新的學習生活，國民小學和幼稚園應協調與統整學校教學資源，實施符合兒童需要的輔導措施。

四、實施內容

㈠幼稚園

　　1.教學方面

　　⑴依「幼稚園課程標準」設計課程，以生活教育為中心，根據課程領域，採活動課程設計型態作統整性實施。

　　⑵順應幼兒生理成熟度，透過遊戲提供手眼協調及手指、小肌肉活動之機會，做好學前準備。

　　⑶落實語言領域中「閱讀」之活動教學，培養幼兒認字的動機與興趣，取代刻板機械式的寫字教學。

　　⑷以正確之國語發音和文雅的語言教學，提供幼兒學習的典範，增進幼兒語文欣賞力、想像力和創造力的發展潛能。

　　⑸加強導護工作，落實生活教育，養成正確生活態度與習慣，奠定良好國民小學教育之基礎。

　　⑹大班下學期五、六月份安排參觀國小，介紹國小教學環境與作息情形，並得設計國小生活模擬學習活動實施教學，充實幼兒生活經驗。

　　2.行政措施

　　⑴利用親師座談、懇親會、家長會或家長成長活動，宣導正確幼教理念，明示幼稚園不應該教寫字、注音符號的理由。

　　⑵邀請學區內國小行政人員、低年級教師參加教學觀摩會，增進了解幼稚園環境設備、教學活動情形等。

　　⑶每學年為新進教師辦理職前講習，安排正音課程，使每位老師均能說標準流利的國語。

　　⑷定期邀請學區內國小低年級老師舉行座談並保持連繫，追蹤檢討畢業幼兒入國小適應情形，以進一步改善銜接注意事宜。

　　⑸介紹國小一年級課程內容及生活作習，做好家長及幼兒入國民小學之心理建設。

　　⑹利用機會邀請畢業就讀國小一年級學生及其家長返園現身說法，激勵幼兒上學意願，交換家長心得。

㈡國民小學

1. 教學方面

(1)依「國民小學課程標準」課程設計，採單元組織，以生活問題為中心，力求各科之間的連繫，輔導兒童完整學習。低年級宜採大單元設計教學，以延續幼兒學習經驗。

(2)低年級國語課程之實施，每週教學時間四〇〇分鐘。一年級第一學期第一週至第十週，全部教學時間用以學習說話及注音符號（使用國語首冊）；第十一週起，說話、讀書、作文、寫字（使用硬筆）各項，以混合教學為原則。

(3)注音符號和寫字之學習與評量，均應以日常生活材料為範圍，並因應學習難易度調整教材內容的出現次序先後。教學方法多變化，多用教具，幫助練習，以期生動有趣。教學態度多鼓勵，提供成功學習經驗，維持學習動機與興趣。

(4)新生未習得書寫語言符號前，家庭作業與聯絡事項之交待，由級任導師統一繕發，避免徒增新生挫折感，作業分量與難易，應力求配合學生自習時間及學習能力。

(5)教室情境佈置，得考量班級人數、空間大小、酌設學習區，以適應學習個別差異，激發兒童學習潛能及興趣。

(6)運用下午或資源教室實施補救教學，實現「有教無類、因材施教」之理想。

2. 行政措施

(1)依「國民小學課程標準」低年級規定的科目及時數編排日課表，並確實實施。為適應新生學習需要，得排三十分鐘一節，其他各科教學時數得因應而略為調整。

(2)依「臺灣省國民小學校曆」（省公報七十九夏字第六十四期）規定開學及正式上課。迎接新生準備工作應在開學前完成，彈性調整新生開學及上課作息之措施以不超過三天為度，以提供新生充分時間學習與適應。

(3)協助新生適應新學習課程，低年級教師應視各學科教材分量、教學時數、和兒童學習負擔，編訂教學計畫及進度表，依序實施。

(4)辦理新生家長「親師座談會」，幫助家長了解學校教學與行政措施，建立共識。

(5)邀請學區內幼稚園園長、教師參加低年級教學觀摩活動,增進教學銜接之研究與發展。

㈢縣市教育局

1. 為促進國民小學低年級教學正常化,一年級第一學期之國語注音符號學習競賽,延至學期末舉行。其測驗內容及競賽方式應避免考試誤導教學之弊端。

2. 國民小學和幼稚園教學正常化之實施,準用「加強輔導中小學正常教學實施要點」暨「臺灣省輔導幼稚教育正常發展實施要點」有關規定,本重賞重罰原則,嚴格督導執行。

3. 辦理幼稚園和國民小學教師符合需求之在職進修,提高專業知能,合併舉行或相互提供進修名額,以增進了解。諸如單元活動設計法、正音班等。

4. 辦理教師教學活動設計暨教具製作比賽,獎勵優良作品之觀摩和創作。

5. 為落實課程之銜接績效,視導人員應依權責加強訪視各校(園)辦理情形,予以考核。

6. 為提供文化不利或輕度特殊障礙兒童實施補償教育,得擇定點學校辦理「提早學習」計畫。

附錄七　幼稚園課程標準

中華民國七十六年一月廿三日

教育部令台⒄國字第〇三五五五號

壹、教育目標

　　幼稚教育之實施，應以健康教育、生活教育及倫理教育為主，並與家庭教育密切配合，達成下列目標：

一、維護兒童身心健康。

二、養成兒童良好習慣。

三、充實兒童生活經驗。

四、增進兒童倫理觀念。

五、培養兒童合群習性。

幼稚園為達成上述目標，須輔導幼兒做到下列基本事項：

一、關心自己的身體健康和安全。

二、表現活潑快樂。

三、具有多方面興趣。

四、具有良好生活習慣與態度。

五、對自然及社會現象表現關注與興趣。

六、喜歡參與創造思考和解決問題的活動。

七、能與家人、老師、友伴及他人保持良好關係。

八、具有是非善惡觀念。

九、學習欣賞別人的優點，並具有感謝、同情及關愛之心。

十、適應團體生活，並表現互助合作、樂群、獨立自主及自動自發的精神。

貳、課程領域

健　　康

一、目標

(一)滿足幼兒身心需要，促進幼兒身心均衡的發展。

(二)充實幼兒健康知能，培養幼兒健康習慣與態度。

(三)鍛鍊幼兒基本動作，發展幼兒運動興趣與能力。

(四)擴展幼兒生活經驗，增進幼兒社會行為的發展。

(五)實施幼兒安全教育，協助幼兒獲得自護的能力。

二、範圍

(一)健康的身體

1.內容

(1)健康的生活習慣

①飲食習慣。

②清潔習慣。

③睡眠習慣。

④穿衣習慣。

⑤排泄習慣。

⑥收拾習慣。

⑦閱讀與坐、臥、立、行的習慣。

(2)健康檢查

①平時健康觀察。

②晨間檢查。

③定期檢查。

④特殊檢查。

(3)運動能力與興趣

①使用基本動作如行走、跑、跳等從事運動遊戲。

②使用簡單的技巧如投、推、拉、滾動等從事運動遊戲。

③使用簡單的運動器材如滑梯、鞦韆等從事運動遊戲。

④利用感覺、知覺等從事運動遊戲。

⑤參與簡單的團體遊戲，如捉迷藏、模仿遊戲、想像遊戲、解決問題的遊戲。

⑥隨音樂做簡單的體操。

⑦以友愛態度與他人遊戲，並遵守遊戲規則。

⑧從遊戲中培養自動、忍耐、沉著、積極的精神，並養成清潔、衛生和安全的習慣與態度。

(4)疾病的預防

①願意接受健康檢查和預防接種。

②維護牙齒和視力的健康。

③生病、受傷時肯接受醫生的診治。

④認識容易感染的疾病。

⑤不用公共場所的毛巾，不與傳染病患者接觸。

(5)營養和衛生

①認識食物，並重視食物的營養和衛生，如食物的分類、食物中的七大營養素——蛋白質、醣類、脂肪、礦物質、維生素、纖維素和水。

②餐點的選擇與供應。

③培養良好的飲食習慣與態度。

　　ㄅ餐點前、後不做劇烈的運動。

　　ㄆ學會飲食的禮節，並養成細嚼、慢嚥的習慣。

　　ㄇ注意飲食前後的衛生習慣。

　　ㄈ養成愛惜食物的習慣。

　　ㄉ喜愛各種食物，養成不偏食、不挑食的習慣。

2. 實施方法

(1)教材編選

①配合幼兒的身心發展，順應其能力、興趣和需要。

②選擇與生活經驗、生活環境、家庭背景有關的教材。

③配合單元活動設計編選教材，必要時可與餐點的設計相互配合。

④配合時令、季節變化編選教材。

⑤與其他各領域做統整性的設計與輔導。

(2)教學方法

①健康習慣的培養需要不斷的重覆與練習。

②配合幼兒的生活或活動隨機輔導。

③指導幼兒從遊戲中學習。

④指導幼兒透過直接經驗,如餐點、烹煮、品嚐、栽種、飼養、購買食品、觀察食物等,認識食物和營養。

⑤注意餐點前後與用餐時的健康習慣和禮貌的培養;教師更應以身作則,保持良好的飲食習慣和態度。

⑥注意保持飲食環境的整潔與餐點時間的愉快氣氛;對於一時不易糾正的不良習慣,可利用娃娃的角色扮演來慢慢輔導,無須立即強制糾正。

⑦經常做個別或團體的輔導。

⑧利用角色扮演、木偶戲或故事、表演等方式啟發幼兒活動的興趣,以及自動自發的態度。

(3)實施要點

①教學時應多用積極導向的語言和鼓勵;務須避免威脅、恐嚇和打罵。

②特別重視雙手的清潔和牙齒、視力的保健。

③園內的一切設備應配合幼兒良好習慣的培養。

④宜多安排戶外活動和遊戲。

⑤晨間檢查除了養成良好衛生習慣以外,還應指導幼兒懂得正確使用手帕、衛生紙。

⑥健康檢查要確實實施,每個學期至少舉行一～二次定期檢查。

⑦聯絡衛生機關配合實施(如預防接種、寄生蟲檢查等);更應與家庭取得密切聯繫,共同實施。

⑧對每一幼兒要能仔細觀察、記錄和比較,並將各項記錄送給家長參閱,同時登錄在幼兒學籍資料卡中,以為日後保育的參考。

⑨輔導幼兒共同維護學校的環境整潔；並擴及維護家庭和社區的環境衛生。

⑩餐點的實施：

ㄅ餐點時間最好距前後正餐時間約兩小時，以上午十時，下午三時半左右為宜，每次點心時間以十五～二十分鐘為原則，太快或太慢均應加以輔導與改正。

ㄆ餐點的選擇除應重視食物營養、新鮮和易於消化，還應以經濟性和多變化性為原則。

ㄇ食物的調配除必須注意美味可口，更應強調食物、器皿和調配過程的清潔和衛生；餐點的分量亦要合宜。

ㄈ可指導幼兒輪流擔任餐點的分配工作，以培養其分工合作的精神，並滿足幼兒愛好表現的需求。

ㄉ幼兒如有偏食、拒食、或邊吃邊玩的習慣，應探求原因，並給予個別輔導，情況嚴重時須與家長聯絡，並請教醫師或心理專家，以維護幼兒的健康。

ㄊ配合餐點活動，可隨機指導數量、形狀、自然、社會等常識，亦可指導幼兒練唱兒歌。

㈡健康的心理

1.內容

(1)心理需求——滿足幼兒下列各種心理需求：

①安全感。

②好奇和冒險。

③被愛與同情。

④自尊和自信。

⑤獨立和表現。

⑥成功和讚賞。

⑦公正和合理。

⑧其他。

(2)社會行為與生活態度——培養下列良好的社會行為和健康的生活態度：

　　　　①互助合作。

　　　　②愛惜公物。

　　　　③守秩序。

　　　　④尊重他人。

　　　　⑤自立和自尊。

　　　　⑥和善有禮。

　　　　⑦自信心。

　　　　⑧公德心。

　　　　⑨領導和服從。

　　　　⑩其他。

　　2.實施方法

　　　(1)教材編選

　　　　①設計各種不同的活動，如個別遊戲、小組遊戲、團體遊戲，
　　　　　應符合心理健康目標。

　　　　②選擇或設計各種學習活動，應配合幼兒身心發展、需要和興
　　　　　趣。

　　　　③編選教材時宜注意幼兒情操的陶冶。

　　　　④宜在日常生活與各項學習活動中隨時幫助幼兒健全的成長。

　　　　⑤健康的心理應在各項課程中實施，不宜單獨施行。

　　　(2)教學方法

　　　　①善用社會化教學法，以達教學目標。

　　　　②教學時應強調幼兒的學習過程和社會行為的表現。

　　　　③輔導幼兒行為時，應多用選擇、轉移及限制行為不限制願望
　　　　　的方式來引導，以免產生不良情緒。

　　　　④透過各種活動，如參觀、觀察、郊遊、展覽、角色扮演等實
　　　　　施教學。

　　　　⑤注意幼兒的個別差異，並給予適切的輔導和滿足。

　　　(3)實施要點

　　　　①宜多設計各種團體活動與遊戲，鼓勵幼兒從實際參與中，獲
　　　　　得滿足的經驗，並學習社會行為。

②對於良好的行為和表現，應多給予適當的讚美和鼓勵；對於不適宜的，則給予適切的誘導。

③適時的尊重幼兒、關心幼兒，不要對幼兒要求過多，使其能適當的表現自己，建立自信。

④學習時多給予幼兒自由思考與表現的機會。

⑤熱忱的接納每個幼兒。

⑥教師須言行一致，以為幼兒良好的榜樣。

⑦多提供良好的情緒環境，如美好的音樂、有趣的圖書和玩具…等，並需引導幼兒適當的發洩情緒。

⑧注意並滿足幼兒的好奇心。

⑨當幼兒有困難時，應誠懇的給予協助。

⑩處理幼兒的問題時，要公正、合理。

(三)健康的生活

1. 內容

(1)安全的知識

①室內的安全教育。

②室外的安全教育。

③飲食的安全教育。

④交通的安全教育。

⑤水、火、電的安全教育。

⑥藥品與危險物品的安全教育。

(2)意外事件的預防和處理。

①意外事件的預防方法。

②意外事件的處理方法和態度。

(3)靜息與健康

①靜息和睡眠對人體健康的重要。

②休息的方法：

ㄅ靜息或安靜。

ㄆ靜臥。

ㄇ睡眠。

(4)其他——良好衛生、安全習慣的培養，家庭和學校環境衛生與安全的維護。

2.實施方法

(1)教材編選

①配合幼兒的身心發展、能力和需求編選教材，實施安全教育。

②宜選擇與生活經驗、生活環境有關的教材。

③可利用偶發事件編選安全教育的教材。

④配合單元活動設計編選有關安全教育的教材。

⑤靜息應隨活動的需要來實施，不必拘泥於形式，室內、室外均可。

⑥動態的活動之後，應安排靜態的活動。

⑦靜息曲應以節奏緩慢、旋律優美為主。

⑨健康的生活應與其他課程的活動做統整性的設計與輔導。

(2)教學方法

①教師要正確的示範，並指導幼兒使用工具、玩具和運動器具的方法。

②活動前與幼兒討論有關安全問題，活動後再與幼兒共同檢討。

③多利用故事、圖片、幻燈片、影片、模型、實物以及參觀、報告、角色扮演等方式實施教學。

④透過體能遊戲、運動遊戲培養幼兒基本的動作能力，如平衡感、協調性、敏捷性…等。

⑤使用積極的教學與輔導，避免消極性的阻止。

⑥多給予幼兒討論、發表的機會，以培養學習的興趣。

⑦利用各種活動和機會及偶發事件等隨機教學。

⑧利用音樂誘導幼兒靜息或入睡。

(3)實施要點

①安全生活方面

ㄅ設置各種工具、器皿、玩具和室內外各項設備時，應注意

其安全性，並經常檢查與維護。

ㄆ隨時注意環境中的障礙物，危險地區或有害事物，以策幼
兒安全。

ㄇ指導幼兒能正確的使用工具、玩具、遊戲和運動器具，以
及學校的各項設備，如廁所、洗手臺…等；

使用前亦能檢查其安全性，若有不正確的舉動，教師要能
隨時糾正與指導。

ㄈ不可因防範意外傷害的增多，而限制幼兒的戶外遊戲。

ㄉ隨時注意學校餐點和飲水的衛生與安全。

ㄊ有關交通的安全，除教導一般交通規則和行走注意事項
外，宜特別注意幼兒來園的接送以及娃娃車的安全。

ㄋ設置衛生保健室，充實醫藥設備，並經常注意藥品之使用
時效。

ㄌ對於幼兒的人際關係，情緒的發展和變化，應多加注意與
輔導。

ㄍ應與家庭密切配合，共同實施各項安全教育。

②靜息與健康方面

ㄅ實施時間：靜息在餐點或大量活動之後，每次約有三～五
分鐘左右；靜臥則適於全日制幼兒，每日約有一～二小時
的午睡。

ㄆ實施地點：靜息可視活動需要，在教室內、外舉行；靜臥
盡量需有寢室、寢具設備，並應注意衛生與安全。

ㄇ利用靜息活動培養良好的生活習慣，如睡眠、清潔、整理
等習慣。

ㄉ對於不肯入睡的幼兒，只要不擾亂他人，不宜勉強，但是
教師必須耐心的鼓勵與指導，使能逐漸養成靜息的習慣。

ㄊ催醒時，不論用音樂或其他方式，均應漸漸的使幼兒清
醒。

ㄋ多予欣賞安靜優美的樂曲，運用音樂培養幼兒安靜的習
慣。

三、評量

(一)幼兒方面

1. 表現良好的健康習慣,包括生活習慣、衛生習慣和安全習慣。
2. 喜歡戶內、外的各種運動、遊戲和活動。
3. 能適應環境,做一個活潑、自信、自立的好孩子。
4. 能與他人和諧相處。
5. 能表現互相合作、守秩序和尊重他人的行為。
6. 能夠愛惜公物,具有公德心。
7. 若有困難與問題,會禮貌的請教他人或請人協助。
8. 樂意接受健康檢查與輔導。
9. 樂意接受預防接種。
10. 重視身體保健,注意個人的健康和安全。
11. 主動維護家庭和學校的環境和衛生。
12. 能正確的操作與使用運動、遊戲器材和各項設備。
13. 表現簡易的預防疾病和意外事件的知識與處理的能力。
14. 對於食物和營養能有基本的認識和觀念。

(二)教師方面

1. 切實實施健康檢查,並加以記錄和輔導,若有任何缺陷與疾病,亦能協助矯正與治療。
2. 能與衛生機關配合,實施預防接種。
3. 布置理想、合宜的學習環境;注意運動與遊戲器材和園內設備的設計和選擇。
4. 協助維護並改善園內設備與環境。
5. 協助改善家庭環境衛生;推廣社區環境工作。
6. 能夠協助幼兒獲得滿足的經驗與學習社會行為。
7. 能鎮靜、迅速與妥善的處理幼兒意外事件。
8. 重視幼兒的營養與健康,對餐點的選擇與調配能提出積極的建議。
9. 無論健康習慣、態度和行為,均能以身作則,以為幼兒表率。
10. 能配合幼兒身心發展,實施適切的團體輔導和個別輔導。

11.經常與家庭聯繫，每學期至少舉行一次家庭訪問，並能協助學校舉辦親職教育。

12.教學時能善於利用積極的鼓勵和讚美，務須禁止消極的打罵和恐嚇。

13.除隨時把握時機實施健康指導外，還能經常配合單元進行健康教學。

14.能多利用故事、圖片、影片、幻燈片或參觀、報告與角色扮演等方式來進行教學，以使教學生動而富變化。

15.能經常檢討與改進教學。

遊　　戲

一、目標

㈠增進幼兒身心健康與快樂。

㈡滿足幼兒愛好遊戲心理與個別差異需要。

㈢增廣幼兒知識，擴充生活經驗。

㈣發展幼兒創造思考與解決問題能力。

㈤培養幼兒互助、合作、樂群、公平競爭、遵守紀律、愛惜公物等社會品德。

二、範圍

幼兒的遊戲依其內容的性質來分，可分為下面五種：

㈠感覺運動遊戲

1.內容

(1)運用身體大小肌肉的遊戲。

①大肌肉方面：如走、跑、跳、爬、投、推、拉以及使用運動器材如溜滑梯、盪鞦韆、拍球、跳繩等遊戲。

(2)感覺遊戲：運用視、聽、觸、嗅、味覺等之遊戲。

②以上兩種遊戲可包容在健康、工作、音樂、語文、常識等課程領域。

2.實施方法

(1)教材編選

①配合幼兒動作發展的順序及原則來編選教材。

②多利用戶外的遊戲器材設計遊戲活動,以促進幼兒大肌肉的發展及手眼、手腳的協調。

③藉使用餐具、剪刀、畫畫、塗抹以及衣物穿戴、扣鈕等,促進幼兒的手指肌肉發展及手眼協調。

④利用室內、室外以及參觀、郊遊等活動,讓幼兒透過感覺經驗來學習。

⑤配合單元,多設計團體遊戲,如體操、捉迷藏、貓捉老鼠、球類遊戲、體能活動等,以幫助幼兒大肌肉、手眼、手腳協調和社會行為的發展。

⑥多利用廢物設計遊戲道具,如以輪胎製作鞦韆、紙箱設計龍船、利用空罐製作保齡球等等,供幼兒操作遊戲。年齡大的幼兒,應輔導他們共同製作道具進行團體遊戲。

⑦利用附近公園做為幼兒活動的場地。

(2)教學方法

①指導原則

ㄅ自動原則。

ㄆ興趣原則。

ㄇ體驗原則。

ㄈ練習原則。

ㄉ暗示原則。

ㄊ個性化與社會化原則。

②指導型態

ㄅ個別指導。

ㄆ團體指導。

ㄇ分組指導。

ㄈ隨機指導。

指導型態宜配合幼兒發展實況來實施。

③指導形式

ㄅ模仿遊戲形式。

ㄆ故事遊戲形式。

ㄇ角色扮演遊戲形式。

ㄈ競爭比賽遊戲形式（適合於較大年齡）。

ㄉ唱歌韻律遊戲形式。

ㄊ觀察、實驗遊戲形式。

(3)實施要點

①瞭解幼兒身心發展的過程，並配合幼兒教育目標來實施，不可超越其能力，以免妨礙其身心的發展。

②把握幼兒的生活背景。幼兒的運動遊戲不只是輔導他做運動與遊戲，同時必須要適應幼兒的生活背景。

③幼稚園的運動遊戲，不像小學的體育課，在規定時間內實施，可配合一天活動及幼兒的需要來安排，不必硬性規定。

④遊戲前要檢查運動器材是否有損壞現象，以便做適當的處理。

⑤遊戲前教師必須說明或示範運動器材的基本及安全的使用方法，然後讓幼兒自由自在地玩。

⑥教師不要過分重視勝負，應指導幼兒遵守規定，能與朋友和睦相處的態度，並注意讓參與的每位幼兒均有表現機會。

⑦教師須細心觀察幼兒對運動器材的使用方法，安全問題、幼兒的行為、人際關係、興趣、情緒的變化以及有無特殊問題等，以為行為輔導參考。

㈡創造性遊戲

1.內容

(1)造形遊戲。有平面和立體造形，約可分為下列數種：

①繪畫。

②印畫。

③拼貼和建造。

④塑造與雕刻。

(2)語文創作遊戲

①看圖說話或編故事。

②兒歌集體創作或個別創作。

　　　　③操作木偶自編故事表演。

　　　　④戲劇創作表演。

　　　　⑤造詞遊戲。

　　　　⑥說故事接龍遊戲。

　　　(3)音樂創作遊戲。

　　　　①隨著音樂的節拍自由創作表現動作。

　　　　②依歌詞的意義自由創作表現動作。

　　　　③依熟悉的歌曲，重新編歌詞。

　　　　④隨著遊戲或不同的情境，幼兒自創哼歌。

　　　　　以上三種創造性活動，可包容在工作、音樂、語文、健康、常識等課程領域。

　2.實施方法

　　　(1)教材編選

　　　　①提供的材料、工作以及活動，應配合幼兒的能力、需要和興趣。

　　　　②配合單元，提供各種感覺活動，激發幼兒創造所需的靈感資源。

　　　　③有關造形方面盡量提供原始的，以及周遭可利用的材料。

　　　　④利用自然界的各種聲音創作歌曲及歌詞。

　　　　⑤模仿動物的動作以及自然界的事物做律動或戲劇表演。

　　　　⑥利用幼兒的故事、兒歌、歌曲提供創造性活動及戲劇表演的動機。

　　　　⑦利用兒歌或故事內的某一常用的字，與幼兒做造詞遊戲。

　　　　⑧利用幼兒的舊經驗及活動進行後，與幼兒做講故事的接龍遊戲。

　　　(2)教學方法

　　　　①讓幼兒透過遊戲來學習。

　　　　②依活動主題，從以下選擇合宜的學習活動。

　　　　　ㄅ自由活動。

　　　　　ㄆ個別活動。

ㄇ分組活動（角落或小組活動）。

ㄈ團體活動。

③幼兒語文方面的創作，教師可做成記錄；音樂方面的創作可用錄音機錄下，或拍下動作照片；繪畫製作方面的創作，可利用成品，於團體討論時做為欣賞、分享、布置與鼓勵之用。

④教師要讓幼兒有機會嘗試不同的學習活動。

(3)實施要點

①提供的環境必須注意到安全，並且要有豐富的物質資源、創造氣氛的空氣和足夠的時間。

②給予充分的安全感及適當的鼓勵。

③重視幼兒個別差異的表現。

④不要用成人的觀點來批評幼兒成品的美醜、好壞等價值判斷，應以幼兒對工作所持的態度、付出的心血及創新性的評論來代替。

㈢社會性活動與模仿想像遊戲

1.內容

(1)社會活動的探討：探討人與人之間，人與環境之間的關係活動。

(2)娃娃角遊戲：模仿家庭的角色，以及社會上的人物如警察、醫生、郵差等等。

(3)模仿社會節慶活動的遊戲：如端午節的龍舟比賽、過年的舞龍、舞獅、雙十節的遊行活動等等。

(4)聽故事後的角色扮演遊戲。

以上四種遊戲可包容在常識、工作、語文、音樂、健康等課程領域。

2.實施方法

(1)教材編選

①配合幼兒的能力、需要和興趣來編選教材。

②以幼兒生活為中心，且能以親身體驗者來編選教材。

　　　　③配合時令節日來編選教材。

　　　　④要多與其他課程領域做統整性的設計。

　　　　⑤內容應涵蓋有認知的、技能的、習慣、態度和能力方面的學
　　　　　習與培養。

　　　(2)教學方法

　　　　①讓幼兒透過遊戲來學習。

　　　　②依照活動主題，從以下選擇合宜的學習活動：

　　　　　ㄅ自由活動。

　　　　　ㄆ個別活動

　　　　　ㄇ分組活動（角落或小組活動）。

　　　　　ㄈ團體活動。

　　　　③透過各種經驗來介紹人類的社會活動，如實物、模型、參
　　　　　觀、遠足、角色扮演、搜集資料與展覽、訪客、歌曲、舞
　　　　　蹈、書本、圖片、照片等等。

　　　(3)實施要點

　　　　①要多與家庭取得密切聯繫，並實施家長參與教導活動。

　　　　②多利用社會資源。

　　　　③習慣與態度的培養，應與其他各單元配合，做聯貫性和長期
　　　　　性的輔導。

　㈣思考及解決問題遊戲

　　1.內容

　　　(1)動植物生長：如實際飼養動物，種植植物，以觀察其生長狀
　　　　況。

　　　(2)人體構造：瞭解自己身體各部分器官的名稱、功能、衛生，並
　　　　透過感官以及大小肌肉、手眼、手腳協調的各種遊戲學習。

　　　(3)物理和化學現象：對事物、形態和變化的觀察。如：

　　　　①觀察行車速度快慢。

　　　　②聲、光、溫度、磁力、空氣、風、鏡子等遊戲。

　　　　③水的遊戲。如糖、鹽溶解於水；水的三態變化；色水遊戲等
　　　　　等。

　　　④觀察食物烹煮遊戲；品嘗食物的味道。

　　(4)自然現象與景象：

　　　①自然現象：如日、月、星、雲、風、雨、陰、晴等之觀察、欣賞與探討。

　　　②自然景象：如高山、湖泊、海灘、岩石等之觀察與經歷之活動。

　　(5)數的概念：如數數、分類、配對、對應、序列等遊戲。

　　(6)其他：如拼圖、猜謎語等遊戲。

　　　以上六種遊戲可包容在常識、健康、語文、音樂、工作等課程領域。

2. 實施方法

　　(1)教材編選

　　　①配合幼兒的認知發展階段，以幼兒能具體感受到、經驗到編選教材。

　　　②與其他課程領域做關連性和統整性的設計。

　　　③設計時應涵蓋概念、方法和態度等三方面的學習。

　　(2)教學方法

　　　①讓幼兒透過遊戲的方式來學習。

　　　②依照活動主題，從以下選擇合宜的學習活動：

　　　　ㄅ自由活動。

　　　　ㄆ個別活動。

　　　　ㄇ分組活動（角落或小組活動）。

　　　　ㄈ團體活動。

　　　③多使用開放式的問題。

　　　④發問後的停頓時間，平均約三至五秒，才能引發幼兒思考，提出答案。

　　(3)實施要點。

　　　①教師必須要安排富有刺激和合理的學習環境，包括空間、設備、材料和足夠的時間，讓幼兒探索思考。

　　　②教師應允許幼兒自由操作、試探，不干涉其玩法，但要注意

　　　　幼兒的安全問題，同時也要注意幼兒遊戲的發展，必要時減
　　　　少或增加器材。
　　　③有關數的輔導，必須要有教具，讓幼兒實際操作，從中發現
　　　　或瞭解數的概念。
　　　④數的遊戲可在室內，也可在室外，並與各個單元配合實施，
　　　　必要時做隨機教學。
　㈤閱讀及觀賞影劇、影片遊戲
　　1.內容：指遊戲內容不是幼兒主動的，是承受的，如：
　　　⑴看故事圖片、圖畫書、故事書。
　　　⑵聽收音機、錄音帶。
　　　⑶看電影、電視、幻燈片等。
　　　⑷看木偶戲。
　　　⑸看話劇、戲劇。
　　　以上五種遊戲可包容在語文、常識、音樂、健康等課程領域。
　　2.實施方法
　　　⑴教材編選
　　　　①提供幼兒各種不同意義的聽話經驗，如敘述性的、說理性
　　　　　的、快樂的、讚美的及感歎的話語，以增進聽話的能力。
　　　　②配合幼兒的能力、需要和興趣編選合題的讀物、影片和電視
　　　　　節目。
　　　　③內容含有教育意義，可以陶冶情操的。
　　　　④配合單元並與其他課程領域統合設計實施。
　　　⑵教學方法
　　　　①讓幼兒從遊戲中學習。
　　　　②依照活動主題，從以下選擇合宜的學習活動：
　　　　　ㄅ自由活動。
　　　　　ㄆ個別活動。
　　　　　ㄇ一對一活動。
　　　　　ㄈ分組活動（角落或小組活動）。
　　　　　ㄉ團體活動。

⑶實施要點

　①布置一個舒適、安靜、易於取拿、且有充足照明和豐富圖書
　　的角落。

　②容許幼兒帶書到園裡，與友伴交換閱讀；也容許幼兒借園裡
　　的好書回家閱讀。

　③輔導幼兒愛惜書本的方法與習慣。

　④輔導幼兒保持適當的距離看書和電視。

　⑤輔導幼兒保持觀賞影片、影劇、木偶戲時的良好態度。

　⑥應讓幼兒在自由自在的氣氛下閱讀、聆聽與觀賞。

評量

㈠幼兒方面

　1.對遊戲表示積極參與的興趣。

　2.能集中注意力玩遊戲。

　3.遊戲時會注意安全。

　4.不玩已壞的玩具及危險的物品。

　5.玩累了知道休息。

　6.能依自己的興趣選組或選角落玩遊戲。

　7.喜歡參加團體遊戲，並能與友伴和睦相處。

　8.會運用園裡各種玩具及遊戲器材玩遊戲。

　9.對周遭的事物表示關注、好奇與探究的興趣。

　10.活動後能報告自己的見聞及感受。

　11.能依據自己的構想玩遊戲。

　12.遇到困難時會想辦法解決問題或求助於人。

　13.玩具能與別人輪流、交換或共玩。

　14.活動後能與友伴共同收拾。

　15.能與友伴分享，愛惜別人的物品，並且有感謝之心。

㈡教師方面

　1.尊重幼兒個別間的差異而做個別輔導。

　2.能輔導幼兒快樂活潑地從遊戲中學習。

　3.協助幼兒建立正確的自我概念與自信心。

4.能依幼兒的能力、需要和興趣，提供合宜的活動。

5.能依活動的需要提供器材，並布置環境。

6.能隨時調配幼兒的活動，使動態與靜態交替活動。

7.經常輔導幼兒去發現、學習。

8.經常以啟發、誘導、鼓勵的方式輔導幼兒活動。

9.輔導時以愛心對待幼兒。

10.教師的穿著、表情、動作皆合於遊戲當時的情景。

11.經常做觀察記錄，以為行為輔導的參考。

12.教師的一舉一動，均能為幼兒的模範。

13.鼓勵幼兒創造，自己也經常創造。

14.經常做自我評鑑（目標、內容、輔導方法、態度、以及環境設計布置等）。

音　　樂

一、目標

㈠增進幼兒身心的均衡發展。

㈡激發幼兒愛好音樂的興趣。

㈢培養幼兒音樂的基本能力。

㈣發展幼兒親愛、合作、快樂、活潑的精神。

二、範圍

㈠唱遊

1.內容

⑴關於日常生活的（如家庭及幼稚園生活等）。

⑵關於自然現象的。

⑶關於常見動植物的。

⑷關於紀念節日的。

⑸關於愛國的。

⑹關於故事的。

⑺關於遊戲的。

⑻關於表演用的。

⑼關於兒童歌謠及地方歌謠的。

2.實施方法

(1)教材編選

①歌詞：歌詞的意義、深淺、長短要適合幼兒的發展、生活經驗及口吻，避免教條式、沉悶的歌詞，內容生動活潑，富有表情，並與單元配合。歌詞的長度，每句以一或二小節，歌曲的長度以八小節至十六小節為宜。

②音域和音程：以中央 C 到高音的 C 的八度音為主。音程以三度音到五度音為宜。

③節奏：適合幼兒的節奏為二拍子，其次為四拍子，再次為三拍子。

④伴奏：幼兒歌曲的伴奏，以簡單的和聲伴奏，且節奏明顯者為主。除了用鋼琴、風琴之外，也可以用節奏樂器來伴奏。

(2)教學方法

①教師備教具：將歌詞編成生動的故事，再畫成故事圖片後講述給幼兒聽，以引起幼兒學習新歌的動機。

②「仿唱」和「聽唱」：是指老師在鋼琴或風琴上彈奏音階、分解和弦及新歌曲調時，邊彈奏邊範唱，讓幼兒模仿，更進一步引到聽唱。

③不須要一次或一天內完全學會新歌，可採取「交錯漸離」，即新舊歌曲交錯學，可增加幼兒學習的興趣。

④練唱時可用琴聲、口琴、吉他、手風琴或錄音帶或節奏樂器伴奏。

⑤習唱方法要多變化：可用下列的方法，如：

ㄅ齊唱：全班齊聲唱，聲音不可過大，時間不宜過長，至多不可超過三次，就應改變教學法。

ㄆ分唱：分組輪流唱。

ㄇ接唱：即一首歌曲由全班小朋友先後分組唱完的方式。

ㄈ獨唱：採自願方式，或由教師指定獨唱。

ㄉ默唱或哼唱：即由教師彈琴，幼兒可模仿各種聲音哼唱曲調或在心理默唱，不唱出聲音者，可加深幼兒對歌曲節奏

　　　　　的印象。

　　　⑥動作可由幼兒自編或師生共同創作。

　　(3)實施要點

　　　①教師在教學前要熟練歌曲，並準備教具。

　　　②唱遊時應注意快樂的氣氛，不必太注重糾正錯誤。幼兒模仿
　　　　性強，只要教師唱得正確，幼兒很快就能唱得正確。

　　　③幼兒唱歌不可過分用力大聲尖叫或大叫，應用輕聲好聽的聲
　　　　音或快樂的聲音歌唱。所謂好聽的聲音，就是能夠發出正確
　　　　的音高、適當的音量而愉快地唱出歌聲。

　　　④練唱時一位教師伴奏，一位教唱，如在戶外教學，可用口
　　　　琴、手風琴、錄音帶、吉他等來伴奏。

㈡韻律

　1.內容：可分為模擬韻律及自由韻律。

　　(1)模擬韻律：隨音樂的節拍做下列的模擬動作：

　　　①基本動作的練習：隨音樂的節拍做「拍手」、「走」、「跑
　　　　」、「跳」等各種基本動作的練習，或由教師示範，讓幼兒
　　　　模仿。

　　　②模擬日常生活習慣與事物：如模仿洗手、刷牙、開車等。

　　　③模擬動物的動作：如大象走路、小白兔跳、蝴蝶飛等動作。

　　　④有表情及故事性的模擬動作：如「小鞋匠」、「搖到外婆橋
　　　　」等。或由教師示範，讓幼兒模仿昂首、低頭、轉身、拍
　　　　手、伸臂、頓足等動作。

　　　⑤幼兒的體操：如空手體操及器具體操等。

　　(2)自由韻律

　　　幼兒運用身體各部分的動作，隨心所欲自由表現「曲」或
　　　「歌」的節奏及表情。

　2.實施方法

　　(1)教材編選

　　　①韻律所選用樂曲，要節奏顯明，快樂活潑，雄壯或優美，並
　　　　且易表現動作者。

②應與幼兒的動作發展、能力相配合。

③應與音樂的曲調相配合，如輕鬆的音樂，應配以活潑愉快的動作；曲調由低音向高音發展時，應配以向上或前進的動作；曲調由高音向低音發展時，應配以沉重或退後的動作等等。

④配合時令季節，並與單元或活動主題主題相配合。

⑤配合幼兒的生活經驗，選擇幼兒喜愛的事物為題材。

⑥應由大肌肉的活動，如基本的步伐、手臂活動、拍手活動，慢慢到手腳的聯合活動，以至全身的活動。

(2)教學方法

①韻律活動應注意培養節奏感，教學時須有音樂伴奏。

②隨著音樂的節拍，先練習拍手的動作，可隨琴聲的大小聲及快慢拍手。

③隨著音樂的節拍做各種行進的動作。起初先學走路，一步一步按著節拍走、輕輕走、慢慢走、快走、足尖走、滑步走等；然後進入跳，先是雙腳跳，再進入單腳跳；等跳學會了，便學習跑、慢慢的跑、快跑、奔跑，最後就是跑跳步。

④聽琴聲模擬動物的各種動作。隨著音樂節拍，模擬動物的動作、叫聲各種表情動作。

⑤隨音樂的節拍做各種表情及動作，教師可依下列引起創作的動機：

ㄅ聽完故事後，以故事的內容引起動機。

ㄆ觀察動植物及自然現象後。

ㄇ參觀後。

ㄈ看完影片後。

ㄉ鼓勵幼兒隨音樂即興創作。

⑥教學方法可參考遊戲㈠感覺運動遊戲2之(2)教學方法：①指導原則、②指導型態、③指導形式。

(3)實施要點

①輔導時須配合幼兒的年齡、能力及動作發展。

②盡量鼓勵幼兒自由創作，教師從旁輔導。

③教師與幼兒；同歌共舞，以增進幼兒表演的能力及興趣。

④早上升旗後，可多安排韻律操（幼兒體操），以培養幼兒的韻律感。

㈢欣賞

1. 內容：其內容可分為下面三種：

(1)聆聽各種聲音：聆聽「自然界的」和「人為的」各種聲音。

①各種動物的叫聲：如雞叫、狗叫、蟲聲、鳥聲等等，並能仔細觀察雞叫也有各種不同的聲音，如公雞、母雞、小雞的叫聲，即使公雞在不同的情況下也有不同的叫聲。

②各種機器發動聲：如汽車、火車、飛機、馬達、電話聲等。

③自然界的各種聲音：如風聲、雨聲、流水聲等。

④各種人為的聲音：如講話聲、口技、拍手聲、敲打聲、哭聲及笑聲等。

(2)樂曲欣賞：聆聽音樂。其主要目的是培養幼兒對音樂的感受力，並不是欣賞內容及「唱」「奏」之技巧，因此只要幼兒喜歡聆聽，即可多播放。

(3)辨別聲音的大小、高低、強弱、快慢、長短等。

2. 實施方法

(1)教材編選

①樂曲欣賞

凡是幼兒有興趣的樂曲，都可以用來給幼兒聆聽或欣賞。同時可選擇不同的情境，聆聽固定的曲子，不但可以培養幼兒對音樂的感受力，也可以培養幼兒的習慣。如：

ㄅ睡眠時的音樂：以節奏緩慢，曲調優美者為宜。

ㄆ起床時的音樂：以節奏較快，曲調活潑者為宜。

ㄇ飲食時的音樂：以節奏適中，曲調優美者為宜。

ㄈ遊戲時的音樂：配合遊戲的內容來選擇。

ㄉ升旗集合時的音樂：以節奏明顯、活潑輕快的進行曲為宜。

②欣賞別人的唱歌、表演、合奏等。

③利用琴聲以及「自然界」和「人為」的各種聲音來感受聲音的大小、高低、強弱、快慢、長短等。

(2)教學方法

①要讓幼兒常聽同樣的曲子：幼兒聽音樂最大的特點，就是喜歡一再地重覆聽他所喜歡的音樂，因此一首曲子最好讓他聽一段時間再換另外一首。

②讓幼兒自由自在地聽：不要強迫幼兒聽音樂，也不要規定時間，在他想聽時，可一再重覆地聽，玩玩具時、飲食時、睡眠時，隨時隨地都可自由自在地聽音樂，但以不妨害別人為原則。

③透過幼兒自己的聲音、語言、身體的動作以及自然界的聲音，來感受聲音的大小、高低、強弱、快慢和長短等來做各種遊戲。

(3)實施要點

①多利用唱片、錄音帶，讓幼兒反覆聆聽不同的音樂。

②輔導幼兒聽某種音樂做某種動作（如整隊、行走、遊戲、靜息、餐點等），以養成其安靜、欣賞音樂，並可培養良好的生活習慣。

③應與其他各領域配合，如講故事時，可多利用背景音樂；體能活動時，畫圖時，均可選合宜的音樂來播放。

④輔導幼兒欣賞別人唱歌、做韻律以及敲打樂器、合奏時能安靜聆聽的習慣。

⑤辨別聲音的大小、高低、強弱、快慢、長短等練習時，應透過遊戲方式，生動活潑，並與單元及各種情境來配合實施，避免呆板化、形式化、訓練化的方式來教學。

㈣節奏樂器

1.內容：

(1)敲打節奏樂器：輔導幼兒利用各種不同的打擊樂器來敲打，如三角鐵、鈴鼓、響板、小鈴、串鈴、小鐘、木魚、大鼓、小

鼓、鈸等,以培養節奏感,並讓幼兒學習輪流、等待和愛惜樂
器的習慣。

(2)敲打克難樂器:利用與節奏樂器相似的音響物或利用廢物自製
樂器來敲打,以培養幼兒的節奏感、創造思考和解決問題的能
力。

(3)小樂隊合奏:組成小樂隊來合奏,以培養幼兒團隊的精神,並
滿足團體合奏的樂趣。

1. 實施方法:

(1)教材編選

①所選樂曲要節奏顯明,以二拍、四拍、三拍者為宜。同時曲
調活潑,避免用悲哀、沉重的曲調。

②編選樂曲時,要以現有的樂器為標準,以適合幼兒的能力。

③節奏應按照幼兒的能力,適當地加入各種變化。

(2)教學方法:合奏的指導方法。

①教師用鋼琴或風琴,將欲演奏的歌曲彈一次,以引起幼兒的
動機。

②教師以拍手示範,隨著音樂的旋律一拍一音,再一拍二音,
兩者交互配合反應,帶領幼兒拍手。

③教師介紹各種節奏樂器的名稱,並以正確拿法及敲打法做示
範。

④隨音樂試奏全曲。

⑤各類樂器分組練習。

⑥再依規定節奏形式隨音樂練習。

⑦幼兒要注意指揮。

注意二拍子是強、弱;三拍子是強、弱、弱;四拍子是強、
弱、次強、弱。教師可依上列方式加以變化練習。

(3)實施要點

①讓每一個幼兒有機會使用各種不同的樂器來敲奏,同時要輔
導幼兒等待、輪流、使用樂器的好習慣。

②樂隊隊員應以男女幼兒混合編組。

③樂隊排列應注意隊員身材高矮及樂器種類。

④樂隊小指揮應遴選反應靈敏、注意力集中、聰明活潑、音感好且特別喜愛音樂的幼兒輪流擔任。

⑤培養幼兒自動領取及收拾樂器的習慣，並知道如何保管和保護，樂器放置的高度以便利幼兒能取用為佳。

⑥合奏以培養幼兒學習興趣及團隊精神為主，不必太注重其技巧的表現。

⑦節奏樂的使用，可伴奏歌唱、韻律表演、節奏樂演奏及團體遊戲時製造氣氛等。

⑧練習時間不宜太長，每次以二十分至三十分鐘為宜。

三、評量

(一)幼兒方面

1. 能以自然清晰的聲音快樂地歌唱。

2. 能隨音樂的節拍做拍手、走、跑、跳以及模仿動物的動作。

3. 能安靜的聆聽音樂。

4. 喜歡參加齊唱及合奏。

5. 能唱學過的歌曲，並用動作、表情、表現歌詞的內容。

6. 熟悉作息時間的各種音樂。

7. 能單獨唱歌及表演。

8. 能初步辨別音的大小、高低、強弱、快慢及長短。

9. 能感受曲調的快慢、優美和雄壯。

10.能敲打幼兒常用的節奏樂器，並說出它們的名稱。

11.能隨音樂的節奏，運用身體各部分的動作自由創作。

12.能與別人跳簡單的土風舞。

13.感受音樂曲調與歌曲含意，表現優美情操。

14.能欣賞別人唱歌和做韻律。

15.能與別人輪流交換使用樂器。

16.愛惜樂器，用完後會放回原處。

(二)教師方面

1. 能編選或創作適合幼兒能力、需要、興趣和單元有關的音樂活動

教材與活動設計。

2.教學方法生動活潑，能啟發幼兒的自由表現與創作。

3.音樂活動時無吵架、哭鬧的現象發生，充滿了快樂的氣氛。

4.教師的示範動作正確，生動有趣，態度親切，幼兒易模仿且喜歡模仿。

5.能和幼兒打成一片，同歌共舞。

6.輔導幼兒利用廢物製作克難樂器。

7.輔導幼兒組成小樂隊合奏。

8.經常提供名曲或童歌之錄音帶供幼兒聆聽。

9.能將音樂融入課程的各領域，使教學趣味化、生動化、遊戲化。

10.利用音樂來輔導日常生活常規。

工　作

一、目標

(一)滿足幼兒對工作的自然需求。

(二)培養幼兒良好工作習慣與態度。

(三)促使幼兒認識工作材料與工具的使用方法。

(四)擴充幼兒生活經驗並培養工作的興趣。

(五)增進幼兒欣賞、審美、發表及創造的能力。

二、範圍

(一)繪畫

　1.內容

　　(1)自由畫。

　　(2)合作畫。

　　(3)故事畫。

　　(4)混合畫。

　　(5)圖案畫。

　　(6)顏色遊戲畫。

　　(7)版畫。

　2.實施方法

　　(1)教材編選

　　　①取材要適合幼兒身心發展與能力。

　　　②自幼兒生活中取材。

　　　③配合相關或偶發的事件編選教材。

　　　④多變換繪畫材料、工具或方法，引起幼兒繪畫的興趣。

　(2)教學方法

　　運用各種繪畫用具、顏料和色彩，表現想像及創意。

　　　①自由畫：自由創作、遠足參觀後將印象深刻的事物用蠟筆、
　　　　水彩、粉筆在紙張或黑板上，盡其所想所知畫出。

　　　②合作畫：三五幼兒，共同決定題材設計畫面，用較大的紙張
　　　　分頭作畫。

　　　③故事畫：將熟悉的故事，分若干段落要點，分別作畫，集成
　　　　故事畫。

　　　④混合畫：使用各種畫筆，如蠟筆畫魚，粉蠟筆畫雲彩，水彩
　　　　塗底等，構成熱鬧的畫面。

　　　⑤圖案畫：用相同的或不同的圖形組合，利用線條或圖形自由
　　　　交叉組合，以不同的顏色畫出圖案。

　　　⑥顏色遊戲畫：以不同的顏料和畫筆作畫，如吹畫、刮畫、滾
　　　　畫、染畫、線畫、對襯畫、印畫、油漆畫等。

　　　⑦版畫：利用玻璃、塑膠片、木板、黏土、紙張、實物等製成
　　　　版，再拓（壓）印成版畫。

　(3)實施要點

　　　①師生共同搜集有關資料，設計布置學生環境。

　　　②繪畫要由始至終聯絡各項有關的活動，使能繼續不斷進行。

　　　③不可強求畫出物象，可作塗色及線條描繪，可畫出想像的物
　　　　象，或作自由畫及共同創作的合作畫。

　　　④多應用不同紙張，不同操作方法以變換畫面從過程中體驗紙
　　　　質與技法之殊異效果。

　　　⑤教師應隨機作知能、興趣、技巧、態度、習慣上的輔導。以
　　　　關切、鼓勵和讚揚使學習氣氛融洽。

　　　⑥給予幼兒合作的機會，進行中互相交換意見，養成幼兒合作

　　　　的習慣。

　　　⑦作品完成後，師生共同欣賞。

　　　⑧養成物歸原處與收拾整理的習慣。

(二)紙工

　1.內容

　　(1)剪貼工。

　　(2)撕紙工。

　　(3)摺紙工。

　　(4)紙條工。

　　(5)紙漿工。

　　(6)造形設計。

　　(7)廢紙工。

　2.實施方法

　　(1)教材編選

　　　①選用各種紙質的教材，製作立體、半立體或平面的成品，由
　　　　幼兒自由想像創作。

　　　②選用之材料與操作方法需適合幼兒能力與興趣。

　　　③多應用廢物設計製作，培養手腦共用之能力。

　　(2)教學方法

　　　用各種不同質料顏色紙張創造畫面與造形。

　　　①剪貼工：用紙剪成各種圖形，貼成畫面。

　　　②撕紙工：將紙撕成各種形狀，貼成畫面。

　　　③摺紙工：用紙張摺成各種形狀，可作為欣賞或遊戲用。

　　　④紙條工：利用紙條的捲、摺、穿插編織製作成各種立體造
　　　　形。

　　　⑤紙漿工：用衛生紙、報紙、毛邊紙泡水絞爛後，擰乾水分加
　　　　漿糊或南寶樹脂，可塑造傀儡頭、面具、動物等。

　　　⑥造形設計：將紙任意切割、摺疊成圖案及造形，由各種造形
　　　　組合成一個大主題。

　　　⑦廢紙工：搜集不同的包裝紙，畫報、紙盒、塑膠盒、舊信

封、紙口袋等製作手套玩偶及各種手工藝。

(3)實施要點

①讓幼兒有彼此互相學習的機會，遇有困難，教師只宜暗示及建議，避免代庖。

②讓幼兒能使用多樣工具，如釘書機、打洞機、裁紙刀、膠帶等，以擴充其工作經驗，使工作方法與生活能力亦隨之增進。

③透過各種紙工技能，使幼兒利用紙張撕、剪、摺、貼、編、插、穿成各式各樣的作品。

④養成隨手收集紙類廢物之習慣，並注意廢物的清潔與安全。

⑤利用機會不斷擴充幼兒認知領域，注意個別差異，使其能夠獨自完成作品。

⑥工具的使用法應予示範，並給予操作練習之機會。

⑦工作後養成收拾整理之習慣。

⑧工作完成後，師生共同欣賞。

(三)雕塑

1.內容

(1)泥工。

(2)沙箱。

(3)積木。

(4)雕塑。

2.實施方法

(1)教材編選

①泥工宜選用較易揉搓塑造的材料，亦可添加色彩，由幼兒自由創作。

②沙箱宜選用顆粒較粗的沙，並經過濾雜質，準備各種基本工具，由幼兒自行建造。

③選用體積、質地、色彩、大小不一的積木，由幼兒裝排。

④雕塑宜選用質軟的材料，並準備基本工具，由幼兒雕塑。

(2)教學方法：

①泥工：包括陶土（黏土）紙黏土、油土（塑膠泥）、彩色麵粉，隨意塑成各種大小模型。

②沙箱：白沙加上各種玩具雜物或工作成品，設計布置庭院、高山、水池、交通要道等。

③積木：大積木搭成大型建築物，小積木堆成簡單形狀，有時可配合其他玩具同玩，如汽車廠搭配若干小汽車，也可搭建高架橋及停車場。

④雕塑：用肥皂、蘿蔔、蕃薯、軟木及其他材料雕塑花紋，蘸上印色蓋於紙上。

(3)實施要點

①播放音樂讓幼兒悠遊自在的工作，從中體會表現和創作的喜悅。

②欣賞名家及他人的作品，並發表自己的看法，激發幼兒對美好事物的興趣與關注。

③使用塑膠泥或彩色麵糰做泥工時，以單色為宜，麵（泥）糰的大小亦以拳頭大為宜，以免彩色混合或太大、太小而不方便揉搓塑造。

④不要一次給予太多種類的積木。

⑤沙箱附近宜有洗手臺，以便就近洗手及清潔工具。

⑥工作結束後，指導幼兒收拾物品及整理場地。

⑦作品完成後，師生共同欣賞。

(四)工藝

1. 內容

(1)木工。

(2)縫紉。

(3)通草工。

(4)廢物工。

2. 實施方法

(1)教材編選

①木工需選用質料粗鬆的軟木，準備適合幼兒身材、輕重、大

　小的基本工具，由幼兒磨光木塊，並從事成黏合、釘木等活動。

②縫紉選用大號縫針，粗細不一的線、繩及韌性較強的紙或單色的布、硬紙板，由幼兒穿線或縫圖案。

③通草工需選用粗細不一的通草及工具，由幼兒創作立體或平面造形。

④廢物工需收集各種廢棄物，清理之後由幼兒製作各類造形。

(2)教學方法

①木工：用木條、木片、木柱等自由黏貼或釘牢成為立體的模型和玩具。

②縫紉：開始用特製的縫紙，用大針穿上毛線，按線條和眼練習穿連。

③通草工：通草染色，切段做各種造形，如動物、花球、項鍊等。

④廢物工：利用空罐子、雞毛、蛋殼、果核、木屑、落葉、貝殼、碎布、汽水瓶蓋等，做各種造形的手工藝及製造克難樂器。

(3)實施要點

①每種工藝活動須使用多少工作教材及時間，事先均須計畫及準備，再與幼兒討論，逐步完成。

②充分供應工具及材料，讓幼兒按自己的能力與興趣，自由選擇與操作。

③縫線最好用雙線，尾端並打上結，以免縫針會滑落。

④木工場所最好在教室外另闢一角，讓幼兒專心操作，並避免干擾其他幼兒的活動。

⑤注意個別差異，使其能獨立完成作品。

⑥注意使用工具時的安全性，並學習收拾整理環境。

⑦工作完成後，師生共同欣賞。

三、評量

(一)幼兒方面

1. 能獨自完成簡易工作。

2. 對工作反應良好，能集中注意力。

3. 能設計製作有創造性的作品。

4. 有使用工具材料的技能。

5. 能和別人輪流使用工具。

6. 能與他人合作，交換意見，共同完成工作。

7. 能愛惜工具與材料。

8. 能夠將自己的作品布置美化環境。

9. 做事有條理能隨時注意整潔。

10. 工作後會收拾整理。

11. 能欣賞並愛惜別人的作品。

㈡教師方面

1. 熟悉教材與教法。

2. 教材應適合幼兒的需要與能力。

3. 教法能引發幼兒興趣，啟發幼兒創造力。

4. 材料和工具的質與量能適合幼兒所需。

5. 能在教學前充分準備，教學後妥當整理。

6. 工作活動能配合其他各種學習活動。

7. 能了解幼兒知能的發展，並作紀錄，以為個別輔導的參考。

8. 不以自己的構想或方法強制幼兒學習。

9. 能尊重幼兒的表現，不以成人眼光衡量幼兒作品。

10. 對幼兒能輕聲細語，能度和藹，多予幼兒鼓勵及讚揚，使其有自信。

語　　文

一、目標

㈠啟發幼兒語言的潛能，增進幼兒語言的能力。

㈡培養幼兒良好說話與聽話的態度與習慣。

㈢發展幼兒欣賞、思考和想像的能力。

㈣培養幼兒閱讀、問答和發表的興趣。

㈤陶冶幼兒優美的情操及健全的品格。

二、範圍

(一)故事和歌謠

1. 內容

(1)故事

①生活故事

②自然故事。

③科學故事。

④歷史故事。

⑤愛國故事。

⑥民間故事。

⑦童話。

⑧笑話。

⑨寓言。

⑩其他。

(2)歌謠。

①兒歌

②民歌。

2. 實施方法

(1)教材編選

①選材須合乎故事和歌謠的教學目標。

②故事及歌謠的選擇，應以含有民族精神教育意義，且合於時代者為佳。

③選材須注意幼兒的需要，及人格的培養。

④故事及歌謠的內容，應以適合幼兒興趣能力及經驗，且能引起幼兒新奇的想像為主。

⑤故事的結構宜有極自然的重複性，層次須有變化。

⑥將常識、時事、生活習慣等材料，編為故事，深入淺出，以引起幼兒傾聽的興趣。

(2)教學方法

①配合大單元設計教學活動，安排適當的故事及歌謠教學時

　　　　間。如幼兒注意力不集中時，工作時間過久時，或等待分配
　　　　點心的時間，都可實施故事或歌謠教學。
　　　②配合故事歌謠內容，教師宜有適當而自然的表情，富於幽默
　　　　感，或用動作表現出來。
　　　③故事進行中，隨時注意掌握幼兒興趣，且適當使用圖片模
　　　　型，故事最好一次講完。
　　　④適當鼓勵幼兒，練習複講故事，並應注意發表機會的均等。
　　　⑤利用視聽教具或圖畫，激發幼兒聽故事的興趣、增進故事教
　　　　學的功效。
　　(3)實施要點
　　　①教師的語言應盡量用幼兒口語，凡諷刺、尖刻的說話要避
　　　　免。
　　　②教師須口齒清晰，發音正確，凡語調、語氣、聲音之抑揚頓
　　　　挫均須注意，更須對內容熟悉，且態度從容而音量合適。
　　　③教師應全神貫注於故事或歌謠中，以提高幼兒的注意力，增
　　　　加幼兒學習興趣。
　　　④多予幼兒發表創作的機會。如表演、複述及自編等方法須多
　　　　有變化，以引起幼兒學習的興趣。
　　　⑤從已知的事物，慢慢擴展，以符合幼兒的生活經驗。
　　　⑥故事與歌謠的內容應富於想像、新奇、感情、生動、有趣
　　　　味，且語句應富有重複性。
　　　⑦利用教具及表演故事，以增加教學效果。如人物表演、模
　　　　型、傀儡、圖畫圖片、幻燈片、電影等。
　　　⑧講故事時，注意適當的環境，把握故事重點、高潮等。且須
　　　　有聲有色引人入勝。
　　　⑨利用錄音機錄下簡易有趣的故事或歌謠，常常播放，使幼兒
　　　　學習並複述。
　　　⑩配合單元和情境實施教學，如端午節講屈原故事，遇下雨講
　　　　小水滴的故事。
　(二)說話

1. 內容

　(1)自由交談。

　(2)自由發表。

　(3)解答。

　(4)討論。

2. 實施方法

　(1)教材編選

　　①教材編選須合乎說話教材的教學目標。

　　②教材以富有愛國觀念者較佳。

　　③教材以適合幼兒的經驗、興趣及能力為主。

　　④教材內容的編選應顧及特殊幼兒（視聽覺障礙）的需要。

　　⑤教材能和故事、歌謠及唱歌密切配合。

　　⑥教材難度應顧及幼兒的聽力及發表能力。

　(2)教學方法

　　①在日常生活中，隨時培養幼兒聽話的能力與發表的能力，並注意其良好的語言技巧、習慣、態度和禮貌。

　　②用「直接法」教學國語。培養用國語思想，促成語音和語意之間的直接聯繫。使幼兒一聽到國語的聲音，馬上就產生事物的觀念；一泛起事物的觀念，馬上就說出國語的聲音。

　　③用正確的國語教學說話。

　　④利用實物示意法。

　　⑤利用掛圖示意法。

　　⑥利用模型示意法。

　　⑦利用動作示意法。

　　⑧用口頭說明。

　　⑨用問答法。

　　⑩利用機會教學。

　(3)實施要點

　　①根據語言發展程序，輔導幼兒學習語言。

　　②供給幼兒各種生活經驗，充實說話內容。

　　　　③啟發並鼓勵幼兒說話的膽量及應對的能力。

　　　　④與幼兒說話，要引起幼兒集中注意力，並須清楚有條理。

　　　　⑤要認真回答幼兒的問話。

　㈢閱讀

　　1.內容

　　　(1)故事歌謠類。

　　　(2)圖片畫報類。

　　　(3)看圖說故事。

　　　(4)教師自編故事。

　　2.實施方法

　　　(1)教材編選

　　　　①須合乎閱讀教學目標。

　　　　②主題正確，富有民族精神、倫理道德意義，且適合於幼兒閱
　　　　　讀程度。

　　　　③主題正確，富有科學新知探討性質，且適合於幼兒閱讀程
　　　　　度。

　　　　④主題正確，富於文學藝術靈性，且適合於幼兒閱讀。

　　　　⑤插圖富有啟發性，能激發幼兒想像力。

　　　　⑥畫面生動、活潑、逼真最佳。

　　　　⑦色彩明顯，設計新穎，且美觀調和。

　　　　⑧紙張微黃，堅韌厚實，不易折破，不反光，也不傷害幼兒目
　　　　　力。

　　　　⑨版式大小合宜，適於幼兒閱讀。

　　　　⑩裝訂牢固，不易鬆散脫頁。

　　　(2)教學方法

　　　　①在日常生活中，多利用隨機輔導，並鼓勵幼兒注意生活環境
　　　　　中之事物。

　　　　②設置開架式，便於幼兒隨時隨地自由取閱圖書。

　　　　③講述圖書給幼兒聽，以引起閱讀興趣。

　　　　④鼓勵幼兒喜歡閱讀，培養安靜學習的習慣。

　　　　⑤鼓勵幼兒共同閱讀並發表，彼此交換生活經驗。

　　　　⑥鼓勵幼兒講述故事，對於較大的幼兒，可鼓勵其將故事編繪
　　　　　圖畫書。

　　　　⑦講述故事之後，可就故事中提出問題，鼓勵幼兒回答，學習
　　　　　互相討論。

　　　　⑧配合單元故事、歌謠、自然、社會、數學、音樂、遊戲及有
　　　　　趣見聞等，編繪有圖、有文的故事圖片，供給幼兒閱讀。

　　　　⑨視實際需要，隨機指導圖與文的認知與了解。

　　⑵實施要點

　　　　①布置閱讀環境（可在活動室設圖書角或圖書櫃），置備各年
　　　　　齡的圖書，使幼兒獲得閱讀機會。

　　　　②輔導幼兒閱讀及保管圖書的方法，以養成良好的閱讀習慣。

　　　　③適當限制閱讀時間，以免影響幼兒視力及閱讀興趣。

三、教學評量

　㈠幼兒方面

　　1. 能注意聽人說話，並能了解語意，聽不懂時會發問。

　　2. 會說完整的句子，口齒清楚，並表現良好的語言習慣和態度。

　　3. 會說明一件事並懂得發問及討論。

　　4. 能在眾人面前說話，態度大方，並能接受批評。

　　5. 能集中注意力欣賞故事或歌謠。

　　6. 能複述故事及自編故事。

　　7. 能唸兒歌，口齒清楚，充滿感情，並能自己口述創編故事或兒
　　　歌。

　　8. 能欣賞並講述圖畫及故事書並多感興趣。

　　9. 能有良好的閱讀姿態及習慣。

　　10. 能從閱讀中獲得認知的機會。

　㈡教師方面

　　1. 能說正確的國語，儀態優美端莊，以收身教之功。

　　2. 口齒清楚，並有適當的表情，能引發幼兒共鳴。

　　3. 有繪畫的基礎能力，以配合單元教學的需要。

4. 愛好文學，並有創作及改編故事和歌謠的能力。

5. 能了解幼兒的語言能力，並能協助其增加語彙。

常　　識

一、目標

(一)啟發幼兒對自然現象和社會生活的關注與興趣。

(二)引導幼兒觀察與分析自然和社會環境。

(三)培養幼兒愛護自然及社會生活的習慣與態度。

(四)激發幼兒對數、量、形之學習興趣，並有簡單應用的能力。

(五)培育幼兒學習自然科學的正確概念、態度與方法。

二、範圍

(一)社會

1. 內容

(1)家庭、社區的生活及社會機構：認識家庭、社區的實際生活，以及一般與幼兒日常生活有關的社會機構。

①關於家庭、鄰里、學校、商店、郵局、警察、消防隊、醫院、車站、碼頭、飛機、動物園、兒童樂園、電視公司、科學館、圖書館、博物館等的功用及其與人類的關係。

②關於衣、食、住、行、育、樂與日常生活的關係。

③認識我國重要的節日與民俗活動。

④尊敬國旗、國父先總統　蔣公並敬愛國家元首。

⑤民主生活的基本了解與實踐。

⑥當地名勝古蹟之認識、欣賞與愛護。

(2)對外界事物及現象的關注與興趣：對周遭事物及社會現象的關注與興趣。

①了解家庭、幼稚園及社會之間的不同，並了解它們之間的每一個人都是要互助合作的。

②對周遭所發生的事物表示關心與興趣。

③與生活有關係的各種公共設施和交通工具感到興趣與關注。

④輔導幼兒參與幼稚園的集會活動。

(3)個人生活習慣與態度：輔導幼兒養成個人生活中，應有的習慣

與態度。

①自己會做的事自己做。

②生活有規律。

③活潑開朗。

④愛惜物品。

⑤集中注意力來工作或遊戲。

⑥有獨立思考和解決問題的能力。

⑦做事有耐心。

(4)社會生活習慣與態度：輔導幼兒養成社會生活中應有的習慣與態度，並能適應團體生活。

①家庭生活方面

ㄅ孝順父母及長輩。

ㄆ幫助父母做家事。

ㄇ兄弟姐妹間相親相愛。

ㄈ和家人分享快樂。

ㄉ養成良好的基本習慣。（如飲食、睡眠、清潔、穿衣、排泄、收拾等）。

②幼稚園生活方面

ㄅ喜歡上學、親近老師，並能適應幼稚園的生活。

ㄆ與友伴相親相愛，共同遊戲或工作。

ㄇ能與別人分享，知道感謝。

ㄈ愛惜公共玩具、工具等物品，並能輪流使用。

③社會生活方面

ㄅ對人親切有禮。

ㄆ接受別人的好意或東西時會致謝，打擾別人時能致歉。

ㄇ能遵守父母、師長、朋友的約定。

ㄈ能完成父母或師長所分配工作。

ㄉ愛惜公共場所的物品及維持公共場所的衛生。

ㄊ知道對社會有貢獻的人表示尊敬。

2.實施方法

(1)教材編選

　①符合常識社會的教育目標。

　②配合幼兒的身心發展、需要和興趣編選教材。

　③所選擇的教材要以幼兒的生活為中心，能親身體驗及感受的，並由近至遠。

　④內容應配合時令節日。

　⑤配合社會及社區的需要。

　⑥適合國家的地理環境及人文、風俗習慣。

　⑦配合幼稚園本身的條件。

　⑧內容不應只偏重認知方面，應涵蓋習慣、態度的養成以及生活技能的學習。

　⑨所編選、所設計的活動，必須要前後互相連貫與銜接，注意一天主題的展開與延續，以至最後的統整。

　⑩常識社會應與其他各領域互相配合，作統整性的設計。

　⑪應多利用鄉土教材或廢物利用做為教學資源。

(2)教學方法

　①應多利用下面的方法來教學

　　ㄅ討論。

　　ㄆ參觀。

　　ㄇ觀察。

　　ㄈ角色扮演。

　　ㄉ郊遊。

　　ㄊ搜集和展覽。

　　ㄋ拜訪親友。

　②讓幼兒從各種活動的親身感受、體驗及觀察中，充實幼兒的生活經驗，避免用直接灌輸的教學方法。

(3)實施要點

　①入園之初，以輔導幼兒能夠適應園內的團體生活為先，進而輔導幼兒願意參與活動，喜歡參加團體活動，從中培養幼兒合群的習性。

②有關習慣的養成、態度的培養、以及家庭倫理觀念的建立，必須要配合幼兒的身心發展，同時要與家庭取得聯繫，共同來實施，才能收到教育的效果。

③教師要有耐心和愛心，從不斷重覆和練習中，建立幼兒良好的生活習慣與社會態度。

④有關節日及地方性的節令活動，宜加選擇，不但須具有教育意義，同時要配合幼兒的身心發展。

⑤大社會周圍的「人」「事」與「偶發事項」都是本課程活的教材，教師應把握機會，輔導幼兒觀察與討論。

⑥園外的參觀活動，應注意安全，教師必須要事先勘查地點，並做好預備工作。

⑦參觀回來後，輔導幼兒報告見聞，檢討並展開參觀後的活動。

(二)自然

　1.內容

　　(1)常見的動植物：常見的鳥獸、昆蟲、水裏的動物、花草、樹木、果菜等之認識與探討。

　　(2)飼養與栽培：幼稚園內動植物之飼養與栽培，附近區域動植物之欣賞與觀察。

　　(3)自然現象：日、月、星、地球、風、雨、雷、電、天氣、四季、地震等觀察、欣賞與探討。

　　(4)自然環境：明瞭空氣、陽光、水、電、溫度等，對動植物的生長及人類生活的影響。

　　(5)人體的構造：認識身體各部分主要器官的名稱、功能與衛生。

　　(6)衛生常識：明瞭簡易的衛生常識並能實行。

　　(7)動力與機械：明瞭簡單的動力、機械及日常應用的物質與人類生活的影響。

　　(8)工具與用具：日常生活中常用的工具、用具之認識與探討，並能從操作使用中注意安全。

　2.實施方法

(1)教材編選

　　①符合常識自然的教育目標。

　　②適合幼兒的能力、需要、興趣。

　　③取材應以幼兒身邊可以接觸到、感受到的為主，並與時令季
　　　節配合。

　　④設計時應注意常識自然與其他各領域的關連性和統整性；同
　　　時注意科學教育、生活教育和創造思考間之相互配合。

　　⑤每一種科學活動，在設計時應包含下面三種主要行為目標

　　　ㄅ科學概念的獲得：所編選教材，須依幼兒身心發展的順
　　　　序，與小學銜接而不重疊。

　　　ㄆ科學方法的學習

　　　　（ㄅ）觀察。

　　　　（ㄆ）比較。

　　　　（ㄇ）分類。

　　　　（ㄈ）配對。

　　　　（ㄉ）對應。

　　　　（ㄊ）序列。

　　　　（ㄋ）發表。

　　　　（ㄌ）實驗。

　　　　（ㄍ）應用10以內的數字。

　　　　（ㄎ）推理。

　　　ㄇ科學態度的培養

　　　　（ㄅ）好奇進取。

　　　　（ㄆ）負責合作。

　　　　（ㄇ）虛心客觀。

　　　　（ㄈ）細心。

　　　　（ㄉ）信心。

　　　　（ㄊ）耐心。

　　　　（ㄋ）發表。

　　　　（ㄌ）自動自發。

（ㄍ）喜歡創造。

（ㄎ）欣賞。

⑥科學教具的種類：教師可依不同的單元及活動性質設計教具，教具的種類約可歸為下列四種：

ㄅ配對：將相同的東西配成對。

ㄆ分類：將相同的東西歸在一起。

ㄇ對應：將兩種或兩種以上不同的東西，做一對一的對應，以比較那邊多？那邊少？或一樣多？

ㄈ序列：如數的順序排列或大小、長短、粗細之依序排列。

(2)教學方法

①讓幼兒透過五官的感受，從做中學習。因此教師必須備有實物或教具，讓每一位幼兒實際操作，親自體驗，如用眼睛去看，用耳朵去聽，用鼻子去嗅，用嘴巴去嘗，用手去摸，從中發現學習。教師還可用下列數種遊戲的方法來引導，如：

ㄅ照顧遊戲：飼養動物及栽種植物。

ㄆ操作遊戲：工具、用具、玩具的使用與操作。

ㄇ實驗遊戲：各種試探遊戲，如洞口大小不同漏斗的漏沙遊戲；不同顏色混合的色水遊戲；磁鐵的遊戲等等。

ㄈ觀察遊戲：觀察自然界的動植物及自然現象等等。

ㄉ發表遊戲：上述四種遊戲後的發現，傳達給別人時，所表演的方法，如模仿遊戲、木偶戲等。

②自然科學輔導的方法，應重視幼兒整個學習的過程，因此動機的引起非常重要。引起動機要恰到好處，過於詳盡，往往不能引起幼兒的好奇和學習的動機；過少往往不能激發幼兒的思考。

③要安排充分的時間讓幼兒自由操作，在操作的過程中，教師要激勵幼兒運用思考，從中發現，了解事實及解決問題。

④注意問問題和回答問題的技巧。

⑤教師應經常和幼兒做活動前與活動後的討論，以啟發幼兒的思考、想像和解決問題的能力。

(3)實施要點

①教師應提供豐富的材料、教具、布置適當的環境，讓幼兒從遊戲（操作）中，透過五官的感受，親自體驗、比較與探索來學習。

②利用自然環境，讓幼兒從實際的觀察、飼養、栽種等具體活動中，培養幼兒愛護動植物及喜愛觀察的態度。

③需要長時期觀察、實驗的學習活動，教師應輔導幼兒逐日去觀察，並記載或討論報告經告的情形。

④每一種科學活動，在設計及輔導時，雖涵蓋三種主要行為目標，即科學概念的獲得，科學方法的學習，科學態度的培養。惟在輔導時須注意幼兒整個學習的過程，不應只重視結果的學習。同時更要注意目標以外的學習，因此對於幼兒所發現的問題，要把握時機，做適當的引導。

⑤若要從事戶外教學，應注意各項安全問題。

(三)數、量、形的概念

1.內容

(1)物體數、量、形之比較：比較物體的大小、多少、長短、輕重、厚薄、高低等。

(2)認識基本圖形：認識正方形、三角形、長方形、圓形等。

(3)物體的單位名稱：明白常見物體的數與單位，如一張紙、二隻狗、三朵花等。

(4)順數與倒數：知道十以內數的順序，並知順數與倒數。

(5)方位：認識上下、前後、中間、左右等。

(6)質量：明瞭同等數量的物品，在形狀改變時，其數量不變。

(7)阿拉伯數字：辨認零至十的阿拉伯數字。

(8)時間概念：

①透過日常生活，對時間感到興趣與關注。

②知道星期日至星期六的正確說法。

(9)結合與分解：了解十以內數目的結合與分解，並能在日常生活中應用。

2.實施方法

(1)教材編選

①教材的編選與排列，應配合幼兒認知發展階段。

②將數、量、形融入有關的單元活動中，並與其他各課程領域互相配合設計。

(2)教學方法

①隨機教學：在幼兒的日常生活中，教師應隨時隨地把握情境及機會，比較東西之間的大小、長短、高低、粗細、遠近、厚薄、輕重、快慢等，以及做一對一的對應，比較東西之多少。

②利用實物教學：將數、量、形融入相關的單元中，利由實物操作學習。

③利用教具教學：將數、量、形的概念設計成教具，如積木類、圖片卡、阿拉伯數字卡、點數卡等等，讓幼兒操作教具學習概念。

④透過團體遊戲學習數概念：如賽跑比較快慢、投射紙飛機比較遠近等等。

⑤從有規律的日常生活，及每週、每日幼稚園的主要活動，啟發幼兒對時間的關注與興趣。

(3)實施要點

①數、量、形概念的輔導，必須依據幼兒的身心發展，注意個別差異，並做個別輔導。

②注意幼兒期數、量、形的輔導，重在操作實物，從中建立數的初步概念，而不是唱數，因此輔導時盡量讓幼兒從日常生活中，以及融入各單元中學習數、量、形的概念與應用。

③開始輔導時不數數，先輔導幼兒做分類、配對及對應，比較多少或相等之概念。

三、評量

(一)幼兒方面

1.社會

(1)關注環境中的人和事並能適應。

(2)說出與日常生活有關的重要社會機構。

(3)在各種社會場合中，能隨時隨地注意學習，充實生活經驗。

(4)參觀回來後，能和大家共同討論，並能簡單報告所見所聞。

(5)了解重要紀念日及節日與風俗習慣的意義，而沒有迷信的觀念。

(6)表現良好的個人生活習慣與態度（參照㈠社會1.內容之(3)）。

(7)能注意日常生活中的禮儀規範並能實踐。

(8)表現良好的社會生活習慣與態度（參照㈠社會1.內容之(4)）。

(9)了解家庭及社會各種常見機構與人類日常生活的關係。

(10)在團體中表現互助、合作、樂群及民主精神。

2. 自然

(1)對自然事物或自然現象表示關注，並有好奇探究興趣。

(2)對常見的動物、昆蟲等感到興趣，並樂意飼養及觀察牠們的動態和生活等。

(3)喜歡栽種常見的花草、果菜及樹木，並實地觀察牠們生長情形。

(4)對所飼養動物及栽種植物，無論是自己的或別人的，都能加以愛護。

(5)參觀動物園、果菜園或郊遊時，能利用機會實地觀察探究，並愛護周遭的事物。

(6)知道日常生活與自然的密切關係，並能適應。

(7)能說出人體主要部分的名稱及功能，並能保持其清潔衛生。

(8)會使用日常生活中，常用的簡單工具和用具，並注意安全（如剪刀、打洞機、釘書機、膠帶臺、鑷子、放大鏡等）。

(9)對自然現象發生疑問時，能注意觀察、試探並自我思考。

(10)喜歡接觸大自然，並會利用自然界的事物做遊戲活動。

(11)會運用科學方法和科學態度探究自然。

3. 數、量、形的概念

(1)能就物體說出其形狀，辨別大小、多少、長短、輕重、厚薄、

高低以及遠近、快慢等。

(2)能正確操作實物、玩具、圖片卡的配對、分類及對應。

(3)排隊時能辨別前後、中間等方位。

(4)能依指示指出上下、前後、中間及左右等。

(5)會在實際情形中應用比較數量（如我比你高；我的牛奶比你多等）。

(6)能說出日常生活中各物的數目及單位（如三隻貓；一條魚；五個人等）。

(7)對數有興趣，喜歡計數日常生活中的物品，並作比較。

(8)能辨認零至十的阿拉伯數字，並了解數字所代表的真正含意。

(9)能做實物或圖片卡和阿拉伯數字卡的配對及順序排列遊戲。

(10)能說出同等數量的物品，如何改變形狀或排列方式，其數量均不變。

(11)能在日常生活和遊戲中，應用十以內數的結合與分解。

(12)能分辨上午、中午和下午。

(13)能說出星期日至星期六的名稱。

(二)教師方面

1. 社會

(1)經常與幼兒家庭取得密切的聯繫，以求得園內和家庭生活習慣的一致。

(2)經常設計參觀活動，回園後引導幼兒共同討論，報告所見所聞，並輔導幼兒展開相關的各種遊戲活動。

(3)隨時注意幼兒、觀察幼兒並做記錄，以為個別輔導的參考資料。

(4)隨時配合幼兒興趣、能力和需要做隨機教學。

(5)從日常生活中，隨時注意幼兒良好態度和生活習慣的培養。

(6)經常利用鄉土教材就地取材，隨時激發幼兒學習的動機，輔導幼兒觀察及思考。

(7)教材的選擇，能以幼兒為出發點，並逐漸擴展其經驗。

(8)本身有良好的生活習慣與態度，足以為幼兒榜樣。

2.自然

(1)能把握環境和機會，激發幼兒對自然事物的關注與興趣。

(2)能依幼兒的身心發展及個別的能力、需要和興趣來輔導。

(3)能提供適當的環境、設備及材料，輔導幼兒親身操作、體驗、比較與探討。

(4)能充分利用社會資源充實教學。

(5)能運用各種不同的教學方法來輔導幼兒學習。

3.數、量、形的概念

(1)能利用日常生活中的各種實物做隨機教學。

(2)使用教具或實物來教學，不用抽象的數學符號來教學。

(3)經常設計並製作教具，讓幼兒操作學習數、量、形的概念。

(4)不做刻板的正式教學，配合單元設計新穎的活動，讓幼兒透過遊戲來學習。

(5)了解與評量每一個幼兒數、量、形的概念發展，並作個別輔導。

(6)安排豐富生動的環境，激發幼兒自動學習。

參、實施通則

一、課程編制

㈠本課程標準是課程編制的基準，各幼稚園須依照規定實施。

㈡本課程標準以生活教育為中心。

㈢幼稚教育不得為國民小學課程的預習和熟練，以免影響幼兒身心的正常發展。

㈣課程設計應符合幼教目標，根據課程領域，以活動課程設計型態作統整性實施。

㈤課程設計應以幼兒為主體，教師站在輔導的地位幫助幼兒成長。

㈥幼兒大都透過遊戲而學習，因此編制課程時，應盡量將其設計成遊戲的型態。

㈦每學年開學前應訂定完善的教學計畫，以供課程編制之參考。

二、教材編選

㈠教材的選擇應依據下列要點：

　1. 符合幼兒的教育目標。

　2. 考慮實際情況與需要。

　　⑴配合幼兒需要及個別差別。

　　⑵配合時令及社會需要。

　　⑶配合幼稚園環境及設備。

3. 注重生活性。

4. 具有價值性。

5. 具有基本性。

6. 具有多樣性。

7. 具有統整性。

㈡教材組織，以幼兒的學習經驗為基礎，逐漸擴大其範圍，以提高幼兒學習興趣，並切合實際的生活情境。

㈢教材宜依幼兒需要、興趣轉移而彈性編列，相關單元得視需要而增減內容，使分別適用於不同班別、對象或情境。

三、教學活動

㈠教師行為

　1. 教師在教學前應依實際需要，編訂單元教學計畫。

　2. 教師在每一單元教學前，應布置適當的環境，準備充足的教具或實物，以引起幼兒學習動機和興趣。

　3. 教師要熟悉教學內容，對於實驗性或示範性教材，必須於教學前事先實驗過，證實無誤方能使用。

　4. 教師教學時，應注意各該單元教學目標的達成，對於態度、情感、興趣、是非觀念的培養及知識概念、動作技能的學習亦應同時重視。

　5. 教師對於幼兒的生活狀況、個性、好惡、習慣及在家庭中的地位等都須有所了解，並隨時記錄特殊行為現象，以為施教和輔導之參考。

　6. 教師對幼兒不可要求有同等程度的表現，不作幼兒與幼兒間的比較，只要幼兒對園內生活有興趣，在活動進行中能盡力而為，各

種作業在自我比較下有進步者，都應予以重視並給予讚許。

7. 教師對幼兒良好習慣的養成，必須要有一貫方針，從基本習慣開始，在日常生活中隨時輔導，不斷重覆與練習，在養成過程中，教師要有耐心與愛心，當幼兒有好的表現時要給予讚賞，期以培養自動學習的精神。

8. 教師必須以身作則，注意自己的言行態度，並讓幼兒透過教師的認定與否定，慢慢區分是非善惡的觀念。

9. 教師應以真誠態度對待幼兒，並有寬容性，接納每一位幼兒的獨特個性。

10. 教師處理幼兒行為問題應公正合理，態度要前後一致。

(二)教學方法

1. 幼稚園適用的教學方法很多，惟任何一種方法，本身並無好壞之分，教師應針對目標，幼兒能力和教學資源條件等，採取適當的教學方法，以提高幼兒的學習興趣。

2. 凡思想、概念的學習活動，宜採用啟發教學的方法。指導幼兒提出問題、搜集資料、分析比較等，以發展幼兒思考能力。

3. 凡語文、美術及音樂等學習活動都可採用發表教學法，指導幼兒發表，以發展幼兒說話、繪畫及唱歌等能力。

4. 凡語文符號的熟識記憶、動作技能的學習活動，在理解之後，宜用練習教學法，指導幼兒練習。

5. 適時運用園外參觀等活動，以增進幼兒對自然及社區生活之了解。

(三)教學型態

1. 幼稚園教學活動，得依年齡、性質、場地分成下列各種不同型態。

　　(1)依年齡分

　　　①有四足歲幼兒編組的小班，五足歲幼兒編組的大班。

　　　②有適合幼兒各年齡階層混合編組的混齡班級。

　　(2)依性質分

　　　①自由活動：幼兒在幼稚園中，進行自發性的學習活動，教師

　　　　可隨機觀察指導。

　　　②個別活動：教師與幼兒以一對一的方式進行教學活動。

　　　③分組活動：教師將全班幼兒編成小組，以小團體方式進行教
　　　　學活動。

　　　④團體活動：教師以全班幼兒或大部分幼兒為教學對象，進行
　　　　教學活動。

　　(3)依場地分

　　　①室內活動：幼兒在幼稚園安排的室內場地，及教師指導下所
　　　　進行的教學活動。

　　　②室外活動：幼兒在幼稚園安排的室外場地，及教師指導下所
　　　　進行的教學活動。

　2. 幼兒每天在園的時間，各種教學活動不宜呆板的分節，在安排教
　　　學活動時須注意室內與室外、靜態與動態及個別與團體等活動的
　　　適當調配。

四、教學評量

　㈠教師應根據教學目標進行教學評量，以作為改進教學的依據。

　㈡教學評量應包括前評量、教學活動中的評量、後評量及追蹤評量。

　㈢教學評量的方法有觀察、記錄、口述、表演、操作、作品等，教師
　　可視教學評量內容，相機配合運用。

　㈣教學評量的工作可從教師方面與幼兒兩方面分別進行；其評量內容
　　宜依課程性質加以訂定。

　㈤教學評量的結果，須妥予運用，除作為教師改進教學及輔導幼兒的
　　依據外，並應通知學生家長，期與家庭教育相配合。

國家圖書館出版品預行編目資料

幼兒教材教法／ 張翠娥著. --初版. --
臺北市：心理, 1998（民 87）
面； 公分.--（幼兒教育系列；51017）
ISBN 978-957-702-284-4（平裝）

1.學前教育—教學法　2.學前教育—課程

523.2　　　　　　　　　　　　87011532

幼兒教育系列 51017

幼兒教材教法

作　　者：張翠娥

總 編 輯：林敬堯

發 行 人：洪有義

出 版 者：心理出版社股份有限公司

地　　址：231 新北市新店區光明街 288 號 7 樓

電　　話：(02) 29150566

傳　　真：(02) 29152928

郵撥帳號：19293172　心理出版社股份有限公司

網　　址：http://www.psy.com.tw

電子信箱：psychoco@ms15.hinet.net

駐美代表：Lisa Wu　（lisawu99@optonline.net）

印 刷 者：容大印刷有限公司

初版一刷：1998 年 9 月

初版十九刷：2015 年 8 月

Ｉ Ｓ Ｂ Ｎ：978-957-702-284-4

定　　價：新台幣 550 元